比叡山と室町幕府

寺社と武家の京都支配

三枝暁子――［著］

東京大学出版会

The Hieizan Enryakuji Temple and the Muromachi Bakufu:
Government Response to the "Double Ruling" of Kyoto
by Temples and Shrines in 14th - 16th Century Japan

Akiko MIEDA

University of Tokyo Press, 2011
ISBN 978-4-13-026229-3

第二部　中世後期北野社の支配構造

序　山門系寺社勢力をめぐる研究史と本書の課題

第一節　山門系寺社勢力をめぐる研究史

本書は、京都に初めて武家政権が誕生した南北朝期から戦国期にかけての寺社勢力の都市支配について分析したものである。ここでいう「寺社勢力」とは、具体的には比叡山延暦寺（山門）の大衆を頂点に据え、本末関係によって大衆と結びつく祇園社・北野社の京内末社組織の構成員を含めた、「山門系寺社勢力」をさしている。

周知のごとく、中世の寺院大衆を主体とした社会的・政治的な「勢力」を、「寺社勢力」とよび、国政上、公家や武家の勢力とも対抗しうる位置にいたとして積極的評価をされたのは黒田俊雄氏である。[1]そうした「寺社勢力」のうちでもとりわけ延暦寺の形成した「寺社勢力」は、白河上皇が「山法師」を天下三不如意の一つに数え上げたとされる伝承、あるいは鎌倉末期よりみられた「山門気風の土蔵」の台頭、戦国期に展開した天文法華の乱などの例に明らかなように、中世の政治・経済に多大な影響を与えた存在であった。それにもかかわらず、織田信長による延暦寺焼き討ちにより、中世以前における延暦寺固有の史料の多くが失われたため、中世延暦寺大衆の組織やその経営、活動形態などを検証していくことは容易でない状況にある。

そのようなか、下坂守氏は、近世期以降の故実書や中世の記録類、山門末寺・末社の史料を丹念に分析されることによって、延暦寺寺家を中心とする「大衆」「衆徒」「公人《くにん》」の組織とその活動形態、さらには門跡組織の内容について明らかにされた。また、中世後期にあらわれる山門使節制度や日吉小五月会馬上方一衆制度に着目され、その成立・展開過程について大衆と室町幕府との関係をふまえながら詳細にあとづけておられる(2)。これら一連の研究によって、中世延暦寺の研究は飛躍的に発展した。

一方衣川仁氏も、公家の日記及び『天台座主記』などの記録類、あるいは『平安遺文』・『鎌倉遺文』などに収められた延暦寺関係の文書類等を分析されることにより、特に中世前期における延暦寺大衆の組織や強訴の実態、さらには門跡と門徒との関係などを解明されている(3)。また、「最大の寺院権門である延暦寺の文書がないことがどんなに日本中世史像をゆがめているか」歎いておられたという黒田俊雄氏の遺志を引き継ぐ形で結成された「延暦寺文書復元研究会」が、十年にわたる活動の成果を、論集『延暦寺と中世社会』として発表している(4)。そこでは山門大衆による嗷訴の展開や門跡組織の成立・展開、本末関係及び荘園支配の展開、さらには天台宗の教学・文化の特質など、中世延暦寺の実態が様々な角度から検証されている。

このほか、小風真理子氏は、永享の山門騒乱や過書遵行権の分析等を通じ、山門大衆と室町幕府とを媒介する山門使節の位置について詳細な検討を加えられている(5)。また近年中世祇園会研究を牽引している河内将芳氏は、馬上役の負担や祭礼延引等、祇園会の経営・執行にあたり山門大衆の意向が大きく作用したこと、その影響力は山鉾巡行を担う「町衆」にも及んでいたことなどを指摘されている(6)。

本書においては、こうした山門研究の成果に学びつつ、京都の山門末社祇園社と北野社に視点をすえ、両社からみた山門大衆の動向、およびその京都支配について論じることにしたい。寺社勢力論の展開において、本末関係の分析が重要な視角となりうるものであることは従来から指摘されている(7)。末社にのこされた豊富な史料を用いて、末社の組織や経営のみならず、本寺の組織や経営をも見通すことが可能となり、かつ本末関係の意義も見出しうる。こうした点をふまえ、本書においては祇園社・北野社研究を広義の〈延暦寺研究〉として捉え、両社の分析をすすめていくことにしたい。

祇園社についてはこれまで、九世紀にはじまる創建の経緯や十一世紀末から展開する社領の構成に関する研究[8]、および鎌倉期以降について明らかとなる社僧や神子組織について分析を加えた研究等が存在する[9]。祇園御霊会の祭神をまつる神社として著名でありながらも、その組織を検討した研究は決して多くはない。こうしたなか、福眞睦城氏は、延久四年（一〇七二）の後三条天皇による祇園社行幸を契機として、天台座主が祇園社検校を兼務するに至ること、また座主の出身門跡の院家所属者が別当となり、祇園社政所支配を行う体制が確立していくことを指摘された。そしてこうした体制の確立をもって、比叡山末寺としての祇園社の成立をみている。氏の研究により、祇園社の長である検校・別当の社内組織における位置づけが明らかとなるとともに、中世祇園社の組織をみていくうえで、山門との本末関係がはずせぬ要素であることが明確化されたといえる[10]。

その後下坂守氏により、南北朝期以降、座主が自らの出身門跡の門徒のうち、院家・出世身分のものを祇園社別当職に、また門徒の山徒を目代職に補任するきまりであったことが指摘されている[11]。また本末関係の問題とは別に、祇園社の経営を実質的に担う「社僧」の研究も進められ、野地秀俊氏により、祇園社の社僧が「一社」を構成するとともに、公文所の公文として政所の実務を担い、かつ評定による意志決定を行っていたこと、さらには執行職を輩出する紀氏一族の「門弟」として派閥を形成していたことなどが指摘されている[12]。

このような組織論の深化を受け、さらに祇園社組織の全体像を把握するためには、執行や社僧の指示のもとで検断や公事・年貢収取等の実務にあたる公人等、祇園社の下部組織の分析が必要である。実は公人や神人《じにん》・犬神人《いぬじにん》などの活動においても、本寺山門が多大な影響を与えていた様子がみてとれることから、公人・神人《じんにん》・犬神人らの分析は、組織論の充実のみならず本末関係の内実を明らかにするうえでも重要である。したがって本書においては、公人や神人らの分析をも詳細に行うことにより、祇園社組織が全体としてどのような構成をとっていたのか、またそこに本末関係がどのように作用したのかを明らかにすることをめざしたいと思う。

あわせて、京都に新たな武家政権室町幕府が成立するにともない、祇園社組織が変質していく点に留意し、その過程を明らかにしていく必要がある。すでに瀬田勝哉氏により、義満をはじめ代々の足利将軍家が、祇園社御師に対する優遇政策を展開していたこと、その背景に山門末社祇園社を幕府の側にひきよせようとする意図の存在したことが指摘されている(13)。祇園社御師と将軍家の結び付きについては、戦前から指摘されているところでもあり(14)、御師職は祇園社が山門とは異なる権力を仰ぐうえで要となるものであった。本書においては、瀬田氏の指摘に学びつつ、祇園社と山門との関係が、祇園社内における将軍御師職の誕生によりどのように変化したのか、またそこにどのような相克がみられたのか、詳細に検討していくことにしたい。

次に、中世の北野社研究の状況をみていきたい。中世北野社については、これまで、創建の経緯や組織・社領の構成に関する総説をまとめた研究が存在するほか(15)、麴座神人として著名な西京神人の活動とその居住地「西京」に関する研究、あるいは膝下領に対する検断権行使の特質に関する研究等がある(16)。こうしたなか、本郷恵子氏によって、南北朝期以降室町将軍の御師を北野社の総師とするしくみが北野社内に生まれたこと、すなわち将軍権力を拠りどころとする経営体制の確立のみられたことが明らかにされたことは、北野社のみならず室町期京都研究において大きな意義をもった(17)。なぜならば、氏の研究により、御師職を媒介とする北野社と幕府の関係は、御師の金融活動はもとより、京都の麴業や酒造業の展開をも規定したことが明確化されたからである。よってこれ以後、徳政をはじめとする室町期京都の政治・経済をめぐる研究において、御師松梅院の動向が注視されるところとなった(18)。また、北野社とほぼ同じ時期に祇園社においても将軍御師職が誕生していることから、氏の分析視角は祇園社の経営体制の問題を考えるうえでも重要な視角を提供するところとなった。

室町将軍と北野社・松梅院との密接な関係については、近年、さらに御師職とは別の視角から、検討がすすめられている。すなわち梅澤亜希子氏は、義満政権期にはじまる北野万部経会について詳細な検討を加えられ、経会の中絶と再興の繰り返しのなかに将軍権力の誇示を見出された。あわせて、万部経会の際に将軍御成があり、御成に際し将軍がまず松梅院へ出御してから経王堂に向かったことなども指摘されている[19]。また細川武稔氏は、義満による北山殿を中核とした「北山新都心」形成の背景に、尊氏以来の足利氏の北野信仰があったことを明らかにされた[20]。

一方組織論については、『北野社家日記』を主な検討素材としながら戦国期の祠官（社僧）組織の内容を詳細にあとづけた鍋田英水子氏の研究が注目される[21]。鍋田氏によれば、祠官は執行によって統率される「一社」を構成し、公文所松梅院の指示をうけ祈禱などに従事していたという。そして「一社」は、祠官による横のつながりを軸とする公的組織でありながら、松梅院など特定の院家の「門弟」という縦のつながり・私的な関係を内包していることから、「自立しきれない面」を持っていたことを指摘されている。氏自身も問題視されているように、従来、松梅院の活動に注目が集まりつつも、その社内組織における位置は必ずしも明らかでなかった。氏の研究は、祠官層を中心に北野社組織論を充実させ、なおかつ松梅院の職務と権能を具体化・明確化させた点で重要である。

その後、組織論に関する研究として、社殿等の造営修造にかかわる造営奉行に関する研究が、太田直之氏によってすすめられている[22]。また佐々木創氏は、十五世紀半ばにあらわれる松梅院禅融の出自を詳細にあとづけられるなかで、当該期の将軍御師職・造営奉行職・神事作法の相伝が必ずしも松梅院に固定されていなかったこと、松梅院院主を親族全体で支える体制が存在したことなどを明らかにされた[23]。そのうえで、禅融の時代について記された二つの引付をもとに、松梅院とかかわりの深い盛輪院・松源院・松善院の特質と、御手水神事の相伝が御師職の相伝と密接であった点などを明らかにされている[24]。このほか大座神人や宮仕・沙汰承仕や西京散所など、北野社の神人・公人や非人について分析された細川涼一氏の研究も注目される[25]。最近では高橋大樹氏が、御供調進の場である「八嶋屋」にかかわる巫女や宮仕の役割について明らかにされている。[26]

こうした組織論や松梅院に関する研究をふまえ、本書においては、御師職を媒介とする松梅院と室町将軍との関係に注目しつつ、祇園社の場合と同様に、公人や神人をはじめとする下部組織について詳細に検討を加え、組織論の進展をめざしたいと思う。そして、松梅院をはじめとする社僧、および公人や神人などの北野社所属集団が、山門の京都支配とどのようにかかわっていたのかという点についても、あわせて検討していくことにしたいと思う。さらに著名な「麴座神人」については、その集団の結束の基礎におかれていたのが「座」よりもむしろ北野社膝下領「西京」の「保」であった点に留意し、「西京神人」として捉え、その活動をみていくことにしたい。

第二節　本書の目的

以上のような研究史をふまえたうえで、本書において、祇園社・北野社・延暦寺によって構成される「山門系寺社勢力」について論じることが、日本中世史研究あるいは中世京都研究において具体的にどのような意義をもつことになるのか。次に本書の目的と意義について、述べることにしたい。

まず一点目の目的は、寺社「権力」による京都支配・都市支配の構造を明らかにすることである。本書が検討素材とする祇園社・北野社は、いずれも中世京都の領主権力であった。すでに中世京都が「上京」・「下京」とよばれる地域を中心とし、その周縁に寺社門前をおく複合都市であったこと、[27]中世寺社は、門前・境内を通じ都市空間を構成する重要な場であったことなどが指摘されている。[28]また「洛中洛外」という言葉が、鎌倉末期以降、朝廷・幕府・本所権力の経済的基盤として一体的に把握される空間を示す語としてあらわれはじめることも指摘されている。[29]こうしたなか、祇園社・北野社は洛外の寺社門前を形成し、領主支配を展開しつつ、洛中洛外を支配する幕府の統治権のもと、洛中の散在所領や商人に対する支配を展開していた。したがって、両社の支配構造の分析は、そのまま中世都市京都の支配構造の解明を意味することになる。

一方、祇園社・北野社がともに京都に位置したことは、京外に位置していた本寺山門による京都支配の展開過程に大きな意味を持ったことが予想される。すなわち両社について分析することは、本寺の京都支配がいかなるものであったかを論じることにもつながっていくのである。嗷訴や土倉・酒屋の存在をあげるまでもなく、山門が京都の政治・経済に多大な影響を与える寺院権力であったことはよく知られている。そのような山門の京都支配が末社を通じてどのように展開したのか、具体的に明らかにしていきたいと思う。そして山門の京都支配が、「犬神人」をはじめとする京都の非人編成と深くかかわって進行していった点にも注目し、従来、呼称や生業・職能をもって個別に把握・検討されてきた非人を、山門系寺社勢力の京都支配のなかに位置付けることにより、中世身分制論に一石を投じることをめざしたい。

さらに本書のもう一つの目的として、室町幕府による京都支配の解明をあげたい。祇園社・北野社が山門末社となったのは平安時代末期のことであるが、両社の組織や経営について細かな情報を知りうるのは、実は両社が独自の史料を本格的に集積しはじめる南北朝期以降のことである。本書の考察対象時期が南北朝期以降であるのも、こうした事情によっている。そして南北朝期はまた、両社それぞれが「社家」を成立させ、足利将軍家と「御師職」を介し結び付くことによって、本末関係に拠らない独自の経営をはかりはじめる時期に相当している。こうした変化が、室町幕府成立期に生じている事実に注目するならば、両社の動向と室町幕府の京都支配とは密接につながるものであったと考えられる。

そもそも両社の性格が変質する南北朝期は、京都の政治・社会情勢、ひいては中世の国家体制そのものが大きく変化していく時期であった。しかしながら、近年の南北朝期から室町初期における国家体制、つきつめていえば足利義満政権の性格をめぐる議論の中で、寺社勢力の動向を積極的に組み入れた議論は必ずしも多くはない。すなわちそこで議論の中心となるのは、武家による公家支配、あるいは義満の「公家化」といった言葉に象徴されるような「公武関係」であって[30]、「寺武関係」ではない。周知のごとく、富田正弘氏が「公武統一政権」論を展開されて以降[31]、室町将軍・室町殿を頂点におく政権を「公武統一政権」と評価し、中世後期の国政を公武関係という視点のもとで論じる研究は多い。しかしながら、室町殿の統合力は山門を筆頭とする寺社権門にも及んでおり、とりわけその京都支配は、山門系寺社勢力や禅宗寺院など寺社権力をも統合しながら実現されている点にひとつの特徴がある。したがって、「公武統一政権」の語は、室町将軍・室町殿を頂点におく政治秩序を言いあらわすに万全とはいいがたく、寺社との関係をふまえた室町政権論を構築することがのぞまれよう[32]。

このような観点にたったとき、嗷訴による政治活動や土倉による金融活動を通じ、他の寺社権門に抜きん出て京都支配を活発に展開していた山門系寺社勢力との関係を明らかにすることは、室町幕府論の展開において不可欠の問題であるといえる。すでに先行研究において、足利義満政権期に、幕府が有力山徒の幕府「守護」化を意味する山門使節制度を成立させるとともに、日吉小五月会馬上方一衆の組織化および土倉・酒屋役の賦課などをすすめるなど、積極的に対山門政策を展開していたことが指摘されている[33]。こうした事実は、室町幕府が京都支配を推し進めるに際し、山門の制御を一つの課題としていたことを物語るものである。そしてこうした幕府の対山門政策は、おのずから山門の京都支配を支えていた末社祇園社・北野社をも巻き込んで展開せざるをえなかった。室町幕府が、これら山門系寺社勢力をいかに制御し、京都支配を確立しえたのか、本書においては組織や集団のありように留意しながら考察をすすめていくことにしたい。

ところで本書は、山門系寺社勢力と室町幕府の京都支配の展開の画期を、足利義満政権期においている。このような見解を導き出す前提には、佐藤進一氏の「室町幕府論」がある[34]。佐藤氏は、貨幣流通・海陸交通の発達していた室町幕府成立以前の京都において、王朝・本所が商工業組織を政治経済機構の中に組み入れることにより、権力を強化していたことを指摘されている。[35]そして王朝・本所による権力強化の例として、京都の治安・警察の責任者であった検非違使庁による商工業組織（座）に対する支配や、山門による洛中の土倉・酒屋に対する支配をあげられた。そのうえで、京都とその周辺地域のもつ「あらゆる意味での求心力」が増すなか、「室町幕府が京都を本拠地として選んだのはむしろ当然であろう」とされ、王朝・本所権力の有する政治経済諸機構の抑制・解体をもって幕府が京都支配を完成させていくとの見通しを示されたのである。[36]

こうした佐藤氏の「室町幕府論」に対して、近年、「権限吸収」論批判をはじめとする批判が活発に展開されている。[37]これらの批判においては、政権確立と京都支配の展開との連関性、あるいは京都支配における幕府の主体性が、あまり重視されていない点にひとつの特色を見出しうる。[38]しかし佐藤説の根本には、幕府による政権の構築と京都の掌握とを密接不可分のものとする視角が存在する。幕府の京都掌握にあたり、佐藤氏自身の述べる幕府成立以前の京都の状況や、本書で論じる将軍家御師職の権限強化と京都支配との連関、将軍・室町殿の見物行為をともなう祭礼の再編と都市住民把握の密接な関係、さらには京都の酒屋・土倉・神人・犬神人（非人）等に対する新たな組織編成の進行等が存在したことを重視するならば、政権確立と京都支配とを一体化して捉える視角そのものは、未だ重要な意義を持っているといえよう。

本書の問題意識からいうならば、むしろ、佐藤氏が「室町幕府論」を展開されたその当初から、山門との関係を射程に入れ幕府の京都支配の展開をみているにもかかわらず、その後の議論が、「権限吸収」論批判をも含めもっぱら「公武関係」論へと収斂していった点に、研究史上の問題をみるべきであると考える。山門が、室町幕府成立以前の京都において座商人や土倉・酒屋等の金融業者の本所として経済支配を行い、検非違使庁と対立しながら独自の行政・警察機能を保持する存在であったことは誰しも認めるところであろう。したがって、再三述べているように、山門およびその末社との関係をふまえずして、室町幕府の京都支配さらには幕府そのものの性格を論じることはできないといえ、いわば「寺武関係」をも含めた室町幕府論の構築がまたれるのである。

以上のことから本書においては、公家のみではなく山門をはじめとする寺社権門との関係をも視野に入れ、室町幕府論を展開するという佐藤説の視角の有効性をいまいちど確認しておきたい。そして佐藤氏自身が、「王朝・本所の権力を支える強固な政治経済諸機構をどのようにして押え、解体させて、幕府の支配を打ち立てるか、その過程を具体的にかつ克明に追究することは、現在のところきわめて困難である」とされたうえで、「幕府の京都支配が完成する大体の時期を確かめ、京都支配のための政治経済機構のあり方におおよその見通しを試みることにとどめなければならない」と述べている点をふまえ、(39)「見通し」の具体化を、とくに山門系寺社勢力に対する幕府の政策のありようから明らかにしていくことをめざしたい。そのうえで、幕府の京都支配が、はたして王朝・本所権力、すなわち京都の既存権力のもつ政治経済諸機構の「解体」へと向かうことになったのか、改めて問い直してみたいと思う。

第三節　本書の構成

以上のような本書の目的をふまえたうえで、本書の構成を簡単に紹介しておきたい。まず「第一部　南北朝期の山門・祇園社と室町幕府」においては、山門による京都支配の重要拠点であった祇園社の領主支配の展開を、そこに作用する山門あるいは室町幕府と祇園社との関係をふまえながら論じる。具体的には、第一章において、中世祇園社の組織及び社領支配について分析し、山門との本末関係が組織や社領にどのように影響しているのかを明らかにする。そして第二章では、祇園社の組織と社領のありようが足利義満政権期に変化する事実をふまえ、その背景にある、幕府の京都市政権の確立と対寺社政策・対山門政策の展開について述べる。

続いて「第二部　中世後期北野社をめぐる社会構造」においては、祇園社とならぶ京都の有力山門末社北野社について検討する。ここでは特に、北野社と室町幕府との関係、あるいは北野社の領主支配の展開について注目する。まず第一章においては、平安期より続く北野祭が南北朝末期に変質し、足利義満政権期に新たに設定された馬上役負担方式によって運営されるようになる過程をみていく。そして第二章では、そうした馬上役負担の当事者となる北野社領「西京」の神人の特質について、山門および幕府との関係をからめながら検討する。さらに第三章では、西京と境内地において展開した戦国期北野社の領主支配の実態について、特に闕所検断を中心に考察する。

次に「第三部　本末関係と中世身分制」においては、祇園社・北野社という末社組織の中でも、とりわけ本末関係の要となっていた神人・公人諸集団の存在形態に光をあて、彼らが本末関係の維持において果たした役割を考察していく。まず第一章においては、公人と公文所との関係と、本末関係における公文所の機能等について、検討する。そして第二章において、祇園社犬神人について検討し、山門による非人集団の組織化と、本末関係に基づく動員方式について分析していく。

最後に「第四部　山門―幕府の京都支配」においては、祇園社・北野社の本寺山門に視点をすえ、山門が京都におかれた新たな権力である室町幕府とどのように関係を切り結んだのかをみていく。まず第一章においては、鎌倉後期に成立する大衆の決議表明文「集会事書」の形式と機能を分析することにより、山門大衆がいかに末寺末社及び朝廷・幕府に対し権力行使及び意思表明を行ったかを検討する。次いで第二章においては、室町幕府に視点を据え、幕府の京都支配が山門大衆の京都支配とどのようにせめぎ合い折り合っていくのか、これまで述べてきた末社の動向をもふまえながら、論じていく。

以上のように、本書は祇園社・北野社そして山門から成る寺社勢力の京都支配について、とくに祇園社・北野社の組織と所属集団、およびこれらを通じた空間支配のありようを分析することにより明らかにするものである。こうした手法により、本書の性格を個別寺社研究の一環として捉える向きもあろう。しかしながら祇園社・北野社の組織とその経営が、山門や室町幕府という上位権力によって強く規定されていた事実や、山門の京都支配において末社の力が欠かせなかった点、さらにはそうした山門と対峙する幕府にとっても山門末社に対する統御が必要とされた点などをふまえるならば、本書の取り扱う世界は都市論および政権論に対しても、広く開かれているものと考える。このことを確認・強調したうえで、本論へとすすんでいくことにしたい。

注

（1）黒田俊雄『寺社勢力――もう一つの中世社会』（岩波書店、一九八〇年）。

（2）下坂守『中世寺院社会の研究』（思文閣出版、二〇〇一年）、同氏『京《みやこ》を支配する山法師たち』（吉川弘文館、二〇一一年）。

（3）衣川仁『中世寺院勢力論――悪僧と大衆の時代』（吉川弘文館、二〇〇七年）、同氏『僧兵――祈りと暴力の力』（講談社、二〇一〇年）。

（4）河音能平・福田榮次郎編『延暦寺と中世社会』（法藏館、二〇〇四年）。なお黒田氏の遺志については、同書の序文でふれられている。

（5）小風真理子「山門使節と室町幕府」（『お茶の水史学』四四、二〇〇〇年）、「山門・室町幕府関係における山門使節の調停機能――山門関の過書遵行権をめぐって」（『史学雑誌』第一一三編第八号、二〇〇四年）。

（6）河内将芳『中世京都の都市と宗教』（思文閣出版、二〇〇六年）等。

（7）黒田氏は、注1書、五二頁において「寺社の経済的基礎となったのは、荘園だけではない。」として、末寺・末社を掲げ、末寺・末社が本寺（本社）にとって一種の所領・財産であったと述べ、「本寺（本社）は末寺（末社）の別当の任免権をもち、したがってその付属の田畠などを管理・保護する権限をもち、毎年一定の年貢や人夫を徴収し、事ある場合には末寺の衆徒や隷属民を軍事力として動員することもできた」ことを指摘されている。なお山門に関しては、近年、長谷川裕峰氏が葛川明王院と青蓮院および鰐淵寺と青蓮院の本末関係について分析をすすめられ、経営や財政、法儀等多岐にわたる本末関係の内実を具体的に明らかにされている（同氏「葛川明王院蔵『諸御領役御仏事用途廻文』再考」『天台学報』五二号、二〇一〇年、および同氏「出雲国鰐淵寺と青蓮院門跡の本末関係」『仏教史学研究』五三―二、二〇一一年、等）。
（8）久保田収『八坂神社の研究』臨川書店、一九七四年、川島敏郎「祇園社領「四ヵ保」の形成と相伝について」（『古文書研究』第一四号、一九七九年）等。
（9）小杉達「祇園社の社僧」上・下（『神道史研究』第一八巻第二・三号、一九七〇年）、脇田晴子「中世祇園社の「神子」について」（『京都市立歴史資料館紀要』一一号、一九九二年）・同氏『中世京都と祇園祭――疫神と都市の生活』（中央公論新社、一九九九年）等。
（10）福眞睦城「祇園別当の成立と変遷――比叡山との関係から」（『ヒストリア』一五一号、一九九六年）、「中世祇園社と延暦寺の本末関係――祇園検校、別当の関与から」（『早稲田大学大学院文学研究科紀要』第四二編第四分冊、一九九七年）。
（11）下坂守「中世門跡寺院の歴史的機能――延暦寺の場合を中心に」（『学叢』第二一号、一九九九年、のち下坂氏注2書に所収）。
（12）野地秀俊「「社僧」再考――中世祇園社における門閥形成」（『仏教大学大学院紀要』第二六号、一九九八年）。
（13）瀬田勝哉「中世祇園会の一考察――馬上役制をめぐって」（『日本史研究』二〇〇号、一九七九年、のち同氏『洛中洛外の群像』平凡社、一九九四年、に所収）二二一頁。
（14）吉川孔敏「祇園社御師顕詮に就いて――執行職及び社領を繞りて」（『国史学』第四六号、一九四三年）。
（15）竹内秀雄『天満宮』（吉川弘文館、一九六八年）。
（16）小野晃嗣「北野麴座に就きて」（『国史学』第一一号、一九三二年、のち同氏『日本中世商業史の研究』法政大学出版局、一九八七年、に所収）、川井銀之助「北野天満宮と七保御供所攷」（上）・（下）（『史迹と美術』第四一・第四二号、一九三四年）、網野善彦「西の京と北野社」（比較都市史研究会編『都市と共同体』上、名著出版、一九九一年、のち『網野善彦著作集』第十三巻・中世都市論、岩波書店、二〇〇七年、に所収）、貝英幸「応仁文明乱後における膝下領の支配とその変質――北野社領西京を例にして」（『鷹陵史学』第二九号、二〇〇三年）、清水克行「権門領主による強制執行の形態――室町京都の闕所屋処分の一側面」（『民衆史研究』第五二号、一九九六年、のち同氏『室町社会の騒擾と秩序』二〇〇四年、に増補の上所収）等。
（17）小泉（本郷）恵子「松梅院禅能の失脚と北野社御師職」（『遙かなる中世』八号、一九八七年）。
（18）清水克行「正長の徳政一揆と山門・北野社相論」（同氏注12書、初出は二〇〇三年）、桜井英治『破産者たちの中世』（山川出版社、二〇〇五年）等。
(19) 梅澤亜希子「室町時代の北野万部経会」（『日本女子大学大学院文学研究科紀要』第八号、二〇〇一年）。
(20) 細川武稔「足利義満の北山新都心構想」（中世都市史研究会編『中世都市研究15　都市を区切る』（山川出版社、二〇一〇年）。
(21) 鍋田英水子「中世後期「北野社」神社組織における「一社」」（『武蔵大学人文学会雑誌』第二九巻第一・二号、一九九七年）。
(22) 太田直之「北野社の勧進と造営」（『中世の社寺と信仰――勧進と勧進聖の時代』弘文堂、二〇〇八年、初出は二〇〇〇年）。
(23) 佐々木創「中世北野社松梅院史の「空白」――松梅院伝来史料群の批判的研究に向けて」（『武蔵大学人文学会雑誌』第三九巻第二号、二〇〇七年）。
(24) 佐々木創「「北野社家引付」を記す人々――なぜ二つの「社家引付」の内容は重複したのか」（『武蔵大学総合研究所紀要』第一八号、二〇〇九年）。
(25) 細川涼一「中世の北野社と宮仕沙汰承仕家――京都橘女子大学所蔵「北野社宮仕沙汰承仕家文書」の補任状から」（京都橘女子大学女性歴史文化研究所編『家と女性の社会史』日本エディタースクール出版部、一九九八年）、同氏「「北野天神縁起」と鎌倉時代の北野社――宮仕と大座神人を中心に」（鎌倉遺文研究会編『鎌倉遺文研究Ⅲ　鎌倉期社会と史料論』東京堂出版、二〇〇二年）、同氏「西京散所と北野社」（奈良　人権・部落解放研究所編『日本歴史の中の被差別民』新人物往来社、二〇〇一年）。
(26) 高橋大樹「中世北野社御供所八嶋屋と西京」（日次紀事研究会編『年中行事論叢――『日次紀事』からの出発』岩田書院、二〇一〇年）。
(27) 脇田晴子『日本中世都市論』第一章「都市の成立と住民構成」（東京大学出版会、一九八一年）。
(28) 高橋康夫・吉田伸之・宮本雅明・伊藤毅編『図集　日本都市史』（東京大学出版会、一九九三年）、仁木宏『空間・公・共同体――中世都市から近世都市へ』（青木書店、一九九七年）等。
(29) 瀬田氏注13書。
(30) 中世後期の「公武関係」論の研究史については、松永和浩「南北朝・室町期における公家と武家」・桃崎有一郎「室町殿の朝廷支配と伝奏論」（いずれも中世後期研究会編『室町・戦国期研究を読みなおす』思文閣出版、二〇〇七年）に詳しい。

また家永遵嗣氏は、「足利義満における公家支配の展開と「室町殿家司」」（『室町幕府将軍権力の研究』東京大学日本史学叢書、一九九五年）において、康暦・永徳期に出現してくる「室町殿家司」制度の実態を分析され、公家政務機関の中枢を占めるイエが、武家の家司・家礼に組織される事態について、単なる武家儀礼構造の「公家化」ではなく、武家の公家支配を強化することを意味したとの見解を示されている。一方義満による武家儀礼構造の「公家化」に貢献した二条良基に注目された小川剛生氏は、良基の行動の真意が、将軍（武家）義満を公家側へと接収していくことにあったと捉えられ（『南北朝の宮廷誌』臨川書店、二〇〇三年）、義満による、春日社神木入洛中の懺法講の開催、内裏御遊始への参内、灌仏・石清水臨時祭などの朝儀の再興、及び日吉神輿の帰座と造替費用の拠出等の諸施策を、「公家の側に立って解決に取り組む方針」をとったものと解釈されている（同書、一九八頁）。

(31)　富田正弘「室町時代における祈禱と公武統一政権」日本史研究会史料研究部会編『中世日本の歴史像』創元社、一九七八年、同氏「室町殿と天皇」（『日本史研究』三一九号、一九八九年）。

(32)　本書においては、山門配下の土倉・酒屋の納めた酒屋・土倉役が「将軍家政所」に納められていた事実、あるいは祇園社・北野社の僧が「将軍」御師となって権益を獲得した点等に留意し、あくまで寺社勢力と武家すなわち室町幕府との関係に焦点をあて、考察をすすめていくことにしたい。そのうえで、「公武統一政権」論に収斂されない室町幕府論の構築を展望したいと考える。

(33)　下坂氏注2書。

(34)　佐藤進一「室町幕府論」（『岩波講座日本歴史』第7巻中世3、一九六三年）。同氏『南北朝の動乱』（中央公論社、一九六五年）。

(35)　佐藤氏注32論文、三一―三五頁。佐藤氏はまた、将軍義満のめざましい官位昇進・公家化もまた、京都市政権の掌握があってはじめて可能となったものであると指摘されている（同氏『足利義満――中世王権への挑戦』平凡社、一九八四年、初出は『足利義満――国家の統一に賭けた生涯』平凡社、一九八〇年）。

(36)　佐藤氏注34論文、三五頁。

(37)　松永氏注30論文、および早島大祐『室町幕府論』（講談社、二〇一〇年）等。

(38)　たとえば早島大祐氏は、注37書において、義満は「京都の地の管轄に興味がなかった」（一六八頁）と述べておられる。そして、幕府が「権限吸収」による「京都市政権」なるものの確立を主体的にめざした、というよりはむしろ、朝廷権限の衰退するなか、訴訟「当事者」が幕府に依存していったため、幕府の権限・業務も拡大していったにすぎない、との見解を示されている。

(39) 佐藤氏注34論文、三五頁。

第一部　南北朝期の山門・祇園社と室町幕府

第一章　山門・祇園社の本末関係と京都支配

はじめに

中世都市史研究において、寺社は、都市の中核施設としての特質を備え、門前・境内を通じ都市空間を構成する重要な場であったとされている[1]。さらに都市の空間構造を、寺院境内に代表される〈境内〉と〈町〉の論理によって捉える研究[2]、あるいは寺社境内を都市そのものとみることにより、寺社勢力を都市史研究の視点から捉え直す研究等も存在する[3]。こうした状況により、もはや寺社に触れずして「中世都市」については語りえないかのような感をいだく。

しかし一方、このような寺社を中核とする都市の構造が、何を基盤として成り立ち、またどのように維持されていたのか、という根本的な問題についての解明は、ほとんど成されていないように見受けられる。このような問題がすぐさま解決される性質のものでないことは明らかであるが、都市の構造をより統合的に捉えるためには、寺社と都市との具体的関係、及びこれをとりまく都市の権力構造について、さらに追究する必要があるのではなかろうか。そのためには、まず寺社が都市の「領主」であった事実に立脚した上で、その支配のあり方を、従来の寺社勢力論及び領主制論の成果に学びつつ、改めて探る必要があるように思われる。

そこでここではこうした問題を、中世京都の祇園社の場合を例として考えてみたいと思う。祇園社は一般に、祇園御霊会によって広く知られ、往古から都市民の鎮守としてその信仰を集めてきたと言われている。しかしその京中支配の実態、及びそのもといとなった組織のありようについては、必ずしも明らかでない。一方、中世寺社の都市支配を具体的に示す史料の多くは室町期以降のものであるが、祇園社は南北朝期の史料を比較的豊富に有している。したがって、祇園社の分析を通じて、中世半ばにおける寺社の都市支配の実態について明らかにすることが可能となる。

ここで祇園社を取り上げるにあたり注意されるのは、祇園社が山門（比叡山延暦寺）の末社であった事実である。従来の研究において、祇園社の京都支配について言及される際、こうした山門・祇園社の本末関係が重視されることはほとんど無かったといっても過言ではない。しかし後述するように、南北朝期の祇園社は、山門末社としての特質を十分に備えた組織のもとで、本寺の京都支配において一定の機能を果たしていた。すなわち山門との関係をふまえることなくして、祇園社の都市支配について論じることはできないのである。

ところで祇園社が有するこのような特質は、おそらく本寺延暦寺が、政治・経済の中枢である京都の内ではなく、その外に位置していた点に決定づけられたものであったと考えられる。南北朝期までの京都において、山門が王朝勢力と相並ぶ一大政治勢力であり、京都市中の多数の土倉・酒屋・座商人を配下に置いていたことはよく知られるところである(4)。しかし京外に位置する山門が、具体的にはどのように京内を支配していたのか、その支配のしくみについては、山門関係史料の不足という事情も手伝って十分に明らかであるとはいいがたい。その一方、祇園社の組織と社領支配についてみる限り、実は山門にとって、祇園社のような京内末社との関係は、京都を支配する上で非常に重要な意味を持っていたものと考えられる。したがって本章においては、祇園社について分析することを通じ、さらに山門による京都支配の構造、ひいては山門に連なる寺社勢力の都市支配の構造をも解明することをめざしたい。

以上の点をふまえ、本章ではまず第一節において、南北朝期の祇園社組織の全体像について分析することにする。ここで多少詳細に過ぎるほど組織について検討するのは、都市支配のあり方を問題とする前に、まずその支配体制の根幹ともなる組織のありかたそのものを明らかにしておきたいためと、祇園社組織の構造の中に、まさに山門の京都「支配」のあり方が反映されていると考えられるからである。その上で第二節において、祇園社の京中社領支配の実態について分析し、祇園社の領主権がどのような形で立ち現れるのかをみたいと思う。さらに第三節では、京都における山僧や山門公人らの活動に注目することにより、祇園社が本寺の京都支配の拠点として、どのような役割を果たしていたのかを確認し、山門に連なる寺社勢力が京都に及ぼした支配のありようについて明らかにしたいと思う。

第一節　南北朝期の祇園社組織

1　祇園社の社僧

祇園社組織に関する研究は、社僧構成や神子組織等について部分的に分析を加えたものがすでに存在するが(5)、組織の全体像及びその特質については未解明な点が多々ある。特に公人を中心とした下部組織に関する研究は、本格的に研究されておらず、立ち遅れが目立つ。一方山門との本末関係が、祇園社組織をどのように規定していたかという問題については、福眞睦城氏による二つの論稿が注目される(6)。そこでは、延久年間以降祇園社に座主の代替わりごとにおかれる職として祇園別当が設置され、座主・別当による末社支配機構が整備されていったこと、感神院政所下文が主に社領相論裁許を発給要件として別当の指示を受け発給されるものであったこと、及び社僧補任が検校・別当により決定されるものと、執行の決定に委ねられるものとがあったことなどが指摘されている。

いずれも重要な指摘であるといえ、これらをふまえた上でさらに社内組織の具体的なあり方を明らかにする必要がある。祇園社組織の詳細が明らかとなるのは、南北朝期の執行顕詮の手になる「社家記録」によってである。以下この「社家記録」に拠りながら、南北朝期の祇園社組織について詳しくみてみたいと思う(7)。

まず感神院政所の性格について、触れておきたい。政所発給文書は、寿永二年（一一八三）の感神院政所波々伯部保司職補任状をはじめとし、[8]以後室町期に至るまで三十三通を数える。内容は、福眞氏も指摘されているように、社領相論の裁許の他、社僧・絵師等の補任、番仕や社家八講の僧名の注進、吉書などであり、これがそのまま政所の実務内容を示していると考えられる。政所発給文書の署判者は、①検校座主・別当・社務執行・三綱・権大別当・少別当、②別当・社務執行・三綱・権大別当・少別当、③社務執行・三綱・少別当、の三つの場合があり、政所の構成員が、正式には①の場合の検校座主・別当以下の僧であったことがわかる。[9]このうち、三綱が「公文」として政所下文に署判を加えている例のあること、及び南北朝期には三綱・権大別当・少別当が公文として公文所に奉仕していることから、[10]政所に包摂される形で公文所も置かれていたとみることができる。さらに①の署判者による政所発給文書の内容が、座主交代時の吉書と祇園社の有力僧である執行・権長吏の補任に限られていたことは、検校座主（天台座主）が署判を加えて政所から文書を発給するのが特殊な場合であったことを示している。したがって政所の実務は、②の僧により担われていたと考えられ、とりわけ社務執行はあらゆる文書に署判を加えていることから、実務の中枢にあったものとみなすことができる。

ここで政所発給文書の筆頭に「検校」として本寺の長官たる天台座主が、次いで同じく山門僧で座主配下の僧が別当として署判を加えていることは、祇園社組織が延暦寺による末社支配機構としての特質を備えていたことを示している。それでは座主や別当は、組織全体において具体的にどのような位置にあったのだろうか。南北朝期に、座主が直接に祇園社経営に関与していた事実は見出すことができない。しかし政所下文が示すように、座主は政所の実質的な統轄者である執行及び権長吏職の補任権を握っている。そして執行がさかんに自らを補任してもらうための工作に躍起になっている事実をみれば、[11]その権限は決して小さくなかったと思われる。つまり座主は、これらの補任権の行使を通じ、末社を統御することが可能であったのである。

一方別当については、座主一代につき一人という原則で、南北朝期には座主出身の門跡執事が補任されるきまりであったことがすでに指摘されている。[12]「社家記録」には、別当の補任に伴って行われる別当吉書の儀に関する詳細な記述がみられ、[13]座主に比べ、より積極的に祇園社経営と関わっていたことがうかがわれる。また社領の安堵等に関する綸旨・院宣の宛所が別当であること、及び相論の際に別当挙状が提出される例のあることから、[14]別当が対外的には祇園社の最高管理者とみなされる存在であったことがわかる。さらに祇園社が検断権を行使する際に、最終的な決定を下すのは別当であり、住宅検封・破却等は別当御教書を以て行われた。[15]貞和三年（一三四七）の静晴別当得分注進案には、社内末社や諸社領、神人等に関する実に様々な「別当得分」が書き出されており、別当の有する権益の多大さが並々ならぬものであったことがうかがえる。[16]また別当配下には、同じく座主の代替わりごとにおかれる職として門跡門徒から選ばれる目代も置かれた。目代は、検断や番仕等に関わる得分を有するとともに、座主・別当の命令を執行以下の社僧に徹底化させていく上で重要な役割を果たしている。[17]以上のことから座主・別当は、祇園社組織において一定の役割を果たしており、特に別当は末社の経営に深く関与していたとみることができる。

その一方、祇園社の経営体制を実質的な側面において支えていたのは、執行及びその配下の社僧たちであった。これをまず、正平七年（一三五二）二月二十五日付感神院政所権長吏補任状案の作成経緯から確認しておきたい。[18]この補任状案は、大別当隆静を権長吏に補任した際のもので、「検校座主二品前大僧正」、「別当権律師法橋上人位」、「小別当法印円智」の署名が確認される。この文書の発給経緯について、補任状案の発給日と同日の「社家記録」には、「権長吏職任符隆晴法印、今日為二社家一書二上別当一了」とみえ、社家すなわち執行が補任状を書いて別当に進上していたことがわかる。さらに二十七日条には、「権長吏任符位所（署）、二品字可レ入之由被レ仰之間、書直進入了」とあり、執行が別当に補任状の不備を正されて書き直し、再度別当に進覧していることがわかる。ここから、権長吏職の補任権者である座主が検校として補任状の筆頭に位署を加えてはいるが、発給を実際に行ったのは執行と別当、とりわけ執行であったことが明らかとなる。

それではこのような形で実務を担う執行職とは、どのような職であったのだろうか。これを執行自身の手になる正平七年（一三五二）の「社家記録」によりみるならば、まず太神供祝や富祝、社家八講や仏名講等の恒例仏神事、あるいは臨時に行われる祈禱などの際に、その準備を公人に命じたり、公文所に対し廻請の提出を命じたりする立場にあったことがわかる。そして権大別当等の社僧や公人、宮籠等の補任権を有しており、その任料は執行の得分にあてられている。また公人を通じ、神人や祇園会御旅所神主等に対する所役の催促、あるいは社領に対する神供等の催促、さらには社領内の警固・検断等を行わせるのもまた執行の役目であった。

したがって執行は、祇園社経営の各面における統轄者としての地位にあったといえるが、見落としてならないことは、執行が一方で本寺延暦寺の末社支配に関わる様々な職務を担っていたことである。すなわち、①社内運営その他の諸事項を、目代を通じ通達すること、②山門公人入京時に、公人に酒肴料を下行すること、③山門集会事書に基づき、祇園社公人・犬神人を催促すること、④座主・門跡の命により人夫を調進すること、等もまた執行の職務であった。要するに執行職とは、社内運営のみならず、京中の座主・門跡及び別当と京外の山上・坂本の大衆・公人の双方による末社支配の、いわば窓口としての役割をも担う職であったのである。

祇園執行歴代交名案によれば、執行職の成立は永保元年（一〇八一）で、その最初は行円となっている。[19]行円は『尊卑分脈』により、紀氏一族の僧で天台碩学恵心僧都の弟子寛円の子であることがわかり、行円以後執行職は代々紀氏一族に相伝されている。執行職の成立期が、延暦寺による祇園別当設置の十年後にあたる点、及び行円が父親を通じ天台の門流と深い関わりを有していた点をみれば、執行職は本来延暦寺の末社支配を貫徹するために創出されたものであったと考えられる。そして執行職が座主によって補任され、座主交代のたびに補任されるしくみであったこと、補任の際に座主に対する任料として二千──三千疋もの進物銭が必要とされたことも、こうした事情によるものと解することができる[20]。執行職と同様、座主により紀氏一族の中から選ばれるものに権長吏職があるが、必ずしも座主代替わりにともない補任される職ではないということの他[21]、職務等の具体的内容については不明である。ただ執行職との兼帯例が多いこと、執行と同様、座主交代時に社家管領を任されていることから[22]、社内において執行職と並ぶ重要な地位にあったことは間違いない。

ところで祇園社には、これら執行・権長吏等の紀氏一族から成る僧のほかに、権別当・三綱・権大別当・少別当もおり、これらの僧についてはすでに野地秀俊氏が「社僧」として一括して考察されている[23]。同氏によれば、祇園社の文書・記録に現れる「社僧」とは、①紀氏一族外で、②国名《くにな》を名乗り、③上座・権別当を極官とし、④法眼を極位とする僧であるという。こうした指摘は、執行から専当・宮仕に至るまでを、「社僧」という概念で一括りに捉えていた従来の研究に反省を迫るものとなる。ただし執行等の紀氏一族の者をも含め「社僧」と呼ぶ例があること[24]、執行・権長吏をも含めた祇園社僧名注進状が存在することから[25]、紀氏一族もまた広義には「社僧」であったと捉えることも可能であると思われる。そこで本章では、執行から少別当に至るまでの僧を「社僧」と呼ぶことにし、専当・宮仕については「公人」として捉え、別に考察することにしたい。

さて権別当以下の社僧が、上座→権別当→寺主→都維那→権大別当→少別当という序列のもとで、公文所の公文として政所実務の中核を担い、安居会の際の夏衆を勤め、評定による意志決定を行うなどしていたことは、すでに野地氏が明らかにされている通りである。問題は各々の職固有の役割、及び職相互の関係がどのようなものであったかという点であるが、これについて語る史料は乏しく、明確なことはわからない。ただし「社家記録」により、少別当が公文所に組織される場合に「小綱」と呼ばれる例のあること[26]、及び各社僧が仏神事において固有の役割を担っていたことは指摘することができる[27]。

これらの社僧について注目されるのは、本寺延暦寺の山徒と独自の結びつきを有していたことである。すなわち

「社家記録」応安四年（一三七一）七月一日条には、「夏衆丹後法眼快恵、就二坂本仰木庄事一、可レ有二合戦一之間、座主青蓮院御門徒円明房□（憲）慶相語之間、即刻□□越二坂本一、仍自二昨日一不レ参二供花一」とみえ、近江国仰木庄をめぐる青蓮院と妙法院の合戦に、祇園社僧の丹後法眼快恵が加わったため、安居会に結番しないという事態の生じていたことがわかる。快恵を手引きした青蓮院門徒円明房が、のちに山門使節となっている事実から考えてみても(28)、祇園社の社僧が当時の有力な山徒と結びついていたことを示す事例として注意される。

２　祇園社の下部組織

次に、公人を中心とする祇園社の下部組織について考察することにしたい。中世の寺社組織における公人の研究は、稲葉伸道氏の研究を先駆として、東大寺・興福寺・東寺・山門（延暦寺と日吉社）の公人についての研究があるものの(29)、祇園社公人についてはほとんどなされていない。それは従来、祇園社公人を構成する専当・宮仕・承仕が「下級社僧」と位置づけられるのみで、その特質について論じられることがなかったことによるものと考えられる(30)。しかし先に述べたように、専当・宮仕は史料上「社僧」ではなく「公人」として捉えられており、公人として社内組織上に位置づける必要がある。

専当・宮仕が「公人」であることは、次に示す「社家記録」正平七年三月十二日条によって確かめられる。

一社頭木屋破損之間、材木榑等紛失之間、可レ運二置本御輿宿一之処、申二談太子堂円観房一之処、鎰触穢〈依二長老入滅事一〉之上者、四壁板ヲ放テ可二取運一之由申間、今日為二執行代奉行一、板ヲ放テ以二専当・宮仕・宮籠等一、運二渡本御輿宿〈廻廊辰巳角〉一畢、公人等粉骨間、神供四前給了、材木注文仙舜注レ之、

ここでは執行が、社頭の木屋を取り壊して材木を運んだ専当・宮仕らに対し「公人等粉骨」により神供を与えており、専当・宮仕が一方で「公人」として把握される存在であったことがわかる。同じく「社家記録」同年八月五日条

に、専当・宮仕が「公人等沙汰」として西面の築地を毎夜警固していたとあり、ここでも専当・宮仕が「公人」と言い替えられている。このほか承仕についても、宮仕と共に社頭を警固するよう執行から命じられる例のあること[31]、及び「社家記録」正平七年十一月十三日条に、「於二社内一去夜為二円千法師一、朝珍被二打擲一之由、自二方々一申之間、円千法師解二却承仕職幷公人職一了」とあり、「公人職」を兼帯していたことから、やはり公人を構成する職の一つであったとみなすことができる[32]。

次に専当・宮仕・承仕各職固有の役割についてみてみると、まず専当は世襲の職であること、及び別当吉書の際の「公文座酒肴」において「盃膳役」を勤めていたことがわかる[33]。宮仕については、「社家記録」正平七年二月二十五日条に、「宮仕一和尚朝乗預専当兼、彼職与二奪子息夜叉法師一、一座饗膳今日沙二汰之一云々」とあることから、﨟次が存在し、専当と兼帯される場合のあること、及び世襲の職であることがわかる。その職掌には、神事の支度をはじめ、別当吉書の際の印鎰持ち等の雑事があった[34]。一方承仕も、毎年元旦に行われる「富祝」の準備や、修正会における「連灯幷乱声」役などを担当し[35]、祇園社の恒例仏神事に欠かせない職であった。これら専当・宮仕・承仕は、三者の間で兼帯されることもままあり、かつ執行をはじめとする有力社僧のもとで、「坊人」として私的に組織される側面をも有していた[36]。

それではこの三職から成る祇園社公人の職掌とはどのようなものであったのだろうか。先にみた社頭の警固もその一つであるが、これに加え社領内の犯科人の住宅破却、及び放火事件発生時における犯科人の侍所への身柄引き渡し等の、検断活動への従事が挙げられる[37]。また社領及び神人・神子等への供米・公事の催促と納入も公人の役割であった。例えば「社家記録」には、応安五年の歳末に祇園末社の播磨国広峯社からの公事用途を着服した罪で、正禅が公人職を解却された記事がみえている[38]。

このほか公人の職掌・活動において特筆すべきこととして、①山門公人と独自の結びつきを有したこと、②山門公人の統制下で、犬神人と共に他宗弾圧や検断に伴う破却活動に参加したこと、③「寄方《よりかた》」として、神人・神子・芸能民を統率したこと、の三点を指摘することができる。①・②の点については第三節で改めて取り上げることとし、ここでは③について触れておくことにしたい。

寄方職は従来、「社家記録」において特に犬神人を動員する役として登場することが多いため、犬神人の動きと併せて言及されることが多かった(39)。しかし表1をみれば明らかなように、その活動は実に様々な内容を含んでいる。表1からまず、寄方となるのが専当・承仕・宮仕の、公人を構成する各職であったことがわかる。寄方が、社領や神人のもとに派遣され、社役の徴収にあたる職であることは、すでに下坂守氏が指摘されているところである(40)。加えて、京中に限らず末社播磨国広峯社にも派遣されており、神人のみならず神子・師子・田楽の統制にもあたっていた(41)。そして寄方が、社領・神人・神子等から所役を徴収する際、「社家記録」に「綿新座神人、社役無沙汰之間昨日二人召二置所持綿一之処、今日二人出、人別二百文此外寄方分廿文、之間、昨日綿袋返給了」、「広峯社役社家上分紙貳百帖内、且今日五十帖寄方正珍法橋沙二汰之一、（中略）寄方得分百帖、又領家分紙、晴春法印号二御敵一下司下地押領」とあるように(42)、「寄方得分」なる独自の得分を得ていたことも注目される。また、寄方は社領内の検断において重要な役割を果たしており、公人が検断に赴く際にこれを統率したり、時には犯科人を召し捕ったりした(43)。

さらに詳細に表をみていくと、それぞれの社領や神人・師子舞・田楽ごとに、担当の寄方が定められていた可能性が浮かび上がってくる。例えば正平七年に犬神人を統轄している寄方は必ず宮仕朝乗であるし、応安四年以降広峯社に派遣されているのは、常に専当正禅である。また宮仕朝乗は、「社家記録」において、宮辻子保の寄方としてみえており(44)、貞治四年（一三六五）の「三鳥居建立記」では「堀川寄方朝乗法橋」すなわち堀川神人担当の寄方としてもみえている(45)。したがって寄方は、公人の中から各社領・各集団の担当者として設定され、執行の命により社役の徴収等にあたるとともに、検断の際には公人を統率するなど、主として社外での活動を中心に祇園社の経営を支える職で

表1　寄方一覧

No.	年号	西暦	月日	史料名	内　容	人名	兼帯	社領	神人／その他
1	建武3	1336	3.12	建武三年記	壇供を取る				
2			4.25		寄方3人中へ銭1貫文を下行				
3			11.21		輿迎の馬上用途銭から寄方兄部に500文下行				
4	〃 4	1337	正.13		納められた正月御壇供のうち6枚を取る				
5	康永2	1343	11.14	社家記録一	宮仕8人と綿本座神人に伝達	朝円	専当		綿本座神人
6			12.4		綿新座神人の社役の内,寄方分が20文				綿新座神人
7	正平7	1352	正.5	社家記録三	四条面南頬小串地御壇供代300文を届ける	朝乗	宮仕	四条面南小串	
8			正.9		寄方の任料2貫の内,1貫文を沙汰	円千	承仕		
9			正.12		河原細工所役の裏無について状況を報告	良一	承仕		四条河原細工丸
10			正.15		小串地の壇供の代銭の内100文免除される	朝乗	宮仕	〃	
11			正.18		円千,寄方職の補任状を得る	円千	承仕		
12			正.20		円千の寄方職は「重代」	円千	承仕		
13			正.25		堀川神人の初任見参料の不足分を届ける	朝年			堀川神人
14			正.26		犬神人に葬礼の輿を返すように下知する				犬神人
15			2.4		局行を警固する犬神人の要求を執行に伝える	朝乗	宮仕		〃
16			2.6		局行の左方神子大座等の用途を祇園社に持参				左方神子
17			2.7		局行の酒肴料と「茎立銭」を沙汰	朝円	承仕		左右方神子
18			2.8		局行暁壇供の右方五座分を沙汰	朝珍			右方神子
19			2.11		宮辻子路次の事で承仕と共に建仁寺側と問答	朝乗	宮仕		犬神人
20			2.16		犬神人を催促.建仁寺側の意向を執行に伝達	〃	宮仕		〃
21			2.17		犬神人を再び催促				〃
22			2.22		堀川神人と訴訟の挙状を申請				堀川神人
23			2.23		法花堂破却の事書案を犬神人のもとへ届ける				犬神人

№.	年号	西暦	月日	史料名	内　容	人名	兼帯	社領	神人／その他
24	正平７	1352			堀川神人を訴訟の一件につき連れて来る				堀川神人
25			2.26		法花堂破却の重事書案を犬神人に届ける				犬神人
26			2.28		小舎人殺害事件につき師子舞を祇園社に引率				師子舞
27			閏2.4		一切経会の会料催促のため吉田庄へ	良観		吉田庄	
28			閏2.15		仏光寺破却の為，犬神人を催促				犬神人
29			閏2.19		一切経会会料についての綸旨を花山院に付す	〃			
30			3.11		相論につき，師子舞の許に派遣される				師子舞
31			3.14		土倉の天役免除の件につき奉行の所へ派遣	朝乗	宮仕	百度大路東頬	
32			3.28		師子舞沙汰につき執行の指示を受ける				師子舞
33			4.15		稲荷祭桟敷用途の催促の為，師子と問答				〃
34					上記の件につき絹屋神人の状況を執行に報告	正珍	専当		絹屋神人
35			4.19		賢聖房承能の住坊破却の為，犬神人を催促				犬神人
36			5.4		広峯社役社家上分の紙200帖の内50帖を徴収	正珍	専当	広峯社	
37			5.17		賢聖房承能の住坊破却の為，犬神人を催促				犬神人
38			5.21		「絹屋札」２枚を所望	正珍	専当		絹屋神人
39			7.10		堀川神人初任見参料につき執行に尋ねられる	良一	承仕		堀川神人
40			7.16		用水切断の件につき犬神人と共に祇園社へ				犬神人
41			7.19		堀川神人初任見参料につき執行に尋ねられる				堀川神人
42			7.24		〃　執行に報告	良一	承仕		〃
43			7.26		小袖座神人に対し，社家上分用途を催促	乙熊	宮仕		小袖座神人
44			7.27		葬礼の輿の件につき，犬神人と問答				犬神人
45			8.4		堀川井料社家得分無沙汰につき沙汰人の許へ			堀川井料（五条）	
46			8.6		納師子無沙汰につき師子の許に派遣される				師子舞

No.	年号	西暦	月日	史料名	内　　容	人名	兼帯	社領	神人／その他
47			9.6		別当に強盗の住宅破却の為の御教書を申請	朝乗	宮仕		
48			9.7		宮仕・専当と強盗の住宅を破却	〃	宮仕		
49			9.8		目代の検断得分の警固の公人への通達				
50			10.18		堀川神人の申状を侍所に促すよう下知される	朝乗	宮仕		堀川神人
51			11.2		初任見参料につき堀川神人への伝達	良祐			〃
52			11.8		住宅破却につき，米屋と問答				
53			11.25		右方御神楽の巫女の公事用途を社家に納入				右方巫女
54			12.2		三条京極寺と加茂田の事につき執行から指示	朝乗	宮仕		
55			12.3		御祈用途の催促の為執行に招ばれる				
56			12.15		犬神人に掃除をするよう，伝達				犬神人
57			12.18		犬神人の掃除に同道し，奉行	朝乗	宮仕		〃
58	延文2	1357	6.14		祝布施五連が神子寄方中に下行される				神子
59	貞治4	1365	5.12	三鳥居建立記	堀川神人に材木を借用	朝乗			
60	応安4	1371	10.8	社家記録四	顕詮の代官として広峯社に参詣	正禅		広峯社	
61			10.10		顕詮に同伴して，広峯社に参る	〃		〃	
62			10.12		入道を召し捕る為派遣される				
63			10.13		盲目女の家を総追捕使と共に検封				
64	応安5	1372	11.2	社家記録五	御座神人に畳一帖を社家へ納めさせる	正禅			御座神人
65	?			神社文書318	葱町保へ社役の催促に派遣される			四条坊城葱町保	
66	応永28	1421	6.2	神社文書370	師子舞の馬上料足請取状の端裏に署名	備中			師子舞
67			6.2	〃 385	本座・新座田楽の馬上料足請取状端裏に署名	幸乗			本座・新座田楽
68	永享3	1431	6.2	〃 416	新座田楽の馬上料足請取状端裏に署名	幸乗			新座田楽

No.	年号	西暦	月日	史料名	内　容	人名	兼帯	社領	神人／その他
69	文安元	1444	5月日	〃 1814	広峯社預所・寄方職として50貫文を運上	秀慶		広峯社	
70			9月日	〃 1815	寄方職を公文が競望	〃		〃	
71	〃 4	1447	2.7	〃 1817	広峯社二季御公事物として寄方分公事物			〃	
72	文正元	1466	10.15	〃 1833	「広峯社本所知行分」に寄方の得分・免除分			〃	
73	?			〃 1834	広峯社の「当知行大概事注文」に寄方得分	秀慶		〃	
74	文亀2	1502	6月日	〃 697	田楽寄方分として馬上銭を240文受け取る	鶴千代			田楽

注1）出典のうち，「建武三年記」は『祇園社記続録』第十二（『八坂神社記録』下，所収）に拠る．また『神社文書』は，『八坂神社文書』を指している．
注2）史料中，「寄方」とあるのみで人名を付していないものも載せてある．

あったといえる。

以上、祇園社公人についてみてきたが、ここで公人に類するものとして、宮籠《みやごもり》についてふれておきたい。宮籠については、すでに丹生谷哲一氏によって、「庭上掃除・神楽・供茶・輿かき・処刑などの諸役に奉仕する御子・巫女の一種」であることが指摘されている。そして日吉山王縁起『耀天記』に「宮籠などいふあやしの乞食非人」とある点や、日吉社客人宮における冥道供の仏供支配において、宮籠が「非人施行」の対象となっている点、さらには「片羽屋」・「片端人」の存在等から、罪・穢をキヨメるために祈願をこめて人交りを絶ち、宮に籠って諸役に奉仕する非人集団の一種であるとの見解が出されている(46)。祇園社の宮籠が、掃除・神楽以下の諸役に従事しており、「片羽屋座」を構成していたことは、「社家記録」等から確認することができる。しかし日吉社の場合と同様に、これを非人集団とみなしうるのかどうかについては疑問の余地がある。というのも、祇園社の宮籠は公人と同様に「坊人」として特定の社僧の「坊」に従属しており(47)、かつ公人と血縁関係を有しているからである(48)。宮籠が一方で、社座の神子とは別に「片羽屋神子」とも称されることから、ここでは宮籠を、公人と神子の中間的存在であると規定しておきたいと思う。

このほか祇園社には、神人・神子・芸能民もいた。その各々の組織についてもごく簡単に触れておくと、まず神子についてはすでに脇田晴子氏による詳細な研究があり、南北朝期には、左方神子と右方神子とがいたこと、正平七年段階で左方神子が八座、右方神子が七座あり、共に「一座」を「大座」と称していたこと、祇園会御旅所にも神子がいたこと等が明らかにされている(49)。これらの神子は、脇田氏の指摘される「局行神事」におけるお渡りのほか、「社頭御神楽」・「午日御神楽」、さらには「冠者殿神楽」や「将軍家春季御神楽」など、様々な神楽を奏した(50)。一方神人についても、豊田武氏や脇田氏等による詳細な研究がある(51)。中世の祇園社には、堀川神人・綿本座神人・綿新座神人・白布神人・塩梅神人・小袖座神人・瓜町神人・糠神人・犀鉾神人・摂津今宮神人・袴腰座神人等の各神人がおり、これらの神人は脇田氏が指摘されるとおり、祇園会に代表される祇園社の祭礼神事への奉仕を神人たる要件としていた。

ここで特に指摘しておきたいのは、これら祇園社神人の中に、祇園社のみならず山門に対しても奉仕していた神人がいたことである。その筆頭が第三節でふれる犬神人であり、堀川神人である。犬神人は「坂者」とも称され、清水坂非人と同一化して捉えられることが多い(52)。ただし祇園会の警固をしていること、執行の意を受けた寄方の統轄を受けていることなどを重視するならば、祇園社組織内においては神人としての性格を明確に持った存在であったといえる。一方堀川神人は、祇園社別当に対し、供飯・年貢及び「補任見参料」を納め(53)、また山門大衆が神輿入洛をはかる際には祇陀林寺の前に神輿安置のための仮屋を設ける役を負うなど(54)、山門に対しても奉仕していた。

一方、師子舞・田楽といった芸能民もまた祇園社に奉仕していた。前者は、「惣勾当」・「兄部」の統轄する座組織を持ち(55)、毎年春には「恒例御祈師子」を、六月には「納師子」を舞い、祇園会の神幸供奉も行っていたことが知られる(56)。さらに寄方を通じ、「師子舞所役」として「稲荷祭桟敷用途壱貫五百文」をも納めていた(57)。また後者は、すでに鎌倉後期には本座・新座の両座が存在しており(58)、祇園会にも供奉しているが(59)、活動の具体的な状況についてはあまり明らかでない。この師子舞・田楽の両者もまた祇園社のみならず山門に奉仕する存在であったことは、日吉祭礼に奉仕していること、[60]及び山門の神輿入洛に際し「色掌人」としてこれに参加していることから明らかである。[61]

以上の考察により、祇園社組織について明らかになった点をまとめると次のようになる。

①　南北朝期の祇園社には、検校座主・別当・目代ら本寺僧、紀氏一族その他から成る社僧、専当・宮仕・承仕ら公人、公人の統制を受ける神人・神子・芸能民の四階層が存在した。

②　祇園社の経営は、検校座主・別当を頂点とする感神院政所と、これに包摂される公文所によって担われ、政所・公文所を実質的に統轄していたのは執行であった。

③　執行は、公人の中から寄方職を選び、公人及び神人・神子・芸能民の統制にあたらせると共に、これを通じて社役の収納及び検断権の行使を行った。

南北朝期の祇園社経営の実務的な権限は、おおむね執行のもとに集中していた。しかし、その執行が座主の代替わりごとに代わる職であり、補任権を新座主が有していたこと、別当・目代もまた社内経営において一定の権限と得分を有していたこと、社僧と公人のそれぞれが、山徒や山門公人と強く結び付いていたこと等に鑑みれば、南北朝期の祇園社は全体として本寺の強い管理下にあったといえよう。

第二節　南北朝期の京中社領支配

1　社領の分布と支配

それでは、これまでみてきたような組織のもとで、祇園社は実際、京都の一寺社としてどのような支配を展開していたのであろうか。次にこうした点を、境内地を含む京都に存する社領の支配のあり方から考察することにしたい。

祇園社の京中社領については、元亨三年（一三二三）「社家条々記録」[62]、及び貞和三年（一三四七）の静晴別当得分注進案により[63]、南北朝期には、五条以北三条以南の境内地の他[64]、堀川十二町・高辻東洞院四町（大政所御旅所敷地）・四条東洞院の瓜町・七条坊門室町の芹町、三条京極方四町（京極寺）・四条坊城方四町（葱町）・冷泉東洞院四町（少将井御旅所敷地）・五条天神社・大将軍堂・山階田・賀茂田の散在社領の存在したことが知られる。

こうした社領に対する祇園社の社領支配については、従来、康永二年（一三四三）の祇園社領内犯科人跡社家沙汰勘例注進状案により[65]、祇園社が承久元年（一二一九）から社領内の住宅検断を行っていたこと、及び十二世紀初頭ごろから寄検非違使の設置をみ、公権力の介入を受けていたことが指摘されている[66]。また瓜町保や芹町保の場合を例として、祇園社がこれらの社領から、地子及び雑公事を徴収していたことも指摘されている[67]。いずれも祇園社という枠組みを超えて、広く洛中の本所検断権、あるいは中世京都の土地所有形態等の都市史に関わる問題が論じられる中で指摘されている事実であり、重要である。ここではこうした指摘をふまえつつ、寺社が個別に有した社領支配のしくみと実態を分析することにより、さらに中世京都における寺社権門の領主的支配の構造を明確化させたいと考える。そこで以下、先に示した組織の内容に基づきながら、祇園社の社領内部の空間的様相と、その支配の実態について考察することにしたい。

まず社領の具体的様相については、特に境内地に関して「社家記録」等から多少知ることができる（図1参照）。とりわけ注目されるのが、南大門前の百度大路と、西大門前の四条大路の両門前である。このうち西大門の門前は、四条大路の末にあたることにより早くから栄えていたもようで、寛元元年（一二四三）に大火が起きた際には、「西大門前大路在家」数百軒が焼亡したという[68]。そして弘安九年（一二八六）には、諸人による土地の買得が進み、百度大路・西大門・車大路等に「禅律僧尼・念仏者・武士甲乙人等」が居住する状況となり、祇園社側がこれを制止する動きをみせている[69]。

南北朝期になると、両門前には当時執行職を争っていた社僧顕詮と静晴の坊がそれぞれ存在していた。まず「社家

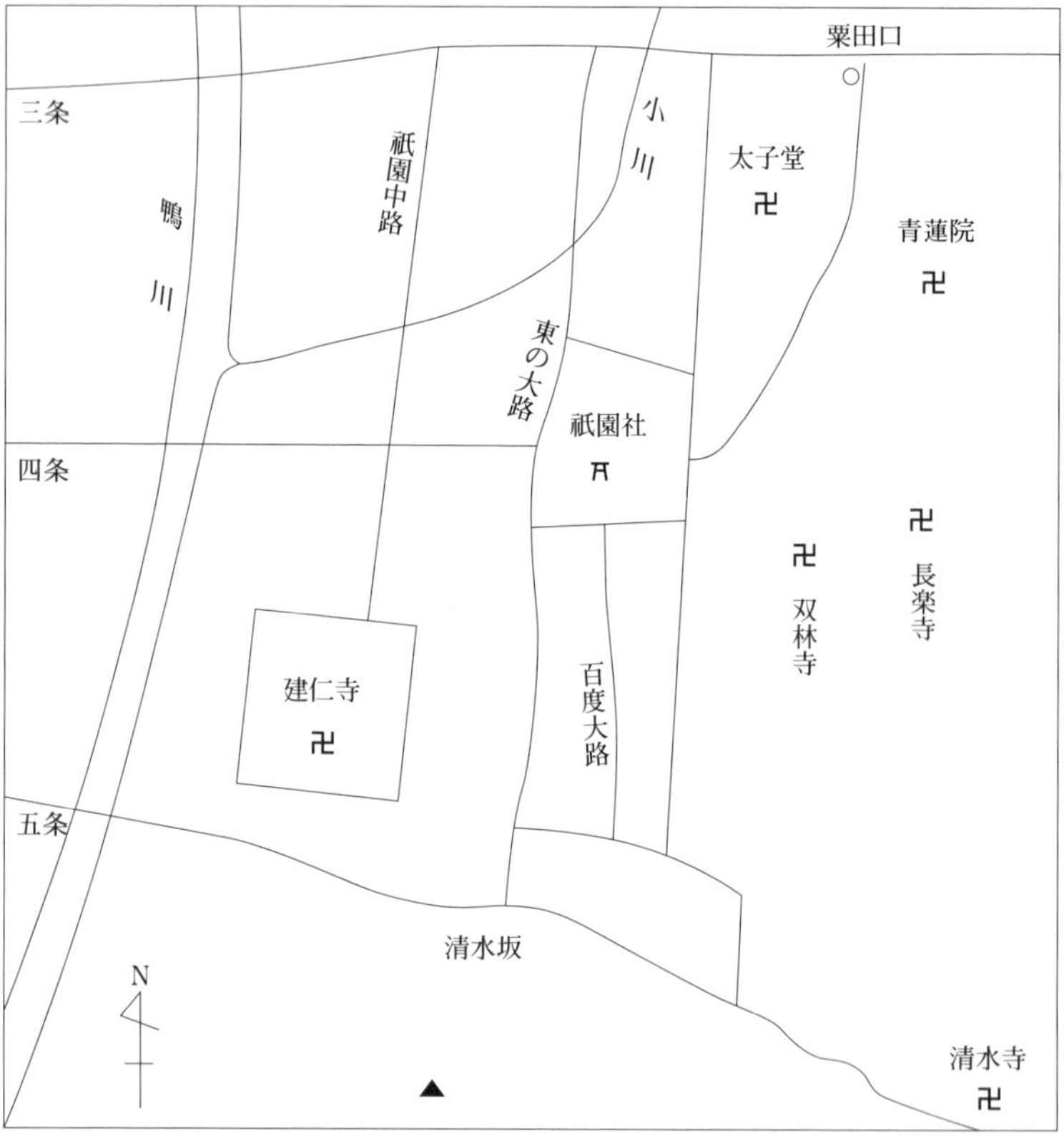

図１　祇園社領四至略図

記録」巻五裏文書二八六号の顕詮書状に、「弊坊ハ百度大路石塔西頬諸職戸土門矢倉内也」とあり、顕詮の坊が百度大路の西側に位置していたことがわかる。この百度大路の地には、顕詮以外の社僧も坊を構えており、「社家記録」正平七年（一三五二）四月七日条に、「子刻自二百度大路釘貫脇西頬一自二権別当若狭法眼幸兼坊一火出、子息元社僧大輔房幸円物□放火云々、北者限（至于ゝ）二治部都維那仙舜房一焼失、南者至レ于二権大別当因幡阿闍梨玄親坊南小屋一焼畢」とあって、この時の火災により権長吏・三綱・権別当らの「社僧坊四宇」が焼けたという。一方西大門の門前には、「社家記録」康永二年（一三四三）八月十九日条に、「行執行許、大門房」とあるように、執行静晴の坊である「大門房」が存在し、静晴の他、静晴の門弟も同居していた(70)。延文二年（一三五七）の天台座主青蓮院宮入道尊道親王令旨に、「静晴法印管領西大門敷地」とみえる西大門敷地とは、この「大門房」をも含む土地を指しているものと考えられる(71)。

南大門・西大門の門前にはまた、土倉・酒屋も軒を連ねていた。「社家記録」正平七年三月十四日条によると、土倉・酒屋に天役がかけられるというので、執行が「百度大路東頬土倉」は「社家神供料所」であり、「西大門南頬酒屋」も質屋ではない、と奉行人に伝え免除を申請している。これらの土倉・酒屋は、祇園社の保護を受けるかわりに、毎年「節料」を納めていた(72)。このように僧坊が位置し、土倉・酒屋の立ち並ぶ南大門・西大門の門前は、祇園社にとって広大な境内地の中でもとりわけ経営にかかわる重要な地域であったといえよう。

このほかの地域に目を転じると、貞治四年（一三六五）、南大門前に三鳥居を建立した際に顕詮が記した「三鳥居建立記」に、「笠木雨覆大木両支、自二尼崎一今日付二四条河原一間、社僧坊下人幷専当・宮仕・宮籠、百度大路・今路・裏築地・四条面在地人等、可二引進一之由、自二此坊一相触之間、無二偏執之儀一、悉引二大物一而運二上芝一了」とある、百度大路・今路・裏築地・四条面の「在地人」が注目される(73)。この時には西大門の住人である妙法院門跡の牛飼童「土用鶴」も車引として駆り出されており、総勢二百余人が材木を運んでいる。祇園社の造営事業が、門前地のみでなく今路・裏築地等の「在地人」を含め成されていることは、これらの地域もまた祇園社の境内地の中でも特に領主権が強く及ぶ地域であったことを示していよう。さらに正平七年（一三五二）に洛中河東で毎夜狼藉があり、「社頭夜行」の徹底を侍所から指示された際にも、「任二先例一就レ相二触在家幷社僧坊一、両三夜致二其沙汰一」とあり、社僧と「在家」とで夜回りを行っている(74)。

次に南北朝期祇園社の社領支配を、寄方職の役割を中心に考察してみたいと思う。寄方が神人・社領の所役を徴収する職であることは前節で述べた通りである。以下もう少し具体的にその活動について紹介していくと、まず「社家記録」正平七年正月五日条に、「四条面南頬小串地御壇供代参百文、朝乗寄方持来、是ハ日向入道幷白拍子地トテ、先々沙汰分也、彼地小串買得云々、此三連ハ御坊供分也」とあり、この日寄方朝乗が執行のもとに四条面南頬の地の壇供代三百文を届けたことがわかる。この三百文は、もとは日向入道と白拍子の土地で、今は「小串地」とされる土地から納められたものであった。ただし正月十五日条に「日向入道・五郎大夫両人、〈今号二小串地一〉代銭四百文、〈社家取レ之、〉此内百文寄方〈朝乗〉畠作之間免レ之、動乱以前在家ヨリ七百文沙二汰之一、而近年成レ畠之間減少云々」とあるように、その所役は南北朝動乱を契機として七百文から四百文へと減額され、さらに寄方朝乗の畠作地であることを理由に百文が免じられて三百文となっていたのである。

これに関連して「社家記録」同年十二月二十九日条に、

一西大門南頬小串地御油幷壇供用途〈秋地子分六百文〉事、百姓等〈公人等也、〉今年損亡之間、可レ致二半済沙汰一之由、申二地主小串上総一之間、領状云々、仍社家方地子可二減少一之由申間、無レ謂之由問答、今日不二道行一、正月ニ問答、地主可二落居一之由百姓申間、先閣了、

とあるのは、この地の「百姓」が祇園社公人であったこと、御油料と壇供を秋地子として領主祇園社と地主小串の双方に納めることになっていたことを示している。[75] 寄方朝乗はおそらく、畠作を行う公人を代表して社家（執行）に壇供を納めていたのであろう。したがってこの西大門南頬地の例からは、単に寄方が所役を徴収するのみではなく、自ら畠作を通じこの地に関係しており、それがために土地全体の地子額も減免されるという状況にあったことを指摘しうる。

寄方職はまた、洛中散在社領にも足を運び、社役の徴収にあたっていた。すなわち南北朝期のものと推測される祇園社社僧某書状には、「就レ其寄検非違使俸禄料所四条坊城葱町保、社役水葱事、寄方此間催促候之間、加二下知一候」とみえており、[76] 寄方が葱町保の社役である水葱を催促していることがわかる。

次に検断という側面から社領支配のあり方をみてみると、正平七年（一三五二）九月の粟田口における住宅検断例

が注目される[77]。これは天龍寺に乱入した強盗が、粟田口三条白川南頬住人であることが判明したため、祇園社が住宅破却に及んだものである。この粟田口の検断例から、住宅破却に際して、目代方から使者が、社家方から社家使・寄方・公人がそれぞれ派遣されること、及び破却木材を検断得分として社家方と目代方とで折半するきまりであったこと、の二点を指摘することができる。

この他「社家記録」正平七年二月十日条に、「岩愛銭湯風呂事、自二今年正月一立二始之一、為二社領内一上者、可レ下二呪願札一歟、但称二寺領内一、検断等事申二子細一歟否事、同申談之処、如二延久官符一者、以二五条以北一可レ為二社領一云々、此上者呪願札、争可レ申二子細一哉」とあり、岩愛寺銭湯風呂が祇園社社領内にあることにつき、「呪願札を下す」(営業税を徴収する意か)べきか否かということが問題になっていたことがわかる。これに続く記事には、元亨年間に、雲居寺寺領の銭湯に対しすでに「呪願札」を下した例のあること、その際雲居寺側が異議を唱えたため犬神人に銭湯を破却させたこと、などが記されている。ここから雲居寺や岩愛寺等、本来独自の境内・寺領を確立しているはずの寺の領地に対し、「延久官符」をたてに「社領」と称して社役を課し、検断権をも行使してしまおうとする祇園社の姿勢を読み取ることができる。しかしすでに建仁二年(一二〇二)の後鳥羽上皇院宣に、「祇園申堺事、不レ可レ被レ改二延久之鳳詔一、早可レ停二止当時之蜂起一、其内他寺他社本自領来之地、非二社家進退之限一、可レ従二年来例一之由、可下令二下知一給上」とあるように[78]、たとえ五条以北・三条以南の四至内であっても、「他寺他社」領に対し祇園社の支配権を及ぼすことはできないものとされていた。したがって祇園社により「呪願札」が下されることを、雲居寺や岩愛寺が不当とするのは当然のことであったといえる。

以上、南北朝期の社領支配について考察した結果をまとめると、南北朝期の祇園社境内地は、南大門・西大門の二つの門前を中心として栄え、その領主権は、執行が寄方・公人を通じて行う地子徴収と検断、及び鳥居建立や警固における在地人の動員等に発揮されていた、ということになろう。

2　社領支配にみる本末関係

祇園社の四至が、延久二年（一〇七〇）以降、五条以北三条以南の地に定められたことは広く知られるところである。[79] しかし遅くとも鎌倉期には、この境内地の中に門跡・山徒の住坊や所領の存在していたことが確認され、境内地は単なる祇園社の社領というよりむしろ、祇園社と山門の共有地とも言いうる性格を帯びていた。[80] さらに京中散在社領についても、瓜町・芹町・葱町が南北朝期には別当得分地となっており、三条京極寺も山門末寺化している。[81] すなわち山門との本末関係は組織のみならず社領においても影響しており、祇園社の社領が一方で本寺側の得分・寺領ともなっていたのである。こうした祇園社の京中社領の性格について、特に境内地支配における山門との関わりに注意しながら、以下具体的に考察してみることにしたいと思う。

まず南北朝期以前の境内地の状況を、次に示す弘安九年（一二八六）の感神院所司等申状案により確認しておきたいと思う。[82]

感神院所司等謹解申

欲下早申二入　座主宮（青蓮院宮尊助法親王）一被レ達二関東一定二制法一、被レ停二止諸国当社領幷祇園社辺四至内沽地（却脱）一、致二神領興復一耀中

神威上間事、

右、近年為レ体、以二所々之神領一、依レ令レ沽二却　公家武家権門之倫一、一社領已失墜、神役忽退転、一社今古之鬱訴向後堅可レ被二停止一之者哉、将又、以二社領百度大路・西大門・車大路等之神立辺一、禅律僧尼・念仏者・武士甲乙人等、恣号二買領一、令二領知居住一之間、触穢職而由レ斯、冥慮難レ測、無二勿体一次第也、凡当社辺者、三門跡被管之類、幷山徒・社僧・神人・宮仕以下止住之在所也、雖レ然、号二買得相承之地一、汚穢不浄之輩令二乱住一、穢二社中一之段、不レ恐二冥瞻一、不レ憚二神慮一者哉、此段代々　公家之裁許、武家之制禁、先蹤非レ一、不レ遑二筆端一、動背二

規式一、被レ乱二定法一云々、以二此等之子細一、雖レ訴二六波羅一、遵行不二事行一者、可レ達二山門一歟、其時者、定為二一山之衆命一、以二公人・宮仕・犬神人等一、及二徹（撤）却之衆議一者、公私之煩費、縡不レ可二穏便一者哉、所詮、申二関東一、被レ経二正理之御沙汰一、云二売人一、云二買人一、被レ処二科条一、於二所々神領一者、如レ元被レ返二当社一、全二神役一、至二社辺四至傍示内一者、被レ退二雑人之居住一、専二神領之再興一、仰二憲法之政徳一、弥為レ致二天下安泰武運長久之精祈一、粗謹言上如レ件、

弘安九年四月　日　所司等上

これは弘安九年当時、祇園社四至内の百度大路・西大門・車大路等の地が、買得化により禅律僧尼・念仏者・武士甲乙人等の居住地と化していたため、所司等が祇園社に対し、座主を通じて幕府の停止命令を取り付けてほしいと願い出たものである。

注目されるのは、所司等が祇園社辺を、三門跡の被官や山徒・社僧・神人・宮仕等の居住地であると主張している点である。実際に、社家の検断例を記した康永二年（一三四三）の注進状案には、寛元四年（一二四六）のこととして、「横川住侶昌因依二犯科一、被レ追二却山門一之間、昌因西大門住房破二却之一」とあり[83]、西大門の地に叡山横川の僧の住房のあったことが確認される。また南北朝期の鳥居建立時に、三門跡の一つ妙法院の牛飼童が西大門の住人として駆り出されたという先の例も、同様の事例として捉えることができる。さらに右の史料で所司等が、六波羅の遵行が成されない場合、山門大衆の協力を得て、公人・宮仕・犬神人等を動員して撤却させると主張している点も重要である。ここから祇園社の社領が、時に山門大衆とその下部たる公人以下の人々による破却行為を後ろ楯として守られていたことが明らかとなる。したがって鎌倉期の祇園社領は、本寺関係者の居住地であるばかりでなく、本寺勢力による実力行使を背景に維持・支配される側面を有していたといえよう。

こうした山門諸勢力と祇園社領との関係は、南北朝期においても見出される。そうした例の一つとして、宮辻子路

次をめぐる建仁寺との争いを取り上げてみることにしたい。「社家記録」正平七年（一三五二）二月八日条に、「宮辻子路次事、日吉十禅師彼岸所集会事書二月七日到来、宮辻子者祇園社重色社領也、而号建仁寺塔頭料、塞二彼辻子一条無レ謂、以二犬神人一可二撤却一云々」とあるように、この一件は社領内の宮辻子路次を建仁寺が塞いだことに端を発しており、山門大衆が犬神人を動員して撤却するよう集会事書を届けている。この宮辻子路次は、祇園社の社領であるというのが、撤却の理由となっているが、この路次の性格については、さらに次の記事が注目される(84)。

一行二是法房許一見参、彼辺岩愛領歟、所詮於二御所跡一者、是法相伝之間、放二券建□□〔仁寺〕一了、於二路次事一者、争可二存知一哉、就レ中如二往古官符幷券契一者、宮辻子東頬者為二往古通道一之条勿論歟、可レ被レ問二答建仁寺一云々、

これによると宮辻子近辺は岩愛寺領と目されるものの、かつては「御所」があった場所であるという。そしてこれを相伝していた是法房は、「御所跡」については建仁寺に売却したものの、路次のことについては存知していない、と執行に返答している(85)。ここから、宮辻子路次がもとは「御所」すなわち天台門跡とゆかりのある地であったこと、それがゆえに路次が塞がれるという事態に山門大衆も反応したことを読み取ることができる。

この後、山門公人・祇園社公人・犬神人により堀が修復され、一件は解決に向かう。その際、前掲「社家記録」二月八日条にあるように宮辻子路次を「祇園社重色社領」とする山門大衆によって山門公人が派遣されているのは、先の弘安九年（一二八六）の感神院所司等申状案の内容を想起させるものである。南北朝期に至っても、祇園社がこのように他寺との堺相論に際し、山門大衆の力を利用して解決をはかっていることは、その領主的支配が本末関係に依存することによって初めて貫徹されうるものであったことを意味していよう。

ところで先に引用した「社家記録」二月十日条においてもう一つ注目される点に、是法房なる人物が「御所跡」すなわち天台門跡の所領を相伝していた点を掲げることができる。この是法房については、佐々木導誉の居住していた、社領内の「高橋屋」の地主でもあったことが確認されることなどから(86)、祇園社領内の有力地主の一人であったと考え

られる。そればかりでなく、「社家記録」正平七年（一三五二）七月七日条に、「進物内五貫文、帯㆓御教書幷請取㆒、是法上人許ヨリ来取之間、渡了」とあることから明らかなように、是法房は祇園執行よりの座主進物銭の進上先である青蓮院門跡と密接な人物であった[87]。したがって是法房の例からは、祇園社領内にかつて門跡の所領が存在していたこと、及びその所領を山僧もしくはそれに近い人物が相伝していたことを読み取ることができ、こうした点にも本末関係の影響を認めることができる。

　同様の例を示すものとして、「社家記録」正平七年九月六日条に、天龍寺に乱入した粟田口三条白川の住人宅を検封した時のこととして、「裏築地僧正為㆓地主㆒之間、同可ㇾ加ㇾ封之由、《彼力者来》申之間、無㆓先例㆒之旨問答之間帰了」とあるのも注目される。というのも、ここに地主として登場している「裏築地僧正」もやはり、山僧と考えられるからである。すなわち『華頂要略』門下伝の「脇門跡第四・般若院」には、「在㆓粟田口㆒、称㆓裏築地殿㆒、青蓮院三条白川坊裏築地ノ辺ニアル故ニ有㆓此号㆒云々」とあり[88]、「裏築地僧正」とは横川般若院の里坊「裏築地殿」の当主を指していた[89]。そしてここではおそらく、里坊近辺の地主権を有することから、「裏築地僧正」が犯科人の住宅検断に臨もうとしたものと考えられる。

　前節でみたように、南北朝期までの祇園社は、検断権・地子徴収権、あるいは「在地人」の動員等を通じ、独自に社領支配を行っていた。しかし他寺勢力との紛争の際などには、山門大衆・公人等、本寺勢力の力を請わねばならず、本寺の協力を得て初めて社領支配が貫徹されている点に、領主的支配の不完全さを認めうる。このような山門との協同による支配体制は、祇園社の社領内に山僧らが居住していたことや、是法房や裏築地僧正のような山門関係者から成る地主層が社領内に台頭していたことと、不可分の関係にあった。そしてこの後、南北朝期も末期の至徳二年（一三八五）に、祇園社領四至が執行顕深の一円知行となった際[90]、三門跡の違乱や、妙法院の牛飼らによる押妨という事態が発生している事実は[91]、本寺勢力が一方で、祇園社の一円的領主支配をはばむ側面を有していたことを示しているものとみることができる。

第三節　南北朝期の京都と山門・祇園社

1　山門の京都支配と祇園社

前節で明らかにしたように、祇園社は社領支配を行うにあたり、時に山門大衆・公人の力を必要とするとともに、社領内に門跡領や山門僧の地主所有地を内在化させていた。一方山門側もまた、祇園社との本末関係を積極的に利用することにより、京都における諸権益の確保・維持をはかっている。そこで本節では、山門の京都支配における祇園社の役割について検討し、そこから山門による京都支配のしくみについて考察することにしたい。

先にふれた、承久から暦応にかけての祇園社の検断例を記した康永二年（一三四三）の注進状案を改めてみてみよう[92]。これは「祇園社内犯科人跡、不レ及二使庁綺一、社家致二其沙汰一勘例」という書き出しが示すように、祇園社による本所検断権の行使の過程を記したものである。注意されるのは、犯科人の住所の中に山門末寺であった双林寺・長楽寺・三条京極寺等が含まれていることで、ここからこうした山門領をも祇園社が破却していたことがわかる。一方元亨三年（一三二三）に成った「社家条々記録」にも、「京極寺等検断事」と題する検断例が載せられており、京極寺保に加え、瓜町保・葱町保等の検断例が記されている[93]。これらの住所は、三条京極寺が山門末寺であるのに加え、瓜町保や葱町保も貞和三年（一三四七）には別当得分地となっている。したがって、実質的には祇園社の社領というより、山門領有地としての性格が強い。そしてそれぞれの検断例が、座主・別当の名から書き出される点を考慮するならば、検断を実際に行ったのが祇園社であるとしても、これを指示する権限は座主・別当にあったものと考えられる。

こうした山門領有地の検断における祇園社の役割については、南北朝期の「社家記録」によって具体的に明らかとなる。すなわち「社家記録」正平七年（一三五二）二月一日条によると、この日祇園社執行顕詮は、坂本の梨本庁務法眼任憲から犬神人を六角堂大貳阿闍梨のもとへ派遣するよう要請を受けており、閏二月二十八日に至ってようやく破却が決行されている。

六角堂敷地内三条面□□在家一宇地子未進之間、自二彼別当安芸法眼任憲許一検封処、仮二武家号一、切二捨彼封一之間、以二犬神人一可二破却一之由、自二去正月比一任憲法眼申之処、世上擾乱之間閣之処、重昨日以レ状申之間、当社公人両三人、犬神人廿人計今日遣レ之、六角堂寺僧又四五人相副而壊二彼住宅一、犬神人取レ之、車二両有レ之云々、敢無下申二子細一輩上之間、遵行無為目出云々、彼六角堂者梨子本（尊胤法親王）門跡管領之間、庁務任憲自レ元別当也、其上梨本門跡、近日大塔僧正坊忠雲管二領之一、任憲法眼者又彼僧正坊兄弟也、仍自二彼方一被レ申之間、不レ及レ申二別当一、目代致二其沙汰一了、

これによると、六角堂の別当であった任憲が、先に地子を未進していた在家一宇を検封したものの事行かず、犬神人による破却に及んだという。破却にあたっては、祇園社から公人が三人と、犬神人二十人が派遣され、さらに六角堂の寺僧も加わっている。六角堂は梨本（梶井）門跡の管領であるといい、このような天台門跡の管領する堂舎内の検断に、祇園社の公人・犬神人が駆り出されていること、及び犬神人が破却木材を検断得分として取得していることは注目される。

このほか正平七年十月の「社家記録」には、梶井門跡の側近である遍照光院静豪僧都が、勝住房への負物譴責を祇園執行顕詮に度々依頼し、その結果祇園社の宮仕数人が譴責に向かったことがみえている[94]。ここから門跡のみならず門跡配下の僧もまた、祇園社の協力を得て自らの権益を守っていたことがうかがえる。

ところで中世の京都には、「山門気風の土蔵」といわれるような山徒・日吉社神人が多数居を構え、金融業を営んでいたとされるが[95]、山門はこうした京中の土倉に対する検断をも行っていた。そこで次に、正平七年（一三五二）に

起きた山徒賢聖房承能父子の住房破却の例をみてみることにしたい。この事件の発端は、山徒である賢聖房承能法印の子息が、侍所所司代の甥の児童とその後見の山徒を殺害したことにあり、四月十六日に日吉社頭集会事書が執行のもとに届けられている(96)。その事書の内容は、坂本の房舎についてはすでに破却してしまったので、京都にある承能の住坊・土倉等を、犬神人の動員により速やかに破却するように、というものであった。そして十九日に至り、いよいよ破却が行われる運びとなったが、それは「社家記録」に、「山上公人寺家鎰取・維那・専当、已上十六七人、出京、（中略）即犬神人以寄方催促之処、卅余人今日由兼日不レ承之間、依二他行一宿老等参云々、参二当社一、専当三人。宮仕六七人、相二副山門公人一、欲レ罷二向賢聖房許八条坊門猪熊一」とあるように(97)、山門公人に加え祇園社の犬神人・公人をも動員した、大掛かりなものであった。しかし破却そのものは、賢聖房が山徒としての資格を剥奪されていないという手続き上の問題から、この日は決行されずに終わっている。その後も犬神人の動員をめぐり、東塔・西塔の間で争いが生じるなど状況は複雑な様相を帯び、さらには犬神人の派遣停止を求める侍所の命令が執行のもとに届いたことから、破却は山門公人のみで解決することで決着をみている。

この賢聖房承能の一件とほぼ同時期に、一方で延暦寺の神使である猿を殺害したかどで、山徒松井房澄尊の京都六条猪熊の住屋を破却するという一件も持ち上がり、破却を命じる集会事書が執行のもとに届けられている(98)。この後破却が決行されたかどうかは不明であるが、一般に山門による京内の山徒の住宅破却に際し、祇園社から公人・犬神人が動員されるきまりであったことが、ここからも読み取れよう。

この他山門大衆は、衆徒を殺害したかどで他寺に属する人々に対しても検断権を行使しており、その際にも犬神人が動員されている。すなわち「社家記録」正平七年七月六日条には、「山門落書到来、使鎰取老者広隆寺住人房円等、就二山門衆徒殺害事一、以二犬神人一可二破却一、催二儲犬神人一、可レ相二待公人出京一云々」とあり、衆徒を殺害した広隆寺住人の房円等の住宅を破却するため、犬神人を動員し山門公人の出京を待つように、との指示が大衆から執行に下されている。

以上のことから、祇園社が社領支配を貫徹するにあたり山門の力を必要としたように、山門が京内で検断を行う際には祇園社の協力が必要とされ、両者は補完し合いながら、京都における支配を維持しえたといえる。このような協力体制は、祇園社の検断例について記した注進状案が、承久元年（一二一九）を最初とすること、及び犬神人の初見が嘉禄三年（一二二七）の法然の墓所破却について記した史料であることなどから[99]、鎌倉期の半ばごろに成立したものと考えられる。

この他山門公人と祇園社公人・犬神人が一体となっての実力行使は、山門大衆の主導による他宗寺院の破却という側面においてもみられ、「社家記録」には法華宗妙顕寺法華堂や大谷一向宗堂等の破却に向かう公人・犬神人の様子が伝えられている。こうした他宗寺院に対する弾圧は、山門が京都を領域的支配とは別に、宗教的側面から制圧しようとしていたことを意味している。したがって、こうした弾圧に祇園社の公人・犬神人が動員されていることもまた、広い意味での山門の京都支配に対する協力、とみることができよう。

2　山門公人と犬神人

それでは、京中検断等における山門・祇園社の協力体制を支え、かつ山門による京都支配になくてはならない存在であった山門・祇園社公人・犬神人の存在形態とは、いかなるものであっただろうか。最後に、こうした点について考察してみることにしたいと思う。

まず山門公人の延暦寺内における位置づけを理解するために、当該期の延暦寺の組織について、室町期以降の記録や故実書をもとに再現された下坂守氏の研究により確認しておきたい[100]。下坂氏によれば、中世後期の延暦寺は坂本にある「寺家」を寺務執行機関の中枢に据えて経営がはかられており、寺家とは①執当・三綱、②所司、③七座公人、によって構成されるものであったという。そして①が政所を構成する職であるのに対し、②以下は政所の下部機関たる公文所に所属し、実務を担っていた。この寺家は、山門大衆が奏状や集会事書《しゅうえことがき》等を通じ、寺の内外にその意志を表明する際の窓口となっており、実質的には大衆の執行機関である。祇園社に大衆の事書を帯びてやってくる山門公人は、③の公人と、同じく寺家の統轄を受けている日吉社の宮仕をその構成員としていた。

ここで「社家記録」により明らかとなる、寺家から祇園社への山門集会事書の伝達経路を示しておくと、

延暦寺寺家↓山門公人↓祇園執行↓寄方（公人）↓犬神人

というものになる。このような命令系統が、天台座主を筆頭とする門跡組織を介することなく、大衆と祇園社との間でのみ完結している点は注意される。すでに下坂氏は、座主の私的な家政機関が、公的な延暦寺の執行機関の上に立つことを、「寺家にとってきわめて厄介な問題であった」と指摘され、座主の寺家に対する管轄権が極めて限定されたものであったこと、寺家に対する人事権をも有していなかったことを明らかにされている(101)。このような座主と寺家との関係は、座主・寺家による祇園社への命令伝達の経路においても見出すことができる。すなわち公人・犬神人の動員について、座主と寺家とが直接交渉することはなく、座主側はあくまで集会事書を受け取った祇園執行の通達により、事態を把握しえたのである。

これを法華堂破却の場合についてみてみると、まず事書が執行に届けられ、執行はこれを目代に送り、事書を受け取った目代はさらに座主へ破却の是非を問い合わせている(102)。この時梶井門跡の弟大慈法印が法華堂と組んで、山徒を通じて破却をとりやめるよう座主に申し入れる動きがあったが、これに対する座主の返答が、「為二衆徒沙汰一之間、難二自専一、経二　奏聞一可レ被レ申二下　綸旨一歟」というものであったことは(103)、座主が大衆の行動を制止しえない立場にあったことを示している。したがって座主がもし破却の停止を望むならば、その際にとられる手段は、大衆に対してではなく、公人・犬神人の動員権を持つ執行への動員停止命令という形をとったのである(104)。

大衆の執行機関である延暦寺寺家と祇園社との関係について考えるにあたり注目されるのは、山門公人と祇園社公人・犬神人とが固有の結び付きを有していたことである。まず山門公人と祇園社公人の関係については、「社家記録」

正平七年（一三五二）五月二十九日条に、「寺家公人対馬房維那出京、寄二宿行心法師許一云々、就二松井房事一、明日寺家社家公人幷山上預以下数輩可二出京一、犬神人可レ被二催儲一歟之由、内々令レ申旨、行心来申」とあるのが注目される。というのも、「寺家公人」すなわち山門公人対馬房の寄宿先である行心は、実は祇園社公人だからである(105)。ここから祇園社公人の住居が、山門公人の出京に際し、拠点ともいえる役割を果たしていたことがわかる。

一方犬神人は、祇園社公人よりも頻繁に大衆の動員を受けており、祇園社の神人でありながらも、山門大衆・公人との結びつきが非常に堅固であった。そのことは例えば法華堂破却に動員される際に、「山門公人不二相副一罷向事無二先規一」と述べている犬神人自身の言葉の中に端的に示されている(106)。彼らの破却活動が最も活発化したと思われる正平七年の翌年に書かれた「犬神人等申状案」には、「犬神人等、為二山門西塔釈迦堂寄人一、共以職掌人之間、可レ依二理非一之由、供僧被レ申二請之一、（中略）抑自二山門一被レ罪二科所犯輩一之時、差二遣犬神人一、被二退治一之間、為二重色人一之上者、何可レ被レ比二壇供寄人一哉」とあり(107)、犬神人が西塔釈迦堂寄人で、また山門の罪科人検断に差し遣わされる重色人であることが表明されている。

さらに広隆寺住人房円の住房破却にあたり、犬神人催促の山門落書が執行のもとに届けられた際には、疲労につき破却に参加するのは困難である旨の犬神人の申状を、執行が延暦寺公文所に送っている(108)。そしてその後破却決行となるに及んで、「広隆寺住坊破却事、為二仁和寺内一之間、彼堺ニ不二入申一由」の犬神人の請文が、執行の副状と共に寺家へ届けられている(109)。こうしたことから、京中における山門の破却活動に関する犬神人動員の実質的責任主体は、祇園執行というよりもむしろ延暦寺寺家、とりわけ公文所であったことを類推しうる。併せて犬神人の破却活動が最も活発化した正平七年が、下坂氏の指摘されている通り、正平の一統による南朝勢力の復活を受け、反幕府勢力である山門大衆・公人の京中活動が活発化していた時期に相当している事実をみても(110)、犬神人と山門大衆・公人との密接な関係がしのばれる。

以上のことから山門公人と祇園社公人・犬神人は、各々の所属する寺家・社家の統轄を受けつつも、山門大衆の指示により共に行動する関係にあったといえる。しかし彼らのこうした複雑な存在形態は、この南北朝期には一方で様々な問題を生じさせることとなり、とりわけ祇園社の神人でありながら、本寺勢力の動員命令を頻繁に受ける犬神人の場合に顕著に現れている。その一例として、ここでは山門公人による酒肴料譴責の問題についてふれておきたい。酒肴料とは、山門公人が祇園執行のもとに寺家の使者として赴いた際に、執行から支給されることになっていた得分を指しており、その額は一貫と決まっていた(111)。しかしその支給の実際を、賢聖房の住房破却を例にみてみると、「寺家・社家両座ニ各五百文可レ給之由問答之処、以外腹立、及二嗷々譴責一之間、雖レ無二先例一、無力弐貫文(両座各壱貫)給了」、「又神供直会、先日ハ寺家公人計罷出時所望之間、三膳給了、今日両座出京之間、六前給之処、以外腹立嗷々之間、已上九膳給了」とあるように(112)、公人の側が過分に責め取ることが少なくなかったのである。

賢聖房の住房破却に際しては、度々こうした酒肴料譴責が山門公人によりなされた。そうした中で祇園執行と山門公人とで取り交わされた次の問答は、犬神人動員をめぐる本寺側と末社側の双方の意識の違いを示すものとして注目される(113)。

南岸同宿鐘本房澄意阿闍梨幷予対面、維那蹲踞縁上、(円座出レ之、然而不レ敷レ之、)予幷澄意隔殿畳上□□返答云、就二賢聖房承能法印事一、先日両度令レ催二向犬神人一畢、而自二武家一罷向之段、路次狼藉不レ可レ然之由被二相触一之上、西塔又犬神人発向、不レ可レ然之由、連々被レ出二事書一、山上御沙汰不二一篇一、加レ之犬神人近年疲労之間、向後罷向事難治之由申之間、為レ申二此次第一所二罷越一也云々、維那罷帰披二露衆会一之砌、又来云、為二山門所勘神人一、争重二武命一、可レ軽二衆命一哉、執行引二汲承能等一故歟、所詮不レ可レ催二立犬神人一哉否承、定二是非一衆儀可二落居一云々、返答云、以二此趣一重宥二問答一、犬神人可レ申二左右一云々、

ここで執行は維那対馬房に対し、①犬神人の派遣が、路次狼藉にあたることにより、武家から停止するよう命じら

れていること、②犬神人を派遣するのかしないのか、山上の沙汰が一定していないこと、③近年「疲労」しているため破却に向かうのは困難であると、犬神人から申し出があったこと、を告げている。これに対する山門大衆・公人の返答は、犬神人を「山門所勘神人」であるとした上で、執行に対し「武命」に対する「衆命」の尊重を説いたものとなっており、犬神人あるいは末社祇園社に対する大衆側の認識を示すものとして注目される。

右の問答の結果、大衆は①寺家社家公人のみで破却を行うこと、②今後犬神人の動員が集会で決定した際には、犬神人に対する報酬を「山門公物」とすること、③執行に対する犬神人の動員催促は、飛脚を以て行うこと、等の決定を下している。(114)③が山門公人による酒肴料譴責への解決策として編み出されたものであることは明らかで、この直後に事書を持参してきた山門公人が「恒例酒肴可レ給」と要求した際、祇園執行は早速これを拒否している。しかし犬神人の動員自体はこの後も続いており、延文五年（一三六〇）に、山門公人出京時の過分の酒肴料請求を停止する内容の書状が寺家から祇園社に届いていることをみれば、右の決定事項の効力が一時的なものであったことは明らかである。(115)

これまでみてきたように、南北朝期の祇園社は、公人・犬神人の動員を通じ山門の京内検断及び寺院破却に協力することによって、山門の京都支配を支えていた。しかし一方で活発化した大衆による犬神人の動員は、大衆と座主との関係にみられる山門組織内部の矛盾、あるいはこれを洛中狼藉とみる幕府侍所の意向とにより、祇園執行に様々な負担と苦労を強いるものともなった。したがって祇園社と山門とは、確かに社領や京内の山門関係所領・山徒らの支配を相互で支える補完関係にあったが、しかしその補完関係のバランスは、非常に不均衡なものであったとみることができる。

おわりに

これまで述べてきたことを、次のようにまとめておきたい。

① 南北朝期の祇園社は、本寺僧を上位に置く組織体制のもとで本寺の統制を受ける一方、社僧・公人・神人がそれぞれ山門大衆勢力と結びついて活動を共にしており、本末関係は重層的な内容をもって展開していた。

② 祇園社の社領支配は、検断や地子徴収等を通じて行われていたが、社領に門跡領及び山僧の地主所有地を包含し、かつ他寺勢力との紛争時などに本寺勢力の実力行使を必要とした点に、本末関係の影響を見出しうる。

③ 一方山門は、座主・別当を頂点とする祇園社の組織構造を土台として、京内末寺領や門跡領の管領を行うとともに、山門公人による検断や他宗弾圧の際に祇園社に協力を求めるなど、京都支配の重要拠点として祇園社を積極的に利用した。

ここで注目されるのは、②と③においてみられる山門・祇園社双方による京都支配が、それぞれ異なる論理を以て展開されていた点である。すなわち②が、純粋に社領・境内地に対する、いわば土地所有に基づく支配であるのに対し、③は山門と祇園社、あるいは山門と山僧の帰属関係を基礎とする支配、とみることができる。本来、祇園社による検断権行使の範囲は、社領内に限られていたはずであるが、山僧房の破却等社領外における検断が可能となったのは、京内の一大政治勢力であった山門との本末関係に基づくものであったからにほかならない。したがって、土地所有に基づく支配のみではなく、本末関係を含む帰属関係に基づく支配というもう一つの論理を含みこんで初めて、山門・祇園社の京都支配が成り立ちえたといえる。

このような山門・祇園社の支配形態は、一方で寺社勢力と都市との関係という問題を通じ、冒頭でふれたような中世都市論に深く関わってくる。近年の都市史研究では、「中世都市」が複数の聚落の集積した複合都市であり(116)、空間構造もしくは社会構造の上での多元性・交錯性を特色としたこと、及び寺社が各聚落の中核施設ともなっていたこと、などが指摘されている[117]。これを祇園社についてみた場合、祇園社の境内地支配の構造が、京都の複合性・多元性を形作る、個別聚落の支配構造の一つのモデルとなりうることは疑いないことであろう。ただし山門との本末関係が、都市支配の構造に反映されているという祇園社の例からは、個別聚落のあり方が個別都市領主の取り結ぶ政治的・社会的関係によって規定される側面を持つことを読みとることができるように思われる。そしてその裏側に、山門のように京都に拠点を持たない寺社権門が都市支配を及ぼすにあたり、帰属関係に基づく支配という、領主的支配とは異なる論理を用いていた事実が存在していたことも、見落としてはならない点である。

従来の研究において、京都の土地所有の形態が領主的土地所有と地主的土地所有との二つから成ったこと、両者は地子をはじめとする住民への賦課形態や検断権の有無などの点において相違をもっていたこと、後者の成立・発展が前者の衰退をもたらしたこと、などが指摘されている[118]。本章において、祇園社の「領主的支配」あるいは「領主権」という場合にも、地子・雑公事徴収権と検断権の行使を通じて現れる支配のあり方を指し示していることは確かである。

ただしここで注意されるのは、「領主権」の具体的な現れ方についてみた場合、祇園社においては、本末関係を基軸とした山門との補完関係を含みこんだ形で土地支配がなされていることから、単に祇園社一個の力によって、領主的支配が貫徹されていたわけではなかったという点である。祇園社社領の「領主」とは、当然のごとく直接的には祇園社を指すが、実態的側面からいうならば、山門・祇園社の双方を指す、と考えることも可能なのではないだろうか。したがってここから、領主的土地所有と地主的土地所有の拮抗、という問題とは別に、中世京都において、領主的支配を支える構造の基盤、すなわち個別権門が有する「領主権」の基盤と、これを保証したものでは何であったのか、という問題が浮上してくるのである。このような問題については、祇園社の社領支配の構造がこののち足利義満政権期に変質していく事実に注目しつつ、改めて第二章において考察することにしたいと思う。

注

（1）高橋康夫・吉田伸之・宮本雅明・伊藤毅編『図集　日本都市史』（東京大学出版会、一九九三年）、仁木宏『空間・公・共同体――中世都市から近世都市へ』（青木書店、一九九七年）等。

（2）伊藤毅「境内と町」（都市史研究会編『年報都市史研究1　城下町の原景』山川出版社、一九九三年、のち同氏『都市の空間史』吉川弘文館、二〇〇三年、に所収）、及び注1書。

（3）伊藤正敏『中世の寺社勢力と境内都市』（吉川弘文館、一九九九年）、同氏『日本の中世寺院』（吉川弘文館、二〇〇〇年）。

（4）佐藤進一『南北朝の動乱』（中央公論社、一九六五年）四三六頁。

（5）小杉達「祇園社の社僧」上・下（『神道史研究』第一八巻第二・三号、一九七〇年）、野地秀俊「「社僧」再考――中世祇園社における門閥形成」（『仏教大学大学院紀要』第二六号、一九九八年）、脇田晴子「中世祇園社の「神子」について」（『京都市立歴史資料館紀要』一一号、一九九二年）、同氏『中世京都と祇園祭――疫神と都市の生活』（中央公論新社、一九九九年）等。

（6）「祇園別当の成立と変遷――比叡山との関係から」（『ヒストリア』一五一号、一九九六年）、「中世祇園社と延暦寺の本末関係――祇園検校、別当の関与から」（『早稲田大学大学院文学研究科紀要』第四二編第四分冊、一九九七年）。なおその後下坂守氏が、「中世門跡寺院の歴史的機能――延暦寺の場合を中心に」（『学叢』第二一号、一九九九年）において福眞氏の論稿をさらに発展させ、祇園感神院の別当職及び目代職を、門跡組織の身分関係に対応するものとして捉えながらその補任形態及び職務内容について言及されている。

（7）「社家記録」は別名「祇園執行日記」とも呼ばれているが、顕詮筆とされる巻一―巻六のうち、顕詮が執行の地位にあったのは巻三の正平七年（一三五二）に限られるので、本章では「社家記録」と呼ぶことにする。「社家記録」は、八坂神社社務所編『八坂神社記録』上に収められており、これを含む八坂神社所蔵の記録・文書は、現在『八坂神社記録』（以下『記録』とする）上・下、及び『増補八坂神社文書』（以下『文書』とする）上巻・下巻一・下巻二として刊行されている（『記録』については、『増補続史料大成』にも五巻にわたって収載されている）。また『早稲田大学所蔵　荻野研究室所蔵文書』にも、「祇園社文書」が収載されている。この他三重県津市の石水博物館に祇園社旧蔵文書のあることを、東京大学史料編纂所准教授渡邉正男氏のご教示により知った。氏によれば、この旧蔵文書には既刊の八坂神社所蔵文書の原本史料の他、新出史料も含まれているが、改竄された形跡のある文書もあることから、利用に際しては慎重な検討が必要であるという（詳細は、『東京大学史料編纂所報』第三四号、一九九八年度参照）。史料編纂所に写真が所蔵されている。さらに近年、新出史料が発見され、新たに『新修八坂神社文書　中世篇』（臨川書店、二〇〇二年）として刊行された。また早稲田大学図書館が二〇〇一年に新たに東京古典会において落札し所蔵するところとなった「祇園社関係文書」についても、福眞睦城氏が『寺院史研究』第八号・第九号（二〇〇四・二〇〇五年）において史料紹介・翻刻をされている。このほか京都市歴史資料館がマイクロフィルムを所蔵している「伊藤家文書」の中にも「祇園社関係文書」二十三点が存在することを、最近野地秀俊氏が紹介・翻刻されている（『京都市歴史資料館紀要』第二〇号、二〇〇五年）。

（8）『文書』下巻一、四六〇頁、一六八六号。

（9）①の例としては感神院政所返抄写（『記録』下、「祇園社記雑纂」第八）を、②の例としては文暦二年の感神院政所下文（『文書』下巻二、増補編、六―八頁、七号）を、③の例としては感神院政所下文写（『記録』下、「祇園社記御神領部」第十一）を、それぞれ代表的なものとして挙げることができる。

（10）建長八年八月日付感神院政所下文（『早稲田大学所蔵　荻野研究室収集文書』（以下『早大』とする）所収「祇園社文書」一号、同書七四頁）。「社家記録」巻三裏文書一三八号社僧交名位署（『記録』上、七〇六頁）等。

（11）「社家記録」正平七年十月十一日条（『記録』上、二九〇頁）等。

（12）福眞氏注6論文。

（13）「社家記録」正平七年十一月九日条（『記録』上、三〇三―三〇五頁）。

（14）正安三年十月五日付後深草上皇院宣案（『文書』下一、六三五頁、一九五〇号）、嘉元二年三月九日付後宇多上皇院宣案（同、六三七―六三八頁、一九五四号）。挙状については、『勘仲記』弘安七年二月九日条（『増補史料大成』巻一、二五九頁）、「社家記録」康永二年七月八日条（『記録』上、二頁）。

（15）「社家記録」康永二年十一月八日条（『記録』上、六七頁）等。

（16）『新修八坂神社文書　中世篇』（臨川書店、二〇〇二年）一一号。なお本文書は、「祇園社記続録」第三（『記録』下、九八七―九九二頁）にも収められているが、比較すると、「続録」記載文書には、「神人分」のところに「諸社領并末社」の項目が混入するなど、異同のあることがわかる。

(17)　目代職については、下坂氏注6論文に詳しい。
(18)　「社家記録」巻三裏文書一四四号感神院政所権長吏補任状案（『記録』上、七〇九頁）。
(19)　「祇園社文書」（『早大』七七―七八頁、八号）。
(20)　「社家記録」正平七年七月一日条（『記録』上、二六三頁）。
(21)　「社家記録」正平七年二月十三日条により、権長吏職は前任者の死亡を以て補任される原則であったと考えられる。
(22)　嘉暦四年二月日記写（『文書』下巻二、九九九―一〇〇〇頁、二二三〇号）等。
(23)　野地氏注5論文。
(24)　至徳二年八月六日付足利義満下知状案（『記録』下、四四一―四四二頁）。
(25)　永和三年五月日付祇園社僧名注進状（『文書』上巻、六一五―六一七頁、八一二号）。
(26)　「社家記録」正平七年四月一日条、及び同康永二年八月七日条参照。
(27)　こうした仏神事の際には、執行の命で公文所が廻請を作成し、その上で執行から別当へこれを勤仕する僧の名が注進された（「社家記録」正平七年正月二十・二十二日条）。
(28)　『日吉社室町殿御社参記』（『続群書類従』巻五十四）。
(29)　稲葉伸道「中世の公人に関する一考察――寺院の公人を中心として」（『史学雑誌』八九編一〇号、一九八〇年、のち同氏『中世寺院の権力構造』岩波書店、一九九七年、に所収）、富田正弘「中世東寺の寺官組織について」（『京都府立総合資料館紀要』一三号、一九八五年）、阿諏訪青美「室町期における東寺鎮守八幡宮の宮仕と庶民信仰」（『日本史研究』四五〇号、二〇〇〇年、のち同氏『中世庶民信仰経済の研究』校倉書房、二〇〇四年、に所収）、下坂守「山門公人の歴史的性格――『祇園執行日記』の記事を中心に」（『奈良史学』一一号、一九九三年、のち同氏『中世寺院社会の研究』思文閣出版、二〇〇一年、に所収）等。
(30)　小杉氏注5論文。
(31)　「社家記録」正平七年正月六日条（『記録』上、一九二頁）。
(32)　稲葉伸道氏によると、公人は本来「職」ではないという（注29論文）。この点について、平澤悟氏が異を唱えられており（「中世の公人に関する基礎的考察」『歴史研究』二六号、一九八八年）、祇園社「社家記録」にも「公人職」の語がみえる点から、検討を要する。また下坂守氏は、山門公人の直接の指揮権が延暦寺公文所にあったことを指摘されているが（注29論文）、祇園社公人の場合にも、「社家記録」に「公文所承仕」とあることや（康永二年八月八日条）、使庁から「社頭無尽銭土倉」の注進を迫られた際に、公文と専当・宮仕が調査にあたっていることなどから（正平七年三月三日条）、直接には公文所に組織されていた可能性が高いものと考えられる。こうした公人と「職」との関係、および公人と「公文所」の関係については、本書第三部第二章において検討を試みている。
(33) 祇園社専当職補任状案（「祇園社記雑纂」第三、『記録』下、七〇六頁）及び注13。
(34) 「社家記録」正平七年正月一日条（『記録』上、一八八―一八九頁）。
(35) 「社家記録」正平七年正月一・五日条（『記録』上、一八九・一九二頁）。
(36) 「坊人」は、「宮仕等が紀氏一族に私的に従属した場合の呼称」であり、役職・身分を表すものではない（野地氏注5論文、三頁）。
(37) 「社家記録」正平七年九月七日条（『記録』上、二八六―二八七頁）・五月八日条（『記録』上、二四七頁）。
(38) 「社家記録」応安五年十二月三十日条（『記録』上、五二一頁）。
(39) 山田洋子「中世大和の非人についての考察」（『年報中世史研究』第四号、一九七九年）、下坂氏注29論文。
(40) 下坂氏注29論文。
(41) 「寄方」を「よりかた」とよむことは、「建武三年記」（『記録』下所収「祇園社記続録」第十二）四月二十五日条に「ヨリかた三人中」とみえることから明らかである。
(42) 「社家記録」康永二年十二月四日条（『記録』上、八〇頁）・正平七年五月四日条（『記録』上、二四五―二四六頁）。
(43) 注37、及び「社家記録」応安四年十月十二日条（『記録』上、三八七頁）。
(44) 「社家記録」正平七年二月十六日条（『記録』上、二一四頁）。
(45) 『記録』上、六二七頁。
(46) 丹生谷哲一「散所非人の存在形態」（『検非違使――中世のけがれと権力』平凡社、一九八六年）。
(47) 「三鳥居建立記」貞治四年四月二十七日条（『記録』上、六二四頁）等。
(48) 「社家記録」正平七年正月一日条（『記録』上、一九〇頁）。
(49) 脇田氏注5論文。
(50) 「社家記録」康永二年十一月二十日条（『記録』上、七六頁）・正平七年十一月十二日条（同、三〇五頁）・同年十一月一日条（同、二九八頁）・応安五年十二月二十九日条（同、五一九―五二〇頁）。
(51) 豊田武「祇園社をめぐる諸座の神人」（『座の研究』豊田武著作集一、吉川弘文館、一九八二年）、脇田晴子「中世の祇園会」（『芸能史研究』第四号、一九六四年）等。
(52) 喜田貞吉「つるめそ（犬神人）考」（『部落問題と社会史』喜田貞吉著作集一〇、平凡社、一九八二年）、大山喬平「中世の身分制と国家」（『日本中世農村史の研究』岩波書店、一九七八年）等。
(53) 注16参照。
(54) 『元徳二年三月日日吉社幷叡山行幸記』（『群書類従』帝王部巻第三十八）四八六頁。
(55) 「社家記録」正平七年三月二十八日条（『記録』上、二三四頁）。
(56) 「社家記録」正平七年三月十一日条（『記録』上、二三一頁）。
(57) 「社家記録」正平七年十二月十七日条（『記録』上、三一八―三一九頁）。
(58) 「社家記録」建治四年六月二十五日条（『記録』上、五七一頁）。
(59) 応永期のものであるが、『文書』上・第三祭儀・馬上料足の項から、本座田楽分・新座田楽分の「馬上料足」の支出を確認することができる。
(60) 「社家記録」正平七年九月十日条（『記録』上、二八八頁）。
(61) 渋谷慈鎧編『増補校訂天台座主記』徳治三年七月十九日条、及び応安二年四月十七日付政所集会事書（『文書』下巻二、一一五七―一一五八頁、二三〇一号文書「続正法論附録」）等。
(62) 『記録』上、五七四―六一九頁。
(63) 注16参照。
(64) 周知のように、祇園社の四至は、延久二年（一〇七〇）二月二十日付太政官符（『文書』下巻二、増補編、一―二頁、一号）により、「東限白河山、西限堤、南限五条以北、北限三条末以南」に定められ、以後この地は「開発境内」と称された（建仁二年十一月十八日付後鳥羽上皇院宣案『文書』下巻一、一四〇頁、一三二〇号等）。
(65) 『文書』下巻一、二五―三〇頁、一二七四号。
(66) 黒田紘一郎『中世都市京都の研究』（校倉書房、一九九六年、六五―六六頁）、五味文彦「使庁の構成と幕府――一二―一四世紀の洛中支配」（『歴史学研究』三九二号、一九七三年、一〇頁）、脇田晴子『日本中世都市論』（東京大学出版会、一九八一年、三五一頁）等。

(67) 脇田氏注66書、一四九頁。

(68) 『百練抄』寛元元年正月四日条（国史大系本、一九七頁）。

(69) 感神院所司等申状案（『文書』下巻一、二〇―二一頁、一二七〇号）。

(70) 「社家記録」観応元年十一月三日条（『記録』上、一七七頁）。

(71) 『文書』下巻一、六四四頁、一九六一号。

(72) 「社家記録」正平七年十二月二十九日条（『記録』上、三三二頁）。

(73) 『記録』上、六二六頁。

(74) 「社家記録」正平七年十二月十三日条（『記録』上、三一五頁）。

(75) この部分の記事の冒頭部分を、刊本の「社家記録」は、「百姓等年公文等也、今損亡之間」としているが、東京大学史料編纂所写真帳（『祇園社家記録』巻二、請求番号六二七三・二四五・三）と照合して改めた。また、正月五日条も同様に照合して改め、引用している。

(76) 『文書』上、二六八頁、三一八号（刊本は「氏名未詳書状」とするが、内容から社僧の書状と判断した）。この文書について刊本は、「葱町保」を「荒町保」、「寄検非違」を「実検非違」としているが、原本と照合して改めた。重要文化財の八坂神社所蔵文書原本の閲覧にあたり、当時の八坂神社宮司真弓常忠氏・同神社文教部教学科主任五島健児氏に御世話になった。ここに記して感謝申し上げる。

(77) 注37参照。なおこの件に関しては、仲村研「住宅破却について」（『荘園支配構造の研究』吉川弘文館、一九七八年）においても詳しく考察されている。

(78) 『文書』下巻二、増補編三―四頁、四号。

(79) 注64参照。

(80) 伊藤正敏氏は注3書において、祇園社境内地を広義の叡山門前であるとし、境内都市比叡山の一部として祇園社領を捉えられているが、本章ではあくまで祇園社を独自の経営機構を持つ一つの組織体として捉えた上で、その社領支配の実態、及び本寺延暦寺との関係について論じることにしたい。

(81) 注16、及び『日本歴史地名大系』二七『京都市の地名』（平凡社、一九七九年）等。

(82) 注69に同じ。
(83) 注65に同じ。
(84) 「社家記録」正平七年二月十日条（『記録』上、二〇九頁）。
(85) 是法房が、宮辻子東頬を「往古通道」であると述べている点については、渋谷慈鎧編『増補校訂天台座主記』の建治三年（一二七七）正月二十七日における道玄の座主宣命登山に関する記事の中に、「路次」として「宮辻子北行、五条坊門西行、大和大路北行、四条東行、祇園中路北行、三条東行、今朱雀北行、翌日社頭拝賀」とある点と、あるいは関連しているかもしれない。
(86) 「社家記録」正平七年三月四日条（『記録』上、二二九頁）。
(87) 是法は『徒然草』第百二十四段にも登場しており、また歌人としても著名で、『続千載和歌集』・『新千載和歌集』を初めとする勅撰集に六首の和歌を載せている。
(88) 東京大学史料編纂所架蔵謄写本『華頂要略』三十二門下伝（請求番号二〇七二・二四・三三）三五丁表。
(89) 注88史料に、脇門跡般若院の代々の門主の名と経歴が付されており、正平七年当時の門主、すなわち「裏築地僧正」は、尊什大僧正であったとみられる。なお脇門跡を含む延暦寺の門跡の組織と運営については、下坂守「中世門跡寺院の組織と運営」（村井康彦編『公家と武家――その比較文明史的考察』思文閣出版、一九九五年、のち同氏注29著書に所収）に詳しい。
(90) 至徳二年十一月二十七日付官宣旨（『文書』下巻二、増補編、三〇―三一頁、四五号）等。
(91) 室町将軍家御教書案（『文書』下巻一、一四五頁、一三三九号）。
(92) 注65参照。
(93) 『記録』上、六〇三―六〇四頁。
(94) 「社家記録」正平七年十月十八日条（『記録』上、二九四頁）。
(95) 「元徳二年三月日日吉社并叡山行幸記」（注55参照）四九六頁。
(96) 「社家記録」正平七年四月十七日条（『記録』上、二四二頁）。
(97) 「社家記録」正平七年四月十九日条（『記録』上、二四二―二四三頁）。
(98) 「社家記録」正平七年五月二十一日条（『記録』上、二五三頁）。
(99) 『鎌倉遺文』三六七五号。

(100) 下坂守「中世大寺院における寺家の構造」(『京都市歴史資料館紀要』一〇、一九九二年、のち同氏注29書に所収)。
(101) 下坂氏前注論文、一六〇頁。
(102) 「社家記録」正平七年二月二十九日条(『記録』上、二二二頁)。
(103) 「社家記録」正平七年閏二月十八日条(『記録』上、二三六頁)。
(104) 「社家記録」正平七年五月二十八日条(『記録』上、二六〇頁)。
(105) 「社家記録」康永二年十一月十九日条に、「宮仕行心法師」とある。
(106) 「社家記録」正平七年二月二十九日条(『記録』上、二二二頁)。
(107) 『文書』上、九三三―九三四頁、一二四六号。
(108) 「社家記録」正平七年七月六日条(『記録』上、二六七頁)。
(109) 「社家記録」正平七年七月十七・十八日条(『記録』上、二七四頁)。
(110) 下坂氏注29論文、二頁。
(111) 「社家記録」正平七年四月十九日条に、「任本式壱結可取之由」を執行が公人に述べていることから、酒肴料は一貫を定額としたことがわかる。
(112) 「社家記録」正平七年五月十七日条(『記録』上、二五〇頁)。
(113) 「社家記録」正平七年五月二十日条(『記録』上、二五一頁)。
(114) 賢聖房の住房破却については、下坂氏も注29論文において詳しく考察されており、山門公人・大衆・公文所とが密接な関係にあったことを指摘されている。また「山門公物」についても、「中世寺院における大衆と「惣寺」――「院々谷々」の「衆議」の実態」(『学叢』第二十二号、二〇〇〇年、のち同氏注29書に所収)において、詳しく考察されている。
(115) 氏名未詳書状(『文書』下巻二、九五二頁、二一八四号)。
(116) 『図集　日本都市史』「総説」(注1参照)。
(117) 仁木氏注1書。
(118) 脇田氏注66書。

第二章　室町幕府の成立と祇園社領主権

はじめに

近年の中世都市史研究は、文献史学の成果に加え、考古学や建築史学をはじめとする様々な分野の研究成果をも統合しながら進められている点を一つの特色としている(1)。都市の空間構造に関する様々な研究もまたその一例であるといえ(2)、こうした空間構造論を、特に寺社を中核とする空間領域について展開させたものに伊藤毅氏の研究がある。氏によれば、中世寺院の空間領域は「寺内」・「寺辺」・及びこれを包摂する「境内」において捉えることができ、そこに「中世的領主支配のフィジカルな反映」が見出されるという(3)。氏のこうした指摘は、単なる都市の空間構成という問題を超え、都市における権力構造のあり方をも示唆する内容を持つものとして注目される。

それでは、そもそも氏の指摘される「領主支配」の「反映」された寺社領域とは、どのような形で確定されうるのであろうか。さらに、領主支配のあり方と領域のあり方とは、具体的にどのように「反映」、あるいは関係し合うのであろうか。このような疑問が生じるときに想起されるのは、空間構造論が「形成・変容主体への分析を欠くという欠点をはらんで」おり、「社会構造（支配関係、都市共同体）との連関で空間を検討する」ことが必要である、とする仁木宏氏の鋭い指摘である(4)。

そこで本章においてはこのような課題を念頭に、中世都市京都における寺社の空間領域とその支配機構との関係を、南北朝期祇園社の場合を例として考察したいと考える。すでに前章において、南北朝期の祇園社が組織と社領支配の両側面にわたり、山門との本末関係を基軸とする構造を有していた事実を指摘した。しかしこのような本末関係に基づく経営体制は、実は早くも南北朝期末期に至って大きく変わるところとなっている。こうした変化の背景には、祇園社内部の事情ばかりでなく、建武政権の崩壊とこれに伴う戦乱、及びその結果としての室町幕府の確立、という政治状況そのものの変化が大きく関わっていた。

室町幕府による京都市政権掌握の具体的過程については、周知のように、すでに佐藤進一氏により、警察（刑事裁判権を含む）→治安→民事裁判→商業課税の順で進められたとの指摘がなされている(5)。氏によれば、幕府の京都支配権掌握を強くはばんだものに検非違使庁と山門の存在があり、幕府はこのような使庁・山門の行政・警察機能を、侍所の権限強化により骨抜きにしていったという。このような指摘を受け、五味文彦氏が侍所による使庁の諸権限吸収の具体的過程を明らかにされている一方(6)、山門の支配権を幕府がどのように排除していったかという点については、法令に基づく政策という側面からの指摘がなされているものの(7)、十分に明らかであるとはいいがたいように思われる。

そのような中で注目されるのは、瀬田勝哉氏が永享年間の祇園会大政所御旅所敷地をめぐる世襲神主家と新興神主家の相論について考察される中で、次のように指摘されている点である。すなわち氏によれば、大政所敷地が至徳二年（一三八五）に祇園社僧顕深の知行となったのは、祈禱に傾倒しつつあった義満以下足利将軍家の、御師顕深に対する優遇政策によるものであるという。そしてその背景には、「山門末社の祇園社を山門側から幕府の側にひきよせようとする意図」が存在した(8)。具体的には、社僧内で競合の対象ともなっていた執行職の相承を顕深の門流相承に一本化すること、及び山門末社たる祇園社を独立させ幕府の側に引き寄せること、の二つの意図が働いて「御師職」に様々な便宜が図られたのであった。

このような氏の指摘をふまえた上で、南北朝期における祇園社の変革の過程と内容を具体的にみてみると、実は足利将軍家の祈禱への傾斜と、これに付随した形での「御師職」の地位の向上は、尊氏・義詮の代からみられる現象であり、室町幕府草創期の寺社政策という側面においても重要な意味を持っていたことがわかる。その一方、御師職を通じての祇園社と幕府との関係は、境内地や大政所御旅所敷地を含む、祇園社の京中社領支配のあり方にも大きな変化をもたらした。そしてこうした変化の背景には、幕府の政策と祇園社の利害との一致――すなわち、山門との本末関係の扱いをめぐる利害の一致――が存在したものと考えられるのである。

以上の点をふまえ、本章においては、将軍との師檀関係を基盤とする御師職の成立が、それ以前の本末関係を基軸とする祇園社の組織、及び社領構造に、具体的に何をもたらしたのか、ということを当該期の政治社会情勢の中に意味づけながら考察したいと考える。そこでまず第一節において南北朝期祇園社組織の変質過程について分析し、続く第二節においては、組織の変化に伴って生じた社領のあり方の変化について考察することにしたい。そして第三節では、こうした組織・社領の変化が、室町政権の確立とどのように関わり合っていたのかという点について考察し、それが祇園社の新たな領域形成にどのような意義を持ったのか、ということを明らかにしたいと思う。

第一節　将軍家御師職の成立

1　至徳二年の官宣旨

江戸時代の宝暦四年（一七五四）、時の祇園執行宝寿院行快は、祇園社の歴史について次のように述べている。(9)

一祇園社之義ハ、天台宗山門一派ニ而社僧持之所ニ御座候、座主宮御支配ニ在レ之候処、至徳二年後小松院御宇、執行顕深被レ補ニ社務職一、三御門跡御綺無レ之、社務一心之支配と倫（綸）旨頂戴仕、夫ゟ代々天台別院ニ而社務一心

之支配ニ御座候、（以下略）

同じく江戸時代のものとされる宝寿院社務職覚書写にも、「宝寿院社務職者、白河院永保年中社務職被レ補、其後後小松院至徳二年　勅裁頂戴仕、山門之御門跡之御綺称レ無レ之、社務座主相兼候社務職にて、社中・門前・境内支配仕候」とあり[10]、行快の記述を裏付けるものとなっている。いずれも当初山門配下の神社として、天台座主の支配下にあった祇園社が、至徳二年（一三八五）に顕深の「社務職」すなわち執行職補任以降、座主・門跡の干渉から離れ、執行を中心とする経営体制をとるに至った事実を物語っている。

ここでまず、至徳二年以前の祇園社組織の実際について第一章をふまえてみてみると、祇園社には検校座主・別当・目代ら山門僧、紀氏一族その他から成る社僧、専当・宮仕からなる公人、公人に統率された神人・神子・芸能民、の四階層にわたる人々が所属していた。経営の中心は、検校座主・別当を頂点とする感神院政所とその下部機関の公文所であり、両機関を実質的に統轄していたのは、紀氏一族の社僧から選ばれる執行であった。ここで注意されるのが、経営の中心たる執行職が座主交代にともない補任される職であり、その補任権を天台座主が握っていたことである。このことと、別当・目代もまた社内経営において一定の権限と得分を有していたこと、さらには山門大衆・公人が祇園社に命令を下す際に窓口となったのが執行であったことなどを重視するならば、至徳二年以前の祇園社は、本寺山門の統制を強く受ける形で運営されていたものとみることができる。

それでは、先に示した江戸時代の史料が述べる至徳二年以後の変化とは、具体的にはどのような動きを指すのであろうか。この至徳二年変革説ともいうべき言い伝えの内容が決して架空のものでないことは、実際に至徳二年に発給されている官宣旨が祇園社に遺されていることから明白である。江戸時代の史料でいうところの「綸旨」とは、おそらくこの官宣旨を指すものと考えられる。長文ではあるが、以下の考察に不可欠の史料であるので、次に引用することにしたい[11]。

（包紙ウハ書・後筆）
「後小松院
　至徳二年勅裁　三ッ之内」
左弁官下山城国
応下因二准先例一停二止大小勅院事他社役以下催促一、棄二捐寺社本主濫訴一、於二下地一者、不レ依二執行職一為二御師職一、末代断二社僧幷一族等競望一、永代全二顕深嫡弟相承知行一、抽中御祈忠上当国愛宕郡祇園社領四至境田畠在家事、
四至　東限白河山　南限五条末以北
　　　西限堤　　　北限三条末以南
右得二法印権大僧都顕深、今月日解状一偁、彼四至境神領御奉寄事、顕深別而依二申請一、去永徳元年・二年両度及二御執奏一、永代被レ付二社家之内一被レ下二勅裁一訖、但御奉寄之旨趣、顕深申請之次第一切付二社務一非二御奉寄之儀一、顕深為二御祈之師一、致二嫡弟相続一可レ被レ聴二別相伝一也、末代号レ被レ付二社家一雖レ致二訴訟一、可レ被レ断二社務社僧幷一族等之競望一之次第、具達二上聞一被二聞食披一被二裁定一畢、仍同二年被レ仰二侍所一被レ打二渡之一、其後方方口入幷違乱停止事、度度被レ下二御教書一、被レ尽二御沙汰之淵底一訖、加レ之三門跡被レ号二朝恩一被レ称二相伝一違乱之所、為二神領一之上者、可レ被レ止二御綺一、於二券契分明之在所一者、追可レ被レ申二替地一旨、各被レ立二御使一、其外諸寺院甲乙人等之訴訟、一向被二棄捐一、被レ付二下此四至境内一、如二検断一事一向被レ付レ之、可レ為二社家成敗一之由、被二治定一之条、御祈之肝要顕深之大慶偏所レ仰二神鑑一也、自今以後被レ免二除大小勅院事・恒例臨時課役幷他社役一、向後被レ棄二捐寺社諸門跡以下之御訴訟一、為二永代不易之神領一、於二下地一者、顕深永致二嫡弟相続一、末代断二社僧幷一族等之競望一、致二別納之管領一、欲レ抽二長日之丹誠一矣、望請天裁、因二准先例一、被レ下二宣旨一者、益仰二御祈之不レ空、弥致二相承之忠勤一者、権中納言藤原朝臣経重宣、奉レ勅、依レ請者、国宜承知、依レ宣行レ之、
　　至徳二年十一月廿七日　　大史小槻宿祢（花押）
中弁藤原朝臣（花押）

内容をみていくと、まず永徳元年（一三八一）・同二年、祇園執行顕深の申請により、社領四至を寄進するとの勅裁が下ったとある。その勅裁の趣旨は、寄進は社務執行職に対してではなく、「御祈之師」に対するものであり、これを「御師」顕深の「別相伝」とすることにより、以後社務・社僧・紀氏一族等による競望を断つ、というものであった。そして永徳二年には幕府侍所による遵行もなされ、他者による介入・違乱を停止する御教書が度々下されたという。併せて天台三門跡による違乱を止めること、社領四至内で三門跡の相伝地として証文が分明である場合には「替地」を与えること、及び諸寺院や甲乙人等の訴訟についてはこれを破棄し、四至境内の検断権をすべて社家の成敗とすること等が定まったとある。

この官宣旨の内容で、注目すべき点は次の二点である。まず第一点は、「執行職」ではなく「御師職」であることを根拠として祇園社僧顕深が祇園社四至の下地知行権を得ていること、そして第二点は、祇園社の社領四至内から、天台三門跡や諸寺院・甲乙人等の所有地が排除され、「御師」顕深による単独社領支配が認められていること、である。これらの点は、いうまでもなく先に見た江戸期の史料がいうところの天台座主・門跡による干渉の排除と、社務執行による境内地支配の実施に相当している。

まず第一点について考えなければならない点は、「御師職」として下地知行権を付与されている顕深が、すでにこれより前の永和二年（一三七六）に祇園社経営の実質的な統轄者たる「執行職」に補任されていることである(12)。下地知行権の付与対象が、執行職ではなく御師職でなければならなかった理由は、どこにあるのだろうか。このことについて考えるために、両職の性格とその相違点、及び御師職の成立と発展をめぐる祇園社内の動きを、次節において少し時代をさかのぼって考察することにしたい。

表1　執行職と御師職

	執行職	御師職
成立	永保元年（1081）[1]	観応2年（1351）～文和元年（1352）
資格	紀氏一族	紀氏一族
補任	天台座主	室町幕府将軍
職務	仏神事及び社領の経営 社僧・公人等の補任 座主・別当に社内経営について連絡 山門大衆の命による犬神人・公人の動員	将軍家の命による祈禱 神物と将軍家春季御神楽の奉行 足利氏寄進地の知行

注1）　早稲田大学所蔵「祇園社文書」8．

2　御師職と執行職

最初に両職の内容について簡単にまとめた表1をみてみると、まず両職の成立期が明らかに異なっており、執行職が院政期には成立していたのに対し、御師職は南北朝期初めに成立した新しい職であったことがわかる。さらに両職の間では補任権所持者が異なっており、執行職が天台座主によって補任される職であるのに対し、御師職は「将軍家御師職」とも称されることから明らかなように[13]、室町幕府将軍によって補任されるものであった。したがって執行職が、あくまで祇園社内における一定の役職・身分を指すものであるのに対し、将軍と社僧とのいわば私的な関係によるものが「御師職」であった、といえよう。

この「御師職」が、中世の熊野や伊勢の「宿坊的御師」・「修験的御師」とは異なるものであり、公家や武家の補任を受けてこれを対象に祈禱を行う「御祈禱的御師」であったことは、早くに吉川孔敏氏が指摘されている通りである[14]。小杉達氏によると、祇園社にはすでに鎌倉時代後期に公家の「御師職」が存在していたというが[15]、先に示した至徳二年の官宣旨がいうところの御師職とは、このような仙洞・公家の御師ではなく、武家すなわち足利将軍家の命により祈禱を勤行する、武家の御師を指している。富田正弘氏が明らかにされたように、南北朝期初期までの国家的祈禱は、内裏や仙洞御所で行われる公家の修法であったが、足利直義による貞和二年（一三四六）の五壇法始修を皮切りに、武家主催の祈禱がしばしば行われるようになり、国家的祈禱の主催権は、ほぼ応安から永和頃に公家から武家へと移行した[16]。このような中で、祇園社においても足利氏の祈禱を勤行する御師が誕生しているのであり、その成立と幕府の政治動向とは不可分の関係にあったといえる。

表2は、御師職関係史料の初見である元弘三年（一三三三）から官宣旨の下る至徳二年までの間祇園社御師に下された文書を、一覧にまとめたものである。残存史料から祇園社僧が「将軍家御師職」に初めて補任された時期について特定することはできないものの、次に示す史料（表2№4）は、この点を考える上で一つの参考となる。

「（押紙）等持寺殿御師職　奉行疋田妙玄」

祈禱事、所二申付一也、天下之無為家門之繁盛、可レ被レ抽二懇丹一之状如レ件、

十二月三日　左兵衛督（足利尊氏）（花押）

助法印御房

これは元弘三年に足利尊氏から前執行顕詮に下された御判御教書であり、祈禱を命じる御教書の多くが、「天下静謐」・「凶徒退治」等の祈禱目的を明示するのと内容を異にしていることから、尊氏の御師補任状としての性格を持つと考えられる文書である。尊氏が将軍になる以前のものであることから、これを「将軍家御師職」補任状と言えないことは明白である。しかし貞和元年（一三四五）のものと思われる「顕詮申状」（表2№14）に、「元弘三年の御くわんしよを給候うへ（中略）ひきたの妙玄奉行として、けんせむ御いのりの御師にさためられ、御はんの御けう書を給候てよりこのかた、御師しきとしていまにいたり候」とある点、及び暦応二年（一三三九）の足利直義下知状写（表2№10）に、「顕詮者、元弘以来給二御教書一、専為二御祈禱人一」とある点、さらには観応二年（一三五一）の足利義詮御判御教書（表2№36）が、「祈禱事、任二元弘之例一、可レ被レ致二勤行精誠一之状如レ件」として顕詮に祈禱を命じている点等により、足利将軍家成立以後、足利氏と顕詮との師檀関係を根拠づける文書として重要な意味を持ったことがうかがわれる。

一方尊氏は、康永三年（一三四四）に、祇園社へ鎧・太刀・弓矢とともに願文（表2№13）を納めており、その際、

表２　「御師職」関係文書一覧

No.	年　月　日	文　書　名	内　　容	備　　考	出　典
1	元弘３(1333).５.11	(足利尊氏) 御願書			目録
2	５.20	散位某書状	静晴への祈禱依頼	同日付で２通あり	上-35
3	10.12	高師直巻数請取状	巻数請取の報告		続録2
4	12.３	足利尊氏御判御教書	顕詮を尊氏の御師とする	(押)「等持寺殿御師職」	増補10
5	建武２(1335).９.２	足利尊氏書状	祈禱への礼状		続録-2
6	３(1336).７.６	光厳院院宣	天下静謐祈禱を命令		続録-2
7	７.16	光厳院院宣	「於東寺致御祈事」		目録
8	11.９	巻数請取状	巻数請取の報告	「於東寺賜之」(目録)	続録-2
9	５(1338).７.31	細川顕氏書状	執行静晴への祈禱依頼		増補12
10	暦応２(1339).12.17	足利直義下知状写	丹波国波々伯部保の沙汰付		新修-8
11	康永元(1342).12.26	足利義詮御判御教書	執行静晴への祈禱依頼		石水4-4
12	３(1344).正.16	細川顕氏書状	執行（静晴か）による祈禱への礼		増補13
13	12.15	足利尊氏願文案	夢想により鎧等を奉納	続録-２，上-37.38に関連	早大123
14	貞和元(1345)	顕詮申状	社務のみが神楽等奉行すべし		続録-3
15	３(1347).５.25	足利直義願文案	妻の安産を祈願		下-1666
16	６.９	前下総守巻数請取状案	巻数請取を報告		下-1667
17	〃	御教書	「御所作次第被尋下事」		目録
18	４(1348).４.22	足利直冬御判御教書	静晴に紀州凶徒退治の祈禱命令		続録-2
19	12.25	沙弥道普巻数請取状	静晴に祈禱巻数の見参を報告		続録-2
20	５(1349).９.８	鎌倉着御々撫物御文		「自上臈御局状也」	目録
21	観応元(1350).７.28	足利尊氏御判御教書	濃州凶徒退治の祈禱命令		増補17
22	10.28	足利尊氏御判御教書	祈禱命令	「将軍福岡御下向時給之」	続録-2
23	12.20	足利直義御判御教書	祈禱命令	執行あて	続録-2
24	２(1351).正.２	足利直義御判御教書	祈禱命令	執行あて	続録-2
25	２.16	足利尊氏御判御教書	祈禱の礼	「於井原岩屋賜之」	続録-2
26	２.22	足利尊氏御判御教書	祈禱の続行を命令	(押)「於湊川被下之」	増補18
27	７.30	御巻数御返事		「於石山賜之」	目録
28	７.31	足利尊氏御判御教書	天下静謐祈禱を命令	「　〃　」(目録)	続録-2

No.	年　月　日	文　書　名	内　　容	備　　考	出　典
29	観応２(1351).８.５	足利直義御判御教書	天下泰平武運長久祈禱事	八重山合戦の頃.執行あて	続録-2
30	８.６	足利義詮御判御教書	凶徒退治の祈禱を命令		続録-2
31	８.25	足利尊氏御判御教書	祈禱の続行を命令	(押)「於近州小野大覚寺給之」	増補20
32	８.29	某御判御教書	天下泰平武運長久祈禱事	執行あて	続録-2
33	９.８	某御判御教書	祈禱師職事(静晴あて)		続録-2
34	10.８	足利義詮御判御教書	祈禱の継続を命令		増補66
35	10.25	沙弥某巻数請取状	祈禱巻数見参		続録-2
36	11.２	足利義詮御判御教書	顕詮を義詮の御師とする	(押)「宝篋院殿御師職」	増補21
37	11.２	足利義詮御判御教書	神物以下の奉行を命令		続録-2
38	11.３	足利尊氏御判御教書	凶徒退治の祈禱を命令		続録-2
39	正平７(1352).２.18	足利尊氏御判御教書	天下静謐祈禱を命令		続録-2
40	観応3(1352).閏2.25	足利尊氏御判御教書	天下静謐祈禱を命令	(後)「於近州四十九院給之」	続録-2
41	〃	沙弥某巻数請取状	祈禱巻数見参	(後)「於近州四十九院賜之」	続録-2
42	３.17	沙弥某巻数請取状	祈禱巻数見参	(後)「於東山御陣賜之」	続録-2
43	３.29	足利義詮御判御教書	天下静謐御祈禱を命令		続録-2
44	５月日	社務執行顕詮目安案	恒例御神楽料足事	斜線にて抹消	記録３裏
45	文和元(1352).10月日	社務執行顕詮目安案	毎年春季御神楽事	斜線にて抹消	記録３裏
46	10.９	足利尊氏御判御教書	天下静謐御祈禱を命令	南方蜂起による	続録-2
47	10.23	足利義詮御判御教書	顕詮を造営奉行に補任	「就御師之号,所被仰付也」	増補78
48	11.13	足利尊氏御内書	巻数到来に対する礼	祇園御師助法印御房あて	増補70
49	12.22	足利尊氏御判御教書	巻数到来による返事		増補22
50	２(1353).２.30	幕府政所執事連署奉書	春季御神楽の料足沙汰		早大128
51	３.２	後光厳院綸旨案	祈禱命令	「任代々例可被抽丹誠」	下-2028
52	〃	足利尊氏御判御教書	天下静謐御祈禱を命令	南方蜂起による	続録-2
53	３.20	足利尊氏御判御教書	巻数・護到来による返事		増補23
54	６.５	足利義詮御判御教書	天下静謐御祈禱を命令		続録-2
55	６.９	後光厳院綸旨案	天下静謐御祈禱を命令	(後)「於坂本被下之」	下-2029
56	６.29	足利義詮御判御教書	天下静謐御祈禱の続行を命令		続録-2
57	７.４	後光厳院綸旨案	天下静謐御祈禱を命令	顕深祇候.(後)「於濃州被下之」	下-2030

No.	年　月　日	文　書　名	内　　容	備　　考	出　典
58	7.5	足利義詮御判御教書	天下静謐御祈禱を命令		続録-2
59	8.28	後光厳院綸旨案	顕深の濃州祗候・祈禱の賞	(後)「於濃州被下之」	下-2031
60	9.5	伊賀守某巻数請取状	臨時御祈禱の巻数見参		続録-2
61	9.6	足利尊氏御判御教書案	祈禱の続行を命令	顕詮，垂井宿に供奉．御師あて	上-39
62	10.10	足利尊氏御判御教書	臨時祈禱を命令		続録-2
63	3(1354).5.21	足利尊氏御判御教書	天下静謐祈禱を命令	御師あて	増補79
64	9.8	修理亮巻数請取状	祈禱巻数を見参	直冬方	続録-2
65	9.22	足利直冬御教書案	静晴への祈禱命令	静晴あて	早大133
66	9.26	足利直冬御判御教書	社僧幸晴による祈禱への礼	祇園祠官法印御房（静晴）あて	増補15
67	11.3	足利尊氏御判御教書	巻数到来に対する返事		続録-2
68	12.27	足利尊氏御判御教書	路次祈禱を命令	顕詮，近州に供奉	増補27
69	12.30	伊賀守某巻数請取状	巻数見参		続録-2
70	4(1355).正.15	足利尊氏御判御教書	静晴に天下静謐御祈禱を命令		増補28
71	2.11	大蔵少輔巻数請取状	天下静謐御祈禱巻数を見参	(後)「下御所御返事」	続録-2
72	2.17	前伊賀守巻数請取状	天下静謐御祈禱巻数を見参		続録-2
73	3.18	沙弥某巻数請取状	天下静謐御祈禱巻数を見参	(後)「下御所御返事」	続録-2
74	5(1356).2.28	足利尊氏御判御教書案	社僧隆晴に天下静謐祈禱を命令		上-41
75	延文2(1357).正.22	足利尊氏御判御教書	天下静謐祈禱を命令	執行あて	増補29
76	正.28	足利義詮願文	立願事		続録-2
77	2.13	二階堂行元書状	春季御神楽勤仕への礼	祇園御師助法印御房あて	増補30
78	3(1358).3.8	足利義詮御判御教書	天下静謐祈禱を命令		続録-2
79	5(1360).正.14	足利義詮御判御教書案	静晴に天下静謐御祈禱を命令		上-42
80	康安元(1361).6.29	足利義詮御判御教書	顕深に天下静謐御祈禱を命令		増補31
81	9.10	後光厳院綸旨	天下静謐御祈禱を命令		続録-2
82	9.27	二階堂行元巻数請取状	天下静謐御祈禱巻数を見参	(後)「相州没落事」	続録-2
83	12.15	後光厳院綸旨	参陣への礼	(後)「於近州武左寺給之」	続録-2
84	12.17	足利義詮御判御教書	天下静謐御祈禱を命令	(後)「於近州武佐寺給之」	続録-2
85	貞治2(1363).正.23	二階堂行元書状	顕詮に神物・神楽等の管領安堵	御師職 vs．社務執行	増補32

No.	年　月　日	文　書　名	内　　容	備　　考	出　典
86	貞治3(1364).3.5	足利義詮御判御教書案	天下静謐御祈禱を命令	宛所不明	上-44
87	応安5?(1372).12.30	顕詮書状	祈禱の巻数を進上	宛所不明	記録5裏
88	7(1374).5.12	室町将軍家御教書	顕深に御師職・造営奉行を安堵		増補36
89	永和3(1377).9.22	後円融天皇綸旨	祈禱の忠節を命じる	「任代々例，為御師職」	上-25
90	康暦元(1379).6.17	足利義満御判御教書	顕深に六月番仕職を安堵	祈禱の賞により門弟相続	続録-2
91	永徳2(1382).5.20	足利義満執奏奉書	顕深の所職安堵の申し入れ		増補38
92	5.27	崇光院院宣案	顕深の所職を安堵		早大152
93	至徳2(1385).11.27	官宣旨	顕深に社領下地知行権を付与		増補45
94	〃	官宣旨	顕深に大政所敷地知行権を付与		増補46

注1）出典の正式名称は以下の通り．目録＝「将軍家御祈禱御教書目録」，続録＝「祇園社記続録」（以上『八坂神社記録』下巻），増補，上，下＝『八坂神社文書』増補・上下巻，記録裏＝「社家記録裏文書」（『八坂神社記録』上巻），早大＝『早稲田大学所蔵祇園社文書』本文はじめに注（10）参照，備考欄の（押）＝「押紙」，（後）＝「後筆」，石水＝石水博物館所蔵祇園社旧蔵文書（第1章注（7）参照），新修＝『新修八坂神社文書　中世篇』

注2）「祇園社記続録」は，江戸時代の編纂物であるので，所収文書も当時の筆写による．

注3）「将軍家御祈禱御教書目録」所蔵文書の文書名は，同目録の記載名に拠った．

注4）特に注記していない文書はすべて，顕詮宛の文書である．

祇園社で行われる四季の神楽・大般若・仁王講等の料足を定めている。このことは、貞治二年（一三六三）の二階堂行元書状（表2No.85）が、「御師」に対し「神物」や「神楽」の奉行を安堵している事実と対応しており、すでに観応・文和年間には実際に「御神楽料足」が幕府政所から下行されている（表2No.44・50）。また「御師」の語を祇園社関係文書において明確に確認しうるのは、文和元年（一三五二）のことであり（表2No.47・48）、その前年には、義詮が元弘の例にならって顕詮に祈禱を命じる（前出、表2No.36）と同時に、「神物」の奉行をも命じている（表2No.37）。したがって「将軍家御師職」は、元弘三年の足利尊氏による祈禱命令を発端とし、以後師檀関係が維持されてゆく中で、観応二年から文和元年にかけて制度的な成立をみた、といえるのではなかろうか(17)。

以上が御師職の成立過程とその内容であるが、それでは本来、執行職を中心とする経営体制が存在していた祇園社において、新たにこのような職が成立したのはなぜなのだろうか。そこで次に、御師職成立の背景について少し詳しくみてみることにしよう。

3　御師職成立の背景

御師職成立の理由としてまず指摘しておかなければならないことは、室町幕府の宗教政策の一環として、神社の特定の僧に対する御師職補任が広くみられたことである。すでに先行研究によって、南北朝期には祇園社ばかりでなく、北野社や石清水八幡宮をはじめとする大寺社に御師職のいたことが明らかにされている[18]。このことと、南北朝期には国家的な祈禱が武家の修法に移行しつつあったこととを考え合わせるならば[19]、やはり室町幕府は、御師職を梃子として顕密寺社を自己の管理下に置こうする意図を持っていたと考えられる。

ただしその際、特定の寺社の誰を御師職とするかについて、幕府側が必ずしも明確な基準を持っていたわけではなかった点は注意される。すなわち延文五年（一三六〇）の顕詮申状には、「就レ中武家祈禱御教書全非二厚免之儀一、世情擾乱之時、不レ被レ尋二其身之忠否一、諸人随二所望一、奉行人書二賦祈禱御教書一之条、不レ始二于今一規式也」とあり[20]、「祇園社御師」顕詮が、執行職を争っていた静晴の有する「祈禱御教書」を、信用するに値しないものであると主張している。そしてこうした基準のあいまいさの裏側にはまた、御師職の獲得をのぞむ社僧たちの思惑の揺らぎが垣間見える。

建武四年（一三三七）の仁木頼章書状案に、「祇園前執行顕詮法眼自二最初一為二御敵一、構二城郭於当国波々伯部保内一候之間、久下一族以下推二寄彼城一追落候畢」とあるのは[21]、顕詮が当初は南朝方について社領波々伯部保内に城郭を構え、坊人らと共に合戦を行っていたことを示すものである。当時御師職の補任が北朝と南朝の双方により成されていたことを考慮するならば、社僧たちにとって、揺れ動く情勢の中でどちらの側の御師となるのか、ということはまさにその後の命運を決定する大きな賭けであったといえる。

それでは社僧が御師職をのぞむ背景には、いったい何があったのだろうか。これを神社内部——ここでは自ずと祇

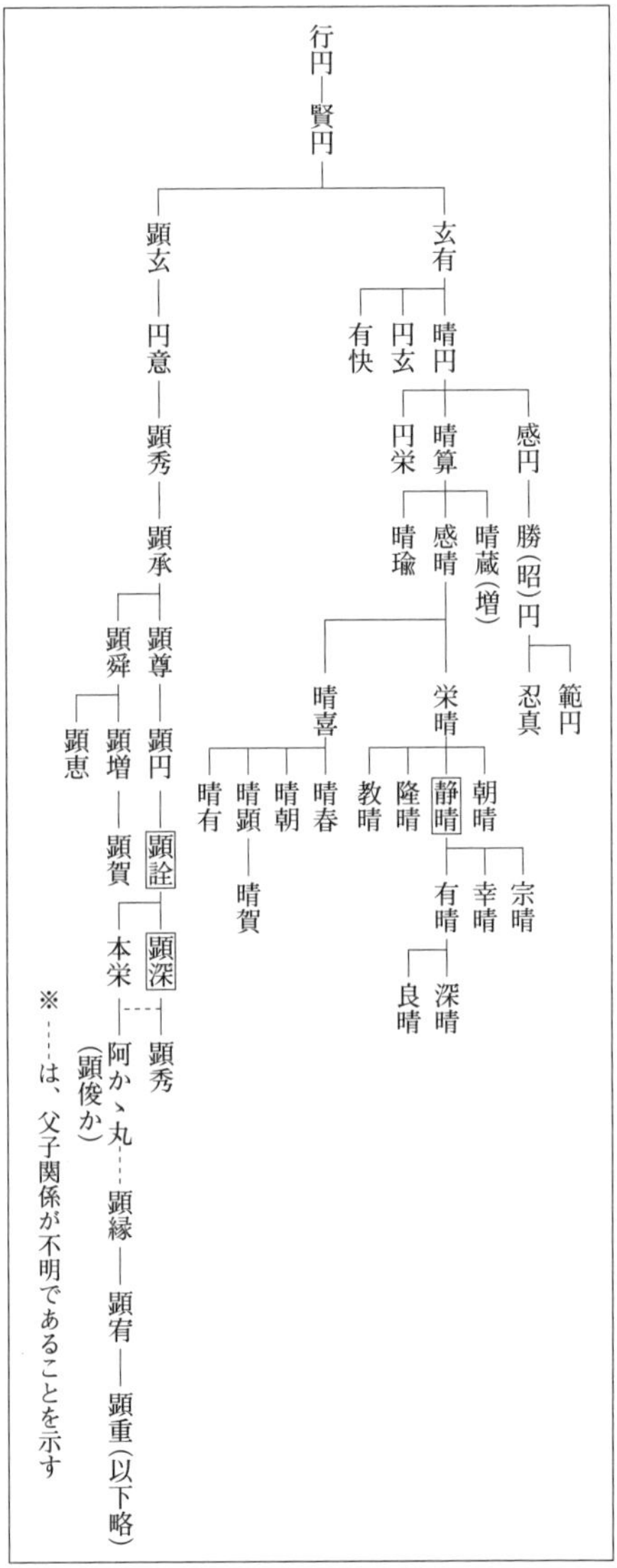

図1　紀氏一族系図

注）野地秀俊「「社僧」再考――中世祇園社における門閥形成」『佛教大学大学院紀要』第26号，1998年を参考にした．

園社に限られるが――の事情から、考察してみることにしたい。元弘三年（一三三三）に尊氏の御師となった顕詮は、表2から明らかなように、以後足利氏の命により度々祈禱を行っている。とりわけ観応から文和にかけては、自ら足利尊氏・義詮の戦陣に赴き、さかんに凶徒退治・武運長久の祈禱を修している。いったいなぜ顕詮は戦地に赴いてまで御師職を獲得しようとしたのであろうか。

ここでまず想起されるのは、従来も指摘されているように、祇園社内で執行職をめぐる社僧同士の争いが展開されていたことである(22)。顕詮の執行職在職は、元亨三年（一三二三）を初例とするものと思われるが(23)、尊氏の御師となった元弘三年当時、実は同じ紀氏一族出身の静晴に執行職を奪われている(24)（図1）。以後に展開される両者の執行職をめぐる争いは、数十年に及ぶものであり、その内容をみていくと、執行職をめぐる争いが実はそのまま御師職をめぐる争いにも通じていることがわかる。両者の争いは、静晴が最終的に南朝方につき没落していく一方、顕詮が尊氏・義詮との師檀関係を確固たるものとするなかで顕詮方の勝利に終わる。こうした過程において、なぜ両者は、執行職のみならず御師職の獲得をもめぐって争うことになったのであろうか。

　実は将軍家御師職の成立、及びその権威の源泉である室町幕府の確立は、社僧と将軍家との結びつきを強めるばかりでなく、祇園社経営の要となる執行職の補任形態を、根底から覆す力を孕んでいた。これを正平七年（一三五二）の場合を例に確認してみると、この年二度目の座主交代となった六月、青蓮院尊円親王が新座主に決定した際の「社家記録」には、「向二日野僧正光恵許一、対面、執行職事就二三宝院殿御口入一、早速御披露間、無為落居畏入之由申候了」とあり(25)、顕詮が三宝院賢俊の口利きにより執行職を安堵され、その礼を賢俊の兄弟にあたる日野光恵に述べていたことがわかる。すなわち表面的には座主による執行職補任という形をとりつつも、実質的な補任の主体は賢俊とその背後にある足利将軍家であった。三宝院賢俊といえば、足利尊氏の御持僧を勤めた人物として著名であり、貞和二年（一三四六）に直義が武家五壇法を始修した際には、阿闍梨を勤めている。東寺一長者を勤め、公家の御持僧ともなり、まさに南北朝期の密教界の重鎮であった(26)。顕詮と賢俊とが、どのような経緯で関係を持つようになったのかは不明であるが、双方共に足利尊氏の命により祈禱を勤行している事実からすると、将軍の祈禱を通じ結び付いていった可能性が高い。十月の座主交代時においても、顕詮は「三宝院僧正房口入状」と「今度天下静謐御祈御教書」を新座主に提示することにより執行職を安堵されており(27)、御師職を通じての執行職獲得はもはや定着しつつあった。したがって顕詮と静晴との争いが、執行職と御師職の両方をめぐるものとなった理由は、天台座主の意向によらない執行職の新たな補任形態が確立する中で、自らをより有利な立場に置くためであったと解されるのである。

　御師職と執行職との関係について、さらに指摘しておかなければならないことは、顕詮にとっても静晴にとっても、御師職が、執行職とは別の新たな職権を約束するものであった、ということである。前節で述べたように、執行職は、天台座主が補任権を持つという点に端的に示されているように、本寺山門による末社支配の中で、いわば窓口的役割を本来的に担わされる職であり、あくまで山門の統制下においてのみその職権を行使しうるものであった。顕詮が執行の時代に書き記した「社家記録」をみると、南北朝期には、執行職の補任料の額や執行の職権である番仕職をめぐり、座主・別当による介入をたびたび受けて、その対応に苦慮していたことがわかる。また大衆の命を受け出京してきた山門公人が、過分の酒肴料を要求しては執行を困らせていることからも、本寺との関係が様々な点において執行に負担を強いるものであったことがうかがわれる。こうした中で、執行が本寺の統制からより自由な祇園社経営を志向するとき、将軍権力に連なる御師職の獲得は、室町幕府が確立されるにしたがい、非常に重要な意味を持ち始めたと考えられるのである。

それでは御師職として執行が新たに得た職権とは、具体的にはどのようなものであったろうか。まず注目されるのは、足利将軍家から御師に対し所領が寄進されていることである(28)。表3は足利氏が祇園社に寄進した所領・所職の一覧であり、これらの所領の知行権は、実質的には「御師」たる顕詮に付与されている。さらに造営奉行職と造営料所も新たに付与されるに至り、文和元年（一三五二）、顕詮は足利義詮により造営奉行に補任されている(29)。顕詮自身「造営奉行職事。被レ書二御教書一、今日自二安威左衛門入道許一、成祐取二来之一。先日御教書文章大様之上、執行法印之由充所ニ有レ之、不レ可レ依二執行職一、子細就レ申二披之一、書二改之一、昨日申二御判一云々、就二御師之号一、被二仰付一由被レ載レ之」と記しているように(30)、造営奉行職は執行職に対してではなく、あくまで御師職に対し与えられたものであった。顕詮はこの直後、造営料所として従来付与されていた敦賀升米に加え、新たに近江国麻生庄を得ている(31)。そして貞治四年（一三六五）、将軍足利義詮の別願により転倒していた南大門前の三鳥居が建立された際にも、造営事業の中心者となっている(32)。

さて至徳二年の官宣旨の冒頭部分には、顕深に下地知行権を認める勅裁が、「永徳元年・二年両度」の「御執奏」によりもたらされたとあるが、実はその「御執奏」は、時の将軍足利義満によりなされたものであった。

表3　足利氏寄進地一覧

	所　領　名	内容・その他	文　書　名		出　典
1	越中国高木村		貞和5(1349).正.11	足利尊氏社領寄進状案	下-1663
		先執行顕詮に沙汰付	3.6	高師直施行状案	下-1669
		御師顕詮代に沙汰付	7.25	上杉重能施行状	下-1642
2	近江国麻生庄	11.15に寄進状．造営料所	文和元(1352).11.22	沙弥某施行状	神領部4
3	越中国堀江庄地頭職		2(1353).2.12	足利義詮寄進状案	下-1651
		御師顕詮代に沙汰付	2.25	宇都宮貞泰施行状	下-1641
		下地は祈禱の賞として顕詮管理	4.19	足利尊氏寄進状案	下-1671
4	近江国山中弾正忠入道跡		永和5(1379).3.14	足利義満寄進状	神領部4
5	摂津国金心寺田地	御師たる顕深が知行	至徳3(1386).6.12	足利義満下知状案	下-1509
6	美濃国下野村地頭職		7.2	高家入道某施行状	下-1587
7	広峯社領幡磨国土山庄地頭職	9.22に御教書．宝寿院の執務	康応元(1389).11.7	赤松義則施行状	下-1864
8	美濃国深田富永		明徳元(1390).5.22	足利義満社領寄進状	下-1571
9	美濃国春近内吉家郷地頭職		10.8	足利義満社領寄進状案	下-1578

注）出典の正式名称は以下の通り．下＝『八坂神社文書』下，神領部＝「祇園社記御神領部」（『八坂神社記録』下所収）．

「（端裏書）武家御執奏御事書奉行松田丹後守貞秀執筆同左衛門大夫永徳二五廿」」
「（押紙）鹿苑院殿御執奏御事書　奉行松田丹後守貞秀
永徳二五廿」
祇園社執行顕深僧都事、代々師職相承之間、執行職并六月番仕・一公文以下所職所帯等事、就二度々執奏一被二宣下一畢、所詮不レ可レ有二改動一之由、重可レ被レ成二下安堵勅裁一之旨、内々可二申入一矣、(33)

ここには、執行職をも含めた顕深の「所職所帯」を、御師職であることによって安堵するという、御師職の優位性がよりはっきりとした形で打ち出されている(34)。本来は天台座主が補任権を持っていたはずの執行職の補任が、勅裁という形を取りつつも実質的には将軍義満により補任されようとしている点も重要であるが、六月番仕職及び一公文職の安堵が要請されている点も見逃せない。というのも、六月番仕職にしても一公文職にしても、本来は山僧である別当が管領する職であり、執行と別当とでこれ以前、これらの所職をめぐり対立の生じていたことが「社家記録」により知られるからである(35)。

将軍義満による執奏の結果、崇光院院宣が下され(36)、顕深は執行職を安堵されており、顕深以後、執行職は御師職とともにその一流の相承するところとなった。したがって御師職の獲得を通じ、執行は天台座主・別当の意向・介入を受けない形で特定の僧により相伝されていく職となり、本寺の統制からより自由な祇園社経営をはかることが可能となったのである。その実際については、次節において社領支配という側面から具体的に考察してみることにしたい。

第二節　京中社領支配と本末関係の変化

1　顕深による下地知行権掌握の過程

本節では、官宣旨の示す祇園社社領支配の変化の具体的内容について、顕深による知行権掌握の過程を分析することにより明らかにしたいと思う。まずその前提として、至徳二年以前の社領支配の状況について説明しておくと、すでに第一章で触れた通り、南北朝期の祇園社が京中において有した社領は、大きく分けて①境内地と、②洛中散在社領の二つから成っていた。このうち①の境内地については、五条以北三条以南という非常に広い範囲に及ぶことが知られる。とりわけ南大門前の百度大路と、西大門前の四条通に連なる路は、祇園社の「門前」にあたり、両門前には執行職を争った顕詮と静晴の坊をはじめ、数多くの社僧坊が立ち並ぶとともに、土倉・酒屋もまた軒を連ねていた。そして山門との本末関係は境内地にも大きく影響しており、鎌倉時代後期にはすでに山徒の居住地としての性格をも併せ持っていたことが知られる。さらに天台門跡領や山僧の地主所有地も存在し、他寺との境相論が生じた際には、山門大衆の意を受けた山門公人が発向している。また祇園社が領域内において検断権を行使するにあたり、祇園社公人を直接動員したのは執行であったが、行使の最終決定権を持っていたのは、山僧である別当であった。

次に洛中散在社領については、南北朝期には堀川十二町・大政所御旅所・瓜町（四条東洞院）・芹町（七条坊門室町）・三条京極方四町（＝京極寺）・葱町（四条坊城）・少将井御旅所の七箇所にわたる土地のあったことが知られる。それぞれの地の具体的な状況についてはほとんど知ることができないものの、瓜町や葱町が、本来は祇園社に寄進された地であったにもかかわらず、この南北朝期には別当の得分地と化していたこと、また三条京極寺もすでに平安時代には山門末寺となっており、祇園社の社領が本寺側の得分地としての性格を強く持っていたことがうかがえる。

以上により、至徳二年以前の祇園社の京中社領は、祇園社領であるとはいえ、様々なレベルで本寺山門の支配が及んでいる点で、祇園社のみで領主的支配を貫徹しえない場所であったといえる。このような中で、執行顕深に社領寄進がなされたことの意義は大きかったと考えられる。そこで次に、寄進の具体的過程を追うことにより、その画期性について確認してみることにしたい。

まず最初に注目したいのは、官宣旨冒頭部分に、「彼四至境神領御奉寄事、顕深別而依二申請一、去永徳元年・二年両度及二御執奏一、永代被レ付二社家之内一被レ下二勅裁一訖」とみえることである。ここから「社家」に四至が付されたのは、至徳二年をさかのぼる、永徳元年（一三八一）以降のことであったことがわかる。残存史料をみるかぎり、実際に社領寄進は徐々に進められたものと考えられ、その過程における「勅裁」にあたるものとして、次に挙げる後円融天皇綸旨案が注目される。(37)

綸旨　安居井知輔執筆
祇園社西門前南頬以下所々敷地事、任二社家注進一、所レ被二寄付一也、可レ被レ致二管領一者、天気如レ此、悉レ之、以状、

永徳元年十一月七日　　　　左少弁（安居井知輔）判

宰相僧都御房（顕深）

これは執行顕深に、「西門前南頬」以下の敷地を寄進したもので、「西門前」とは、「西の門前」、すなわちこれ以前

には「西大門」と称されていた西大門前の門前地を指すものと考えられる。実はこの地は、かつて顕詮と執行職を争った静晴の住坊「大門房」が存在し(38)、「静晴管領西大門敷地」ともいわれていることから(39)、静晴の「管領」地であったことが知られる。したがって、この地が顕深に寄進されたことは、社領支配においても顕詮・顕深の一流が勝利し、その権限が強化されたものと解することができる。ただしこの段階において、「社家」すなわち執行に対する付与、としていることには注意が必要である。というのも、すでに述べたように至徳二年の官宣旨においては、わざわざ知行権の付与対象を、執行職ではなく、御師職とすることが強調されているからである。当初執行に付与された四至が、御師への付与と言い替えられた背景には、おそらく山門による違乱の発生が関係していると考えられるが、この問題については後に改めて考察したい。

翌年の永徳二年には、さらに後円融院院宣が下されて、「祇園社開発境内西門前北頬敷地田畠東限祇園中路、西限砂原、南限四条西、北限四条坊門事、自レ元厳重神領也」として(40)、前年の西門前南頬に加え、北頬も寄進され、顕深の門前地支配がより強化されている。このように顕深への境内地における下地知行権の付与は、四至の一部を「社家」すなわち執行に対し徐々に寄進する、という形をとってなされ、最終的に至徳二年の段階で四至そのものを御師職に与える、ということで終結したものと考えられる。

ここで一つ疑問となるのは、なぜ当初から、一度に四至全体を御師である顕深に付与するという形がとられなかったか、ということである。社領四至を、かつて静晴が「管領」していた門前をはじめ、「部分」に分けて寄進する、という方法がとられたことの背景には、これ以前の祇園社の社領支配の構造が大きく作用しているのではなかろうか。すなわち至徳以前においては、五条以北・三条以南の境内地全体について、特定の社僧が職権に基づいて一円的に知行する、という支配構造にはなく、執行職を持ちうるような有力社僧、もしくは後述するような山門の諸勢力が、それぞれ四至内の一部について「管領」権ともいいうるような一定の権利を持って支配していたのではないかと考えられるのである。[41]それはまた、執行職をめぐる争いや、本寺による支配との相克、という当該期の祇園社が抱えていた様々な矛盾を反映した構造であったといえよう。そうであるからこそ、顕深による社領四至の一円的掌握もまた、社内経営における権限集中という変革を経て初めて可能となったものと考えられる。

2　社領寄進と本末関係

一方、当初「執行」に対し付与された下地知行権が、後に改めて「御師」に寄進されていることの背景には何があったのだろうか。実は早くも永徳二年の段階で、「祇園社御寄進神用下地事、山門以下方々違乱不レ休」という事態が生じており、[42]執行顕深に対する社領寄進を、山門側が阻もうとしていたことが知られる。こうした事態は、以後しばらく続き、至徳二年の足利義満御判御教書案には次のようにみえる。[43]

当御代御判御教書
祇園社領境内敷地田畠等、幷旅所敷地高辻烏丸東一保四町事、支証分明上、重令二寄附一也、早就二師《職》跡相承一、門弟可レ致二管領一、而諸門跡口入、甲乙人違乱、就レ中貞松庵理妙・弘福寺・中堂寺住僧・山徒等以下方々、動企二掠訴一、令レ押二妨之一、成二其煩一云々、太不レ可レ然、不日止二彼妨一、全二神用一、可レ致二祈禱之精誠一之状如レ件、

至徳二年十一月十三日　（足利義満）御判

（顕深）宝寿院法印御房

右の史料のうち、「貞松庵理妙」については不明であるが、弘福寺は後述するようにこの年に作成された地子納帳に地主としてみえる。中堂寺については、山門末寺であるということのほか、[44]祇園社との関係については明らかでない。いずれにせよ、敷地内の地主と山門末寺僧・山徒、及び諸門跡の意向を受けた甲乙人による違乱が起きていたことがわかる。この直後に下された官宣旨は、まさにこうした違乱の停止を目的としたものであった。しかし以後も状況は変わらず、「敷地内西大門四条面以下所々」で座主の被官人等が違乱を起こしており、[45]翌年にも、門跡の牛童・

牛飼数人が「苅麦狼藉」や「苅麦苅田等狼藉」に及ぶという事態になっている(46)。

このように、顕深による社領の一円支配に対し、妙法院門跡関係者や山徒らの山門諸勢力が激しく抵抗したのは、これ以前に、彼らが祇園社の敷地内に対し独自の権利を持ちえたからにほかならない。鎌倉時代後期以降、祇園社境内地が山徒や門跡の牛童らの居住地としての性格を帯びるとともに、門跡領や山僧の地主所有地をも内在化させていたことは、すでに第一章において指摘したとおりである。したがって、顕深に境内地の一円的な下地知行権が付与されることは、一方で本寺勢力の権利が否定されることを意味し、官宣旨が社領寄進の名目を御師職に対する知行権付与とするのも、祇園執行が山門の命令系統によらない境内領域の知行を可能にするためであったと考えられる。

ただしその一方、官宣旨は門跡領について「於㆓券契分明之在所㆒者、追可㆑被㆑申㆓替地㆒」とも記しており、顕深への社領寄進が、単に本寺側の社領における得分を排除する、というだけでなく、祇園社領と門跡領とを明確に区分し直す意図をも持っていたことがうかがえる。そのことは、「顕深注文」の端裏書を持ち、「祇園社御寄進社辺敷地并田畠等事」と題された一通の注文によってより明確となる(47)。この注文は江戸時代の写であり、後欠である点が残念であるものの、永徳元年にはじまる社領寄進の詳細を伝える興味深い内容を持っている。内容をみるとまず、「一所、祇園西門前四条面南頬地事」として、寄進された地の四至が明示されているのであるが、これに続いて「此内四条面東寄東西拾壱丈捌尺弐寸、妙法院御進止敷地除㆑之者也矣」とあるのは注目され、妙法院門跡の所有地が寄進対象地から除外されていることがわかる。「一所、祇園南門前地事」とある項目についても同様で、四至堺が記されたのち、「此内除」として「一、青蓮院御管領阿弥陀院北向東寄」とある。南門前地は、百度大路を中心とする地域であると思われるが、ここにも青蓮院門跡の「管領」地が存在しており、寄進された社領の範囲から除外されているのである。したがって永徳元年以降の社領寄進が、一方で祇園社領と門跡領とを明確に区別し、寄進された社領四至を純粋に祇園社社領として機能させていこうとする意図を持っていたと考えられる。逆にいえば、これまで祇園社領と門跡領との領域上、あるいは権益上の境界は、非常にあいまいな形で存在していたことが、ここからうかがえるのではなかろうか。

3　下地知行の実態

それでは、実際に顕深はどのように社領支配を行っていたのであろうか。まず指摘できることは、顕深による下地知行権の掌握をきっかけとして、祇園社の地子取得権が強化されたことである。このことは「社家記録」巻六に納められた、一連の地子納帳類から確かめることができる。(48) その内容は、①社辺御寄進下地請足（至徳二年―同四年）、②左奉行冬地子事（至徳二年・同三年）、③社辺下地秋地子納帳（至徳二年九月十一日・九月二十日）、④法奉行秋地子事（至徳二年十二月十一日）、⑤浄奉行秋地子事（至徳二年）、の五つに分類できる。いずれも至徳二年以降の、境内地における地子徴収の状況を示すものとなっていることから、永徳元年にはじまる社領四至境内の寄進を受けて作成されたことは疑いないものと思われる。すなわちこれらの地子納帳は、顕深のもとで新たな社領支配が展開し始めた当時の、地子徴収の実際を示すものであったと同時に、以後の土地支配の基本ともなる土地台帳としての役割を有したのではないかと考えられるのである。(49)

その具体的内容について、①を例にみてみると、

社辺御寄進下地請足

（四）四百五十文　四条面北頬家請足　至徳二九十四日　〔金輪院大工〕大夫太郎
二百二十五文　四条面北頬家請足　九十四日　大夫次郎
百文　錦少路北頬田請足〔当年始而勘落〕　九十四日　亀王
（以下略）

となっており、請足の額・家地の所在地・徴収日・請人の順に記されていることがわかる。一方②以下の納帳については、地子額・家地の所在地・納入者が記載されている他、敷地によっては地主の名も記されている。

これらの納帳において特に注目されるのは、境内地の中に、至徳二年の段階で「当年始而勘落」、もしくは「当年勘落」と注記された敷地が多数存在していることである（表4）。「勘落」とは、他の免除特権を排除し、祇園社が地子取得権を得たことを意味するものと解釈できる。したがってここから社領寄進をきっかけに、祇園社がより徹底した支配を下地に及ぼしえたことがわかる。

一方表5は、②以下の納帳にみられる地主の一覧であり、かなりの敷地を有する弘福寺は、先にふれたとおり門跡や山徒らと共に違乱を起こしていた寺である。そうした違乱の発生は、足利義満による祇園社への土地寄進がこれらの地主に不利益をもたらすものであったことを示す一方、これ以前の祇園社の地子徴収権が、地主権の伸長により弱まっていたことをうかがわせる。また12番目の士仏房から宝城房に至る地主は、その呼称から、多くは土倉・酒屋等の金融業者であると考えられ、実際宝城房（宝成房）は「塩屋倉」とよばれる土倉であった[50]。これに対し、裏築地・今道・東大路・百度大路をはさむ両側の敷地については、地主に関する記載が見られない。これらの敷地は、これより二十年前に祇園社が三鳥居を建立した際、在地人の動員されている敷地に該当することから[51]、祇園社の領主権が非常に強く及ぶ地域であったと考えられる。また百度大路については、地子納入者が社僧であることから、前代に引き続き社僧坊の所在地であったことがわかる。

この他敷地の記載方法をみると、南北朝期までに確認された四条南北保や宮辻子保といった「保」を単位とする敷地がみられず[52]、すべて「頬《つら》」ごとに記載されていることも注意される。これらの保を含む京中社領の地子徴収は、かつては公人である寄方職が担っていたが[53]、新たに寄進された敷地において地子の徴収にあたる者は「地奉行」と呼ばれている[54]。したがって、社領支配の基礎台帳ともいえる地子納帳の作成と、地奉行を中心とする新たな地子徴収シス

表4　勘落地一覧

No.	敷　地	地　主	種類	額／文	納入者	備　考
1	錦少路北頬田			100	亀王	当年初めて勘落
2	錦少路北頬	香蔵房ヵ		150	法師	当年勘落
3	広少路東頬二ヶ所	香蔵房	下	200	明心	当年初めて
4	四条面北頬	若狭	下	390	善法師	当年
5	錦少路北頬	烏堂	下	100	亀王	当年
6	三条河原田		下	120	綾少路京極刑部次郎	当年初めて．「新開」「毎年可有検注」
7	錦少路□少路西少路西頬		下	250	左衛門五郎入道	当年初めて
8	綾少路北頬		下	600	善法師	当年初めて
9	錦少路南頬		加	165	山田屋	当年より勘落．「自明年下地トモニ可勘落」
10	西少路西頬	木崎	加	155	□□□□カキ孫四郎	当年初めて
11	羽川西頬		下	100	三条京極エタ	当年初めて
12	三条南頬	引舞	下	250	ウス作入道	当年初めて
13	三条川原		下	100	綾少路京極	当年初めて
14	三条南頬	香蔵房□□	下	300	善左教	当年初めて
15	白川路西頬四条坊門迄	香蔵房ヵ	下	225	四郎	当年初めて
16	錦少路北頬	禅忍房	下	450	亀王	当年初めて
17	四条面南頬綾少路北頬		下	1650	善法師	当年
18	祇園中道西頬		下	175	五郎次郎	当年初めて
19	三条河原畠		下	50	六角孫太郎	当年
20	三条河原畠		下	30	山城殿御力者綾少路京極	当年
21	高畠西頬	栗田口鍛冶	下	100	松	「夏分当年勘落」
22	今朱雀東川		下	100	はるつう	当年
23	三条面北頬		下	450	今小路五郎	当年
24	羽川東頬	小ヒエ殿	下	450	右衛門五郎	当年初めて
25	羽川西頬	香蔵房	下	300	大郎	「勘落」
26	東大路西頬			150	北野長者中間	「六十当年始而勘落」

注）「種類」の項の，「下」・「加」は，納帳の各項目の先頭部分に注記されているので，「下」は下地にかかる地子を，「加」は加地子を，それぞれ示すものであると考えられる．

表5　地主一覧

No.	地　主	敷　地	納入者	種類	額／文
1	太子堂	錦少路西少路西頬	右衛門五郎入道		250
		四条面北頬	宗心		
		四条面北頬屋敷	教阿	下	829
		錦少路	法師	〃	200
		□□□□西頬	乗心	〃	250
2	弘福寺	祇園中道西頬	善法師		虫損
		〃	明心	下	100
		〃	市	〃	400
		〃	法師	〃	150
		錦少路北頬	形阿	〃	100
		祇園中道西頬	乗善		150
		〃	普賢	下	180
		〃	刑部	〃	150
3	阿弥陀堂	錦少路□面北頬	亀王	〃	325
4	安国寺	三条羽川	円西	〃	225
5	玄応寺	羽川	三郎	〃	110
6	知恩院	高畠	弥三郎入道	〃	80
		〃	障子大郎	〃	250
		〃	孫三郎	〃	180
		錦少路南頬	彦次郎	〃	400
7	護念寺	錦少路北頬	明心	〃	323
8	観音堂	三条南頬	亀王	〃	250
9	光明寺	今朱雀	シロウ三郎	〃	250
10	三尊院	錦少路北頬		加	110
11	白毫院	〃	シロウ三郎	下	400
12	士仏房	四条面南頬	新兵衛	加	160
		〃	障子大郎	加	120
		〃	ヤネフキ	加	50
13	資道房	〃	亀王	〃	100
		〃	四郎次郎	〃	120
		〃	妙円	〃	30
		〃	ヤネフキ	〃	60
14	善浄房	〃	正阿	下	100
		〃	弥五郎	加	100
		〃	大郎（覚阿子）	〃	100
15	香蔵房	四条面北頬	教阿	〃	220
		四条面南頬	〃	〃	110
		〃	善法師	〃	110
		広少路東頬2ヵ所	明心	下	200
		四条面南頬	四郎	加	110
		錦少路北頬	法師	下	150
		三条南頬	善左教	〃	300
		錦少路以下所	明心	加	220
		四条面南頬	覚阿	〃	110

No.	地　主	敷　地	納入者	種類	額／文
		〃	松虎	〃	55
		四条面北頬	番匠大郎	〃	112
		羽川西頬	大郎	〃	300
16	宝城房	錦少路南頬	四郎次郎		450
		四条面北頬	桶作	下	700
		〃	吉田太郎	〃	500
		錦少路南頬	桶作		175
		〃　ハタケ	覚阿	加	165
		四条面北頬（屋）	大夫大郎	下	900
		錦少路北頬	乗心	〃	250
		〃　南頬	〃	〃	300
17	大せい（大請）	四条面南頬	桶作	加	122
		〃	初熊番匠	〃	53
		〃	大恩後家	〃	50
		〃	実阿	〃	44
		〃　畠	明心	加	30
18	若狭	四条面北頬	善法師	〃	390
		〃	教阿		100
19	北護	錦少路北頬	法師	下	200
		〃	弥熊		125
20	アハタ殿	今朱雀	平四郎	下	200
		〃	右衛門五郎	〃	525
		〃	シロウ五郎	〃	400
21	烏堂	錦少路北頬	亀王	下	100
22	禅忍房	〃	〃	〃	450
23	小ヒエ殿	羽川東頬	右衛門五郎	〃	450
24	小坂相模	綾少路北頬	明心	〃	350
25	引舞	三条南頬	ウス作入道	〃	250
26	木崎	西少路西頬	□□□□カキ孫四郎	加	155
27	栗田口鍛冶	高畠西頬	松	下	100
28	釣御殿	羽川三条	高倉太郎	加	162

注）「種類」の項の，「下」・「加」は，納帳の各項目の先頭部分に注記されているもので，「下」は下地にかかる地子を，「加」は加地子を，それぞれ示すものであると考えられる．

テムの編成を通じ、顕深は地子徴収の徹底化をはかっていったと考えられる。

第三節　室町幕府の京都支配と祇園社

1　室町幕府の京都市政権掌握と祇園社

これまで二節にわたり、祇園社が至徳二年を境として、執行顕深を中心とする新たな祇園社経営及び境内地支配を確立させていく過程をみてきたが、これを可能にしたものとは、いうまでもなく御師職を媒介とした室町幕府との関係であった。そこで最後に、祇園社に御師職を出現させる母体となった室町幕府と祇園社との関係について、幕府の京都支配という側面から考察してみたい。

「はじめに」でも触れたように、足利義満による京都市政権掌握を強くはばんだのは、佐藤進一氏が指摘されているとおり、検非違使庁と山門であった(55)。これ以前の京都において両者は、使庁が市中の民事裁判権と行政権を握り、王朝の京都支配を支える一方、山門が本所として京都市中の多数の土倉・酒屋及び座商人を支配下に置き、使庁の行政・裁判権行使を阻害する、という関係にあった。幕府による山門の支配権排除の方法については、従来から法令の発令に基づく接収が指摘されている。すなわちまず応安三年（一三七〇）に、山門公人の洛中における「悪行」を禁じた院の仰詞が出され(56)、続いて至徳三年（一三八六）には、山門及び諸社神人が、洛中の民屋と住人の身柄を勝手に差し押さえ、没収することを禁じる内容の法令が発令された(57)。さらに明徳四年（一三九三）の「洛中辺土散在土倉幷酒屋役条々」の発令により(58)、山門を含む寺社や貴族の支配する土倉・酒屋に対し、幕府が課税を行うことが可能となったのである。

こうした一連の法令により、山門が京内最大の本所として有していた政治経済上の諸権益が失われ、幕府の市政権の成立をみたことは確かであろう。しかしこれと併せて、京内随一の山門末社たる祇園社の執行が、将軍家御師職を通じ、社領寄進や所職の安堵を受けて、本寺勢力の介入に拠らない新たな経営体制を持つに至ったことは、山門側にとって大きな痛手となったことも疑いないのではなかろうか。

このことを、山門公人が負物譴責等をする際に、必ず祇園社から派遣されることになっていた犬神人の動員状況から確認してみると、すでに執行顕詮が御師職にあった正平七年（一三五二）の段階で、祇園社側は犬神人の派遣に消極的な姿勢をみせている。すなわち山徒賢聖房承能の京都住房を破却するため、大衆の命を受けて山門公人と犬神人が発向した際、執行は「公人罷向事、非二社家自専次第一」旨をわざわざ侍所所司代に弁明する一方[59]、山門大衆に対し、犬神人の発向は「洛中狼藉」・「路地狼藉」にあたるとする幕府側の意向を伝え、犬神人動員のとりやめを要求している[60]。こうした祇園社側の姿勢は次第に強まり、応安元年（一三六八）の著名な南禅寺楼門破却事件の際、執行は犬神人の動員に応ぜず、結果「就レ中如二風聞一者、耽二武家之賄賂一、令レ存二緩怠一云々、是復不可思議之所行也、（中略）所詮、今日中仰二付犬神人一、不レ可レ焼二払彼寺院一者、改二替所職一、可レ破二却住坊一」との脅しを受けている[61]。このときには山門が二度にわたって神輿入洛に及んだため幕府側が譲歩し、自ら南禅寺の楼門を破却して一件は解決した。しかしこれは、管領細川頼之の宗教政策に負うところが大きく、康暦の政変によって頼之が失脚し、将軍足利義満が政治主導権を握るようになると状況も変わり、これまでみてきたような対山門政策が開始されるに至るのである。

いずれにせよ、幕府は犬神人の動員権を有する執行にはたらきかけることにより、法令とは別の側面から、山門公人による「狼藉」行為を封じ込めることができたといえ、これを可能にしたのは、言うまでもなく御師職を通じての師檀関係であった。そして祇園社は、こうした幕府の政策に沿うなかで、新たな京中社領経営に乗り出すことになるのである。

2　幕府の京都支配と祇園社

次に、幕府が御師顕深への社領寄進を通じ、具体的にどのような京都支配を展開したのかをみてみることにしたい。この点について考える上でまず注目されるのは、官宣旨の下される少し前の至徳二年七月に、幕府侍所から祇園社に対し禁制が下されていることである(62)。禁制は、「一、甲乙人等切二取社領竹木一事」にはじまり、殺生禁断等を含め、社領内において守るべき条項を十一箇条にわたって掲げている。禁制の発給者である山名満幸は、当時の侍所頭人であり、侍所はこの前年にはすでに洛中遵行を行うなど、京都市中の行政・裁判権を確立しつつあった(63)。したがって祇園社に禁制の発せられたこともまた、幕府の京都市中政策あるいは寺社統制と深く関わるものであったと考えられる。ただしこうした禁制や制札が、武家の一方的な意思に基づいて下付されるものではなく、むしろ寺社の側の要請によるものであるとの指摘が、従来の研究においてなされていることは注意され(64)、至徳二年の禁制もまた、祇園社側の希望に添って下付されたものとみるべきであろう。

禁制の内容において注目されるのは、「一社領住宅等不レ相二触社家一、留二置旅人一事」、「一社領内住宅不レ相二触社家一売買事」という二つの条文が含まれていることである。いずれも、社領内における住宅の支配権が執行にあることを示しており、官宣旨に「被レ付二下此四至境内一、如二検断一事一向被レ付レ之、可レ為二社家成敗一」とあることをも考慮するならば、社領支配における執行の権限強化は歴然としている。さらに検断権行使の最終決定権が、山僧である別当にあったことを思い起こすならば、もはや本寺側が社領支配に介入しうる余地はなく、執行を中心とする支配体制の確立が不動のものとなったことがうかがわれる。

幕府と社領支配との関係で、次に注目されるものとして、祇園社の造営事業への協力がある。すなわち応永二年（一三九五）には、祇園社の造営に際して境内地居住者に「雑車」の提供が求められ、拒む者があれば罪科に処すべしとの指示が、顕深の申請により、管領から侍所頭人佐々木（京極）高詮に下されている(65)。これ以前の貞治四年（一三六五）に、造営奉行顕詮が三鳥居を建立した際にも、境内地の「在地人」が動員されているが[66]、この時の使役は一日限りのことであり、また鳥居の柱を運ぶ力車も、将軍御所に置かれていた清水寺の力車を顕詮がわざわざ三宝院賢俊に頼み借り受けている[67]。鳥居建立と、社殿造営とでは規模が違うとはいえ、応永二年に至り、境内居住者に対し毎月五輪の「雑車」を課しえたことは、明らかに執行の境内地支配権が強まっていることを意味していよう。そしてそれはまた、幕府侍所という後ろ盾があって初めて可能となったのであった。

次に当該期の洛中散在社領の状況についてみてみると、至徳二年以前に確認された散在社領のうち、顕深に知行権の付与された大政所御旅所敷地を除く瓜町保・芹町保・葱町保や、堀川十二町等の状況について示す史料は見当たらず、状況を知りえない。その一方、「祇園社記雑纂」第一に収める「祇園社御灯料所京都敷地事」と題する注文により[68]、嘉慶二年（一三八八）の段階で、祇園社には「御灯料所」と呼ばれる多数の洛中社領があったことがわかる（表6）。この注文は、「此任二注文一、地口事、可レ被レ止二催促一候也」との裏書があることから、社家が地口銭免除を幕府に申請するため作成したものであることが明らかである。全十八箇所にわたる散在社領が、どのような経緯によって祇園社の「御灯料所」となったのかは不明であるものの、姉小路室町北東頬の敷地において、嘉慶二年に「善応寺僧衆等相二談山徒并武家被官仁一押妨」という事態が発生していることは注意される[69]。推論にすぎないが、もとは善応寺が領有する敷地であったのを、嘉慶二年より少し前に、何らかの形で祇園社に寄進された敷地であったのであろう。一方この注文に記載はないが、同じく嘉慶二年に五条坊門東洞院南東辻の口南北四丈奥二十丈の地を、「右衛門太郎」が「御とう下地」として祇園社に寄進している[70]。したがって表に記載されている敷地の多くは、注文作成時の嘉慶二年をそれほどさかのぼらない時期に、祇園社に「御灯料所」として寄進された可能性が高い。

右の注文を受けて下されたのが、次に示す嘉慶二年の足利義満御判御教書案である[71]。

（端裏書）「鹿苑院殿様　御判案文」

表6　祇園社御灯料所　＊嘉慶２（1388）.4.25「祇園社御灯料所京都敷地事」（『八坂神社記録』下）

No.	所在地	敷地面積	関連事項
1	大炊御門町南東頬		
2	三条坊門烏丸東南頬		
3	三条坊門東洞院西頬		
4	姉小路室町北東頬	東西３丈南北９丈	嘉慶２年（1388）善応寺僧衆等，山徒らと押妨（『八坂神社記録』下）
5	六角町南東頬		貞治５年（1366）寄進．永徳元年（1381）相論．応永18年（1411）門跡綺停止[1)]．
6	四条坊門京極北東頬		
7	四条坊門高倉西南頬		
8	錦小路東洞院南西頬	口南北４丈４尺	
9	四条東洞院西北頬		永和４年（1378）寄進．至徳４年（1387），足利義満，敷地奉行を補任[2)]．
10	四条京極東南頬		
11	四条京極南東頬		「但桃井・布川押領」
12	綾小路西洞院西北角	口４丈６尺	
13	高辻東洞院北西頬	一保	＝大政所御旅所敷地
14	高辻東洞院南東頬	口２丈５尺	
15	四条東洞院西南頬	東西５丈南北20丈	
16	綾小路高倉西南頬	東西５丈南北17丈５尺	至徳元年（1384）享阿が日吉十禅師宮に寄進（『八坂神社記録』下）
17	高辻東洞院北東頬	口５丈	
18	六角東洞院北東頬	口５丈２尺	

注１）『八坂神社文書』下-1387・1388-1399文書に拠る．
注２）『八坂神社文書』下-1409・1410．

祇園社領諸国荘園田畠洛中辺土敷地
相副目録別紙之事
右伊勢神宮、付諸寺社、御禊大嘗会、臨時恒例
課役、諸国段銭地口、将又、守護催促軍
役人夫兵粮以下、悉所レ有二免除一也、社
家存二此趣一、致二興隆一、可レ専二神用一之状
如レ件、

嘉慶二年十二月十七日

従一位源朝臣（足利義満）　御判

洛中散在地や境内地をも含む、祇園社のあらゆる社領について、臨時恒例課役・段銭・地口銭その他の賦課対象からはずすことを保証したものである。地口銭をはじめとする臨時課税の免除が、幕府の都市政策と密接であることは、そうした臨時課税の賦課・徴収権が、南北朝期末期には、公家政権から幕府政権へと移行したとされる馬田綾子氏の研究により明らかである[72]。したがって嘉慶二年には、以後の幕府による対祇園社政策の前提となり

うる、祇園社社領の確定がほぼ終了したとみることができる。寛正六年（一四六五）には将軍足利義政が、「任二嘉慶二年御判之旨一」、同内容の御教書を発給している。(73)

以上のことから、祇園執行に対する御師職を通じての優遇政策は、幕府の都市政策と一体化してすすめられたものであったとみることができる。そうした中で、特に祇園社の社領から山門の諸権益が排除されたことは、幕府の側が祇園社社領を、本末関係という重層性を持たない祇園社という一領主の所有する地として、一元的に把握することを可能にしたものとして評価できよう。

最後に、至徳二年以後の室町期における祇園社の経営体制について簡単にふれておきたい。至徳二年以降、祇園社は実質的には天台座主・別当を頂点とする体制から、将軍御師職を有する執行を頂点とする体制に変化している。「実質的には」と述べたのは、至徳二年以後も依然として検校座主・別当・目代が置かれているからである。しかし天台座主が執行職を補任する例は、顕深の例を最後にみられなくなり、以後顕深一流の相伝となっている。(74)また座主・別当を頂点とする「感神院政所」の存在は、宝徳三年（一四五一）を最後に確認されなくなり、(75)政所の諸権限は執行職に吸収されたものとみられる。さらに嘉慶二年（一三八八）には、六月番仕職や一公文職に加え、新たに末社冠者殿社・誦経守の奉行職もまた将軍義満の命令で別当から執行の手に移っている。(76)加えて祇園社公人が、山門公人らによる寺院・住宅の破却に参加する例もみられなくなり、山門の神輿入洛に際し、祇園の神輿がかつがれるのも、応安七年（一三七四）に神輿造替の延引を訴えた例を最後としている。(77)したがって本寺側が祇園社経営において行使しうる権利は、かなり縮小されたものとみることができる。

一方執行の下で社内経営にあたる社僧たちについては、南北朝期と同様の活動を行っており、大きな変化はみられない。ただし摂津金心寺田地のように、これまで社僧の別相伝地であったものが、「御師職」たる執行によって奪われる動きもあり、社僧の有していた諸権利が執行のもとに吸収され、集中していく傾向にあったといえるだろう。(78)その反面、これらの社僧が様々な「坊」号を成立させている点は、新たな動きとして注目される[79]。

いずれにせよ、至徳二年を境として、祇園社は本寺山門の統制を離れ、執行を中心とする新たな経営体制を敷くとともに、執行による境内の一円支配を徹底させることになった。今後は新たな経営体制を有する室町時代の祇園社が、幕府政権下の京都においてどのような領主支配を具体的に展開していったかが問われることになろうが、ここではとりあえず、祇園社が本寺の介入を排除して独自の経営体制と社領支配を実現したことの意義を強調して節を終えることにしたい。

おわりに

最後に、これまで述べてきた内容についてまとめ、展望を提示したいと思う。本章で問題にしてきた至徳二年の官宣旨の意義とは、祇園社が京都の一領主として、独自の領主権を確立したことにあるといえる。南北朝期以前の祇園社は、組織運営においても社領支配においても、山門の影響を非常に強く受けていたが、御師職を通じて執行が室町幕府と結びつくことにより、山門の介入を排除しつつ独自の経営体制を敷くに至った。すなわち執行・御師顕詮はまず、座主・別当が祇園社経営において有する諸権限を吸収していくことにより、組織面における執行の権限の充実を図り、その後顕深の代に至って、社領下地の一円的支配権を得るに及び、初めて独自の領主権を確立しえたのである。

従来の都市史研究の中には、当該期の祇園社領を「領主的土地所有」の衰退の例として捉えているものもある[80]。しかし祇園社が「御灯下地」と称する新たな洛中社領を得ていること、また義満による社領寄進の結果、天台門跡や山徒をはじめとする本寺の諸権益が排除されたこと、さらには地子納帳類の作成を通じ、祇園社があらゆる敷地の地主・請人・地子納入者の把握に努め、支配地を出現させていることを重視するならば、当該期の祇園社の領主権はむしろ強まったとみるべきではなかろうか。

そのように捉えたときにむしろ注意されるのは、こうした祇園社領主権の確立が、幕府との結びつきを通じて達成されたものである結果、社領支配における幕府権力の介入を余儀なくされる側面をも有していたことである。山門の支配権を排除した形での、祇園社領主権の確立は、幕府の対山門政策及び京都市政権掌握と密接であったばかりでなく、祇園社領の一元的把握を可能にしたという点において、幕府の京都支配を強化させる側面をも有していたのである。

したがって祇園社の事例から、中世京都における寺社「領主権」は、あくまで寺社とその上位にある権力との関係により保証され確定されるものであったことを確認することができる。そしてこうした領主権の及ぶ範囲である「領域」もまた、領主と、領主のさらなる上位にある権力、具体的には祇園社と山門、あるいは祇園社と室町幕府との関係によって、変化し、確定されるものであった。

注

（1）毎年発行されている中世都市研究会編『中世都市研究』（新人物往来社のち山川出版社）、及び『年報都市史研究』（山川出版社）などはそうした成果をまとめたものの例として注目される。

（2）高橋康夫『京都中世都市史研究』（思文閣出版、一九八三年）、伊藤毅「中世都市と寺院」（高橋康夫・吉田伸之編『日本都市史入門』Ⅰ空間、東京大学出版会、一九八五年）、同「境内と町」（『年報都市史研究1　城下町の風景』、山川出版社、一九九三年、のち同氏『都市の空間史』吉川弘文館、二〇〇三年、に所収）等。

（3）伊藤毅「中世都市と寺院」（注2参照）。

（4）仁木宏『空間・公・共同体――中世都市から近世都市へ』（青木書店、一九九七年）二九頁、一七頁。

（5）佐藤進一「室町幕府論」（『岩波講座日本歴史』第7巻中世3、一九六三年）、及び同氏『南北朝の動乱』（中央公論社、一九六五年）四三六頁。

（6）五味文彦「使庁の構成と幕府――一二―一四世紀の洛中支配」（『歴史学研究』三九二号、一九七三年）。
（7）佐藤進一「室町幕府論」（注5参照）三六―三七頁。
（8）瀬田勝哉「中世祇園会の一考察――馬上役制をめぐって」（『日本史研究』二〇〇号、一九七九年、のち同氏『洛中洛外の群像』平凡社、一九九四年、所収）二二二頁。
（9）社務執行宝寿院行快訴状控（『増補八坂神社文書』（以下『文書』と表記）、上巻、三五頁、二三号）。
（10）宝寿院社務職覚書写（『早稲田大学所蔵　荻野研究室収集文書』（以下『早大』と表記）、三、「祇園社文書」、一〇七―一〇八頁、二一九号）。
（11）『文書』増補篇、三〇―三二頁、四五号。
（12）永和二年閏七月日付感神院政所下文（『文書』上巻、六五一―六五二頁、八五一号）。
（13）「三鳥居建立記」貞治四年正月三十日条（『八坂神社記録』（以下『記録』と表記）、上、六二一頁）等。
（14）吉川孔敏「祇園社御師顕詮について――執行職及び社領を繞りて」（『国史学』第四六号、一九四三年）。
（15）小杉達「祇園社の御師」（『神道史研究』第一九巻第一号、一九七一年）。
（16）富田正弘「室町時代における祈禱と公武統一政権」（日本史研究会史料研究部会編『中世日本の歴史像』創元社、一九七八年）。
（17）御師職の制度的成立をこの時点とみることは、石清水八幡宮における御師職成立の場合をみても妥当であるように思われる。すなわち石清水八幡宮における足利将軍家八幡御師職の成立過程について考察された遠史香氏は、観応三年（一三五二）の足利尊氏御判御教書を根拠として「尊氏は、観応擾乱の戦後処理として、通清流善法寺を足利将軍家八幡御師「職」として制度化し」たとの見解を述べられている（「南北朝期の石清水八幡宮祠官家と幕府政策――足利将軍家八幡御師職の成立をめぐって」『ヒストリア』第一五六号、一九九七年）。
（18）遠氏注17論文、小泉（本郷）恵子「松梅院禅能の失脚と北野社御師職」（『遙かなる中世』八号、一九八七年）等。
（19）富田氏注16論文。
（20）『文書』上、六四六―六四九頁、八四五号。
（21）「祇園社記雑纂」第五（『記録』下、七三八頁）。
（22）吉田通子「南北朝期争乱の一形態」（慶応大学『法学研究』六三―九、一九九〇年）等。

(23) 元亨三年十二月日付社務執行顕詮勘文（『文書』上巻、六一五頁、八一一号）。
(24) 元弘三年五月二十日付散位某書状による（『文書』上巻、五二一—五三三頁、三六号）。
(25) 「社家記録」正平七年七月三日条（『記録』上、二六六頁）。
(26) 三宝院賢俊については、森茂暁「三宝院賢俊について」（『古代中世史論集』吉川弘文館、一九九〇年）に詳しい。
(27) 「社家記録」正平七年十月十日条（『記録』上、二九一頁）。
(28) 今谷明氏は、尊氏による建武没収地の寺社への配分行為を「新寄進」とされ、「最高権力者尊氏による公的、国家的な〝封土〟の分割、配分行為と見做される」ものと評価されている（「尊氏兄弟と寺社——室町幕府開創記の二元政治をめぐって」、同氏『室町時代政治史論』、塙書房、二〇〇〇年）。御師に寄進された土地の多くも、これ以前から祇園社の社領であることからして、ここでの寄進行為もまた、「新寄進」に該当する可能性が高い。
(29) 『文書』増補篇、五三頁、七八号。
(30) 「社家記録」正平七年十月二十六日条（『記録』上、二九六頁）。なおこのとき御教書が「御師」宛となった直接の理由は、この直前に座主交代という事態が発生し、顕詮のもとへ新座主による執行職補任状が届くのが十一月一日となった事情によるものと考えられる（同記録同年十一月一日条、『記録』上、二九七頁）。
(31) 「社家記録」正平七年十一月二十五日条（『記録』上、三一〇—三一一頁）。
(32) 「三鳥居建立記」（『記録』上、六二一頁）。
(33) 『文書』増補篇、二六頁、三八号。
(34) 顕深はこれより前の貞治五年（一三六六）に、御師職となっている（康永（応永の誤りか）十八年十二月日祇園社御師執行権律師顕縁支状案、「祇園社記続録」第三、『記録』下、所収）。
(35) 六月番仕については「社家条々記録」（『記録』上、五九一頁）・『社家記録』正平七年七月二十五日条（『記録』上、二七七—二七八頁）を、一公文職については「社家記録」応安五年八月一日条（『記録』上、四一五—四一七頁）等を参照。
(36) 永徳二年五月二十七日付崇光院院宣案（『早大』八六頁、一五二号）。
(37) 『文書』下巻一、一四一頁、一三二二号。
(38) 「社家記録」康永二年八月十九日条（『記録』上、二九頁）。
(39) 延文二年正月二十日付天台座主青蓮院宮入道尊道親王令旨（『文書』下巻一、六四四頁、一九六一号）。

(40)『記録』下、三五一頁。
(41)「管領」権の具体的中味についての検討は、今後の課題とせざるをえないが、王家領荘園の研究において、「菅領」が、「所領支配の所職の頂点にあって、荘務権を執行する領家の意向や所領経営に最終的な判断を下す権限を指し、本家職の上位に位置していた」(藤井雅子『中世醍醐寺と真言密教』勉誠出版、二〇〇八年、一二九頁)とされている点をふまえるならば、祇園社領主権に優越する所領支配権をさすものと考えられる。
(42)『記録』下、一〇六一頁。
(43)『文書』下巻一、一四四頁、一三三七号。
(44)平凡社歴史地名大系27『京都市の地名』による。
(45)至徳三年六月五日付室町将軍家御教書案(『文書』下巻一、一四五頁、一三三九号)。
(46)至徳三年九月六日付室町将軍家御教書案(『文書』下巻一、一四六頁、一三三〇号)、同年十月十六日付室町将軍家御教書案(『文書』下巻一、一四六—一四七頁、一三三二号)。
(47)『記録』下、六八三頁。
(48)『記録』上、五二三—五四二頁。
(49)地子納帳は、応永二十二年(一四一五)(『文書』下巻一、八四二—八六二頁、二一二九号)・長禄四年(一四六〇)(同、八六三—八六七頁、二一三一号)にも作成されている。
(50)「社家記録」正平七年十二月二十九日条(『記録』上、三三二頁)等。
(51)「三鳥居建立記」貞治四年六月十一日条(注13参照)。
(52)「社家条々記録」(『記録』上、五七四—六一九頁)、及び貞和三年静晴別当得分注進案(『新修八坂神社文書』臨川書店、二〇〇二年、一九頁、一一号)。
(53)「社家記録」正平七年正月五日条(『記録』上、一九二頁)・年未詳氏名未詳書状(『文書』上巻、三一八号、二六八頁)等。
(54)長禄四年(一四六〇)の祇園社納所地子請取状(『文書』下巻一、八六三頁、二一三〇号)に、「奉行」秀慶から納所に地子が納められたとあり、この秀慶は、「地奉行」として嘉吉二年(一四四二)に敷地預状を発給している(『文書』下巻一、二〇五—二〇六頁、一三七七号)。秀慶が専当でもあったことは(永享五年(一四三三)社務執行宝寿院状案、『文書』上巻、一九二号)、「地奉行」が寄方と同様に公人を構成員としていたことを示唆していよう。

(55) 佐藤氏注5論文。
(56) 室町幕府追加法一〇五条（佐藤進一・池内義資編『中世法制史料集』第二巻、四五―四六頁）。
(57) 室町幕府追加法一四五条（前掲『中世法制史料集』第二巻、五九頁）。
(58) 室町幕府追加法一四六条（前掲『中世法制史料集』第二巻、五九―六〇頁）。
(59) 「社家記録」正平七年四月十九日条（『記録』上、二四二―二四三頁）。
(60) 「社家記録」正平七年五月二十日条（『記録』二五一―二五二頁）。
(61) 「続正法論附録」（『増補八坂神社文書』下巻二、一一四二―一一六〇頁、二三〇一号）。
(62) 『文書』下巻二、九六九―九七〇頁、二二〇三号。
(63) 羽下徳彦「室町幕府侍所頭人付、山城守護補任沿革考証稿」（『東洋大学紀要』文学部篇一六、一九六二年）。
(64) 峰岸純夫「戦国時代の制札」（『古文書の語る日本史5・戦国織豊』筑摩書房、一九八九年）、田良島哲「南北朝時代の制札と禁制」（『古文書研究』第三五号、一九九一年）等。
(65) 応永二年三月十七日付管領斯波義将施行状（『記録』下、六二四頁）。
(66) 「三鳥居建立記」貞治四年六月十一日条（『記録』上、六二六頁）。
(67) 同右、四月四・五日条（『記録』上、六二二―六二三頁）。
(68) 『記録』下、六七〇―六七一頁。
(69) 嘉慶二年十二月三十日付室町将軍家御教書案（『記録』下、一〇七一頁）。
(70) 「祇園社記雑纂」第五（『記録』下、一〇七九頁）。
(71) 『文書』下巻一、三〇―三一頁、一二七五号。
(72) 馬田綾子「洛中の土地支配と地口銭」（『史林』第六〇巻第四号、一九七七年）。
(73) 『文書』下巻一、三五―三六頁、一二八二号。
(74) 顕深は、一度応永八年（一四〇一）に、顕範に御師職・執行職以下の所職を譲った後、応永十一年（一四〇四）に改めて顕俊にこれを譲っている。いずれも、足利義満の袖判御教書によって安堵されている（『文書』増補篇、七六・六九号、五二・四八頁）。また、顕縁に御師職以下の所職を安堵する足利義持御判御教書案も遺っている（『文書』上巻、六五九―六六〇頁、八六五号）。

(75)　この点については、福眞睦城「中世祇園社と延暦寺の本末関係――祇園検校、別当の関与から」(『早稲田大学大学院文学研究科紀要』第四二編第四号、一九九七年)参照。
(76)　嘉慶二年八月二十七日付室町将軍家御教書案(『文書』上巻、一八八頁、二〇六号)。
(77)　勝野隆信『僧兵』(至文堂、一九五五年)による。
(78)　摂津金心寺田地は、本来は祇園社社僧の別相伝地であったが、足利義満により強引な形で御師顕深の知行するところとなっている(至徳三年足利義満下知状案、『文書』下巻一、一五〇九号等)。
(79)　すでに南北朝期に、「角坊」の存在していたことは知られるが、室町時代以降の記録・文書には、蔵坊・竹坊・松坊・梅坊・新坊等を名乗る社僧が多く現れており、こうした「坊」の成立経緯については、今後の検討課題としたい。
(80)　脇田晴子『日本中世都市論』(東京大学出版会、一九八一年)一二九頁。

〔補注〕
近世の都市史研究においては、一九九〇年代以降、吉田伸之氏らにより「社会＝空間構造」論・分節構造論が展開されており、そこでは社会構造と空間構造との連関はむしろ自明のこととして認識されている。そして近世都市の多様な社会集団の結合論理の解明、およびそこに形成される単位社会の構造と空間との関係、それらに対する権力やヘゲモニーの秩序化、等についての研究が進められている(詳しくは、吉田伸之「ソシアビリテと分節構造」吉田伸之・伊藤毅編『伝統都市4　分節構造』序、東京大学出版会、二〇一〇年、等)。こうした分析視角の存在について、旧稿(「南北朝期京都における領域確定の構造――祇園社を例として」『日本史研究』四六九号、二〇〇一年)執筆時においては目配りが不足しており、「はじめに」において言及しえなかった。今後は、こうした近世都市史研究の成果にも学びつつ、中世京都研究を展望したいと考える。

付論　市沢哲氏「文和の政局」について

本章は、『日本史研究』四六九号（二〇〇一年）に発表したものである。その後、市沢哲氏が「文和の政局」（『文学』第四巻第六号、二〇〇三年）において、拙稿に対する御批判を展開された。市沢氏の批判点は、以下の三点である。

① 至徳二年の官宣旨に出てくる「御師職」を、拙稿が「将軍御師職」であるとしたのは誤りである。「公家の官宣旨」に出てくるからには、天皇家の御師として所領の知行を認められたと解するべきであり、「御奉寄」の主体＝天皇家であると解釈すべきである。

② 拙稿は、「御師」顕深への知行安堵と天台門跡の介入の排除に注目しているが、御師が排他的に特定の社領を知行するのは、すでに鎌倉後期にみられる現象であり、至徳年間に特有の現象ではない。

③ 拙稿は文和の執行職争いに顕詮が勝利した理由を、三宝院賢俊を媒介とする将軍との師檀関係に求めているが、文和元年は北朝天皇不在のときであり、三宝院賢俊が公家の「政務」の一環である寺社関係の人事を暫定的に進める中で、「御師」顕詮への執行職補任が執り行われたと解するべきである。

これらの御批判について、以下に回答を述べたい。

はじめに①の点について。拙稿で掲げた表2「御師職」関係文書一覧をみても明らかなように、顕深は後円融天皇の御師でもあった。よって、顕深その人が天皇家の御師職であったことは確かである。しかしながら、それが即座に至徳の「官宣旨」の発給主体＝天皇家という理解に結びつくわけではないことは、官宣旨発給の経緯および官宣旨の内容から明らかである。

まず発給経緯についてみていくと、至徳の官宣旨が、永徳年間に義満の執奏によってもたらされたことはすでに拙稿で述べたとおりである。この永徳年間は、後円融院政の始動期にあたり、摂政二条良基と内覧・左大臣足利義満とが協調して政務を遂行する状況にあったことが家永遵嗣氏の研究によって明らかにされている（「足利義満における公家支配の展開と「室町殿家司」」（『室町幕府将軍権力の研究』東京大学日本史学叢書、一九九五年）。家永氏によれば、後円融院庁の構成員の多くは義満の家礼で、義満自身も院庁の執事であったという。さらに後円融院の仙洞は勧修寺経重の「小川亭」にあったといい、経重は後円融院の「執権」であるとともに義満の家礼であり、かつ経重の子経豊は永徳元年に武家の政所別当に補任されていた。至徳の官宣旨に上卿としてみえる「権中納言藤原朝臣経重」とは、まさにこの勧修寺経重のことである。また官宣旨署判者の一人「中弁藤原朝臣」（＝柳原資衡、『弁官補任』に拠る）もまた「室町殿家司」であった。

このような義満による公家支配の動向とあわせて、官宣旨の発給された至徳年間に、室町幕府が、地方裁判―侍所遵行の体制を確立させて、洛中の土地に関する行政・裁判権を獲得している点（佐藤進一「室町幕府論」注5参照）にも留意する必要がある。すなわち、官宣旨に記された永徳二年に侍所による社領打渡や、その後の「御教書」による違乱の阻止、「諸寺院等之訴訟」の不受理、社家に対する境内の検断権付与は、いずれも室町幕府によってなされたものと解することができる。すなわち官宣旨により認められる「御師職」の権益を保障するのがいかなる権力か、という点に着目するならば、社領の「御奉寄」の主体は天皇ではなく義満とみるのが自然であると考える。

そのことは、拙稿で引用しなかった、もうひとつの至徳の「官宣旨」の発給経緯をみれば、より明白である。以下に、その官宣旨を引用してみる（『増補八坂神社文書』下巻二、増補篇四六号、傍線は筆者による）。

左弁官下祇園社

応㆘因㆓准先例㆒停㆓止大小勅院事、他社役以下催促、及寺社本主訴訟㆒、於㆓下地㆒者、依㆑為㆓御師職㆒、不㆑依㆓執行職㆒、致㆓相続管領㆒、末代断㆓社僧幷一族等競望㆒、永全㆗顕深嫡弟相承㆖当社祭礼御旅所高辻烏丸敷地事、

四至（限東東洞院東大路西頬／限南高辻面北頬　限西烏丸東頬／限北五条坊門南頬）

右得二法印権大僧都顕深今月日解状一偁、当所者祭礼御旅所厳重之間、以二四町町一、今年六月二日被レ下二御寄附状一、如二検断一事、一向被レ付レ之、可レ為二社家成敗一之由、被二治定一、於二下地一者、顕深師跡相承、永代不レ可レ有二相違一之旨被レ載二下之一、同月十一日被レ成二施行一、自二地方一被二打渡一、知行無二相違一者也、或募二寺社一或号二相伝一、面面雖レ申二子細一、依レ為二厳重御旅所一、被レ棄二捐濫訴一、於二券契分明之地一者、追可レ被レ付二替地一、至二此在所一者、可レ止二其妨一之由、被二治定一、一円被レ付二顕深一畢、自今以後被レ停二止大小勅院事・他社役以下一、断二寺社本主濫訴一、自二下地一円不輸一、顕深依二御師職一、永致二嫡弟相続一、末代断二社僧同社務幷一族等之競望一、欲レ致二御願成就之禱一爾矣、望請天裁、因二准先例一、被レ下二宣旨一者、弥仰二御師之貴一、欲レ抽二精誠力一者、権中納言藤原朝臣経重宣、奉レ勅、依レ請者、社宜承知、依レ宣行レ之、

至徳二年十一月廿七日　　大史小槻宿祢（花押）

中弁藤原朝臣（花押）

祇園会の御旅所である大政所御旅所敷地の知行権を顕深に付与する内容のもので、傍線部にみえる「御寄附状」とは、次に示す足利義満御教書案（『増補八坂神社文書』下巻一、一四一一号）をさすものと考えられる。

五条坊門南東洞院西一保敷地事、所レ令レ寄二進祇園社一也、於二下地一者、師跡相承永代不レ可レ有二相違一之状如レ件、

至徳二年六月二日

（顕深）宝寿院大僧都御房

ここには、この文書が確かに足利義満によって発給されたものであることを示すものが何も付されていないが、次に示す、本章でも引用した足利義満御判御教書により、義満の発給した文書であるとみなすことができる（『増補八坂神社文書』下巻一、一三二七号足利義満御判御教書案）。

当御代御判御教書
祇園社領境内敷地田畠等、幷旅所敷地高辻烏丸東一保四町事、支証分明上、重令二寄附一也、早就二師跡〔職〕相承一、門弟可レ致二管領一、而諸門跡口入、甲乙人違乱、就レ中貞松庵理妙・弘福寺・中堂寺住僧・山徒等以下方々、動企二掠訴一、令レ押二妨之一、成二其煩一云々、太不レ可レ然、不日止二彼妨一、全二神用一、可レ致二祈禱之精誠一之状如レ件、

（足利義満）
御判

至徳二年十一月十三日

（顕深）
宝寿院法印御房

これは官宣旨が発給される直前に発給された御教書であり、大政所御旅所敷地を再度寄附するとあるのは、先に掲げた六月二日の寄進状の発給をうけてのものであると考えられる。したがって先に引用した六月二日付の寄進状及びこの御判御教書から、大政所御旅所敷地を宝寿院顕深に寄進した主体は、足利義満であったとみることができる。さらに右の御判御教書の冒頭に、「寄附」の対象として「境内敷地田畠」もまた掲げられている点に留意するならば、官宣旨が発給される直前に、境内地と御旅所敷地の二つを、足利義満が改めて寄附していること、その理由が「師職相承」にあったことを読み取ることができる。

以上のことから、至徳の官宣旨を、その様式により単純に「公家の官宣旨」＝天皇家の発給した官宣旨、とみなすことはできない。旧稿で論じたとおり、発給の真の主体は足利義満であり、「御師職」もまた将軍御師職をさすものと結論づけたい。

それではなぜ、義満は「官宣旨」という公家様文書の様式を用いて所領寄進を行わねばならなかったのであろうか。そこで注目されるのが、南北朝期に室町幕府の意向により太政官符・官宣旨が大量に発給されていることを明らかにされた本郷恵子氏の研究である（『将軍権力の発見』講談社選書メチエ・選書日本中世史3、二〇一〇年）。氏によれば、こうした文書の受給者の多くは禅宗寺院であり、その発給は、祇園社の例と同じく室町幕府の執奏をもってなされたという。その背景には、幕府の、「朝廷のもっとも権威ある文書の発布を自由に操作し、全国に号令することのできる

政権として自らを演出する意図」（一一三頁）があった。そして祇園社に官宣旨がもたらされたのも、禅宗寺院に対する太政官符・官宣旨の交付により官宣旨への一般的認知が進行しており、祇園社と幕府とが綸旨・院宣より格式の高い様式を指定したゆえである、との大変興味深い見解を提示されている。本郷氏の成果に学び、ここでは公家様文書の発給を通じ全国政権としての統治力を誇示しようとする幕府と、もっとも格式ある文書の交付をもって社領支配を万全なものとしたい祇園社の意図とによって、官宣旨という文書様式が選択されたと考えることにしたい。

次に②の見解に対しては、すでに旧稿においてもふれているように、たしかに祇園社には鎌倉後期から「特定の社領を排他的に相伝する」（市沢氏、四八頁）公家の御師職が存在している。しかし鎌倉期の公家の御師職が、勅願行事の料所を獲得・相伝しているのと、至徳の官宣旨の御師が、祇園社の最も重要な経営基盤でありかつ本寺の諸権限が及んでいた境内地を、本末関係に基づく社務―別当―執行の系列によらずに一円支配しうるに至ったのとでは、「社領」と「排他性」の両側面において、明らかにその内容と規模を異にしている。そして「御師職」が、南北朝期において本寺勢力を圧倒しうる権限を掌握し得たのはなぜなのかという問題を考えたとき、これを公家御師職の発展形態としてのみ捉えることはできないのである。そのため旧稿においては、南北朝期からみられる「将軍家御師職」の成立という事実と、室町幕府の対山門政策の展開との二つを重視した。

この二点を重視しなければ、官宣旨に「不レ依二執行職一、為二御師職一」という文言が付されている意味をどう理解するのか、「三門跡」による違乱が生じるのはなぜなのか、或いは検断権を「社家」（＝執行職）に付与するのはなぜなのか、といった疑問が浮かばざるをえないからである。そもそも市沢氏の批判においては、祇園社と山門の本末関係、及び室町幕府の対山門政策が展開していくその過程の中に至徳の官宣旨を位置づける、という拙稿の主題そのものに関わる言及はほとんどなされていない。至徳段階の御師職が持つ排他性とは、第一に執行職に由来する本寺勢力の介入に対する排他性であることを、改めて強調しておきたいと思う。

最後に③の点について、考えてみたい。まず市沢氏が根拠として掲げる、祇園社「社家記録」正平七年（一三五二）三月十八日条を引用してみる。

一今朝参二鎌倉殿御陣東山一、御対面有レ之、佐渡判官入道（佐々木導誉）同見参了、了阿小串入道見参、昨日静晴進二代官於入道許一、於二当御代一者、執行職静晴可二開眉一之由申之処、当執行顕詮御方忠勤之間、不レ可レ有二改動一歟之由、被二返答一云々、於二公家事一者。毎事三宝院可レ被二相計一之間、社務事度々申談由了阿申レ之、此事又伊地知ニ申置了、

執行顕詮が、天台座主の交代により執行職も交代となるため、その再任を武家に働きかけたときの記事である。市沢氏は、この記事にある「公家事」を、公家の「政務」の一環としての寺社人事を指すものとして捉えられ、北朝天皇不在という状況下にあって、武家が公家の「政務」を暫定的に担うなか、三宝院賢俊にその人事を進める「特殊な役割」が任されていたと解釈されている。しかし「公家事」は、これに続く「社務事」と対応している言葉であることから、ここではあくまで以前よりなされてきた「公家」による天台座主の補任と、これに伴う「社務」執行職の補任という一連の山門と祇園社の人事を指すものと考えられる。そしてその際賢俊に期待されていた「相計」の中身は、拙稿で述べたように、新座主に対する顕詮の執行職再任のための「口入」であった。賢俊の「口入」は、同じ正平七年十月の二度目の座主交代時にも確認されるが、このとき賢俊は顕詮に対し、先に佐々木導誉の「口入」を得るようすすめている（「社家記録」同年十月十一日条）。導誉は、右に掲げた史料により、一度目の座主交代時に静晴から「口入」を依頼され拒否していることがわかるが、この交代時に市沢氏も指摘されているように顕詮からも「口入」を依頼されている（同記録、同年五月二十三日条、七月二日条）。結果的に一度目も二度目も賢俊の「口入」が決定打となって顕詮の再任が達成されつつも、一方で導誉の「口入」に期待がかけられていたことをもふまえるならば、賢俊の「相計」う「公家事」を、公家「政務」にともなう寺社関係の人事であると解釈するには無理があるように思われる。

以上が、御批判を受けた三点についての回答である。

第二部　中世後期北野社の支配構造

第一章　北野祭と室町幕府

はじめに

室町幕府が京都市政権の確立に際し、山門大衆勢力の統制を一つの課題としたことは、よく知られるところである。山門大衆は多数の土倉・酒屋、あるいは末寺末社を配下に置くことにより、独自の政治・経済基盤を京都に保持していた。すでに従来の研究において、幕府が山門公人による負物譴責の停止、山門配下の土倉・酒屋が保有していた課税特権の否定、山門使節制度の創設、山門末社への優遇などの措置をもって統制にあたったことが指摘されている(1)。さらに近年、下坂守氏によって日吉小五月会馬上方一衆の成立過程が明らかにされたことは、幕府の対山門政策、とりわけ「山門気風の土蔵」に対する経済政策の具体的内容を知る上で非常に重要な意義を持っている。氏によれば、馬上方一衆は至徳年間（一三八四―一三八七）に日吉小五月会再興のため幕府によって創設されたといい、その構成員は、山徒の土倉であると同時に幕府の「土倉方一衆」・「公方御倉」であった。そして明徳四年（一三九三）以降幕府が賦課することとなった土倉・酒屋役の徴収にあたったのも、賦課対象となった洛中日吉神人の「在所」を把握する「土倉方一衆」すなわち馬上方一衆であったという(2)。

ここで注目されるのは、幕府による京都の土倉・酒屋に対する課税権の獲得が、日吉小五月会という祭礼の復興を通じて果たされたことである。下坂氏によると、馬上方一衆は祇園会馬上役をも納付していたことから、基本的には「日吉社・祇園社の神役請負機関」であったという(3)。したがって幕府は、祭礼の復興や運営を通じてはじめて土倉・酒屋など有力都市商人の支配を可能にしたとみることができよう。

そしてこのような南北朝末期における祭礼の復興・運営を通じた幕府の経済政策の展開、という観点から注目されるものに、日吉小五月会・祇園会に加えて北野祭がある。北野祭は一条天皇の代にあたる永延元年（九八七）に始められた「官祭」で、毎年八月五日、のちには八月四日を式日とする祭礼であったとされている(4)。しかしその内容と経済基盤は、南北朝期に大きく変質しており、こうした変質の内容とその過程について、従来あまり注目されてこなかった(5)。北野祭が日吉小五月会の場合とほぼ同じ時期に、北野社と幕府との密接な関係を背景に運営形態を変化させていることに注意するならば、そこに何らかの幕府の政策的意図を読み込むことができるのではなかろうか。

そこで本章では、南北朝末期における北野祭の変質過程について明らかにし、その変質が北野社及び幕府にとってどのような意義を持つものであったのかを明らかにしたいと思う。その上で、南北朝期における北野祭の変質からみえてくる、室町幕府の祭礼を通じた経済政策と都市支配のあり方について明らかにしたいと思う。

第一節　北野祭・三年一請会の成立

1　平安―鎌倉期の北野祭・三年一請会

北野祭は『菅家御伝記』に「外記日記曰、一条天皇永延元年八月五日始二行北野聖廟祭祀一宣命云、掛畏支北野爾坐天満宮天神云々、天満天神之勅号始起レ此哉」とあることから(6)、永延元年（九八七）より始められたことが知られる。しかしその後の北野祭の具体的内容および展開過程については、北野社が独自に史料を集積し始めるのが南北朝期末期以降ということもあって、あまり明らかでない。

ただしすでに岡田莊司氏によって、『政治要略』年中行事八月の項に「四日北野天神会事」として「件天神会、雖レ非二官祠一、定レ日行レ会之内、又預二官幣一」とあることなどから、[7]北野祭が十一世紀初頭には内蔵寮使により「官幣」の奉られる「公的性格」を帯びた祭礼となっていたことが指摘されている。[8]あわせて同史料が「北野天神会」を「御霊会」ともみなしていることから、北野祭が御霊会としての性格を帯びていたことも指摘されている。そして永承元年（一〇四六）に、後冷泉天皇母の藤原嬉子の国忌と重なるため、祭日が八月五日から四日に改められた結果、[9]『師遠年中行事』に「近例四日祭、五日御霊会」とあるように、北野祭は平安末期には四日に「官幣」を立て五日に御霊会を行う祭礼となった。[10]こうして「官幣」が奉幣され、国忌により祭日の変更がみられた平安期の北野祭を、岡田氏は「公的祭祀」・「国家公的の性格」をもつ祭祀であったと結論づけておられる。[11]

一方岡田氏は、建久五年（一一九四）の書写奥書のある『天神記』に、「北野の御こしの西京のたひ所」への神幸についての記事がみられること、[12]また建久三年の『百練抄』に「北野御輿迎也、仍奉レ舁二出神輿一之処、自二三王子神輿一蛇出来、遷二正殿御輿一云々、大炊頭師尚勘下申天仁二年八月一日御輿迎日黒蛇死二御輿中一事上、及二暁天一令二還御一云々」とあることにも注目されている。[13]ここから平安後期には、八月一日の神幸と四日の還幸から成る御旅所祭祀が始まっていたこと、この御旅所祭祀がすなわち「北野御霊会」の内容であった可能性のあることを指摘されている。さらに神輿の神幸・還幸に「公的関与」はなかった可能性が高いとされた上で、北野臨時祭の始まる正応年間（一二八八—九三）より北野御霊会に馬長が「騎進」されるようになることを指摘されている。[14]

御旅所祭祀がはじまる経緯、及びそれと御霊会との関係について、ここで改めて考察する用意はないものの、神幸・還幸における「公的関与」については、少なくとも鎌倉期においてはあったものと思われる。というのも、例えば『民経記』貞永元年（一二三二）八月一日条に、「今日北野祭御輿迎也、予祭事依二分配奉行一」、「去安貞三年御祭時、蔵人佐範頼奉行」などとあるように、神幸・還幸が蔵人を奉行として運営されるものであったことがうかがえるからである。[15] また後述するように、当該期における還幸・神幸費用の調達という側面においても、「公的関与」の事実を認めることができることから、御旅所祭祀においても「公的関与」があったとみるべきだと思われる。

その後神幸行列には、岡田氏も指摘されているとおり、正応年間（一二八八―一二九三）から伏見天皇より「馬長」が騎進されることとなり、また臨時祭も営まれるようになっている。[16]『花園天皇宸記』元弘元年（一三三一）八月四日条に「北野祭、同臨時祭、御禊如例云々、（中略）馬長御覧、於二東面庭一有二此事一、朕依二咳気一不レ見レ之」とあるように、[17] 天皇が馬長を見物することもあった。さらに南北朝期に入ると、「文殿歩田楽等」も祭礼の行列に連なるようになっていった。[18]

北野社にはまた、「三年一請会」とよばれる祭礼も存在した。そのいわれと内容についてみてみると、北野社「旧古引付書抜」に、「一、当社三年一請会ハ村上天皇御宇天暦年中被レ始二置之一、則公家之御輿長・加輿丁ヲ被レ進テ、祭礼之儀則ヲ被レ成畢、神宝持ハ大蔵省人《（ママ）》ノ役ナリ、三年一請会損色注進等モ大蔵省ノ役ナリ」とみえる。[19] すなわち三年一請会は、村上天皇の時代の天暦年中（九四七―九五七）より始められ、御輿長や駕輿丁らが神輿を舁く祭礼であったこと、また大蔵省の役人が神宝持をつとめ、かつ神輿修理にあたり神輿の破損状況を調査しその結果を注進するものであったことがわかる。

ところでこの「三年一請会」は、室町期の「三年一請会引付」において「祭礼并三年一請会」と記されていること、[20] また後述するように「祭礼」（北野祭）と経済基盤を異にすることなどに留意するならば、厳密には「祭礼」すなわち北野祭と区別される独自の会式として捉えるべきであると思われる。南北朝から室町期の史料をみる限り、おそらく社僧の立会いのもとで大蔵省が中心となって神輿を調査する、「御損色」とよばれる儀式を狭義には「三年一請会」とよんだのであろう。[21] ただし同じ「三年一請会引付」に、「来月祭礼并三年一請会ハ恒例祭祝《礼》斗候者、式日遵行不レ可レ有二子細一候」との記述もみられることから、(22)「祭礼」と三年一請会とを一体のものとみなすことも可能であると思われる。したがって本章においては、北野祭のうち、特に神輿修造を伴って三年に一度行われる祭礼を三年一請会と捉えることにしたい(23)。

2 北野祭・三年一請会の経済基盤

さて以上のような内容を持つ平安―鎌倉期における北野祭の特質について考える際に注目したいのは、その費用の調達方法である。これについて詳しく伝える史料は、決して多くはないものの、例えば『明月記』寛喜二年（一二三〇）八月三日条には、「北野祭用途、蔵人方催二諸国率分一、年預重責二其所済一、切二宛神人等一云々」とみえる。すなわち鎌倉期における北野祭の費用は、蔵人方が諸国に率分を催促することによって集められ、催促には蔵人所年預があたり、神人にそれを配分することになっていたのである(24)。

一方この翌年にあたる寛喜三年（一二三一）の『民経記』八月一日条には、「今日北野祭御輿迎也、予祭事依二分配奉行一、今度率分所御輿迎饗事致二沙汰一、毎事率分・大蔵相分所レ奉レ祭也」とみえ、この年の北野祭の奉行は、記主で蔵人であった藤原経光がつとめ、率分所が「御輿迎饗」を沙汰したこと、「饗」については、率分所と大蔵省とで分担して奉仕することになっていたことがわかる。これに続く記事によると、率分所と大蔵省とは、具体的にはそれぞれ諸国に「切下文」を発給し、祭礼に必要な物資・費用を納めさせている。両者が蔵人経光に提出した注文をみると、「饗」の内容は、駕輿丁らへの酒食料のみばかりでなく、師子・相撲など「職掌人等饗料・禄分」をも含むものであった。

ただしその調達は順調にはいかず、御輿迎に際し、率分所年預国兼によって沙汰されるはずの「饗」が無沙汰のため、御輿長と駕輿丁が訴訟をし、神輿を抑留している。国兼は、安貞三年（一二二九）に蔵人佐平範頼が奉行をつとめた北野祭の折にも、率分所年預として「饗」を納めるべきところ無沙汰したといい、そうしたこともまた駕輿丁らの訴訟の一因となっていた。結局蔵人所出納景重が、内々に銭貨を借り求めて駕輿丁らに沙汰することで御輿迎は無事執り行われている。その後の国兼の主張によれば、「切国」が無沙汰した場合、率分所がたてかえる例であったといい、率分所年預の負担の大きさがうかがわれる。

一方還幸時の「大蔵省分」についても、大蔵省年預安倍久頼が「饗」を納めない国々に対し、御輿長・駕輿丁を派遣して譴責したが、「兼日諸国雖二譴責一、領状頗少」と経光が記すようにはかばかしくない状況であった。久頼の注進によればこのとき五貫二百五十文の不足が生じたといい、結局その不足分を負担したのは、久頼自身であった[25]。こののちも弘安十年（一二八七）の『勘仲記』に、「諸国饗事、任二率分所・大蔵省切下文一相催了」とみえることから[26]、神幸・還幸の経費を依然として率分所と大蔵省が調達していたものとみられる。

以上により鎌倉期の北野祭は、蔵人方が運営を奉行し大蔵省・率分所の年預が祭礼用途を諸国から調達して執行されるものであったこと、しかしながらその調達は必ずしもうまくいっていない状況にあったことが明らかとなった。先の大蔵省年預安倍久頼は、文永五年（一二六八）の北野祭の御輿迎に際し狼藉をはたらいたと「北野執行已下」が訴え出たため改易されたもようで、その後弘安七年（一二八四）になると、大蔵省年預として、紀氏の流れをくむ業弘の名がみえはじめる[27]。この業弘とその父在弘は、後述するようにのちに大蔵省年預職を相伝することになる「堀川氏」の基礎を築いた人物であり[28]、在弘―業弘の地位の安定化と北野祭の経営とは、密接な形で進行したものと考えられる。

次に、三年一請会の費用調達についてみてみたい。これについても詳しい状況は不明であるが、『夕拝備急至要抄』には、三年一請会について、三年に一度「任官功」により神輿を修理するとあり[29]、弘安七年（一二八四）の『勘仲記』には、大蔵省年預業弘が「三年一請神輿御装束」を二万五千疋の成功を付されて調進したことがみえている[30]。先に引用した北野社「旧古引付書抜」に、「神宝持ハ大蔵省人《ママ》ノ役ナリ、三年一請会損色注進等モ大蔵省ノ役ナリ」とあるように、三年一請会の執行に大蔵省が深く関与していたことからみて、費用の調達もまた大蔵省が担っていたものと考えられる。

実際に弘安十年（一二八七）の三年一請会の際には、大蔵卿藤原経業がその用途を大蔵省便補保の上野国玉村保三箇年分年貢より一万疋分支出する旨申し出ている[31]。当年の三年一請会については、北野社神殿大預泰禅とその代官朝禅の記した八月三日付の「北野社三年一請会神輿御餝已下注文」の写が存在し[32]、「大御前」神輿と「王子御前」神輿の両神輿及び雑人・神宝持の装束の内容、及び神輿の「修理」の内容と大蔵省年預が調進したものの細目が記されている。また「神輿損色事、五月十七日注レ之」として、大蔵省年預久重・目代職秀が「道々工」を召し連れ、破損状況を調査したこと、大蔵卿は経業、「祭礼職」は藤原兼仲であったことなども記されている。すなわち北野祭全体の奉行を蔵人が行い、三年に一度の神輿修理については大蔵卿が費用の調達の責任を負い、神輿の調査と必要経費の調進といった実務を大蔵省年預が担ったのである。

しかし同年の『勘仲記』によると、実際には八月一日の御輿迎の日に至っても「三年一請会用途不足」という状況であった。欠損部分が多く解釈には慎重を期するものの、「以二古物御装束一渡二御大政所一、自二明日一可レ奉レ餝新調物等□官申之、用途未レ下、今度五千疋許也」とあり、一日の神幸は修理前の神輿を以て行ったもようである[33]。

以上、鎌倉期の北野祭は蔵人が祭礼奉行をつとめ、率分所と大蔵省が費用を調達して運営されるものであったこと、また三年一請会は大蔵省が中心となって神輿修造のための点検を行い、またその費用を調達して運営されるものであったことを確認した[34]。しかし北野祭も三年一請会も、費用の調達が常に順調であったとはいいがたく、大蔵省や諸国の財政状況等に左右され、「無沙汰」や「不足」といった事態が生じがちであった。

その後南北朝期に入っても、北野祭が行われていたことは『師守記』の記事などから確かめられる。しかし文和二年（一三五三）の『園太暦』八月四日条に、「天晴、今日北野祭無レ之歟、無主之朝毎時此式歟、今年相二当三年一請期一云々、而祭礼延引尤不便歟、但正和三年比有二其例一歟」とあるのは、[35] 平安期に「国家的祭祀」として始められた北野祭が、まさに国家の内実が大きく転換しつつあった南北朝期に、従来通りには執行しえない状況に陥っていたことを示している。そうした状況は、室町幕府の政権基盤が京都において確立していく中で、新たな局面を迎えることとなり、その変化はまず、北野祭の経済基盤において現れた。

第二節　南北朝—室町期三年一請会の経済基盤

1　三年一請会要脚の調達

ここではまず南北朝末期における三年一請会の経済基盤を、康応元年（一三八九）—応永五年（一三九八）の北野祭及び三年一請会について詳しく記した「三年一請会引付」（以下「引付」とする）という記録から探ってみることにしたい。[36] はじめに注目したいのは、次のような康応元年（一三八九）の「引付」の記事である。[37]

一、三年一請会料足菅原庄役百五十貫、
半分坊城少納言奉行之間沙二汰之一、
半分法印奉行之間同沙二汰之一、
彼要脚二百五十貫也、今一万疋分不足、毎度自二公方一被二沙汰下一之間、年預帯二職事日野右少弁一以二折紙一不足分注二進之一、仍彼折紙被レ執二下松田一之間、毎度時分トシテ自二公方一御下行及レ遅之間、被レ定二料所《庄》一云々、加賀国笠間保御教書在レ之、然彼要脚本主笠間雖二領状申一、其足可レ遅々間、自レ国到来候程、社家西京酒屋土倉借用之折紙別在レ之、

これによると南北朝末期における三年一請会の費用は総額二百五十貫文で、そのうち百五十貫文が能登国菅原庄の「庄役」であった。そして残りの百貫文については、毎度公方（将軍足利義満）が下行することになっていたが、その下行も遅れがちであるため、公方により新たに加賀国笠間保が三年一請会料所として定められたという。結局笠間保からの要脚送付も遅れる気配であったため、このときには北野社社家が西京の土倉・酒屋から費用を借用してしのいでいる。しかしこれ以後この笠間保が、三年一請会料所として三年一請会の重要な財源となっていった。すなわち南北朝末期の三年一請会は、能登国菅原庄を基本的財源とし、不足分を公方が賄うことによって運営されており、公方はまたこの康応元年において不足分の財源として新たに加賀国笠間保を料所と定めたのであった。

ところでこのとき、三年一請会の神輿点検を統轄する役割にあった大蔵省年預堀川時弘は、三年一請会の要脚を、二百五十貫ではなく「二万八千疋」（二百八十貫）であると主張している。菅原庄・笠間保から下行される二万五千疋のほかに、「白梅殿役」として三千疋が沙汰されるはずである、というのがその言い分であった[38]。しかし社家側は、年預時弘自身が康応元年の三年一請会の費用を二万五千疋であると注進していること、よってかりに公方が「白梅殿役」を下行することがあったとしても、それも公方下行分の一万疋の内に含めて計算すべきであることを主張している。その上で、公方から大蔵省へ「白梅殿役」が直接下行されることはないとし、年預側の主張を認めなかった[39]。

ここで注目したいのは、社家側が時弘に対し提示した「先年御沙汰之様」、すなわちこれ以前の三年一請会における費用の調達・下行の内容である。社家の示す貞治年中（一三六二―一三六八）の三年一請会の場合、祭礼の「奉行」は「安威入道」、大蔵省年預は堀川親弘で、調達された料足は康応元年と同じく二万五千疋であったという。ただしその内訳は、「菅原庄役」一万五千疋、「西京酒屋・土倉」への賦課分一万疋というものであった。この酒屋・土倉への賦課分については、本来「奉行」であった「安威入道」が調達しなければならなかった「不足分」を、公方（足利義詮）が「洛中平均之果（課）役」として「西京酒屋・白壁（土倉）」への賦課によって賄い、大蔵省年預に下行したものであったという。「奉行」はまた「白梅殿役」をも沙汰することになっていたが、これも酒屋・土倉に賦課して賄ったという(40)。

ここに「奉行」としてみえる「安威入道」とは、室町幕府奉行人の安威左衛門入道資脩《すけなが》であると考えられ、資脩はまた足利尊氏・義詮の右筆をつとめた人物であった(41)。したがって三年一請会は貞治年間の段階で、公方義詮と密接な関係にある幕府奉行人が「奉行」をつとめる祭礼になっていたのである。そしてその費用調達に問題が生じた際に、公方の指示により料所と酒屋・土倉による役負担が定められていることは、三年一請会の催行における公方の役割の大きさを示すものとして注目される(42)。

一方、大蔵省年預堀川時弘の「所持文書」によると、かつて三年一請会の要脚は五万疋・四万疋・三万疋であった例も数多く存在したが、鎌倉時代末期の文保年中（一三一七―一三一九）は二万八千疋、元亨年中（一三二一―一三二四）や嘉暦年中（一三二六―一三二九）は二万一千疋という状況であったという。また社家側も、建武年間（一三三四―一三三八）以降、二万二千―三千疋で沙汰した例がたびたびあると述べている。すなわち三年一請会要脚は、時代が下るにつれおおむね減少する傾向にあったのである。

したがって南北朝期に入り、室町幕府が三年一請会の経営に関与し始めたことは、財源の安定的確保を約束した点で、北野社社家にとって大きな意義を持ったといえるだろう。その財源は、土倉・酒屋への賦課をはじめとする公方による「不足分下行」からしだいに公方の指定する料所へと変化し、康応元年には能登国菅原庄・加賀国笠間保の二つの料所に定まるところとなった。そしてその額も、永享元年（一四二九）の『北野社家日記』に、三年一請会の要脚は二百五十貫文が「累代例」とあるように(43)、貞治年間以降、室町期を通じて二百五十貫文（二万五千疋）に固定したのである。

２　菅原庄と笠間保

それでは能登国菅原庄と加賀国笠間保とは、具体的にどのような経緯によって料所化したのであろうか。まず能登国菅原庄についてみてみると、菅原庄はもと菅原保とよばれる国衙領であったといい、いったん北野社領となったのち再度国衙領となり、永久二年（一一一四）に能登守藤原基頼が北野社に寄進して以後、北野社常灯料所となったという(44)。鎌倉末期の嘉元二年（一三〇四）には、「大雨大風」により北野社社殿が倒壊したのを契機に、北野社の造営料所となっている(45)。その後経緯は不明であるが、菅原氏と北野社とで菅原庄を二分して知行しており、南北朝期に北野社の一円知行となったもようである。永享四年（一四三二）六月日付北野宮寺雑掌言上状案には、「彼庄内半分雖レ為二菅家知行一、依二三年一請会要脚無沙汰一、去貞治四年宝篋院《足利義詮》御時、被レ付二社家一之旨、御判明鏡也」とみえ(46)、菅原氏が要脚を無沙汰したために、足利義詮によって北野社社家に菅原氏知行分が付与されたことがわかる。さらに「至二残半分一者、雖レ為二社務知行一、於二預所職一者、禅厳法印可二相続一之由、忝鹿苑院《足利義満》殿御代被レ成二下安堵御判一之以来当知行」とみえ、北野社領とされるもう半分の地についても、社家ではなく社務（竹内門跡）が知行していたのを、足利義満が禅厳（松梅院）に預所職の相続を認めたため、禅厳が知行するところとなったという。これを受けて、この永享四年の段階で再度社務側が知行を認めるよう訴訟を起こしたのであるが、松梅院側は、摂津国榎並下庄領家分の預所職と菅原庄の預所職を相博の上、菅原庄を一円知行することとなったと主張している。こののち松梅院が菅原庄を一円知行していた様子からみて(47)、このときの松梅院の主張は認められたものと思われる。

その後嘉吉二年（一四四二）、菅原庄の「根本領主」北野長者が菅原庄の返付を求めた際の申状には、「全二知行一、専二常灯以下神役一、同自二貞治一被二定置一三年一請会可二勤仕一者也」とみえ(48)、菅原庄が三年一請会料所となった時期は貞治年間であったとしている。その一方、「去貞治四年社家掠申、至レ于レ今松梅院知行畢」との文言もみえる。先に引用した史料の内容をもふまえるならば、おそらく菅原庄は、貞治四年をそれほど遡らない時期に三年一請会料所と定められ、すぐに「要脚無沙汰」を理由に北野社社家の知行となったのであろう。(49)このように貞治年間に将軍義詮の手により菅原庄が急速に三年一請会料所化し、かつ社家の知行と定められたことは、先にみたように祭礼要脚を二万五千疋とする一つの画期が貞治年間であるのと、密接に関連しているのではないかと思われる。

次に加賀国笠間保についてみてみると、笠間保は南北朝期から史料上にあらわれ、笠間郷ともよばれる地であったことが知られている。(50)この地が北野社三年一請会の料所となる経緯については、明徳元年（一三九〇）の将軍足利義満下知状に詳しく、至徳三年（一三八六）、闕所となっていた笠間郷地頭職を、将軍義満が北野社に法花八講のため寄進したこと、明徳元年に至って改めて地頭職を北野社社家へ一円に付与し、法花二季八講・祭礼・三年一請会の料所と定めたことなどがみえている。(51)この下知状が発給された直後、管領斯波義将が、笠間郷の領家は石清水八幡宮であるが、北野社社家が「地頭請所地」として年貢を弁じてきたのは明らかであるので、北野社雑掌に一円下地を遵行するよう守護の斯波義種に指示している。(52)これに対し領家石清水八幡宮が、「建暦官符」を証拠として地頭請所ではないと主張したため相論となった。しかし結局「為二地頭請所之地一毎年五百疋可レ沙二汰-渡八幡宮一也、然則当保可レ為二北野一円神領一也」との義満の下知が下り、結局領家へ毎年五百疋を収めることを条件に、北野社による笠間保の一円支配が認められている。(53)

以上のように、菅原庄と笠間保の三年一請会料所化は、将軍足利義詮・義満によって強引ともとれるやり方で進められたのであり、その背景には、後述するように将軍家御師職松梅院の成立・台頭という動きが存在していた。そして享徳四年（一四五五）の「三年一請会停止記録」に能登国菅原庄・加賀国笠間保が三年一請会の「料所」としてみえることから明らかなように、両所はその後も三年一請会料所として機能し続けた。(54)

3　三年一請会要脚と大蔵省年預

これまでみてきたように、かつて大蔵省年預が「任官功」・「成功」を付されることによって運営されていた三年一請会は、南北朝期に、室町幕府の支援を受け能登国菅原庄・加賀国笠間保の二つの料所を財源とする祭礼へと変化した。このような経済基盤の変化は、三年一請会の執行内容に何ら影響を与えなかったのだろうか。そこで「引付」及び「三年一請会停止記録」をみると、両所から集められた要脚は、まず大蔵省年預の手をへて「諸道輩」（職人）、「織手」（「御神服方」、大宿禰神人）にそれぞれ下行されており(55)、料所から費用が下行されるたびごとに年預が請取状を発給していることがわかる。すなわち南北朝期においても依然として大蔵省年預が三年一請会の運営に関与していたのである。

大蔵省年預はまた、神輿修理のための調査をも統轄していた。これを明徳三年（一三九二）の「引付」から確認してみると、まず五月八日に大蔵省年預と「諸道輩」とにより神輿の調査を行っていることがわかる(56)。そしてその翌日、年預堀川時弘は神輿造替のなされたその場で料足を下行してほしいと職人が申していること、今回はそれぞれの職人に対し、下行額を北野社側と相談した上で下行したいこと、先日来た「音谷塗師」が今朝も年預のもとへ来て、多く下行するよう訴えたが承諾しなかったことなどを伝えている。時弘はまた三年一請会に必要な神服等を用意する「織手」の大宿禰神人に料足を下行しており(57)、大蔵省年預は、料所から納められた料足を職人に配分・下行する責任者であったといえる。

このようにみてくると、南北朝期以後の三年一請会が依然として大蔵省年預の主導により執り行われる祭礼であったかのように見受けられる。しかしそもそもこの南北朝期に、大蔵省及び大蔵省年預の国政上の位置づけが変化していた点には注意が必要であり、次にこうした点について詳しくみてみることにしたい。

先述したように大蔵省は、三年一請会が開かれるようになったその当初から執行に関与しており、その大蔵省に年預職が設けられるのは鎌倉期のことと考えられる。[58] 本郷恵子氏の研究によると、大蔵省年預は鎌倉後期より紀氏の「弘」を通字とする一流（のちに堀川氏・大石氏を称する）に相伝されていくようになるという。そして南北朝期以降、朝廷が財政的にほぼ全面的に室町幕府の世話になるのに照応して、大蔵省の役割もまた限定的になる一方、公事用途をめぐる事務・雑務のセンターとしての地位は維持されていた。そして北野祭や三年一請会の開催にあたり堀川氏が大蔵省年預として経理を担当するようになり、社領役や将軍からの下行、北野社配下の酒屋・土倉役等の出納をひきうけていたという。[59]

このような南北朝期における大蔵省及び大蔵省年預の動向をふまえた上で注目されるのは、応永五年（一三九八）五月に、三年一請会の催行にともなって大蔵省年預職をめぐる相論が展開している点である。「引付」によると、この年の三年一請会の神輿調査は、年預時弘が重い中風にかかっていたためにその子息為弘が代官として執り行い、いよいよ父時弘の臨終が間近となった段階で、為弘が三年一請会を年預職として奉行させてほしいと要請している。北野社側は、多年にわたり時弘が年預をつとめてきたことなどを理由に了承した。しかし「隠岐左衛門尉」が競望に及んだため、社家奉行へ働きかけ、「当社年預職事、為弘相伝之条、譲状備二上覧一了、仍雖レ有二競望輩一、不レ可レ有二御許容一之由、被二仰下一候」との公方の意を示す社家奉行飯尾宗耀の書状を得ている。[60]

ここで大蔵省年預職を「当社年預職」としている点、また時弘の相伝について「代々為二社家一加二扶持一之上者、不レ可二御事闕一」と社家奉行が述べている点は、[61] 本来は朝廷が管轄すべき大蔵省年預職の相伝の問題を、北野社及び幕府が三年一請会を媒介として差配しうる状況が生まれていたことを示す点で注目される。[62] 永享元年（一四二九）の松梅院禅能書状には、「鹿苑院殿様御時、彼一族隠岐守年預職事競望候之処、故禅尋加二扶持一、于レ今無二相違一事候」とあり、[63] 応永五年の相論の決着が、その後の堀川氏による年預職相伝を確定する意義を持ったことを示している。

このように南北朝期以前に大蔵省を中心に経費が調達されて催行されていた三年一請会は、南北朝期の貞治年間以降、室町幕府の主導のもと、幕府寄進の料所を財源とし、幕府及び北野社の意向を受けた大蔵省年預職が運営の実務を担う祭礼へと変化した。すなわち「国家的祭祀」として朝廷財政のもとで運営されていた三年一請会は、南北朝期以降、幕府が財政支援をし、また運営に関与する祭礼へと変質したのである。そしてこうした変質はまた、北野祭の運営においても生じていた。

第三節　南北朝―室町期北野祭の経済基盤

1　北野祭要脚の調達と下行

本節では南北朝―室町期における北野祭の運営状況についてみていくことにするが、実は当該期の北野祭が、どのような経済基盤のもとで執り行われていたのか、三年一請会ほど明確でない。かろうじて「引付」により、康応元年（一三八九）に加賀国笠間保から祭礼用途として三十貫文が沙汰されたこと、明徳二年（一三九一）以後一貫して笠間保から二十五貫文が沙汰されていることを確認することができる。これは先に引用した明徳元年（一三九〇）の足利義満下知状に、笠間保を「可ㇾ令ㇾ為二季八講・祭礼并三年一請会料所一」（傍線は筆者による、以下同じ）としているのと対応しているものと捉えることができる。

この二十五貫文の請取状を大蔵省年預が発給しているのは、鎌倉期と同様、大蔵省年預が北野祭の経営にも関係していたことを示している[64]。その他祭礼費用にかかわるものとして、神幸日・還幸日の両日分の「御殿方祭礼軾代物」六百文と[65]、神幸と還幸の警固にあたる幕府侍所の小舎人雑色への「酒肴」料があるが[66]、「引付」をみる限り、北野祭の基本的財源は、笠間保から納められる料足二十五貫文に尽きるように見受けられる。

しかしこれでは、北野祭の料足が三年一請会料足の十分の一にすぎないことになり、神輿修造の有無による違いを加味してもいかにも不自然である。そこで注目されるのが、少し時代が下るが、文安二年（一四四五）の「祭礼引付」の冒頭部分にみえる、以下の記事である(67)（傍線は筆者による、以下同じ）。

一、当年祭礼云二社中式毎事不足一、西京為レ体云、無力可レ有二如何一之由存之処、為二公方（足利義政）一去年神事無レ之間、無二勿体一被二思食一之間、何様にも目出可二遵行一候由被二仰出一也、然之間、西京馬上七騎ヲ、五騎ハ略定分にて、弐騎可二奔走一之由被二仰出一之間、其分申付之間、西京地下人等御請申訖、珍重〳〵、

ここからまず、この前年に起きた著名な文安の麴騒動の影響により西京の人々が困窮する事態となって、当年の祭礼を執行するのが難しい状況となっていたこと、しかし公方足利義政は去年祭礼が執り行われず残念だったので今年は遵行するように、そのかわりに西京で用意する「馬上七騎」のうちの「五騎」を省略してよいので「二騎」を出すように、と北野社に命じたことがわかる。「西京地下人」がこの命令を最終的に受け入れていることから、「西京馬上七騎」とは、「西京地下人」が費用を負担し、また準備するものであったと考えられる。

右の史料に続き、さらに次のような記事が続いている。

廿日、祭礼初（始）如レ例、珍重〳〵、仍物忌札任レ例住坊門ニ打レ之、

一、師子酒直先々無二懈怠一出候処、当年西京・大宿直酒直為二社家一堅被二仰付一可レ給之由申之間、問答ニ、先々如レ此之儀加二下知一事曾無レ之、雖レ然当年事ハ西京之儀無力之間、申モ有二其謂一歟之間、以二両公人一堅西京へ加二下知一、同大宿直へも以二成繁一申付也、然之処又師子申様ハ、計会候間、酒直ハ不レ可レ進候由申条、無二是非一次第也、然之間任レ例様（抑カ）留二師子頭一也、先規也、故実也、

一、小預西京五保より師子之録（禄）四貫四百文出レ之、

まず冒頭部分から、「祭礼初（始）」の儀式にあたり、師子が社家に対し、西京と大宿直の神人へ師子への給分をきちんと納めるよう命じてほしいと要請してきたことがわかる。社家側は困惑しつつも、今年の西京の疲弊ぶりをみると師

子の心配も無理ないものと判断し、公人を西京と大宿直へ派遣し、師子に給分を支払うよう申し付けている。その後師子は、西京の事情を考慮すれば給分がないのもいたしかたないとして、神事に参加しない姿勢をみせたものの、結局、「西京五保」から四貫四百文が支給されている様子から、無事に師子舞奉納は行われたものと思われる。

右の記事で注目されるのは、傍線部にあるとおり「西京五保」が祭礼始における師子の給分を支払っている点である。というのも、この「西京五保」による師子禄の負担は、先の史料の傍線部で「略定分」となった「五騎」の「馬上」に相当するものと考えられるからである。すなわちこの年の北野祭は、「五騎」の鉾の用意を免れた「西京五保」と「大宿直」が師子禄を負担し、残る西京「二保」が「二騎」分の祭礼役すなわち「馬上」役を負担することによって催行されたと考えられる。つまり「馬上七騎」と西京の「七保」は対応しており、少なくとも室町時代半ばには西京「七保」と大宿直とが北野祭の「馬上」役を負担するしくみとなっていたのである(68)。

西京と大宿直の祭礼役負担については、さらに寛正二年（一四六一）の「禅盛記録」にも、興味深い記事が載せられている(69)。

一、就二当社祭礼渡物以下事一、大宿直九保内、殿守保当年馬上以下相当之間、可レ致二其沙汰一之由、以二成鎮法師一申遣処、自二彼保一返答云、当年依二飢饉一大略町人等餓死仕候、或適居残地下人等、或依二斗（計）會一逐電仕候間、可レ勤二御祭礼一事難渋此事候由返答仕間、此由社家奉行へ申処、然者残為二七保一如レ形渡物以下事可レ致二沙汰一由、被レ成二御奉書一間、任二御成敗旨一、落居無為訖、然間為二惣町人一殿守保へ可レ致二合力一由申云々、

寛正の大飢饉の影響で大宿直九保のうちの一つ殿守保が「馬上」を負担できなくなり、結局幕府の判断により、「七保」すなわち西京七保のみが「渡物」以下を用意・負担した、というのが大まかな内容である。「渡物」とは、翌年の北野祭について記した『北野社家日記』に、「西京御鉾等渡候」、「西京鉾之衆舁手撰、戌剋神幸在レ之」とあることから(70)、具体的には「鉾」をさしているものと考えられる。したがって右の史料から、大宿直は「九保」のうち一保

が、また西京は「七保」全体で、北野祭の馬上役（祭礼費用）を負担し、かつ鉾を用意するきまりであったことがわかる。すなわち室町期における北野祭の経済基盤とは、西京七保と、大宿直九保であったのである[71]。

2　北野祭の変質

それでは北野社の神人が「保」ごとに馬上役を負担し、渡物を行う祭礼形式は、いったいいつからみられるようになったものなのだろうか。弘安七年（一二八四）の『勘仲記』に、「今日北野（祭脱カ）如レ例、依二西京神人訴訟一日来嗷嗷、然而無為被二宥行一歟」とある点[72]、また永仁三年（一二九五）の『実躬卿記』に「今日無二伝奏仁一之間、不レ能二奏事一之処、北野社大宿（禰脱カ）神人訴事、任二申請一不レ被レ下二 綸旨一者、今日御輿迎神人不レ可二相従一之由訴申」とあることから[73]、すでに鎌倉後期に、西京神人と大宿禰神人とが北野祭に何らかの形で参加していたことを示している。しかし当該期及びそれ以前の北野祭関係記事に、「御鉾」の巡行の存在は確認することはできない。

一方、時代が下って康応元年（一三八九）の「引付」には、「西京神人幷大宿禰神人等長具足停止事、以二雑色一自二侍所一相触了」、「如二恒例一西京神人等弓矢長刀鑓等悉停止、帯二太刀計一」との記述がみられる[74]。先の『実躬卿記』の記事に、大宿禰神人が御輿迎に「相従う」と記されている点をも加味するならば、康応元年以前における西京神人・大宿禰神人の北野祭における役割とは、「長具足」を身につけ、神幸・還幸の警固役として神輿行列に加わる、というものだったのではなかろうか。

注目されるのは、この三年後の明徳二年（一三九一）の「引付」には、「一、其後一御鉾参之後神輿神幸、保々御鉾如二先々一参」との記事がみられる点である[75]。これが「保々御鉾」、すなわち西京七保と大宿直九保の各保が用意する「御鉾」の初見である点に留意するならば、西京七保神人と大宿直九保神人が北野祭の費用を負担し、かつ「御鉾」の巡行を行うに至ったのは、まさにこの南北朝末期のことであったと考えられる。明徳三年（一三九二）の祭礼の際には、「引付」に「大宿禰渡物先々超過、驚二耳目一了」とあるように、[76]大宿禰神人がこれまでになく華美な鉾を渡らせたといい、神人による鉾の巡行は北野祭の新たな演目として衆目を集めるところとなった。

　こうした神人による馬上役負担は、それ以前の大蔵省・率分所による祭礼費用の調達にかかわる意味を持ったといえ、また北野祭における馬上役制の誕生を意味するものといえる。すでに前節において、三年一請会の経営に幕府が関与していた事実をみた。こうした事実や、先の引用史料において、将軍義政が文安二年（一四四五）の北野祭を遵行するよう指示し、「馬上七騎」を「五騎」分に省略させている点、また寛正の飢饉に際し、西京七保のみで「如レ形渡物以下事可レ致二沙汰一」との支持が幕府奉行人奉書によって下されている点などを加味するならば、北野祭の馬上役制を創出したのは幕府であったと考えられる。[77]さらに嘉慶元年（一三八七）、西京神人に対しなされた麹役免除が、「所詮当社祭礼・神事以下、不レ違二彼神人等之訴一者、忽及二違乱一」との理由によるものである点に注意するならば、[78]北野祭における馬上役制の出現は、同時期になされた日吉小五月会馬上方一衆の創設とあわせて、公方足利義満による神人支配の展開をも意味するのではなかろうか。そうした点を、最後に当該期の北野祭の執行内容そのものから考察してみることにしたい。

第四節　足利義満政権と北野祭

1　義満政権期の北野祭

　南北朝期以降の北野祭の式日は、前代に引き続き八月四日であり、「引付」をみると七月二十日の祭礼始の儀式にはじまり、八月五日の御霊会に至るまでの諸行事まで含めれば、その期間は半月に及んだことがわかる。以下その次第を、「引付」から復元してみることにしたい。

①　七月二十日　祭礼始の儀式が執り行われ、師子が芸能奉仕をする。北野社から西京神人と大宿禰神人のもとへ公人が派遣され、「餝神供」や鉾を準備するよう通達する。

②　七月二十三日　四府駕輿丁に、一日の神幸の時刻を通達する。また西京二三条保の神人に、神幸路の「路造」を命じる。

③　七月二十五日　御霊会の廻文を書く。

④　八月一日　まず辰刻（午前八時ごろ）に「旬神供」を神前に拝膳ののち、神楽が奏される。巳刻（午前十時ごろ）に神輿（大御前神輿と王子殿神輿）が拝殿に出御となり、その場で師子・田楽による芸能が執り行われる。そののち「餝神供」を神前と老松殿に進上する。「一御鉾」が西京から北野社に到着したところで、神輿と「保々御鉾」が西京御旅所へ神幸する。社僧が大蔵省の御幣を捧げる。

⑤　八月二・三日　北野社拝殿の内陣に灯明をともす。大座神人が神供を備進する。

⑥　八月四日　酉終刻（午後七時ごろ）、西京御旅所から北野社境内へ神輿が還御し、社僧が大蔵省の御幣を捧げる。

⑦　八月五日　御霊会が開かれる。師子・田楽の演舞ののち、舞楽が奏される。相撲も執り行われる(79)。「臨時祭」を執り行うため、勅使として菅原氏の氏長者が北野社に参る。

以上が北野祭の大まかな内容である。ここで注目したいのは、時として四日の神輿還幸を公方が「御見物」することもあったという点である。「引付」によると、明徳二年（一三九一）・応永四年（一三九七）・応永八年（一四〇一）の三度にわたり、公方義満が「御見物」を行ったことがわかる。その様子を、明徳二年の場合についてみてみることにしよう(80)。

一、四日祭礼如二先々一、御所様《室町殿》御見物在レ之、御車如二先々一平松下ニ被レ立、社頭警固公人等如二朔日一中門祗候、御所御車成程ニ公方以二公人一平松辺見物輩ハライ、所司代（浦上助宗）同祗候、前日可レ有二御見物一哉否事、禅尋参上仕

伺申入了、色ふしの物とも惣而可レ申二入案内一由被二仰下一之間、公方以二公人一西京・大宿禰両所へ早々令二出仕一、大宮の道ニ御車成後之由相触了、色ふし惣而則以二使者一楢葉方へ申二入案内一畢、不レ経二時刻一御車成了、如二先々一御車ノ成時分、馬場両鳥居ノ北脇車ヘヨリテ祝候、被レ上二御簾一、其後御車ヲナヲサル、眉目之至無二比類一者哉、渡物過テ則還御、御車ヲナヲサレテ後ヤカテ参二拝殿一（以下略）

ここから義満の「御見物」に際し、「公人」が動員されて警固にあたったこと、義満は先に見物に集まっていた人々をはらった上で「平松」のあたりに車を置き、御簾を上げて「御見物」をしたことなどがわかる[81]。前日に社僧禅尋が「御見物」をするかどうか義満に確認している点や、「如二先々一」という表現が何度もみられることなどから、公方義満の北野祭「御見物」はこれ以前からあったものと考えられる。特に注目されるのは、義満の指示を受け禅尋が侍所公人を「色ふしの物」すなわち「西京・大宿禰両所」の神人のもとに派遣し[82]、義満の「御見物」があるのでその車が「大宮の道」に到着次第「渡物」を渡すよう命じている点である。すなわち義満は祭礼の進行そのものに関与しうる位置にあり、その「御見物」の対象もまた、神輿の還幸というよりはむしろ神人の「渡物」、すなわち鉾の巡行であった[83]。

このように公方が北野祭において神人による鉾の巡行を差配し、また巡行の様子を「御見物」していることは、北野祭が、公方と神人との主従関係にも似た関係を確認する場として機能する側面を持っていたことを示すのではなかろうか[84]。公方と神人の密接な関係は、さらに「飾神供」の進上という側面においても見出すことができる。すなわち応永四年（一三九七）の「引付」には、「以二両公人一西京・大宿禰如二先々一来朔日飾神供早々可二調進一之由大宿禰相触了」とみえ[85]、北野祭の神幸日には本殿の拝殿や末社老松社の拝殿などに西京神人と大宿禰神人が調進した「飾神供」が供えられることになっていたことがわかる。興味深いのは、この「飾神供」が本殿や老松社に備えられたのち、「飾御供ハ浄公方進也云々」、「飾神供以二主計（渡辺）一公方へ進上也」とあるように[86]、公方に進上されていたことである。すなわち鉾を用意し馬上役を負担した西京神人・大宿禰神人と公方とは、祭礼時に供えられた神供を介してもつながっていた。

2　御師「松梅院」の成立と北野祭

ところで南北朝末期において室町幕府が北野祭に関与しえた背景には、将軍御師職を媒介とした将軍と北野社松梅院との密接な関係があった。北野社はもともと山門末社として、天台門跡の一つ曼殊院門跡（竹内門跡）を「社務」・「別当」として頂点にすえるという組織構造を持っていた。しかし室町幕府を創設した足利尊氏の御師を石見法印禅陽がつとめて以降、石見法印の一流が「将軍御師」として社内で卓越した地位を築くに至っている(87)。そして神人による「保々御鉾」の巡行が史料上に現れる明徳二年（一三九一）は、まさに石見法印一流の院家である「松梅院」の初見年代に相当している。

陣官人申摂州所領事、厳密可二申沙汰一、神行両度供奉事領状申上者、祭礼以後早々事之様ニ可レ申候、此旨可レ有二御下知一候、恐々謹言、

七月廿九日　　貞秀（松田）判

松梅院法印御房

右の史料は、明徳二年の「引付」におさめられたもので、「松梅院」の初見史料と考えられるものである(88)。詳細は不明であるものの、このあとに付された「引付」の記事に、「此等訴訟事、雖下為二大蔵省一沙汰来申上、以二別儀一公方へ可二執申一之由歎申」とあることから、本来は大蔵省が対応すべき案件を、陣官人の要請により松梅院から公方へ取り次いだ結果、右の書状が発給されたものと思われる(89)。「松梅院法印」は、石見法印禅厳をさしているが、これより前の康応元年（一三八九）に下された禅厳あて将軍家御教書の宛所は、「石見法印御房」となっている(90)。したがって、少

なくとも康応元年から明徳二年のわずか二年の間に、「松梅院」が確立したといえるだろう。

これより先の嘉慶元年（一三八七）に、西京神人への麴役免除政策にかかわって発給された室町幕府御教書の宛所は「御師」石見法印御房となっており、また同年の足利義満下知状は、造酒正の賦課する麴役を「永一円所レ付二社家一也」と記している(91)。このことは幕府が「御師」・「社家」石見法印に対する優遇政策を進める過程で、西京神人に対する特権付与を行っていたことを意味するとともに、北野社内における院家「松梅院」の確立が幕府との密接な関係に基づき進行したことを推測させるものである。そしてこののち明徳二年（一三九一）に、「松梅院」の名とともに神人の鉾の巡行・馬上役制が史料上に現れ始めることは、幕府が御師「松梅院」を通じて北野社及び北野祭を統制しつつあったことを意味するものと考えられる。さらに三年一請会における能登国菅原庄及び加賀国笠間保の料所化の過程もまた、「社家」の一円知行化と密接であったことをもふまえるならば、幕府による将軍家御師職松梅院への優遇政策として展開していったとみることができる。したがって南北朝末期における北野祭・三年一請会の経済基盤及び催行内容の変質は、将軍義満と将軍御師松梅院の師檀関係を基礎としてもたらされたものとみることができよう。

そのことを端的に示すのが、義満政権期より発給され始める「祭礼遂行御教書」の存在である。明徳三年（一三九二）、三年一請会を前に香厳院（将軍義満継母・足利義詮室）が他界し、天下触穢となったため、祭礼は延期されることとなった。その後北野社―大蔵省年預―織手との間で織物の扱いをめぐるやりとりがなされたのち、穢の期間が過ぎて神服等が完成次第、再度祭礼遂行が可能な日時を申し入れるよう義満から指示が下されている。結局本来の式日より一週間ほど遅れて七月二十八日に、ひとまず「祭礼始」の儀式が執り行われた(92)。

ここで注意されるのは、祭礼始の遂行を公方義満に報告する際に、社僧禅尋が、「神幸日時為二公方一可レ被二計下一之由」申し入れている点で(93)、これを受けて以下のような室町幕府将軍家御教書が発給されている(94)。

北野宮寺祭礼事、任二刑部卿有世注進之日限一相二触色掌人等一、任レ例可レ被二遂行一之状、依レ仰執達如レ件、

明徳三年八月七日　　　　　　　　　　右京大夫（細川頼元）在判

御師松梅院法印御房

陰陽師土御門有世が注進した日取りにしたがって、祭礼を遂行するよう指示したものである。御教書の宛所となっているのは「御師松梅院」禅厳であり、松梅院は「当社祭礼遂行御教書早々申二御沙汰一目出候」と書状に記し、右の文書を「祭礼遂行御教書」と呼称している。そしてこの「祭礼遂行御教書」に従って、諸座神人や社務に対し、祭礼の日取りを通達するよう禅尋に指示した。

このように公方義満が天下触穢による祭礼延引に際し、「御師松梅院」にあてて「祭礼遂行御教書」を発給し、祭礼の遂行日を指示していることは、北野祭の実質的な祭主が公方であることを意味しているのではなかろうか。このち応永五年（一三九八）・一〇年（一四〇三）・三十二年（一四二五）・正長元年（一四二八）・嘉吉三年（一四四三）・宝徳元年（一四四九）にも「祭礼遂行御教書」が発給されている(95)。いずれも天下触穢や山門嗷訴などにより祭礼が延引された場合に発給されたものであり、式日どおりに執り行われる場合には特に発給を必要としなかった。すなわち祭礼の式日どおりの執行がままならない場合に、義満以降代々の公方が祭礼遂行御教書を発給したのである。

以上みてきたように、北野社内における将軍御師「松梅院」の確立と幕府の北野祭・三年一請会の運営への関与は、密接な形で展開していた。すなわち「祭礼遂行御教書」の発給、三年一請会料所の安定化、及び北野祭の馬上役制の整備は、いずれも将軍が将軍御師松梅院への優遇政策を展開していく中で進行したのである。そしてそのことは北野社に北野祭・三年一請会の経営の安定化と、松梅院への権限集中をもたらす一方、北野祭・三年一請会に、公方の主催する祭礼としての性格を付与する意味を持ったといえるだろう。

おわりに

平安期に「公的」・「国家的」祭祀として始められた北野祭は、南北朝末期に足利将軍・公方が「御見物」をして指揮をとる祭礼へと変化し、その経済基盤も大蔵省・率分所といった朝廷財政から幕府の寄進した料所へと変化した。また大宿禰神人・西京神人がそれぞれ用意する鉾も登場しはじめ、これら神人はまた馬上役をも負担するところとなった。そしてこうした変化の前提には、将軍と将軍御師「松梅院」との師檀関係が存在した。

ここで注目されるのは、北野祭における神輿と鉾の二つから成る祭礼形式の出現が、同時期の祇園会にも共通してみられる現象であったことである。すなわち河内将芳氏によれば、中世後期の祇園会は、①神輿渡御と、②山鉾巡行の二つの部分から構成されており、鎌倉末期から存在が確認される②が本格的に花開くのは、南北朝・室町期であるという(96)。こうした事実とあわせ、西京神人・大宿禰神人への祭礼役賦課が、日吉小五月会馬上方一衆の創設による洛中日吉神人への祭礼役賦課とほぼ同時期に達成されていることは、当該期の幕府に一貫した祭礼政策・神人政策が存在したことを示しているものと捉えることができるだろう。

ここで想起されるのは、すでに鎌倉末期の元亨年間（一三二一―一三二四）に、後醍醐天皇が神人公事停止令や酒鑪役徴収令、供御人交名注進令などを発することにより、神人を天皇の直接支配下に置き統治権を極点にまで高め、また「洛中―京都の直轄支配」をめざしたのだとされる網野善彦氏の指摘である(97)。網野氏によれば、後醍醐天皇のこうした専制的な政策の背景には「長い歴史をもつ寺社と神人との関係を断ち切ろうとする意図」があり、それゆえに寺社側の反撃を受け、かなりの譲歩・後退を余儀なくされたという(98)。

したがってここに、祭礼の復興・運営という寺社勢力の妥協を引き出しうる方法を用いながら「神人」＝商人に対する課役賦課・特権付与を通じた支配を展開しようとする幕府の意図を読み取ることができるように思われる。すなわち室町幕府は、「寺社と神人との関係」を断ち切ることなく神人を把握しうる方法を独自に編み出すことにより、後醍醐天皇の達成しえなかった統治権的支配を京都に展開することができたのであり、北野祭はそうした支配の展開を示す事例の一つとして注目されるのである。

注

（1）佐藤進一「室町幕府論」（『岩波講座日本歴史』第7巻中世3、一九六三年）、及び下坂守「山門使節制度の成立と展開」（『史林』五八巻第一号、一九七五年、のち同氏『中世寺院社会の研究』思文閣出版、二〇〇一年に所収）、及び拙稿「南北朝期京都における領域確定の構造——祇園社を例として」（『日本史研究』四六九号、二〇〇一年）など。

（2）下坂守「延暦寺大衆と日吉小五月会（その一）——馬上方一衆出現の契機」・「延暦寺大衆と日吉小五月会（その二）——室町幕府の大衆政策」（ともに同氏注1書所収）。

（3）下坂氏注2論文。

（4）岡田莊司「平安京中の祭礼・御旅所祭祀」（『平安時代の国家と祭祀』続群書類従完成会、一九九四年）。

（5）管見の限りでは、〔報告要旨〕ではあるが、西嶋加耶子「室町時代における北野社の変容」（『日本史研究』五〇七号部会ニュース、二〇〇四年）が唯一のものではないかと思われる。

（6）『群書類従』神祇部巻第二十『菅家御伝記』（『新校群書類従』第一巻、五〇五頁）。なお『北野文叢』所収本『菅家御伝記』は、「始行〓北野聖廟祭礼〓」とする（神道大系・神社篇十一『北野』八八頁）。

（7）新訂増補国史大系28『政治要略』巻二十二・年中行事八月上、五頁。

（8）岡田氏注4論文。

（9）新訂増補国史大系11『百練抄』永承元年八月四日条。

（10）『続群書類従』第十輯上・公事部『師遠年中行事』二一七頁。

（11）ただし岡田氏は、北野祭が梅宮祭・吉田祭とともに、一条天皇の母后詮子とその父藤原兼家の主導のもとで公祭化した、とされつつも、梅宮祭・吉田祭が上卿・弁・外記らが参向するのに比べると、内蔵寮官人の参向が主体であることから、「公的関与」の少ない、「公祭に準じた扱い」であったとされている（岡田氏注4書、「平安前期　神社祭祀の公祭化・上」）。

(12) 神道大系・神社篇十一『北野』一二七頁。
(13)『百練抄』(注9参照)建久三年八月一日条。
(14) 岡田氏注4論文、四八一―四八二頁。本章でふれるように、西京の保々の住人・西京神人が北野祭の神幸に関与した事実を示す史料の出現は鎌倉後期を待たねばならないことから、御霊会の展開と西京住人との関係については今少し検討してみる必要があると考える。
(15) 大日本古記録『民経記』第四巻、一頁、寛喜三年八月一日条。
(16)『群書類従』公事部巻第百五「夕拝備急至要抄」上(『新校群書類従』第五巻、三一〇頁)。
(17) 史料纂集『花園天皇宸記』第三巻、二二三頁。
(18) 史料纂集『師守記』暦応二年八月四日条・康永三年八月四日条。
(19)『北野天満宮史料　古記録』(以下『古記録』とする)一八九―一九〇頁。
(20)『古記録』一五二頁。
(21)「三年一請会引付」(『古記録』一二四―一二五頁)康応元年五月八日条など。
(22)『古記録』一五三頁。
(23) 増補史料大成『勘仲記』第二巻、二一九頁、弘安十年八月四日条に、「今日北野祭無為無事遂行、三年一請御装束美麗之由、社家感之云々」(傍線は筆者による、以下同じ)とあるのも、参考になろう。
(24) 国書刊行会編『明月記』第三巻、二三二頁、寛喜二年八月三日条(解釈にあたっては、『明月記研究』第七号、二〇〇二年、を参照した)。ただしこのときには蔵人所年預「五位出納俊職」(中原俊元)が若狭国に勝手に「馬部」を派遣し譴責したため、若狭国の知行国主であった頭中将藤原基氏が怒って俊職を馬寮に監禁してしまう事態となった。結局蔵人方の訴えを受け、九条道家が左中弁有親を召して蔵人方にかわり官方によって未済分の催促をするよう指示したという。
(25) 大日本古記録『民経記』第四巻、一―一二頁、寛喜三年八月一―四日条。なお経光は、大蔵卿菅原為長が、例がないとの理由で大蔵省の便補保を役立てることもなく不足分をいっさい沙汰しなかったことについて、「豈非㆓氏神御事㆒乎、菅大府卿頗以僻事也、然而権門人也、莫㆑嘲々々」と非難している。
(26)『勘仲記』弘安十年八月四日条(注23参照)。
(27) 増補史料大成『吉続記』二二七頁、文永五年八月二日条、及び『勘仲記』第二巻、一一頁、弘安七年八月四日条。

(28) 本郷恵子『中世公家政権の研究』（東京大学出版会、一九九八年）第二部第二章「二　諸官司の再編」。
(29) 注16参照。
(30) 注27参照。なお同年七月二十六日条には、「今夕被レ行二小除目一、仲兼奉行、北野祭三年一請功人所レ被レ任也」とあり、「法眼妙円」ら「功人」の名前がみえる。
(31) 『勘仲記』第二巻、二一六頁、弘安十年七月十六日条、及び本郷氏注28論文、二六四頁。
(32) 「北野宮三年一請会条々記録」所収、『古記録』一〇〇—一一一頁。
(33) 『勘仲記』第二巻、二一八頁、弘安十年八月一日条。なお還幸に間に合わせる形で神輿を「新調」したのか、四日条には「今日北野祭無為無事遂行、三年一請御装束美麗之由、社家感レ之云々」とみえる。
(34) 『夕拝備急至要抄』（注16参照）に、北野祭の「幣弁饗料」を、率分所・大蔵省の「功」により下文で諸国から調達するとあるのも、こうした事実と整合しよう。
(35) 『園太暦』第四巻、三四九頁。
(36) 『古記録』一二四—一七八頁。この「三年一請会引付」は、その内容から、文中にたびたび登場する北野社社僧「法眼禅尋」（＝「貞富院」）を記主とする記録であると考えられる（「三年一請会引付」一七七—一七八頁）。なお「引付」が記された当時の北野社においては、禅尋の父石見法印禅厳が「社家」として北野社経営の中心に位置し、後述するように「松梅院」を確立しつつあった。そのことは何よりも「引付」の記事そのものからうかがえ、この史料が南北朝末期における北野祭の詳細を記す記録として貴重であるばかりでなく、松梅院の成立過程を知る上でも興味深い史料であることを示している。
(37) 『古記録』一二五頁。なお東京大学史料編纂所架蔵写真帳『北野社家記録　五』（請求番号六一一二・九三—五）及び謄写本『北野宮三年一請会引付』（請求番号二〇一二・二四六）により、文字を一部改めている。
(38) 『古記録』一三三頁。なおこの「白梅殿役」については詳しい内容は不明であるものの、「大政所（西京御旅所）修理料所」としてみえ、また「白梅殿」が菅原家の邸宅をさすことから（日本歴史地名大系27『京都市の地名』平凡社の「天神御所跡」の項）、もともとは菅原氏が道真を祀る北野社の祭礼にあたり負担したものであったと考えられる。
(39) 『古記録』一三四頁。
(40) 『古記録』一三三—一三四頁。
(41) 小松茂美『足利尊氏文書の研究Ⅰ研究篇』二七〇—二八二頁「第十四節　奉行人安威左衛門入道資脩」参照。小松氏の研

究によると、安威資脩は、文筆武官として建武新政府に登用されたのち、応安四年（一三七一）に他界するまでの四十年近くの期間、足利尊氏・義詮政権の幕府奉行人兼右筆として活躍したという。

(42) 康応元年（一三八九）に「白梅殿役」の下行をめぐるトラブルが生じたのも、貞治のころより西京の酒屋・土倉への賦課をはじめ三年一請会の経営に幕府が介入し始めた結果、大蔵省年預の特権が失われたためであると考えられる。おそらく「白梅殿役」はこれ以前、三年一請会料足とは異なる独自の祭礼費目（御旅所修理費用）として存在し、それを「奉行」から下行され運用する権利は、大蔵省年預に付されていたのであろう。『夕拝備急至要抄』（注16参照）に「大政所修理。随社家申請有沙汰。」とあることから、鎌倉期の大政所修理費用は、社家の申請のあった場合にのみ朝廷財政のもとで下行されるものであったものと考えられる。

(43) 嘉吉元年「社家条々引付」（『北野社家日記』第七巻）二三三頁。

(44) 橋本治「北野社領能登国菅原保をめぐる虚実」（『加能史料研究』第二号、一九八六年）。

(45) 「旧古引付書抜」（『古記録』）一九一頁。

(46) 嘉吉元年「社家条々引付」（『北野社家日記』第七巻）三八―三九頁。

(47) 享徳四年（一四五五）北野宮寺御師松梅院言上状案（「三年一請会停止記録」『古記録』二三三―二三四頁）は、菅原庄を「ちうしき《（重色）》の御願れうしよ《（料所）》として知行さうい《（相違）》なき」とし、また「ことに当年三年一請会にあいあたり候間、御神服等已下五百よくわん文出立にて候」と述べている。

(48) 『北野社家日記』第三巻、五三―五四頁、延徳三年七月十八日条所載、嘉吉二年十一月日付中御門北野長者雑掌申状。

(49) ただし本節1に引用した康応元年（一三八九）の「引付」に、「三年一請会料足菅原庄役百五十貫、半分坊城少納言奉行之間沙汰之、半分法印奉行之間同沙汰之」とあるのは、（東）坊城氏（菅原氏）が南北朝末期においても菅原庄の知行に関与していたことをうかがわせ、貞治四年（一三六五）の段階で北野社社家の付与された権限は未だ限定的なものであった可能性がある。また享徳四年（一四五五）にも、坊城氏が菅原庄の「代官」としてみえ（注54参照）、坊城氏が室町期においても菅原庄の経営に関与し続けようとしたことがわかる。

(50) 『金沢市史　資料編1』（金沢市史編さん委員会編、一九九八年）四四四―四四五頁〔解説〕、及び角川歴史地名辞典『石川県』（角川書店）「笠間」による。

(51) 「目安等諸記録書抜」（『古記録』）三〇三頁。ただし三年一請会については、すでにふれたようにこの前年の康応元年から義満の命により笠間保を料所としていることが明らかであることから（「三年一請会引付」『古記録』一二五頁、康応元年五月八日条）、この下知状発給の主たる眼目は、法花八講費用納入の徹底化にあったと考えられる。
(52)「目安等諸記録書抜」（『古記録』）三〇四頁、明徳元年四月十九日付室町幕府将軍家御教書。
(53)「目安等諸記録書抜」（『古記録』）三〇三頁、明徳元年六月一日付足利義満下知状。なおその後応永六年（一三九九）に再度石清水八幡宮と北野社との間で、「領家年貢」をめぐる相論がおきているが、このときも義満が北野社から領家八幡宮に納める年貢を千疋に倍増することで和解させている（「目安等諸記録書抜」（『古記録』）三〇二頁、応永六年七月二十五日付足利義満下知状）。
(54)「三年一請会停止記録」（『古記録』）二三六頁、享徳四年七月十八日付禅親書状。この前年から菅原庄では、代官「坊城兵衛方」が年貢を未進する状況となっており、神事闕怠となるのをおそれた松梅院は直務支配を行いたいと公方に要請していた。注意されるのは松梅院が「当年は三年一請会に相当しているので、料所である以上、五百余貫を納めるべきである」と主張している点で、「五百余貫」とあるのは、このころの三年一請会の要脚が、かつての二万五千疋の倍にあたる額となっていたことを示すのであろうか。いずれにせよ結局公方の成敗により、菅原庄は北野社の直務となっており、依然として菅原庄が三年一請会の経済基盤として大きな役割を果たしていたことがうかがわれる。
(55)「三年一請会引付」（『古記録』）一五五頁、（明徳三年）七月二十二日付大蔵省年預堀川時弘書状・明徳三年七月二十二日付大蔵省年預堀川時弘三年一請会料足請取状、「三年一請会停止記録」（『古記録』）二三六頁、（享徳四年）七月十八日付禅親書状、同二三七頁、（享徳四年）七月二十日付大蔵省年預堀川祐建書状、等。
(56)「三年一請会停止記録」（『古記録』）二二九頁、享徳四年五月二日付禅親書状によれば、北野社より神輿調査の日程が年預に通達されると、年預からまた「諸道之輩」へ日程が通達されており、大蔵省年預がつねに「諸道之輩」と北野社とを媒介する位置にいたことがわかる。
(57)この明徳三年、将軍義満継母の他界により天下触穢となり、三年一請会は延引されることとなった。その際大蔵省年預は、穢の期間はいっさい織物を織らぬよう、北野社の指示を受け直接織手に命じている（「三年一請会引付」一五一頁）。
(58)中原俊章「諸寮司年預の成立と展開」（同氏『中世王権と支配構造』第一部第四章、吉川弘文館、二〇〇五年）。
(59)本郷氏注28論文。
(60)「三年一請会引付」（『古記録』）一七七―一七八頁。なお「隠岐左衛門尉」は、『尊卑分脈』所載の紀氏系図に、時弘の叔父として載せられている「国弘」を指すものと思われる（「左門尉／従五位下／隠岐守」とあり）。
(61)「三年一請会引付」（『古記録』）一七七頁。
(62)本郷恵子氏が注28論文で紹介されている「堀川文書」建武三年八月二十一日付奉書（『大日本史料』六編之三、九五三頁）によると、大蔵省年預職の相伝は正和年間の段階で院宣によって認可されていたもようである。
(63)嘉吉元年「社家条々抜書」（『北野社家日記』第七巻、二三頁）。
(64)応永四年（一三九七）の「三年一請会引付」及び文安二年（一四四五）の「祭礼引付」から、大蔵省年預が「図師」・「職掌人」などの職人をしたがえていた様子がうかがわれ、年預はそうした職人たちに祭礼料足を下行する役割を担っていたものと考えられる。大蔵省年預の祭礼料足下行先には、率分所もまた含まれており、かつての「饗」の負担とは異なる形で当該期の北野祭に率分所が何らかの関与をしていた様子もうかがえる。
(65)「三年一請会引付」（『古記録』）一四五頁。
(66)「三年一請会引付」（『古記録』）一六九頁、明徳三年九月五日条。
(67)『古記録』二六二頁。
(68)「三年一請会引付」応永四年七月二十日条にみえる「祭礼初《始》」の儀式に際しての師子への下行物＝「社家下行物」・「西京・大宿禰下行物」のうちの「西京・大宿禰下行物」もまた、西京七保と大宿直保が負担した馬上役をさすのであろう。なお高橋康夫「西陣の成立」（同氏『京都中世都市史研究』第四章第二節、思文閣出版、一九八三年）に、「大宿」・「大舎人」の語が「大宿直」の宛字として使用されていたことが指摘されている。「引付」等において、「大宿直」を「大宿禰」とも記述する例がみられるのもまた、宛字とみるべきであろう。「三年一請会停止記録」（『古記録』）二三二頁、享徳四年七月二十日条では、「大宿直保」を「大舎人保」と表記している。
(69)この史料は北野天満宮所蔵の未公刊史料であり、藤井讓治氏のご厚意により、閲覧の機会を得た。ここに記して感謝申し上げる。なおこの史料については、竹内秀雄氏が『天満宮』一六〇頁において『禅盛記録抄』として内容を紹介されている他、京都国立博物館編の図録『特別展覧会　菅原道真公１１００年祭記念　北野天満宮神宝展』二二九頁に翻刻と下坂守氏による解説が載せられている。
(70)『北野社家日記』第七巻、八〇頁、文安三年八月一日条。なお「渡物」とは一般には「祭礼などに、市中をねり歩く山車《だし》や行列など。ねりもの。」（小学館『日本国語大辞典』）をさす。

(71)　ここにみえる「保」とは、具体的には北野社が「神人」に神供役・祭礼役を賦課するため、居住地ごとに組織した領域単位をさしている。西京七保は北野社境内南側の一条通から二条通の間にひろがる地域に、また大宿直九保は土御門北・正親町南・壬生東・櫛笥西を中心とする地域に位置していた。西京「七保」については、次節で詳しく考察している。大宿直については、高橋康夫「西陣の成立」（注68論文）に詳しく、室町期の大宿直に、織手ばかりでなく酒屋・土蔵も居住していたこと、これらの人々が中心となって、祇園会に際し「大舎人の笠鷺鉾」を演出していたことなどが指摘されている。

(72)　注27参照。

(73)　大日本古記録『実躬卿記』第三巻、一六八頁、永仁三年八月一日条。竹内秀雄『天満宮』（吉川弘文館、一九六八年）一五九—一六〇頁においても、この記事の存在が指摘されている。

(74)　「三年一請会引付」（『古記録』）一三九頁、及び一四一頁。

(75)　「三年一請会引付」（『古記録』）一四四頁。

(76)　「三年一請会引付」（『古記録』）一六八頁。

(77)　文安三年（一四四六）の北野祭の神幸時に駕輿丁が訴訟を起こした際のこととして、『北野社家日記』に「先師子田楽西京鉾等渡候、神幸支〔事カ〕公方御返事相待了、所詮於二公方一雖レ有二御遵行一、両座共不二承引一之間、被レ付二神事於社家一可レ成二神幸一云々」（第七巻、八〇頁）という記述がみられるのも、北野祭の神幸を指示する権限が公方にあったことを示していよう。

(78)　足利義満下知状（『北野天満宮史料　古文書』第五号、四頁）。

(79)　なお三年に一度神輿を修造した上で行う「三年一請会」の場合、さらに祭礼の約三ヶ月前に相当する五月八日に、「三年一請会ノ御損色」があり、大蔵省年預と「諸道輩」とにより「紛失破損注文」が作成された。

(80)　「三年一請会引付」（『古記録』）一四五—一四六頁。

(81)　「公人」とは、具体的には侍所所司代（浦上助宗）のもとで社頭警固にあたる「公方両座公人」・「小舎人雑色」をさしている。康応元年（一三八九）の「引付」によると、警固に際し、所司代（浦上助景）は北野社境内に位置する観音寺に、また「其外勢」（公人）が西京の「大将軍堂」に寄宿して警備にあたったという（『古記録』一四一頁）。当該期に西京神人・大宿禰神人による「長具足」・「弓矢長刀鑓等」の装着が禁止された背景には、北野祭における侍所公人の警固の開始があったものとみられる。

(82)『邦訳　日葡辞書』（岩波書店）に、「Irofuxi. イロフシ（色節）例、Irofuxino mono（色節の者）踊りや歌などで人々を楽しませるために、所々方々を流れ歩く男や女」とある。ここでは鉾の巡行で行列をなす、大宿禰神人・西京神人のことをさすと解釈した。

(83) 実際、応永四年（一三九七）の「引付」には「一、四日渡物等如二先々一、御所様《室町殿》如二先々一御車お被レ立御見物在レ之」とみえ、四日の還幸における「御見物」の対象は「渡物」であったと考えられる。

(84) ただし北野祭の将軍・公方の「御見物」は、祇園会御成ほど頻繁にみられたわけではない。義満以後の例としては、将軍義教の「御見物」の例が確認される（史料纂集『師郷記』第二巻、永享六年八月四日条に「四日、雨降、戊申、北野祭也、室町殿御見物也、云々」とみえる）。

(85)『古記録』一七〇頁、及び「三年一請会記録」（『古記録』）二二五―二二六頁、嘉吉三年十一月十八日条。

(86)「三年一請会記録」（『古記録』）二二六頁、嘉吉三年十一月十八日条、及び「祭礼引付」（『古記録』）二六七頁、文安二年八月一日条。

(87) 小泉（本郷）恵子「松梅院禅能の失脚と北野社御師職」（『遙かなる中世』八号、一九八七年）。

(88)「三年一請会引付」（『古記録』）一四二頁。

(89) ここで陣官人が松梅院に取り次ぎを要請しているのは、引用史料に「神行両度供奉」とあるように、陣官人が北野祭の神幸・還幸に供奉する役割を通じ松梅院とつながっていたこと、また大蔵省より松梅院の方が公方と密接な関係にあり、有利な裁定を引き出せると判断したことによるものと考えられる。

(90)「三年一請会引付」（『古記録』）一二六頁。

(91)『北野天満宮史料　古文書』第四・五号、三―四頁、嘉慶元年九月十六日付室町幕府御教書及び嘉慶元年十二月三日付足利義満下知状。

(92)「三年一請会引付」（『古記録』）一五〇―一五四頁、一五六頁。

(93)「三年一請会引付」（『古記録』）一五六頁。

(94)「三年一請会引付」（『古記録』）一六一頁。ただしこのとき添えられた土御門有世の注進状には、「御輿迎日」を八月二十六日に、「御祭日」を八月二十九日としているが、のちに二十六日が「例日」にあたることが判明し、結局「御輿迎」を二十九日に、また「祭礼」を九月三日に行うこととなった。

(95)「三年一請会停止記録」(『古記録』)二三七―二三九頁。なお祇園社「社家記録」正平七年(一三五二)五月二十四日条に、「一、祭礼御教書事、目安以二了阿一遣二判官入道許一之処、如二先々一者雖レ被レ下二院宣一、於レ今者可レ被レ下二御教書一之由可レ載レ之、直可レ付二斎藤五郎左衛門入道一之由有二返状一」(『八坂神社記録』上、二五七頁)とあるのは、南北朝期の祇園会においても、祭礼執行にあたり幕府御教書の発給を必要とする場合のあったことを示している点で注目される。ただし翌日条によると、このときの御教書は「当年祭礼幷馬上等」の違乱をあらかじめ抑止するためのもので、幕府奉行人斎藤五郎左衛門入道が「為二恒例神事一之上者、不レ及レ下二御教書一之由」を祇園執行顕詮に返答したため、発給されなかった。なおこれ以前、北野祭延引にあたり遵行を命じる役割を果たしたのは、将軍家御教書ではなく「綸旨」であったと考えられる。応安元年(一三六八)七月晦日山門政所集会事書(「目安等諸記録書抜」(『古記録』)二八一頁)には、「就二北野祭礼事一、先日　綸旨到来之間、不レ可レ叶二遵行一之由、在京宿老中幷相二触北野別当房辺一畢、押而可二遵行一之由、重被レ下二　綸旨一歟、所詮寺家公人卅人明日一日辰点被レ付二北野社務辺一、可レ抑二留祭礼一之旨、不レ廻二時剋一可レ被二相触一之旨、衆議候了」とみえ、南禅寺の定山祖禅が顕密仏教を批判した「続正法論」を著したため、山門大衆が嗷訴を企てた際、北野祭礼を遵行するよう命じる綸旨が再度下される可能性が高いため、山門大衆が祭礼を抑留する動きをみせていたことがわかる。この事書において、山門による祭礼抑留命令の通達先や寺家公人の待機先が北野社別当となっているのは、綸旨の宛所が北野別当であったからであろう。このことは、このの後発給されるようになる将軍の「祭礼遂行御教書」が、将軍家御師職である松梅院となっているのと対照的である。なお室町期の北野祭・祇園祭は、山訴により日吉祭が延引となった場合に連動して延引となったことが下坂守氏によって指摘されている(「「山訴」の実相とその歴史的意義」河音能平・福田榮次郎編『延暦寺と中世社会』法蔵館、二〇〇四年)。

(96)河内将芳「室町期祇園会に関する基礎的考察」(『ヒストリア』一九一号、二〇〇四年、のち同氏『中世京都の都市と宗教』思文閣出版、二〇〇六年に所収)。

(97)網野善彦「造酒司酒麹役の成立について」(竹内理三博士古稀記念会編『続荘園制と武家社会』吉川弘文館、一九七八年)及び同氏「元亨の神人公事停止令について――後醍醐親政初期の政策をめぐって」(『年報中世史研究』二、一九七七年)。いずれも『網野善彦著作集』第十三巻・中世都市論、岩波書店、二〇〇七年、に所収。

(98)網野氏「元亨の神人公事停止令について――後醍醐親政初期の政策をめぐって」(前注参照)。こうした指摘にかかわるものとして、下坂守氏が、明徳四年(一三九三)の土倉・酒屋役賦課が日吉小五月会馬上方一衆の創設から約十年を経て達成されていることについて、「延暦寺大衆は、小五月会が間違いなく毎年執行されることを見定めた上で、幕府の土倉・酒屋への課税を認めたのではなかろうか」との見解を示されている点は注目される（下坂氏注2論文、一八五頁）。北野社西京神人の場合、課税ではなく麴役免除という特権を得ているものの、そのかわりに北野祭における馬上役が賦課されている点において、やはり祭礼の運営と幕府による神人に対する課役の賦課・免除は密接であったと考えられる。

第二章　北野社西京七保神人の成立とその活動

はじめに

「神人《じにん》」とは、禰宜・神主などの社司や、神領の住民である神民など、神社に所属する多様な人々をさすものとして、十世紀末ころから史料上に現れはじめる言葉である。その活動は、神社領の形成と朝廷への強訴を契機として、しだいに社会的注目を浴びるようになり[1]、神事を担う神人、強訴に参加する神人、商業を営む神人など、様々な存在形態を生み出すにいたった。そうした多様な職掌を持つ中世の神人を、豊田武氏は特に神社との関係のあり方から以下のような三類型に区分されている[2]。①神社に直属し、祭神と密接な関係を持つ者、②神社の勢力を借り、所定の所役を勤仕することにより神人の号を得た者、③神社に附属して雑役や掃除に従事する賤民。ここではこうした区分を参考に、特に活発な商業活動を通じ中世商人の一類型をもなしていた②の神人の特質について、北野社西京神人の場合を例に考えてみたいと思う。

北野社西京神人は北野社膝下領「西京」に居住した神人で、一般的には酒麴業を営む麴座神人として知られている。この西京神人について考える上で特に注目されるのは、つねに「西京」という領域――具体的には「西京七保」――を基本的な編成単位として組織されていたことである。「七保」の「保」とは、条坊制の単位である「保」や、国衙領の所領単位である「保」などとは異なるもので、清水三男氏が「神社の保」として注目されたものである。(3)「神社の保」の定義をめぐっては従来から議論がなされており、西京七保をはじめ、祇園社葱町保・瓜町保、大山崎上下十一保など、その多くが京都とその近郊で成立したものであるため、近年はこれらの「保」を、中世都市の行政単位として一般化しうるものととらえる説が有力のようである。(4)条坊制の定める一保＝四町という地割そのものが、十四世紀には一保＝一町へと変化しつつあったとする指摘などを参考にするならば、(5)中世京都の「保」が前代とは異なる独自の都市行政単位として機能していたことは確かであろう。

ただしそこから、「保」によって構成された場＝都市であり、「西京七保」もまた「都市的な場」であったとする見解が生じていることについては、(6)絵図に示される西京に畠地が多いことなどからすでに疑念が呈されており、(7)注意が必要である。「保」を都市の行政単位として「一般化」することが、一方で西京七保の持つ「神社の保」としての特質を見失わせかねないように思われるからである。先行研究が明らかにしている宇治神社と宇治の番保、(8)松尾社と西七条保、(9)そして北野社と西京七保との関係などをみると、これらの「保」の住民がいずれも神社の「神人」であり、「保」は「神人」による神供や祭礼役負担の単位であることが明らかである。したがって「神社の保」とは、第一義的には神社が領民を「神人」として組織し、神人に神役を賦課するための領域単位であったと捉えるべきだと考える。

以上により本章においては西京神人の特質を、特に西京七保の成立と展開に注目しながら探ることにしたいと思う。そして神人の編成単位として最もよく知られている「座」と「保」との関係――「麴座」と「七保」との関係――についても検討しつつ、西京神人が近世においても存続していく事実に着目し、神人の近世化がどのようにはかられたのか、あわせて考察することにしたいと思う。

第一節　西京「七保」神人の成立と室町幕府

1　西京神人の成立

西京はもともと、平安京のうちでも特に官衙町の所在地として知られる地域であるが、平安時代後期には衰退し、わずかに西囚獄が残るばかりという状況となっていた。そのような中、天暦元年（九四七）に、この地の北辺の右近馬場に菅原道真の怨霊を鎮めるため北野社が建てられ、新たに北野社領としての性格が付与されるに至っている。[10]ただし「西京神人」の初見は弘安七年（一二八四）の『勘仲記』で、[11]「今日北野如（祭脱カ）例、依二西京神人訴訟一日来嗷嗷、然而無為被二宥行一歟」（八月四日条）とみえる。

南北朝期になると、西京神人が麴業を営んでいたことを確認することができ、その詳細については小野晃嗣氏の研究に詳しい。[12]小野氏によれば、西京神人と酒麴業との関係を示す初見史料は、康暦元年（一三七九）の管領斯波義将書状であるという。[13]これによると、管領から北野社別当竹内門跡に対し、造酒正による「北野社領西京酒麴役」の催促を止め造酒正を罪科に処すよう奏聞した、との通達がなされている。ここから「北野社領西京」に麴業者のいたこと、彼らへの造酒正の酒麴役賦課が幕府によって停止されようとしていたことがわかる。一方明徳四年（一三九三）、幕府は「洛中辺土散在土倉幷酒屋役条々」という法令を発給し、京都の土倉・酒屋に対し、土倉・酒屋役を賦課するかわりに寺社・公方による臨時課役を免除しているが、[14]造酒正の徴収する酒麴役については往古からの賦課を理由に免除を認めていない。

これより前の至徳二年（一三八五）に、「洛中西京白川等酒麴売年役」を造酒正に元のとおり返付するとの後円融上皇の院宣が下されており、[15]西京の酒麴業者もまた本来は酒麴役賦課の対象であったことがわかる。しかし先にもみたように、この少し前の康暦元年、室町幕府は造酒正による西京への酒麴役催促の停止を認める姿勢をみせたため、酒麴役の賦課をめぐって西京神人と造酒正との間に相論が生じることになった。その過程で発給された、嘉慶元年（一三八七）の室町幕府御教書をみてみよう。[16]

北野宮神人等申酒麴役事、
為二西京之所業一、以二彼得利一相二従神役一之処、近年或神人等令二出座一住二他方一、或請二習其業一盗二商売一之条、彼是自由所業不レ叶二道理一歟、所□(詮)去貞治年中造酒正師郡(邦)以下罪過事、被レ経二奏聞一畢、早於二出座一者還二住本所一、勤二社役一、至下非二成業一之族上者、雖レ為二洛中一可レ備二神秡一者也、以二此趣一被レ申二別当僧正御房一之状、依レ仰執達如レ件、

嘉慶元年九月十六日　左衛門佐(斯波義将)（花押）

当宮御師石見法印御房

内容をみるとまず、西京住民は酒麴の売買によって得た利益を以て神役に従うべきところ、近年神人等の中には「出座」して「他方」に住んだり、麴作りの方法を習ってひそかに商売をする者が出たりする状況であったことが述べられている。そして貞治年中の造酒正中原師邦らによる「罪過」――酒麴役の催促――についてはすでに奏上したので、早く「出座」した者は西京に還住して北野社の社役を勤めるように、また麴業に従事しない者については、（北野社の検断権が及ばない）洛中であっても検断の対象とせよ、との将軍足利義満の意向が示されている。この半年ほどのち、さらに義満は、「所詮当社祭礼・神事以下、不レ違二彼神人等之訴一者、忽及二違乱一」との理由により、麴役を「永一円所レ付二社家一也」との下知状を発給している。[17]その際「造酒正師郡(邦)申二子細一之趣、雖レ非レ無二其謂一」と、わざわざ断った上で西京神人の主張を認めている点に注意するならば、やはりこれ以前、西京神人は造酒正へ麴役を納めていたものと考えられる。

さて以上のような嘉慶元年の麴役をめぐる幕府及び将軍義満の発給文書から、次の点を指摘することができる。①

西京神人は麴売買を通じて得られた利益の一部を「神役」として北野社に納め、「西京」に居住することを「北野宮神人」たる要件としたこと、②これまで西京神人は、北野社に対しては「神役」を、造酒正に対しては「麴役」を納めていたが、この嘉慶元年の段階で「麴役免除」となった結果、北野社「社家」に対する役負担に一本化されたこと。つまりこの時点において、西京の麴業者は造酒正による支配から離脱し、北野社「社家」との関係を強めることで改めて「北野宮寺神人」としての身分が確定されたといえる。そしてそれを可能にしたものは、室町幕府にほかならなかった[18]。

2　西京七保の起源

ところで明治期に編纂された「北野誌」は、西京神人の起源について、北野社創建時に右京一条から二条の間に七箇所の御供所である七保（一保＝安楽寺、二保＝東光寺、三保＝長宝寺、四保＝新長谷寺、五保＝満願寺、六保＝阿弥陀寺、七保＝成願寺）を定め、天神の生前に安楽寺で奉仕した者を七組に分け、各保に所属させて神事に奉仕させたことに始まる、と説明している。この「七保」の御供所跡は現在も西京に存在し、その場所を特定することができる（図1、表1）[19]。これに対し小野晃嗣氏は、こうした「七保」の由来に注目されつつも、確実な史料から「七保」を確認できるのは、次に示す人夫役免除を内容とする大永三年（一五二三）の越後法眼宗賢奉書であるとされ、北野社創建時から「七保」が存在したかどうかについて慎重な姿勢をみせている[20]。

西京七保神人中人夫役之事、従二往古一以来不レ致二其沙汰一之由、被レ分二聞召一者也、然上者時々代官雖レ有二申懸之儀一、不レ可二承引一之由被二仰出一候也、仍状如レ件、

大永参
六月朔日　　越後法眼
宗賢（花押）

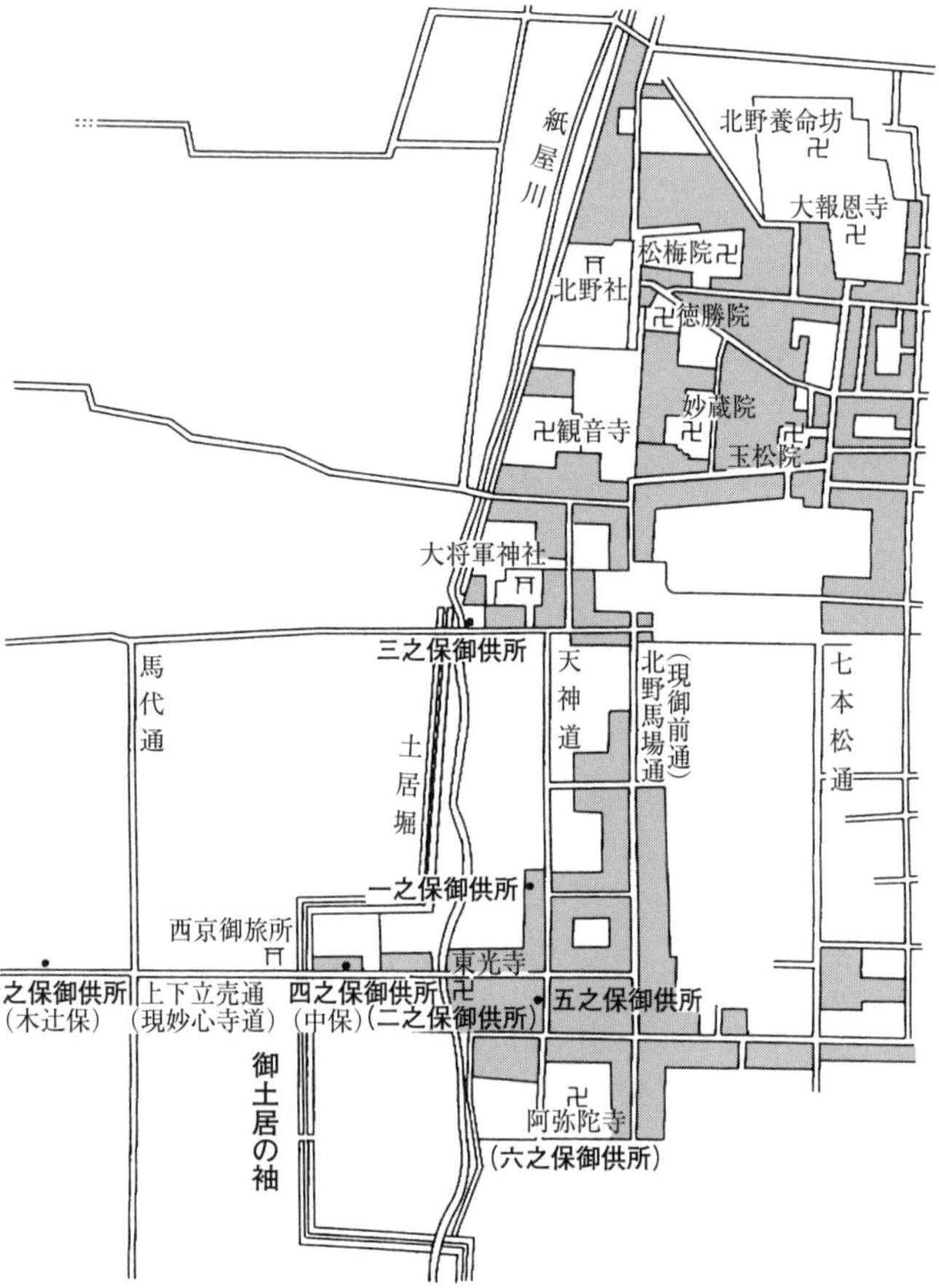

図１　西京七保略図

注）吉田伸之，伊藤毅編『伝統都市１　イデア』（東京大学出版会，2010年）114頁．

表1　保名対照

	中　世	近世以降	備　考
一保	一保（弘安６年『社家日記』）	一ノ保（『目代記録』）・安楽寺（『北野誌』）	西京大宮にあり（永正２年『目代日記』）
二保	九月九日保（『古文書』永享３年「北野宮寺祈禱帳」）・薬師堂保（長享２年『目代日記』）・東光寺（保）（『古記録』「永禄四年古記録甲」）	堀川保（『目代記録』）・東光寺（『北野誌』）	薬師堂保・東光寺（保）から九月九日の御供が納められていることより（長享２年『目代日記』・『古記録』「永禄四年古記録甲」など），薬師堂保＝東光寺（保）＝九月九日保と判断した．
三保	大将軍保（明応９年『目代日記』）	大将軍保（『目代記録』）・長宝寺（『北野誌』）	
四保	中保（弘安６年『社家日記』）	中保（『目代記録』）・新長谷寺（『北野誌』）	
五保		満願寺（保）（『古文書』天正７年「西京惣使日記」）・満願寺（『北野誌』）	
六保	宇女町保（明応２年『目代日記』）	采女町保（『目代記録』）・阿弥陀寺（『北野誌』）	
七保	木辻保（『古記録』正応３年「良琴奉書案」）・五月五日保（『古文書』永享３年「北野宮寺祈禱帳」）	成願寺（『北野誌』）	木辻保から五月五日の「菖蒲まき代」が納められていることより（長享２年・延徳２年『目代日記』など），木辻保＝五月五日保と判断した．

注）「中世」・「近世以降」欄の年号・史料名は初見年とその史料を示している．

当所神人中[21]

ただし私見によれば、大永三年を遡る延徳二年（一四九〇）の『目代日記』に、すでに「七保」の語を確認することができる。すなわち「一、二日、西京七保ヨリ段銭侘事ニ皆々被二罷上一候、此方二疋被レ持候、則御門跡様（曼殊院良鎮）へ同道之仕候て申、ミんふきやう《民部卿》殿御見参候て御承引なく候」とあるのがそれで[22]、この少し前に門跡から「八島屋修理料段銭」が賦課されたため[23]、「西京七保」が免除を申し出ていることがわかる。

一方「七保」ではなく「保」の初見についてみてみると、すでに弘安六年（一二八三）の北野宮寺公文得分注文に、三月保・北保・中保・馬代保・七月保・九月保・一二三条保・栖霞寺田保といった保名がみえる[24]。網野善彦氏は、これらの保のうち、栖霞寺田保を除く七保＝戦国期の「西京七保」ではないかと推測されている[25]。しかし例えば「一二三条保」が、後述するように戦国期において

「七保」とは別に存在していることをみても、この注文から「七保」を特定することは難しい。また室町期の永享三年（一四三一）の北野宮寺祈禱帳にも、近衛保・二三条保・三月三日保・五月五日保・七月七日保・九月九日保といった保名がみえるが[26]、これらの保と「七保」との関係も不明である。ただし弘安年間の注文にみられる保名と比べてみると、三月保と三月三日保、七月保と七月七日保のように、同一の保とおぼしきものも存在する。

実際三月保については、『北野社家日記』明応二年（一四九三）二月二十六日条に「一、沙汰承仕申、西京三月保去年五月洪水ニ事外田地損失云々」（傍点は筆者による）とみえ、さらに三月二日条に「一、三月保沙汰人来、昨日如二成敗一、明日御供事者致二其弁一、本々可レ奉二備進一由沙汰承仕来而申」とあるのが注目される。ここから三月保とは三月三日の御供を備進するための「保」であること、すなわち三月三日保と同義であること、その「保」は神供備進のための田地から成っていたことを確認することができる。すでに豊田武氏は、近世の西京神人が年六箇度（正月元日、同七日、二月二十五日、三月三日、七月七日、九月九日）七保の御供所において神饌を調理し、本社に献じたと「北野誌」にあることから、三月三日保・五月五日保・九月九日保が、「七保中の保」である可能性を指摘されている[27]。こうした指摘をもふまえるならば、少なくとも鎌倉期以降の史料にみられる三月保（三月三日保）・五月五日保・七月七日保（七月保）・九月九日保（九月保）が「七保」を構成する保の一部であったことは確かであろう。

以上のことから、「七保」の各「保」を特定することはできないものの、西京の「保」が、節句ごとに神供を負担する土地区画をさすものであったこと、鎌倉期以降、様々な呼称でよばれた「保」が存在したが、室町期以降、それらの「保」の中から「七保」という新たな編成単位が生まれた可能性の高いこと、を指摘することができる。それでは「七保」という、七つの「保」からなるまとまりは、どのような経緯によって編成されたのであろうか。

そこで注目されるのが、すでに第一節でふれた、文安二年（一四四五）の「祭礼引付」の記事である[28]。

一、当年祭礼云二社中式毎事不足一、西京為レ体云、無力可レ有二如何一之由存之処、為二公方（足利義政）一去年神事無レ之間、無二勿体被思食之間、何様にも目出可遵行候由被仰出也、然之間、西馬上七騎ヲ、五騎ハ略定分にて、弐騎可奔走之由被仰出之間、其分申付之間、西京地下人等御請申訖、珍重〳〵、

前年に起きた文安の麴騒動の影響により、北野祭の執行が難しい状況となっていたにもかかわらず、この文安二年の北野祭は、将軍足利義政の指示により、「馬上七騎」のうちの「五騎」を省略した形で遵行することになった。ここから「馬上七騎」と「七保」は対応しており、「七保」が「馬上」役を負担するための単位であったこと、少なくとも室町時代半ばには西京「七保」が存在していたと考えられることなどを、前章において指摘した。あわせてすでに明徳二年（一三九一）の「三年一請会引付」の「保々御鉾」の存在が確認されることから、(29)「七保」による馬上役負担の状況が足利義満政権期における北野祭の変革とともに生み出されたものであったことをも明らかにした。

したがって「西京七保」は、鎌倉期の西京に神供備進のため設定されていたいくつかの「保」の中から、室町幕府が祭礼役負担の単位として新たに七つの保を編成することによって成立したもの、とみることができる。そしてその背景には、北野社と室町幕府との関係、及び幕府の神人政策が深く関わっていた。

まず北野社と室町幕府との関係について注目されるのは、天台門跡である竹内門跡を「別当」・「社務」として筆頭におく北野社の組織体制の中で、南北朝期末期から、将軍御師職を通じて足利将軍家と結び、「社家」を形成しつつあった石見法印の一流、すなわち「松梅院」一流の台頭が目立つようになってくることである。(30)前章でもふれたとおり、「松梅院」の初見は、明徳二年（一三九一）の社家奉行松田貞秀書状であり、(31)「七保」の成立を予想させる「保々御鉾」の初見年代と一致することは、おそらく偶然のことではないだろう。すなわちこのころ幕府が、松梅院を通じ積極的に西京神人に対する支配を進めていったことを示しているものと考えられる。そして先に引用した嘉慶元年（一三八七）の室町幕府御教書の宛所が「御師」石見法印御房となっていること、また同年の将軍義満の下知状が酒麴役を「社家」に付与するよう指示していることも、将軍による「御師」優遇政策と西京神人への特権付与とが一体の

ものであったことを物語っている。そしてこうした幕府を主導とする西京「七保」神人の編成と特権付与とは、前章でみたように、松梅院及び北野社にとって、神事・祭礼の興行を約束する重要な意味を持っていた。

3 「保」と「座」

ところでこうした背景のもとで成立した西京七保の性格について考える上で注意されるのは、「保」と「座」の関係である。西京神人は一般に西京麴座神人として知られているが、小野晃嗣氏によると、西京神人が「麴座」を結成していることを明白に示す史料は、天文十四年（一五四五）をまたねばならないという[32]。その上で小野氏は、先に引用した嘉慶元年（一三八七）の室町幕府御教書に、「早於㆓出座㆒者還㆓住本所㆒、勤㆓社役㆒」とあることから、西京神人が「一種の地域団体を構成し」、西京を「居住制限地域とし他所に於ける居住を禁止した」のだとされている。そして「出座」の「座」を「商団」ではなく「神人の住居制限地域」であると理解され、「出座」とは居住地域を出て他の地域に居住することを意味するのではないかとされている。

しかし神人組織の「座」は従来、商工業団体・同業組合と理解されており[33]、基本的に神社への奉仕の組織であること、具体的には担当する神事や貢納品により構成員を区別・差異化するための下位組織であったことなどが指摘されている[34]。そこに人員組織としての意味を見出すことはできても、「地域」としての意味を見出すことは難しいのではなかろうか。したがって「出座」の意味は、あくまで当該期の西京に麴業者が所属し北野社に奉仕を行うような何らかの「座」が存在し、そうした組織から神人が離脱することを意味したものと解するべきであると思われる。

ただし小野氏が指摘されているように、戦国期になると「麴座」という言葉が明確に現れる点には注意が必要である。それがなぜなのかという点については、後に改めてふれたいと思うが、いまここで注目しておきたいことは、中世を通じて、西京神人を「麴座」神人と称している例が、いずれも天文十四年に発給された山門の発給文書のみであったことである[35]。すなわち三通の山門発給文書には、それぞれ「北野社神人当所麹座中」・「西京諸住麹座中」・「北野神人麹座中」との宛所が付され、当時発生していた洛中洛外の酒屋・土倉と西京神人との麹業をめぐる相論に際し、西京神人の麹業独占を保護する内容の通達を送っている。

一方、北野社及び室町幕府が西京神人に文書を発給する場合、中世を通じて「麹座」を宛所とした例はみられず、「当所神人中」[36]・「上下保（＝「七保」、後述）両沙汰人中」[37]・「西京麹師中」[38]を宛所としている。こうした違いは、本末関係を背景として「座」という人員組織を通じ西京神人と関係を取り結ぼうとした山門と、「座」ではなく、「西京」もしくは「七保」という田地から成る領域単位に基づき西京神人を支配したいと考えた北野社・幕府の姿勢の違いを反映させたものとして、捉えることができるのではなかろうか。

したがって先の嘉慶元年の幕府御教書から、西京神人の「住居制限地域」の存在を読み取られた小野氏の指摘それ自体は適確なものであるといえるが、その「制限地域」は、「座」というよりはむしろ、「西京」の地そのものであったと考えられる。すなわち祭礼役賦課のために「七保」が編成されるその前提に、嘉慶段階における麹業者の西京への還住命令があったといえ、「七保」の成立は「座」に代わる、新たな北野社・幕府の神人支配方式の成立を意味したのである。

4　室町幕府と西京神人

さて義満期以降も、室町将軍と北野社・西京神人の密接な関係は続いた。義満に続いて将軍となった義持が、「御師」松梅院禅能を優遇するばかりでなく、応永二十六年（一四一九）に京都の酒屋・土倉による麹業を停止の上その麹室を破却させ、西京神人に麹売買の独占権を付与したのは有名な話である[39]。義持による西京神人への積極的な特権付与の目的については、この直後から義持が発布しはじめる禁酒令との関わりから、京都における酒造量削減をはかるためであったとの指摘がなされている(40)。これとは別に、幕府の寺社・神人政策という側面から改めて検討してみると、さらにいくつかの目的があったと考えられる。

京中の麴室が破壊されたその翌年に発給された山門十禅師彼岸三塔集会事書には、「然間日吉与《ト》北野㆒本《(ママ)》末之旧好《キウカウ》異《ナリ》㆓于他㆒、山門与《ト》洛中㆒敬《(ママ)》信之尊卑《ソンヒ》超《タリ》㆑余、爰酒麴事聖廟《ノ》垂迹已前被㆑定㆓其業《ケウ》㆒、降臨《カウリン》已後殊為《ニ》㆓神職依怙《ノエコ》㆒、而頃年《須キヤウネン》東京動《スレハ》恣《ニシ》㆓私曲《ヲ》㆒、構《フル》㆓麴室《ヲ》㆒之間、神祭已下零落《レイラク》之条、無㆓勿体㆒之次第也」との文言がみえ、「東京」の麴室経営により北野社の「神祭」が衰微してしまったとの主張がなされている。そして今後酒麴については、「公方御成敗」と「往古之故実」にしたがい、西京の専売とすること、また東京の麴室経営を停止した上は山門としても違乱しないことを誓約し、山門使節以下延暦寺大衆が署判を加えている(41)。

この事書については、のちに山門西塔院閉籠衆が、「相㆓語《テ》傍族《ハウソク》㆒、取㆓調連署之状《ヲ》㆒、号《スル》㆓山上之下知《ト》㆒」として松梅院禅能を非難していることなどから(42)、松梅院によって捏造された可能性の高いことが指摘されている(43)。捏造であるとしても、この事書から、将軍義持による西京神人への特権付与の目的が北野社の「神祭」復興にあったことを読み取ることは可能であろう。そしてかつて将軍義満が、西京神人の「出座」による「神役」逃れを問題とし、「祭礼・神事以下」の「違乱」を心配して麴役を社家に付与したことを想起するならば(44)、「神祭」復興を目論んだ義持―松梅院の政策は、義満の政策をより徹底化させたものとして捉えることができる。さらに応永三十二年から三十三年にかけ京中の酒屋の在所を書き上げた酒屋名簿が作成されていることは(45)、北野社の「神祭」復興を名目として、幕府が京都の酒屋を把握・統制しようとしていたことをも示しているのではなかろうか。

しかし当然のことながら、西京神人による麴業の独占は、京都をめぐる流通経済に混乱を生じさせることとなり、とりわけ酒の原料となる米の流通に大きな打撃を与えることとなった。すでに酒屋名簿の作成された応永三十三年（一四二六）の段階で、京中の麴業停止によって近江の米価が暴落するという事態となっており、山門配下の馬借が北野社公文所禅能の住坊を破却しようとする動きを見せている。[46]さらに著名な正長の土一揆もまた、北野社松梅院禅能の台頭と西京神人の酒麴専売に対する山門大衆の訴訟を契機として起こされたものであったという。[47]このとき幕府は、いったんは西京神人の酒麴売買の独占権を否定する裁許を下したものの、「西京在地人」・「当社（北野社）神人」が抗議し北野社に閉籠する事態となったため、結局足利義教の「麴業還補御教書」により再び独占権を認めている。[48]その後松梅院禅能自身は、義教との関係悪化により失脚するという憂き目にあうが、[49]西京神人の麴業独占そのものは、義教政権下においても存続した。

しかし文安元年（一四四四）、京都の酒屋が比叡山西塔と結んで麴販売権の獲得に乗り出したため、西京神人が抗議し北野社に閉籠し北野社を炎上させる、という著名な文安の麴騒動が起き、[50]結局これ以後西京神人は麴専売権を維持することができなくなった。先にみた正長元年の山門と北野社の相論、及びこれと関わる「社家条々抜書」の作成、さらに文安の麴騒動のいずれもが、将軍の代替わりの時期に起きたことが清水克行氏によって指摘されている。[51]もともと西京神人の麴業をめぐる諸特権は、義満以来、代々の将軍によって優遇・保証される側面を持っていたために、逆に将軍の代替わりごとにおびやかされる運命にあったといえるだろう。

それにしてもいったいなぜ、文安元年に至って幕府は西京神人の麴業独占を保護しなくなったのだろうか。その答えを探るのは容易ではないが、要因の一つとして考えられるものに、当該期における京都の酒屋・土倉の状況、及び京都の酒屋・土倉と室町幕府との関係がある。文安の麴騒動の契機となった京都の酒屋と比叡山西塔との連動は、両者がこのとき突如密接な関係を持つことによって生じたものとは考えがたい。なぜならば、先に取り上げた応永二十七年（一四二〇）の山門十禅師彼岸三塔集会事書が、「東京」の麴室経営停止と関わって発給されている点からも明らかなように、もともと応永二十六年に幕府によって麴業を停止された京都の酒屋・土倉の多くが、山門配下の酒屋・土倉であったからである。[52]この山門配下の酒屋・土倉については、至徳年間以降、「日吉社・祇園社の神役請負機関」

である「日吉小五月会馬上方一衆」によって組織されていたことが、下坂守氏の研究によって知られる。そして「馬上方一衆」はまた室町幕府の「土倉方一衆」でもあり、幕府の賦課する土倉・酒屋役は「馬上方一衆」がその配下の酒屋・土倉から徴収することによって賄われていた[53]。したがって京都の酒屋・土倉は、一方で幕府財政の重要な基盤となっていたのである。

ところで室町期の祇園会について検討された河内将芳氏は、山鉾巡行と神輿渡御とは、経済基盤を異にしていたこと、それにもかかわらず文安三年（一四四六）から四年にかけ、神輿にかかわる費用の補塡を山鉾の経営費用を以て行っていること、以後山鉾巡行と神輿渡御とが連動化・一体化していったことを明らかにされている。そして文安年間に山鉾と神輿の経営費用が一体化した背景に嘉吉元年（一四四一）の徳政一揆があったこと、洛中の土倉が被害を受けた結果、土倉役及び馬上役の欠如という状況が生み出され、すでに文安元年（一四四四）の段階で馬上役が欠如し、山訴が提起される事態になっていたことなどを指摘されている[54]。

以上の指摘をふまえるならば、文安元年に西京神人の麴業独占が幕府によって否定された背景には、嘉吉の徳政一揆と、その結果生じた京都の酒屋・土倉の経営危機があったものと考えられる。すなわち京都の酒屋・土倉の経営危機はそのまま幕府財政の危機をも意味したのであるから、幕府は京都の酒屋による麴室経営を認めることによりその危機的状況からの離脱をはかったものと考えられるのである[55]。

西京神人が騒動以後も麴業を営んでいることは、後にふれる戦国期の文書から確認することができ、またすでにみたように、麴騒動の翌年には祭礼の馬上鉾を準備・負担している。したがって文安以後もしばらくは、麴業を営みつつ祭礼役や神供を負担する活動形態は維持されていたと考えられる。しかし応仁・文明の乱以後には、北野祭そのものが退転する状況となり[56]、祭礼役負担の単位としての「七保」もまた、その性格を変貌させざるをえなくなっていった。

第二節　戦国期の西京七保と西京神人の近世化

1　「七保」の構造

それでは戦国期の西京七保神人は、どのような活動を展開していたのだろうか。戦国期の西京が、大きく分けて「二三条保」と「上下保」との二つの「保」から成り、ともに門跡知行地であったことは、竹内門跡が西京へ段銭を賦課するため、この二つの保に対し御教書を発給していることなどから明らかである。そして「二三条保」が日御供と三旬御供を、「上下保」＝「七保」がそれ以外の節供を備進することになっていたもようである[57]。このうち「二三条保」は、応仁・文明の乱以後幕府政所方の伊勢氏に押領されていたため[58]、北野社の実質的支配が及んだのは「上下保」のみであった。そしてこの「上下保」がまさに「七保」に相当していたのである[59]。

すでに網野善彦氏によって指摘されているとおり、「七保」には「沙汰人」が存在していた[60]。段銭や人夫役賦課に際し、北野社がまず「上下保沙汰人」に通知していることからみて[61]、「上下保沙汰人」は七保全体を束ねる役職であったと考えられる。延徳二年の「上下保両沙汰人」は「吉積」・「緒方」（大かた・おふかた・おうかた・ヲ方）の二人で、「緒方」については明応年間の記録にも「沙汰人」として登場している[62]。そしてこれら「両沙汰人」の下に、各保の「保長」もしくは「沙汰人」がおり、「保」を統轄していた。「保長」・「沙汰人」は、柴・菖蒲・小破木・炭・麴などの神供備進の責任者であり[63]、「保」内で無沙汰する者があれば下地に「点札」を立てるなど対処にあたった[64]。また「保」内で犯罪が発生した際、北野社に報告するのも「保長」の役目であった[65]。

このように「沙汰人」や「保長」によって組織されていた七保の神人は、前述したように、戦国期には祭礼と関わることもなくなっていたため、その所役の中心は、もっぱら神供・公事を納め、人夫役を負担することにあった。延徳二年（一四九〇）に「惣普請」が命じられた際には、「両沙汰人」の一人「大かた（緒方）」は、あまりに突然の命令であったため、「そうふしん《惣普請》の事委細心得申し候、さりなから御そんち《存知》のことく、おのおの《各々》しやうはい《商売》ニ毎日出候間、明日の事を今日ふれ候て者なりかたく候」と返事をしている[66]。神人たちは、定められた日に北野社に神供を納めながら、日常的には「商売」に出ていたことがわかる。このほか康正三年（一四五七）に北野社に将軍足利義政が社参した際には、西京神人が北野社の境内を連日掃除し[67]、延徳三年（一四九一）、新造の鐘が設置された際には警固役をつとめている[68]。

　このような体制のもとにあった戦国期の西京神人の動向において注目されるのは、武家と被官関係を結ぶことで北野社の所役から免れようとする者が生まれていた点である。明応八年（一四九九）、木辻保の神人が困窮により逐電してしまったため、北野社が住宅検断を行うこととなった。その際木辻保「沙汰人」の「神辺」は、神人と伊勢氏の被官は、北野社による住宅検断の対象とはならない旨主張しており、このときすでに伊勢氏がその住宅を検封している[69]。ここで注目されるのは、神人と伊勢氏との被官関係よりむしろ、それを理由として北野社の住宅検断を阻止しようとしているのが木辻保の「沙汰人」であったことである。

　また同じ明応八年、「中保」の「こうや（紺屋）」が逐電した際にも、「吉積弥二郎・中弥二郎」の両人が、「こうや」は伊勢氏配下の三上氏の被官であるので検断しないよう、北野社に要請している。そしてこのとき、西京の地下人たちは北野社より先に伊勢氏に対し、「こうや」が逐電したことを報告している[70]。目代と交渉している「吉積弥二郎」が、「七保」の「両沙汰人」のうちの一人「吉積」であるとすれば、七保を束ねる位置にいる者が北野社ではなく武家側の思惑に従って動いていたことになる。「吉積」はまた、延徳二年（一四九〇）に、伊勢氏の押領地となっていた「西京二三条保」の「下代官」・「政所」となっており[71]、さらにその「政所職」は「吉積」からもう一人の「沙汰人」の「緒方」に引き継がれている[72]。

以上により戦国期の「七保」神人は、北野社への所役を果たしつつも次第に「沙汰人」や「保長」などの統率者を中心に、武家との結びつきを強めていたといえる。西京二三条保が伊勢氏によって押領され、北野社が知行できない状態となっていたことはすでに述べたが、そうした武家による押領が成り立った背景には、北野社の支配から離脱しようとする神人たち独自の動きがあったのである。

2 「保」と「町」

ところで先にみた「中保」の住宅検断の対象となったのは「こうや（紺屋）」であり、網野善彦氏も指摘されているように、戦国期の「中保」にはまた「車屋」もいた(73)。一方延徳元年（一四八九）、幕府から北野社の檜皮大工職に補任された孫左衛門尉が「西京住人」で「北野宮寺神人」でもあったことや(74)、先にみた木辻保の検断例が「神人」の逐電の例であったことなどを考慮するならば、前代と同様、戦国期の西京七保住人＝「西京神人」であったと考えられる。すなわち戦国期の「七保神人」の生業は、必ずしも麴業に限らなかったのである。こうした状況が生まれる背景には、文安の麴騒動や応仁・文明の乱を契機として、西京の麴業が衰退していった事情や、「保」内への新住民の流入等があったと考えられる。しかしそもそも「保」が本来、座のような職種に基づく結合とは異なる空間・領域単位であったことに留意するならば、「七保」成立時より起こりうる現象であったともいえ、それがこの戦国期において顕在化したのではなかろうか。

一方戦国期の西京七保については、「様々な住人によって構成され」、「雑居地的な性格」を帯びた「共同体的な性格の希薄である」地であるとする評価も存在するが(75)、そうなのだろうか。すでに十五世紀から十六世紀にかけて、洛中の町及び洛外の寺社門前では「町」を単位とした都市民の地縁的共同組織が成長しつつあったこと、十五世紀の北野社門前では「町」の代表者である「町々老《おとな》」が存在し、町内における治安維持の責任を担っていたことなどが指摘されている。(76) ここで注目したいのは、北野社が、境内・門前にあたる「北野」を「町」単位で支配しているのに対し、(77)西京に対しては「保」を単位とした支配を展開していた点、また「町」の住人の動向と「保」のそれとが非常に類似していた点である。すなわち「保」において「保長」が犯罪の発生を北野社に注進していたことや、統轄者を含む神人の武家被官化が進行していた事実は、同時期に「町」で犯罪が発生した場合に「老」による注進が義務付けられていたこと、(78)「町」において町人の「権門被官」・「諸家被官」化が問題となっていたことと、(79)対応している現象として捉えることができる。したがって「町」と「保」とは、ともに北野社の領域支配の単位であり、かつその内部に領主権力への対抗姿勢を内在化させた自治的組織が形成されつつあった点で、非常に類似していたといえるのである。

さらに西京神人と同様に北野祭の馬上役を「大宿直九保」から負担することになっていた大宿禰神人の例をみると、「保」と「町」の類似性がより鮮明にみえてくる。このことを前章においても取り上げた、寛正二年（一四六一）の「禅盛記録」の記事から確認してみよう（傍線は筆者による）。(80)

一、就二当社祭礼渡物以下事一、大宿直九保内、殿守保当年馬上以下相当之間、可レ致二其沙汰一之由、以二成鎮法師一申遣処、自二彼保一返答云、当年依二飢饉一大略町人等餓死仕候、或適居二残地下人等一、或依二斗會(計)一逐電仕候間、可レ勤二御祭礼一事難渋此事候由返答仕間、此由社家奉行へ申処、然者残為二七保一如レ形渡物以下事可レ致二沙汰一由、被レ成二御奉書一間、任二御成敗旨一、落居無為訖、然間為二惣町人一殿守保へ可レ致二合力一由申云々、

北野祭に際し、「大宿直九保」を代表してこの年に馬上役を負担することになっていた殿守保が、寛正の大飢饉の影響で馬上役を負担できなくなった、という内容である。注目されるのは、殿守保が北野社に返答する際、保内の住人を「町人」・「地下人」と呼んでいること、また（おそらくは大宿直の残る「八保」の）「惣町人」が殿守保を援助することになったこと、である。ここから「保」の住人＝「町人」との図式を、見出すことができる。

すでに高橋康夫氏は、『北野天満宮史料』所収の応永二十六年（一四一九）の酒屋請文等の分析を通じ、当該期の大

宿直にすでに「町」の観念及び町名が存在したこと、また大宿直には織手の他に酒屋・土倉といった金融業者も居住し、繁華な地であったこと、などを指摘されている[81]。こうした指摘をふまえるならば、各「保」＝各「町」であったかは定かでないものの、大宿直九保の住人が「町人」であるとの認識は室町期の早い段階で生まれていたといえる。ただし大宿直九保が、土御門北・正親町南・壬生東・櫛笥西の方一町街区を中核とする地域に存在したこと[82]、すなわち西京に比べより洛中に近い地域にあったこと、これに対し西京は江戸期の絵図をみても田畠地が多く[83]、またそもそも西京七保の住人を「町人」と称する例は室町期の段階ではみられないこと、などを考慮するならば、単純に西京七保の住人＝「町人」とみることはできない。

しかし例えば戦国期の西京七保の住人について、「木辻保北つら《（頬）》藤二郎[84]」、「中保北頬」の「すミ庵」と表記する例のあることや[85]、永正二年（一五〇五）の売券に「在所者西京一保大宮南頬東ヨリ二番屋敷」とある点は注意される[86]。「頬」という表記から、西京七保の各「保」の領域内に、核となる町場が存在した可能性がうかがわれるからである。こうした点と、「保」の住人が麴業のほか、紺屋・車屋・大工など、様々な商工業者によって構成されていた点とを考え合わせるならば、そこにはたしかに「地縁的・職業的」な共同体としての「町」の片鱗があったといえるのではないだろうか[87]。それでもなお「保」が完全に「町」とならなかったのは、領主北野社が依然として西京を、神供田から成る「保」ごとに神供役を負担する神人の居住地として認識し支配し続けたことと、もう一つ、西京の住人たちの中に、単なる「地縁的」共同体としての意義とは異なる独自の意義を「保」に見出しはじめた者たちのいたことが大きかったものと考えられる。

3　戦国末期の西京神人

そこで次に、西京神人がどのように近世化をとげたのか、みていくことにしたい。まず戦国末期においても、依然として西京の各「保」から神供・公事が北野社に進上されていることが確認される。[88] 豊臣政権期の天正十二年（一五八四）には、東光寺保が「河成」により御供を納められない状況となり、京都奉行前田玄以の下奉行村井長勝が西京に派遣される事態となっている。[89] このほか大永六年（一五二六）正月には、将軍足利義晴による北野社「御成」に際し、北野社の命により西京神人が「社内掃除」を行っている事例も確認される。[90]

一方西京神人の麹業の状況についてみてみると、天文十四年（一五四五）、西京神人と洛中洛外の酒屋・土倉との間に相論がおきている。室町幕府は義満・義持の例にならい、「北野宮神人」以外の洛中洛外の酒屋土倉が麹室を構え、商売することを禁じる裁決を下している。[91] このとき西京神人は延暦寺西塔の保護をも受けており、先述したように西塔院執行代と山門三院執行代から「麹座中」あての折紙を得ている。[92] これまで京中酒屋と結びついて西京神人の麹専売権を否定する動きを見せていた山門が、なぜこのとき西京神人の支援をしたのか改めて検討せねばならないが、山門三院執行代の折紙には「西塔院旧領西京麹役」とみえる。

ただしこのように幕府によって麹室の独占経営を保証された形跡がありながらも、西京の麹業それ自体は、すでにこの天文十四年の段階で「有名無実」という状況にあった。[93] 永禄四年（一五六一）に再び「麹役」をめぐる相論が起きたときにも、幕府は再度西京の麹業独占を認めているが、[94] これを最後に、西京神人の麹業の独占が公権力により安堵された形跡はみられなくなる。すでに十五世紀の段階で、畿内商人の中に「神人」としての身分的特権をふりかざすことなく、経済合理的な経営に向かうことで躍進をとげる商人が出没し始めたことが、桜井英治氏によって指摘されている。[95] こうした時代の到来と、文安の麹騒動による麹専売権の喪失、応仁・文明の乱による西京の一部の焼失、[96] さらには織豊期における楽市楽座の施行等々が、西京の麹業を衰退させていったものと考えられる。

したがって麹業を営む商人としての西京神人の存続は、戦国末期において危機的状況にあったといえるが、そうした生業の動向とは別に、以後も神人身分そのものは存続していった。そのことをまず、文禄元年（一五九二）、京都所司代前田玄以から西京神人に下された次の判物によって確認してみよう。[97]

西京侍分之事、帯二御代々御下知一、依レ為二北野宮神人一、除二夫役一畢、次上下住宅之儀、如二京都町並一相構之条、地子銭被レ成二御免除一之上者、弥可レ専二神役一状如レ件、

文禄元年

十二月十三日　玄以（前田）（花押）

西京七保神人中

この前年の天正十九年（一五九一）、豊臣秀吉は洛中で検地を行っており、それが公儀の賦課する人夫役の負担と地子役免除を指標とする「町人」身分の析出を意味したことが、吉田伸之氏によって指摘されている。[98] 天正十七―十九年にかけて、北野社領においても検地が行われており、[99] 十九年には豊臣秀吉朱印知行目録が作成されている。[100] したがって右の史料は、検地という過程をへた上での、秀吉による「神人」身分の確定を意味するものと捉えることができる。すなわち「京都町並の如く」住宅を構え、地子を免除される、という点においては、「町人」身分と共通する要素を持ちつつも、公儀による人夫役ではなく北野社の賦課する「神役」――神供領よりの神供の調進――を負担することが、「神人」身分の基本的条件であったのである。そしてこうした神人身分の確定は、江戸幕府にも基本的に踏襲され、慶長九年（一六〇四）には、京都所司代板倉勝重が、「七保社人」に対し夫役免除を通達している。[101]

ところで右の判物が下されたその数日後、同じく前田玄以により「西京神人沙汰人中」あての判物が下され、北野社の朱印領である西京のうち、これまでの「神供領」のかわりとして西院村二十九石四斗四升を「水帳分」として遣わすことが指示されている。[102] これは前年の天正十九年、「土居堀」が旧来の北野社領西京を切断する形で構築され、竹内門跡・松梅院に「土居内減分田畠替」として替地が附与されたことと関係しているものと思われる。[103] このののち江戸期になると、かつての「七保」一帯は大将軍村・西京村・木辻村に編成され、さらに「中保町」など、村内部に

「町」が発生してくるようになる。[104]すなわち右の判物の宛所が「七保神人中」であっても、現実には中世の「七保」は、秀吉の京都改造により解体・変質を余儀なくされていたのであった。

4　西京神人の近世化

それでは「七保」という領域単位の解体を余儀なくされた西京神人は、実際にはどのような組織のもとで近世を迎えたのであろうか。そこで注目されるのが、慶長年間以降、西京神人がたびたび北野社に対し展開した「社参」・「補任」要請運動である。その早い例は慶長三年（一五九八）から四年にかけてのもので、このとき松梅院は、「神人法度」を発布の上、門跡と自分にそれぞれ三十貫文ずつ補任料を支払うことを条件に「社参」を認めている。[105]ここでいう「社参」とは、具体的には二月九日に行われる「嘉例之神事」への参加をさしており、[106]このときの許可も一時的なものにすぎず、早くも八月には再び神人によって「社参」要求がなされている。[107]そもそも中世において、西京神人が北野社により「神人職」として「補任」される事例が見当たらないことに注意するならば、このように神人が補任料を負担した上で「補任」され、「社参」を許可される状況は、近世移行期における新たな現象として注目される。その背景には、どのような事情が存在したのだろうか。

元禄二年（一六八九）の「西京神人御補任一件留書」によると、[108]この年四月、西京神人が竹内門跡・松梅院に対し「補任」・「社参」要求を始めているが、実はこれより前の慶長十二年（一六〇七）、遷宮が執り行われるのを契機として、すでに神人八十三人が竹内門跡から「補任」されていたという。このとき神人が「装束」を身につけて「社参」したところ、宮仕の抗議を受け「社参停止」となったため、改めて「神人装束」着用のための「補任」訴訟が神人によって起こされたのである。神人の要請に対し、松梅院は神供調進をきちんと行っていることなどを理由に肯定的であったが、妙蔵院・徳勝院・玉松院の「一社中」、及び「宮仕中」は、神人を文安元年（一四四四）の麹騒動で北野社に火をかけた「神敵」であるとみなし反対している。しかし「一社中」より口上書を受け取った竹内門跡坊官は、①文安の麹騒動以後、神人は西京に「還住」し、先規どおり公儀から「神役」に従うよう下知状を下されている、②禁裏からも「受領官之口宣案」を下されている、③節句の際に神供をきちんと調進している、などの理由により、補任することに何ら問題はないとの門跡の意向を通達している。そして結局「装束」の問題が保留されたまま、ひとまず「補任」がなされた。

表2　「西京神人御補任之事」所載名字一覧

	保名	旧保名	名　字
1	安楽寺保	一ノ保	糟谷・壇・岡村・桐木・岡田・橋本・服部・西村・夜野
2	阿弥陀寺保	采女町保	橋本・神幣（＝神辺）・糟谷・夜野
3	東光寺保	堀川保	数（糟）谷・岸・山西・川井・竹岡・壇
4	新長谷寺保	中保	吉積・緒方・林・那賀（＝中）
5	長宝寺保	大将軍保	本郷・杉生・十鳥・高部・竹田・生嶋

このときの「補任」の様子については、別に「西京神人御補任之事」という、同じく北野社目代の手になる記録が存在する(109)。これによると、このとき七十五名が「北野宮寺西京社家神人」として補任されており、西京から門跡坊官へ神人交名が提出されている。交名には「安楽寺保」・「阿弥陀寺保」などそれぞれ寺名を帯びた五つの保ごとに、表2に示したような名字を名乗る神人の名が書き記されている。各保にはそれぞれ「年寄」がいたもようで、神人中から松梅院あてに提出された「一札」には、「五保年寄」各自の署判が据えられている。

神人の交名をみて注目されるのは、『目代日記』など、戦国期の北野社関係史料で確認できる名字がいくつか散見されることである（表2においてその名字に下線を付している）。すなわち補任されている神人の多くは、中世来の系譜をひく神人の家の者である可能性が高いと考えられる。また「七兵衛尉藤原重勝」・「左衛門尉菅原宣長」など、多くの者が兵衛尉・左衛門尉などの官途を名乗り、全ての者が藤原・菅原・橘・壬生・平のいずれかの姓を名乗っている点も興味深い。

各保の名に付されている寺院の成り立ちは必ずしも明確でないが、例えば東光寺保の「東光寺」が戦国期には確認されることから、いずれも中世末期から近世初期にかけ西京神人によって建立されたものではないかと推察される。「京都坊目誌」によれば、安楽寺には菅原道真が祀られ、また長宝寺には道真作の十一面観音が、また新長谷寺には同じく道真作の枕箱観世音が安置されていたという[110]。すなわちこれらの寺院は、神人にとって天神を独自に祀り御供を供えるための重要な場であった。

ここで中世には「七保」であったものが「五保」となっている点については別に検討を要するが、「土居堀」の外縁部に位置した中世の木辻保に相当する成願寺保が[111]、この段階ではまだ見えないことなどから、「土居堀」の構築による影響が想定される。いずれにせよ近世においては、必ずしも西京住人＝神人とはならず、公儀によって認定され、北野社によって「補任」されたもののみが、「町人」とは異なる「神人」として、保＝御供所を中核とする共同組織を形成していたことがわかる。

ところでこうした神人交名は、もともと北野社に提出される以前から、神人自身の結束を固めるために作成されていた。最も早いものに、「本郷家文書」の慶長七年（一六〇二）二月九日付神人交名（「社人連氏」）がある[112]。これは、「一保」・「宇町保」・「堀川保」・「中保」・「大将軍保」の五つの保ごとに作成した交名を貼り継いだもので、神人自らが署名と花押（または略押）を加えている。冒頭部分を示すと、

（端裏書）
「慶長七　慶長七年二月九日」

一保
岡村孫右衛門　近久（花押）
糟谷吉左衛門　重俊（花押）
壇　徳右衛門　長吉（花押）
本郷少兵衛　久隆（花押）
岡村吉兵衛　正光（花押）

同　惣左衛門　近貞（花押）
桐木忠介　吉家（花押）
橋本吉右衛門　重家（花押）
桐木伊兵衛　宗次（花押）
（以下略）

となっており、この後にさらに四保の神人の署判が続いている。そして最後に、「右何茂神人中可レ為二一味一候、若於レ無二同心一者、衆中をはつし可レ申者也」という誓約文言が記されている。「本郷家文書」には、慶長から慶応年間までの年号を持つ百二十三通もの神人交名が伝存しており、すべて二月九日付である点に特徴がある[113]。こうした交名の存在は、北野社による神人の補任と公儀による免除特権の付与の前提に、西京における「神人中一味」の結束が存在したことを示すものとして注目される。

さて再び「西京神人御補任一件留書」の内容に戻ると、元禄二年に始まった神人の訴訟のもう一つの訴訟題目であった「装束」については、この翌年の二月二十五日の神供備進を前にようやく着用許可となっている。神人が「補任」とは別に、「装束」着用にこだわったのはなぜなのだろうか。

実は神供備進を担当した三名の神人は、「上下」を着用するばかりでなく、「笏」を持つという出で立ちであり、社殿の中段で神拝の上、沙汰承仕へ神供を渡す、という備進方式をとっていた。さらに翌年の神事では、六人の神人が「装束」のほか「沓」・「朱傘」をも身につけ、拝殿と大床で幣をふり、神前にその幣を納めるという「新法」まで取り入れて神供を備進したため、北野社側がその幣を取りおろす事態となっている。このときの松梅院家来の言によれば、神人が神供の入った長櫃を「宮仕中」の沙汰承仕に渡し、承仕がそれを当番の宮仕に渡し、当番の宮仕からさらに宮仕の一臈へ渡し供える、というのが「古法」であった。すなわち神人は神供を沙汰承仕に渡すのみでよく、幣をふる「神人奉幣」は、このとき新たに加えられた神供備進の方式であったのである。したがって神人にとって「装束」着用は、こうした「新法」を行うための重要な道具立てとしての意味を持ったと考えられる。

さらに神人は、この元禄期の訴訟を通じてもう一つの「新法」――「御旅所取たて」――を取り入れようとしていた。西京御旅所は、戦国期以降の北野祭の退転や土居堀形成の影響などから、近世初期には衰微していたと想像される。しかし神人の補任に反対した宮仕の口上書には、「将又御補任ヲ頂戴仕候者、於二以後ニ一ハ御旅所を各別ニ取たて、我意ニ任せ新法共ヲ企可レ申覚悟ニ御座候哉」とみえる。(114)事実、神人の補任に好意的な松梅院が門跡坊官あてに記した口上書にも、近年神人中が「氏神敬信」を名目として、神事奉行である松梅院に無断で御旅所に拝殿を造立したので、前松梅院の尚禅がとがめた経緯が書き記されている。(115)すなわち御旅所の「取たて」とは、西京御旅所に造立した拝殿において、補任により北野社の権威を明確に帯びた上で、「神人」が独自に祭祀を行うことを意味したのである。その際「装束」は、西京神人の祭祀が「神職」による祭祀であることを視覚的に裏付ける役割を果たした。(116)

中世後期、室町幕府の経済政策が展開していく中で成立した西京七保神人は、酒麴役の免除と北野社への神供役・祭礼役負担を「神人」身分の要件とした。しかしこの元禄期の訴訟を通じて表出してくる「神人」の姿に、そうした性格を認めることはできない。ここに見出されるのは、「補任」と「神供役」を通じ北野社と結びつきながら、「装束」を着用して奉幣を行い、御旅所を経営して独自の祭祀を行う、新たな「神人」像、すなわち神職としての近世神人の成立であるといえよう。

おわりに

最後に、神人の近世化が意味するところについてまとめておきたい。元禄十年（一六九七）の西京社家神人惣代口上書写によると、「社家神人」八十名は菅原道真在世時より社職・神役を勤め、往古以来「洛中洛外辺土麹運上之徳利」を「神役料」として支給され、「社内勤番・御神事等」を勤めてきたが、「元亀年中」より「麹之運上」を失いしだいに困窮し「社内勤番等」も中絶したという。そこで新たに「麹之徳用」を認め「洛中洛外辺土麹運上」の「御吟味」を命じてほしい、というのが彼らの主張である。(117)またこの翌年の西京社家神人惣代口上書写には、「北野天満宮酒麹役料」が「天正年中中絶」したとあり、神人が訴訟をしたものの門跡の不興をかうなどして訴訟延引となった経緯が述べられている。(118)

これらの文書により、元亀・天正といった織田政権の時代、西京神人の酒麹業が壊滅的状況となり、「酒麹役料」の復活・獲得が、以後江戸期にいたるまで神人の願うところであったことがうかがえる。先にもみたように、神人の「補任」運動がこの少し前に一段落していることに注意するならば、「神人」であることと酒麹業において特権を付与されることとが、未だ密接なものとして近世の西京神人の意識の中に根強く残っていたことを読み取ることができる。このの ち「麹神役料」の復活がなされた形跡はみられない。しかし戦国末期の「七保」において、「地縁的・職業的」共同体の萌芽がみられたにもかかわらず、近世の西京神人が酒麹業にかかわる特権の獲得をめざしていたことは、西京神人の結束の核に麹業という職縁的な結合が未だ根強くあったことを示唆しているものとして注目される。

このことは、西京神人を「麹座」神人と称する例が戦国期になってみられる事実とも深く関わっているのではなかろうか。天文十四年（一五四五）、洛中洛外の酒屋・土倉と西京神人との間で麹業をめぐる相論に際し、三通の山門発給文書が「麹座中」を宛て所としているのは、第一節で述べたような人員組織を通じた山門―西京神人の結び付き、という点に加えてもう一つ、この時期の西京神人それ自身が抱えている事情もあったと考えられる。すなわちこの時期の西京「七保」神人が、多様な生業を持つ人々を構成員としていた点を想起したとき、麹業を営む西京神人が自らの権利を主張するに際し、「保」よりも「座」を結束の形態として選択したことは極めて自然であったと思われるのである。[119] そしてその後「座」が撤廃されるに及び、新たに寺院を拠点とした「保」ごとの結束形態が生まれ、神人交名の作成に至ったものと考えるならば、近世の「保」は、実質的には麴業者たちが結んだ「座」的結合であったと捉えることができよう。[120]

以上に加え、神人の近世化をめぐりさらに考えねばならないのは「町人」との関係である。奈良春日社神人の近世化について明らかにされた村岡幹生氏は、十七世紀に興福寺・春日社が地子免除の地であった神人屋敷地に新たに屋地子を賦課するなど、神人を一般町人として支配しようとしたことを指摘されている。そして、神人側が寺家の支配を遮断するため、他の領民との差異化をはかり、神役に従事する「春日之役人」たることを主張したため、両者の間に相克が生まれたことを指摘されている。[121] 近世の西京神人と北野社、あるいは西京神人と一般町人との間に、どのような相克が存在したのか本章で検討することはできなかった。しかし例えば「西上之町文書」元文五年（一七四〇）町別役掛覚をみると、中保町・堀河町をはじめとする各町において「神役」の家のみ「御土居掛」を免除されていることが確認される。[122] したがってここから、少なくとも西京神人が役負担の上で一般町人と区別される存在であったことは明らかであるといえる。

あわせて、村岡氏の指摘される、近世の春日社神人が自らを「禰宜」と呼称した事実や、氏の紹介されている寛延三年（一七五〇）の『南嶺子』に所属する神社側の思惑をもこえて「庶民の祈禱」に励む「神人」像が示されている点は、[123] 西京神人に限らず、祈禱をする神職としての「神人」が近世「神人」の一般的存在形態であったことを示唆するものとして注目される。近世の西京神人が、具体的に祈禱をはじめとする活動をどのように展開していったのか、今後さらに検討していく必要があるが、ここでは酒麴業にかわる独自の祈禱・祭祀行為の獲得が、北野社西京神人の存続を保証したことを確認して、章の結びとしたい。

注

（1）稲葉伸道「神人・寄人」（『岩波講座日本通史』第7巻中世1、一九九三年）。
（2）豊田武「中世に於ける神人の活動」（『東北大学文学部研究年報』一、一九五一年、のち豊田武著作集第三巻『中世の商人と交通』吉川弘文館、一九八二年、に所収）。
（3）清水三男『日本中世の村落』（日本評論社、一九四二年）。
（4）小西瑞恵「中世都市の保について」（大阪樟蔭女子大学『論集』第三八号、二〇〇二年）、及び網野善彦「都市的な場と都市――渡市津泊宿」（網野善彦・横井清『日本の中世6　都市と職能民の活動』第1部4、中央公論新社、二〇〇三年）。
（5）黒田紘一郎「中世京都の警察制度」（同志社大学人文科学研究所編『京都社会史研究』法律文化社、一九七一年、のち同氏『中世都市京都の研究』校倉書房、一九九六年に再録）。
（6）網野善彦「西の京と北野社」（比較都市史研究会編『都市と共同体』上、名著出版、一九九一年、のち『網野善彦著作集』第十三巻・中世都市論、岩波書店、二〇〇七年、に所収）。
（7）貝英幸「応仁文明乱後における膝下領の支配とその変質――北野社領西京を例にして」（『鷹陵史学』第二九号、二〇〇三年）。
（8）川嶋将生「宇治の番保」（『宇治市史2　中世の歴史と景観』一九七四年、のち同氏『「洛中洛外」の社会史』思文閣出版、一九九九年、に所収）。
（9）松原誠司「旅所祭祀成立に関する一考察――松尾社と西七条」（『国史学』第一四〇号、一九九〇年）。
（10）『史料京都の歴史7　上京区』「西京村」。
（11）網野氏注6論文。
（12）小野晃嗣「北野麴座に就きて」（『国史学』第一一号、一九三二年、のち同氏『日本中世商業史の研究』法政大学出版局、一九八七年、に所収）。
（13）『北野天満宮史料　古文書』（以下『古文書』とする）三頁、三号。
（14）室町幕府追加法一四六条（佐藤進一・池内義資編『中世法制史料集』第二巻、五九―六〇頁）。
（15）『京都御所東山御文庫所蔵　地下文書』一二頁、至徳二年十二月九日付後円融上皇院宣案。
（16）『古文書』三―四頁、四号。

(17) 嘉慶元年十二月三日付足利義満下知状（『古文書』四頁、第五号）。
(18) 脇田晴子「領主経済の変質と問屋的支配」（同氏『日本中世商業発達史の研究』第四章、御茶の水書房、一九六九年）。
(19) 川井銀之助「北野天満宮と七保御供所攷」（上）・（下）（『史迹と美術』第四一・第四二号、一九三四年）。
(20) 小野氏注12論文。
(21) 『古文書』六七—六八頁、七七号。
(22) 『北野天満宮史料　目代日記』（以下『目代日記』とする）五五頁。
(23) 『目代日記』五五頁、閏八月二十一日条。
(24) 『北野社家日記』第七巻、二六九—二七八頁。
(25) 網野氏注6論文。
(26) 『古文書』四七—五五頁、六四号。
(27) 豊田氏注2論文。
(28) 『北野天満宮史料　古記録』（以下『古記録』とする）二六二頁。
(29) 『古記録』一四四—一四五頁、「三年一請会引付」明徳二年八月一日・四日条。
(30) 小泉（本郷）恵子「松梅院禅能の失脚と北野社御師職」（『遙かなる中世』八号、一九八七年）。
(31) 『古記録』一四二頁、「三年一請会引付」明徳二年八月一日条。
(32) 小野氏注12論文、及び『古文書』七五頁、八六号、天文十四年八月三日付西塔院執行代折紙。
(33) 豊田武『座の研究』（豊田武著作集第一巻、吉川弘文館、一九八二年）等。
(34) 桜井英治「中世・近世の商人」（新体系日本史12『流通経済史』山川出版社、二〇〇二年）。
(35) 注32文書、及び『古文書』八一頁、九五号、天文十四年九月三日付西塔院執行代折紙、同八一—八二頁、九六号、天文十四年十月一日付山門三院執行代等連署折紙。当時洛中洛外の酒屋土倉と西京神人との麴業をめぐる相論が発生しており、山門は西京神人の麴業独占を保護する姿勢をみせていた。
(36) 注21文書。
(37) 『北野社家日記』第七巻、二〇五頁、文亀三年八月二十七日付室町幕府奉行人奉書。
(38) 『古文書』八〇頁、九四号。

(39)『古文書』五―六頁、七号、及び同七―三四頁、一〇―六一号。なお将軍義持がたびたび北野社に参詣・参籠し、その回数は石清水八幡宮への参詣・参籠をもしのぐほどであったこと、西京神人の麴業独占を認める義持の下知状も、北野社参籠中に発給されたものであることが、桜井英治氏によって指摘されている（桜井氏『破産者たちの中世』山川出版社、二〇〇五年）。
(40) 清水克行「足利義持の禁酒令について」（『日本歴史』六一九号、一九九九年。のち同氏『室町社会の騒擾と秩序』吉川弘文館、二〇〇四年に再録）。
(41)『北野社家日記』第七巻、二五―二六頁。
(42)『北野社家日記』第七巻、二〇頁。
(43) 太田順三「永享の山門騒乱とその背景」（『佐賀大学教養部研究紀要』一一巻、一九七九年）、桜井氏注39書。
(44) 注16・17参照。
(45)『古文書』三四―四六頁、六二号。
(46)『兼宣公記』応永三十三年六月八日条。
(47) 清水克行「正長の徳政一揆と山門・北野社相論」（『歴史学研究』七七一号、二〇〇三年、のち同氏注40書に所収）。
(48)『薩戒記目録』正長元年九月三日条、『北野社家日記』第七巻、二一―二二頁、正長元年九月十六日付松梅院禅能請文、及び『古文書』四七頁、六三号、正長元年九月十八日付室町幕府御教書。
(49) 小泉（本郷）氏注30論文。
(50)『康富記』文安元年四月十三日条、及び小野氏注12論文。
(51) 清水氏注47論文。
(52) 桜井氏注39書参照。なお早島大祐氏は、当時の洛中の土倉の八割が山門に連なる土倉であり、土倉が酒屋を兼業することも多かったことなどから、西京神人の麴独占化が、近江の馬借と京都の酒屋の販路を崩し、近江における米価下落を招いたとの見解を示されている（早島氏書評「清水克行『室町社会の騒擾と秩序』」『歴史学研究』八一一号、二〇〇六年）。
(53) 下坂守「延暦寺大衆と日吉小五月会（その一）――馬上方一衆出現の契機」・「延暦寺大衆と日吉小五月会（その二）――室町幕府の大衆政策」（ともに同氏前掲書所収）。
(54) 河内将芳「室町期祇園会に関する一考察」（『ヒストリア』第一九一号、二〇〇四年、のち同氏『中世京都の都市と宗教』

思文閣出版、二〇〇六年、に所収)。
(55) 河内氏が注54論文において、馬上役を徴収される洛中の合力神人の構成員をみると、数・銭額ともに土倉よりも酒屋の占める比重が高かった可能性のあることを指摘されている点も注目される。
(56)『長興宿禰記』文明十四年八月四日条。
(57)『目代日記』紙背、六三一・六三五頁、延徳二年七月八日条。なお同日条及び七月九日条(六二九―六三〇頁)によると、三旬御供を門跡が取得し、日御供を松梅院が取得することになっていたという。しかし八月一日条(六二二頁)によれば、日御供については応仁・文明の乱後、退転していたという。
(58) 貝氏注7論文。
(59) 川井氏注19論文。
(60) 網野氏注6論文。
(61)『目代日記』紙背、六一一―六一二頁、延徳二年閏八月二十三日条。
(62) 注57史料、及び『目代日記』紙背、五八五―五八六頁、延徳二年四月十日条、『目代日記』一三九―一四〇頁、明応八年十月二十九日条等。
(63)『目代日記』三五頁、延徳二年三月十三日条(木辻保)・同六八頁、延徳二年十二月二十九日条(木辻保)、『北野社家日記』明応二年三月二日条(三月保)、『目代日記』一八五頁、明応九年十二月二十八日条(木辻保・大将軍保)・同三四三頁、永禄六年九月八・九日条(薬師堂保)等。
(64)『目代日記』八七頁、延徳三年五月七日条等。
(65)『目代日記』九八頁、延徳三年六月十九日条。
(66)『目代日記』紙背、五八六頁、延徳二年四月十日条。
(67)『古記録』二四九頁、「御社参記録」。
(68)『目代日記』八三頁、延徳三年四月六日条。
(69)『目代日記』一二九頁、明応八年五月十四日条。なお「神辺」が木辻保の「沙汰人」であったことは、注64史料から確かめられる。
(70)『目代日記』一三八―一三九頁、明応八年十月十七・二十二日条。

(71)『目代日記』四〇頁、延徳二年四月六日条・同紙背六一一頁、延徳二年閏八月二十三日条。
(72)『目代日記』紙背五六七頁、延徳二年閏八月二十五・二十七日条。
(73)網野氏注6論文。
(74)『北野社家日記』第一巻、三〇〇頁、延徳元年十二月二十五日条。
(75)貝氏注7論文、一八六頁。
(76)仁木宏『空間・公・共同体――中世都市から近世都市へ』(青木書店、一九九七年)。
(77)『北野社家日記』第一巻、一六二頁、長享三年二月十七日条、同二五五頁、延徳元年十月十二日条等。
(78)『目代日記』紙背、六五六頁、延徳三年六月二十七日条。
(79)『社家日記』第一巻、長享三年一月十七日条(注77参照)、同二〇八頁、同年六月十二日条。
(80)この史料は北野天満宮所蔵の未公刊史料であり、藤井讓治氏のご厚意により、閲覧の機会を得た。ここに記して感謝申し上げる。なおこの史料について、竹内秀雄氏が『天満宮』一六〇頁において『禅盛記録抄』として内容を紹介されている他、京都国立博物館編の図録『特別展覧会　菅原道真公1100年祭記念　北野天満宮神宝展』二二九頁に翻刻と下坂守氏による解説が載せられている。
(81)高橋康夫『京都中世都市史研究』思文閣出版、一九八三年、第四章第二節「西陣の成立」三一七―三二一頁。
(82)高橋氏注81論文。
(83)宮内庁書陵部編『寛永十四年七月二日　洛中絵図』(吉川弘文館、一九六九年)。
(84)『目代日記』一六五頁、明応九年五月四日条。
(85)『目代日記』一八四頁、明応九年十二月十六日条。
(86)『目代日記』一八七頁、永正二年八月十二日付目代幸増西京大宮屋敷売券案。
(87)朝尾直弘「近世の身分制と賤民」(『部落問題研究』六八号、一九八一年)、及び吉田伸之「町人と町」(『講座日本歴史』近世一、東京大学出版会、一九八五年、のち同氏『近世都市社会の身分構造』東京大学出版会、一九九八年、に所収)。
(88)『目代日記』二二六頁、永正六年十二月二十七日条・同三三六―三三七頁、永禄五年十二月晦日条等。
(89)『目代日記』三九一―三九二頁、天正十二年九月九日条。
(90)『目代日記』四八五―四八七頁、大永六年正月二十七日条・二月七日条・二月十日条。

(91)『古文書』七五―七六頁、八七号、天文十四年八月七日付室町幕府奉行人連署奉書（折紙）、同七八―七九頁、九一号、天文十四年八月十三日付飯尾元運奉書（折紙）。
(92)『古文書』七五頁、八六号、天文十四年八月三日付西塔院執行代折紙、同八一頁、九五号、（天文十四年）九月三日付西塔院執行代折紙、同八一―八二頁、九六号、天文十四年十月一日付山門三院執行代等連署折紙。
(93)『古文書』八六号（注92史料）。
(94)『古文書』九四―九五頁、一一二号、永禄四年九月二日付室町幕府奉行人奉書。
(95)桜井氏注34論文。
(96)『古記録』所収「神輿動座並回禄記録」三二四―三二五頁。
(97)『古文書』一六二頁、一四五号。
(98)吉田伸之「公儀と町人身分」（歴史学研究別冊『世界史における地域と民衆（続）』青木書店、一九八〇年、のち同氏注87書に所収）。
(99)『北野社家日記』第四巻、二五六頁、天正十七年十一月二十九日条・同三〇八―三一〇頁、天正十九年九月二・六・八日条等。
(100)『古文書』一五七―一五八頁、一四一号。
(101)『古文書』一九四頁、一七一号、慶長九年十二月十三日付板倉勝重下知状。
(102)『古文書』一六三頁、一四六号、文禄元年十二月十七日付前田玄以判物（折紙）。
(103)小野晃嗣「京都の近世都市化」（『社会経済史学』一〇巻七号、一九四〇年、のち同氏『近世城下町の研究・増補版』法政大学出版局、一九九三年、に所収）参照。
(104)『史料京都の歴史7　上京区』四〇九―四一三頁、「西上之町文書」天明五年十二月十二日付奉差上済状、及び三九七―四〇〇頁、「西上之町文書」元文五年町別役掛覚、『史料京都の歴史14　中京区』二九一―二九二頁、「本郷家文書」文政十二年九月付北野社人物代届等。
(105)『北野社家日記』第五巻、九九頁、慶長四年正月二十四日条・同史料一〇六―一〇八頁、同年二月三日条等。
(106)『古文書』一八二頁、一五四号、（慶長四年）二月九日付葛西長弘判物（折紙）。
(107)『北野社家日記』第五巻、一六二頁、八月五日条。

(108)『北野天満宮史料　目代記録』（以下『目代記録』とする）三〇五―三三八頁。
(109)『目代記録』三三九―三五一頁。
(110)『新修京都叢書』第十八巻三一二頁、「京都坊目誌」上京第十学区之部。
(111)「京都坊目誌」（注110参照）。
(112)京都府立総合資料館寄託資料「本郷家文書」1（請求番号「寄古〇一五」）。なお『総合資料館だより』八八号「寄託資料紹介」欄に「本郷家文書」の概要が述べられている。「本郷家文書」及び「川井清行家文書」（注117史料）については、細川武稔氏のご教示を得た。ここに記して感謝申し上げる。
(113)二月九日付である理由については不明であるが、慶長四年に一度「社参」が許可された際に発給された、二月九日付葛西長弘判物（折紙、注106史料）にある「嘉例之神事」への「参会」とかかわるものと考えられる。
(114)『目代記録』三一四頁。
(115)『目代記録』三一五―三一六頁。
(116)なおこうした西京神人の「神職」化の背景には、おそらく、寛文五年（一六六五）発布の諸社禰宜神主法度に象徴される、江戸幕府と「神祇管領長上」吉田家による神社・神職統制という問題が存在していたと考えられる。室町期から江戸期にかけて展開していく吉田家の神社・神職統制について、詳細な分析をされている井上智勝氏の研究によると、天文年間以降、諸国の神職および神職組織が①装束裁許、②肉食裁許、③神事奉仕者としての地位確定、を求め吉田家に「神道裁許状」を申請したといい、その多くは社例の変更を目的として申請されたものであったという。そして近世になると、「神道裁許状」の中身は①と③に収斂していくという。こうしたなかで発布された諸社禰宜神主法度は、位階および吉田家の発給する許状の有無により神職の序列化をはかるものであった（井上氏『近世の神社と朝廷権威』第一編第二章「神道裁許状と諸社禰宜神主法度」吉川弘文館、二〇〇七年、初出は二〇〇五年）。このような氏の指摘に学び、近世における吉田家と北野社の関係をふまえたうえで西京神人の神職化も論ずる必要があることは明らかであるが、いまここでそうした問題について論ずる余裕をもたないため、今後の課題としたい。
(117)京都市歴史資料館架蔵写真帳「川井清行家文書」（請求番号七二〇四）五―六丁。なお「麹運上」とはかつての「酒麹役」をさしているものと考えられ、ここで神人がその徴収権を持っていたかのように述べているのは、一般に中世末期の神人・供御人が実体的商品流通から乖離し徴税権者化する傾向にあったことと（桜井氏注34論文参照）、あるいは対応しているのかもしれない。

(118) 「川井清行家文書」(注117参照) 七―九丁。

(119) ただし戦国期に現れる「麴座」の「座」が、第一節で引用した嘉慶元年の室町幕府御教書(注16史料)に出てくる「出座」の「座」と全く同一・同質の組織体である、と単純にみなすことはできないものと考える。「座」が「中世後期になると神人や供御人の下位組織という本来の属性を脱却して商人の主要な組織形態となった」との指摘をふまえるならば(桜井氏注34論文、一二〇頁)、戦国期の「座」には、やはり戦国期固有の意味があったと考えられる。その固有の意味については今後の検討課題としたいが、例えば石清水八幡宮の神人である大山崎神人もまた、「油座」を組織形態とするのは織豊期になってからである点(桜井氏注34論文)や、西京七保神人と同様北野社神人であった大宿直(大舎人)九保神人(大宿禰神人)の中から戦国期になって大舎人「座」を名乗る織手が登場してくる点(高橋康夫氏、注81論文)などをみると、「座」をもたなかった神人が戦国期以降に「座」を称する例が西京神人の他にも存在した点は注目される。とりわけ大舎人座は、高橋康夫氏の明らかにされたところによると、応仁の乱により離散したあと京都に帰ってきた大宿直(大舎人)の織手によって形成されたものであるが、その構成員の集住地はかつての大宿直ではなく観世町とその周辺であったという(高橋氏注81論文)。こうした例から、戦国期の「座」は、それまで地縁的結合で結び付いた神人・商人にとって地縁性が意味をなさなくなった局面において成立してくる同業者組織として捉えることができるのではないだろうか。

(120) なおその際、近世初期の西京神人が自らの天神信仰を具現化させた各保の寺院ごとに組織されていたことに留意するならば、そこに信仰を基盤とした結合の存在をも読み取るべきであろう。このことは、京都における都市共同体の展開を、地縁的結合や職縁的結合とは別に、信仰・宗教を紐帯とする人的結合という側面からも論じるべきではないかとされる河内将芳氏の提言を想起させるものである(河内氏「都市共同体と人的結合――法華一揆と祇園会をめぐって」仁木宏編『都市――前近代と試論の射程』青木書店、二〇〇二年、のち同氏注54書に所収)。

(121) 村岡幹生「近世初頭の春日社神人」(『日本史研究』三一七号、一九八九年)。

(122) 注104を参照。

(123) 国民図書編輯『日本随筆全集』第七巻、三〇〇頁。

〔付記〕本章作成に際し、川井清人氏・中伸江氏・藤井讓治氏のご教示を得ました。ここに記して感謝いたします。

第三章　戦国期北野社の闕所

はじめに

本章は、戦国期の京都近郊において展開した領主支配のありようを、特に闕所検断を中心に北野社の場合について論じるものである。戦国期における北野社の検断については、すでに清水克行氏が、闕所家屋の処分を中心に詳細な検討をされている[1]。清水氏によれば、闕所家屋は解体され、竹内門跡と松梅院とで半分ずつに分けられるきまりであったといい、折半の対象となったのは家ではなく解体した家材の売却代金であったという。その上で清水氏は、このような方法が、従来の研究において闕所屋処分の本来的形態とされている焼却処分とは異なることに注目された。そしてその原因を、検断得分である闕所屋に対する北野社側の固執と、廃物・廃材を商品として流通させる室町京都という北野社の立地条件に求めうるのではないか、との興味深い見解を示されている。

たしかに北野社が闕所屋の解体資材を売却し、その代金を検断得分とした点は、中世における住宅検断の本来的形態が犯罪穢を祓うための焼却処分であり、破却はその代用的形態であること、さらに検封は破却形態の妥協的・簡易的形態であるとされた勝俣鎮夫氏の指摘とは、乖離した現象として注目される[2]。ただしその一方、北野社が破却すら行わずに闕所屋を売却している事例や、家屋売買一般に際し家屋を「壊す」ことを強く規制していた事実も存在する。

そこで本章では、北野社の闕所屋処分が本来的形態とは異なることを指摘された清水氏の視角に学びながら、特に闕所における家屋（建造物）の「沽却」行為に注目することにより、戦国期北野社の闕所の特質について明らかにしたいと思う。

具体的な考察に入る前にまず、領主権行使の場となった北野社領の様相について説明しておきたい。中世の京都近郊における北野社領は、境内を含む一体である「北野」と、「西京」とで構成されていた（図1）。現在の地名を参考にすると、天満宮の境内から南の、一条通までの地域が「北野」に、そして一条通から三条通の間の地域が「西京」に相当すると考えられる[3]。このうち「西京」については、旧二条通より北側を「上下保」とよび、南側を「二三条保」と呼んでいたと考えられ[4]、いわゆる「西京神人」が「保」ごとに組織されていた。

このような広がりを持つ北野社領は、中世においては上京・下京から成る「京都」の周縁部に位置していた。そのことは、北野社社僧の松梅院が記した日記に、「一、京都方〻歳暮礼申者也、大方殿（細川政元母）江御巻数持参[5]」、「一、天気殊勝、出京[6]」とあるように、「北野」から「京都」へ「出京」するという表現がまま見られることなどから明らかである。中世の〈京都〉が、「上京」・「下京」と呼ばれる地域を中心とし、その周縁に東寺や祇園社などの寺社の門前町をおく、いわば複合的な都市であったことをふまえるならば[7]、北野社領は「京都」周縁部において寺社門前町を形成する場であったといえる。そしてこのような北野社の特質は、後述するように家屋をめぐる領主権行使のあり方にも影響を及ぼすことになった。

次に戦国期北野社の組織についても、簡単に説明しておきたい[8]。北野社は、比叡山延暦寺と本末関係を結んでいたため、トップの別当職の地位にあったのは、天台門跡の一つ曼殊院に住む「社務」・竹内門跡であった。曼殊院は、北野社領からやや離れた北山の地にあったため、門跡の指示・命令は、門跡配下の政所や目代を通じて北野社に通達されるしくみとなっていた。そして門跡の意向を受けながら、直接仏事・神事の執行や社領支配のとりまとめをして

図１　北野社領略図

注１）国土地理院発行「１万分の１地形図・太秦」と京都大学付属図書館蔵『洛中絵図〈寛永後・万治前〉』（臨川書店，1979年）を参考に作成した．

注２）「西京」には「上下保」の他，旧二条通から三条通にまたがる「二三条保」も存在したが，戦国期は不知行化していたため省略した．

いたのは、「北野」に住む「社家」松梅院であった。松梅院は、足利将軍家の御師職を持ち、将軍家とのつながりを背景に社内で最も有力な院家となって、公文所職・神事奉行職・御殿預職を得ている(9)。このほか宝成院や密乗院、永琳院などの多数の院家が造営奉行や執行などを勤め、宮仕をはじめとする公人なども北野社に組織されていた。

こうした組織構成の中で、闕所権の行使について考察する際にとくに重要な点は、戦国期の北野社に、竹内門跡―政所―目代から成る「社務」を中心とする一つの勢力と、公文所松梅院―公文承仕から成る「社家」を中心とする勢力との、二つの勢力が存在していたことである。闕所屋処分の際、家屋の売却代金が門跡と松梅院とで折半されたその根底には、このような「社務」・「社家」がときに拮抗しつつ、両者の合意のもとで経営をはかるという、北野社組織の特質があった。闕所の実態については、「社家」松梅院の手になる「引付」（史料纂集『北野社家日記』第一―七として公刊、以下『社家日記』とする）と、「社務」につらなる目代の「日記」（北野天満宮史料『目代日記』として公刊、以下『目代日記』とする）とによって知ることができる。とりわけ『目代日記』は、目代が公文承仕とともに、「政所承仕代」として犯科人の家を処置する立場にあったため(10)、具体的な検断行為を克明に記している点で注目される史料である。本章では、この二つの『日記』をたよりに、北野社の検断をはじめとする領主権行使の実態について、検討することにしたい。

第一節　闕所の方法と闕所屋処分

1　闕所の方法

北野社領は、『目代日記』に「北野幷西京のけんたん《検断》先き《規》ヨリたけ《他家》からせいは《い脱カ》する事なく候(11)」、「闕所屋事、松梅院公文所の事にて候間、わこ《往古》より社家の事ハしゆこふにふ《守護不入》の在所にて候、殊更けつ《闕》所をも社務・社家として仕候(12)」とあるように、古くから守護不入の地として領主検断の保証された地であった。そして右の史料に、「松梅院公文所の事にて候間」とあるように、闕所をはじめとする、北野社の検断活動を直接に統轄したのは松梅院であり、その権威の源は「公文所」職にあったと考えられる(13)。

戦国期の北野社領で発生した犯罪行為には、どのようなものが存在したのだろうか。北野社の闕所の事例を、『社家日記』・『目代日記』から抽出してみると、その事例は管見の限り二八例に及ぶ（表1）。その中で最も多い闕所の理由は「逐電」、次に多いのは「盗み」、それから殺人・室町幕府への謀反行為などが数例ずつ続く。このほか、博打や、一揆への参加も犯罪とみなされ闕所となった。さらに西京の住人が北山の門跡のもとへ人夫として駆り出された際に、「大事の茶椀（碗）鉢幷びに盆もたせられ候へハ、悉ゝうちをとしわり候(14)」という事態を招き、闕所となった特異な例も存在し、当時の領主権力というものの理不尽さがしのばれる。

このような犯罪の発生を受け、北野社が闕所をする際の手続きについては、『社家日記』・『目代日記』により、原則として次のような流れで行われていたことがわかる。①両公人（目代・公文承仕）が、犯罪の発生を松梅院へ注進する、②松梅院が、犯科人を糺明し罪科を確定する、③松梅院が、目代を通じ門跡へ注進する、④門跡が最終決定を下す。こうした手続きを以てはじめて、両公人を中心に闕所がなされた。社領内の地下人が果たす役割も重要で、地下人たちは犯罪の発生を「注進」する義務を負っていた(15)。そして「闕所」が確定されると、早速目代・公文承仕が犯科人の住所に派遣され、「符」・「封」を門や戸に貼る「闕符」、すなわち検封を行った。すでに清水氏が指摘されているように、具体的には目代が家の門に対して左側に「封」を貼り、公文承仕が右側に「封」を貼ることになっていた(16)。

検封した家とその雑物・庭や畠の物などの分配方法については、長享二年（一四八八）の『社家日記』表紙裏に、「社家闕所屋在レ之時者、政所承仕与公文承仕立並検二断之一、仍家者半分宛両所へ取レ之、葺板計両承仕三分一宛取レ之故実也、藪者両承仕半分宛取之由申也、畠物同前」とあるのが参考になる。すなわち闕所は政所承仕（目代）と公文

得分（家）の配分	木材等の配分	介入の有無	備　考
「雑物」を門跡と松梅院とで二分	畳・戸を松梅院が取得（社家日記5月4日条）．藪は両承仕が取得．葺板も両承仕が三分一ずつ取得（同5月7日条）．		5月2日に至り，居屋で売るか壊して売るかが問題となる（目代日記）．
			野田兄弟は前松梅院の能椿に与力（社家日記4月1日条）．
		西京神人の吉積も独自に札をかける．	「不思議の家」なので西京職事に下すことにする（目代日記9月2日条）．
売却代700文を350文ずつ門跡と松梅院で分配			
贓物分，松梅院へ（社家日記翌年正月13日条）．家屋は2貫500文で売却し，門跡と目代で二分（同5月14日条）．			家屋を建てたままで売却するか，壊して売るかが問題になる．
門跡が所望．「西之方の家」については，1貫300文を松梅院へ．左衛門二郎の家代750文も松梅院へ．2貫50文ずつの分配（目代日記紙背6月7日条）．	家の後ろの榎木を法花堂承仕堅徳が600文で売り，成孝と目代で300文ずつ取得（目代日記6月21日条）．		得分の配分後に破却（目代日記紙背6月10日条）．
家の売却代金1貫200文のうち，門跡から目代へ600文が下され，残りは松梅院へ（目代日記7月3日条）．	竹木を150文で立った状態で売却し，50文ずつ目代と成孝へ．残り50文は，五郎左衛門と成孝中間へ（目代日記7月3日条）．	閏8月に，安富方介入（目代日記）．	新三郎は，玄蕃頭（細川元治）の被官（社家日記長享2年10月13日条）．
			松梅院被官片山に拷問された者の白状により闕所．閏8月19日に柏野で斬られる．
			松梅院被官片山に拷問された者の白状による．贓物を「京都へ出由」申す（社家日記）．門跡配下の静慮院の侘事により助かる．
			上原元秀の被官森脇の又被官．25日の事件の同類．ケイヤと共に柏野で斬られる．

表1　闕所例一覧

No.	年号	月日	西暦	社家	目代	住所	人名その他	罪科の内容	破却	使者
1	長享2	4.28	1488	●	●	今少路なや	せいほん（清本）	殺害後逐電	●	門跡から徳松と中間1人，目代，成孝，松梅院から小畠六郎・安原
2		5.27		●			野田兄弟	喧嘩・逐電	●	
3		8.17		＊	●	西京中保		逐電		松梅院から江村，目代，成孝
4		12.7		●	●	西京	織（職）事	逐電	●	公文承仕，安原
5		12.20		●	●	今少路	し阿ミ（慈阿弥）	逐電		松梅院から江村，成孝，目代
6	長享3	6.9	1489	●	＊	今少路	車屋	車供出拒否		
7	延徳2	3.24	1490	●	●	今少路なや	左衛門二郎	閉籠	●	
8				●	●	同上か	小畠被官彦三郎	同上		
9		3.25		●	●	西京散所	新三郎	同上		
10		7.25		●	●	南少路	ケイヤ	盗犯		
11				●	●	北ツシ（辻子）	地蔵坊主筑後	同上		
12		7.27		●		神谷河（紙屋川）	地下人	同上		

得分（家）の配分	木材等の配分	介入の有無	備　考
「雑物」と建具を上原神六方の者がとる.		上原元秀の命を受け「をふかた」がすでに石原を捕らえ, 検封. 以後, 北野社と7月に至るまでもめる.	上原元秀から, 被官人を社家が成敗した例をきかれ, 松梅院, No.8・9の例をあげて応答する.
		小畠七郎衛門, 北野社の検封を阻止.	
		三吉方が, かち屋の子は自らの被官であり, 家は子に譲られているので免除するよう要求（目代日記紙背11月28日条）.	「両所」が闕所され, そのうちの1所が今少路.
			質に取られ, また売却された家であることが発覚.
		伊勢氏, 検封. 神人と伊勢氏被官は北野社による闕所の対象にならず, と神人が主張するが門跡認めず.	目代日記7月25日条に, 「西京闕所屋」を香西又六の中間の太郎左衛門が, 壊したいと言い, また目代が柱三本を取得した, とあるのはこの件の関連記事か.
		伊勢氏・三上の被官であると, 地下人が主張（17日）. 吉積弥二郎・中弥二郎が, 三上被官であると侘言（22日）.	
	目代が柱4本と板4そくを取得.		
成孝, 松梅院に闕所屋得分を三分一要求するが認められず.			
山本与三郎に400文で売却される.		3月22日, 逐電が発覚したあとに, 地主善阿弥が地子未進のかたに家を所望.	
松梅院と門跡とで二分.		香西元長の中間太郎左衛門が家を所望するが拒否される.	
		随興の父随栄の存生を理由に, 殺された随能の兄随長が闕所の取りやめを要請するが許されず.	
			五郎四郎は, 市原の被官. 人を西京の松本の下人に仕立て上げ, 盗みをはかる.
		開闔飯尾近江守貞連が, 小次郎の姉の家・妹の家と共に闕所. 北野社と対立.	小次郎の家は〈京出〉となる.
「雑物」を門跡と松梅院とで二分. 畠物を公文承仕が要求するが認められず. 古竹以下を公文承仕と随長に支給.			

No.	年号	月日	西暦	社家	目代	住所	人名その他	罪科の内容	破却	使者
13	延徳3	6.19	1491	●	●	西京大宮	石原			清本（目代の代），成孝，国分
14		6.27		●	●	かい川（紙屋川）	小畠七郎衛門被官左衛門三郎	盗犯（瓜）		
15	明応2	11.17	1493	●	●紙	今少路	かち屋	土一揆に参加		公人
16	明応8	3.5	1499	＊	●	かい川（紙屋川）	竹屋	逐電		
17		5.14		＊	●	西京木辻保	神人	逐電		
18		10.14		＊	●	西京中保	こうや	逐電		源四郎，成孝，目代，明玉（22日）
19		10.17		＊	●	西京中保	車屋			成孝，源四郎方，目代，明玉
20		11.22		●	●		宮仕随増	逐電		
21	明応9	8.8	1500	＊	●	今少路北頬	くそふミ三郎	逐電		上総殿，因幡殿，目代，成孝，大田殿
22		12.14		＊	●	西京中保	ひこ三郎	門跡の茶わんを割る		成孝，大田殿，目代，明玉
23	永正3	7.26	1506	●	＊		随興	口論のち死去		
24	永正6	7.27	1509	＊	●		五郎四郎	盗犯		
25		10.27		＊	●		谷小次郎	将軍足利義稙への謀反	●	
26	永正8	7.24	1511	●	＊	今少路	米屋	殺人後逐電	●	

得分（家）の配分	木材等の配分	介入の有無	備　考
「蔵物」を，能忠と目代とで分配．			身柄は開闔へ．
「雑物」を公文承仕と目代とで分配．			「雑物」の注文あり．

の記事そのものが存在しないことを示す．また「目代」の項に「●紙」とあるのは，『目代日記』紙背文書に記載があ

承仕の二人が一緒に行うこと、家は半分ずつ「両所」（門跡と松梅院）が取ること、家の葺き板については、政所承仕（目代）と公文承仕、そしておそらく松梅院とで「三分一」ずつ分けること、藪と畠については政所承仕（目代）と公文承仕二人の分とすること、となっていた。(17) ただし実際の分配方法を家屋の場合についてみてみると、すでに清水氏が指摘されているように、戦国期においては、家屋そのものの折半ではなく、その売却代金の折半という分配方式がとられている。

以上の点を、具体的な事例によって確認してみることにしよう。

［史料1］『社家日記』永正八年（一五一一）七月二十四日条

一、内藤小者一人於二千本一打留也、是者今少路米屋〔マヽ〕　松親院小者さる、此両人帳〔張〕本人云々、然間当所江内藤方より可レ及二勢遣一之由申之処、米屋逐電之間、さる於自二地下一召取当坊へ渡之間、令二誅材〔伐〕一也、米屋者令二闕所一、門跡与当坊如レ例令二闕物〔苻〕一也、雑物両方へ執レ之、渡辺又六相副上使也、家悉以礭〔壊〕取也、畠物毛於公文承仕〔能久〕取之由申レ之、更無レ例、古竹已下過分在レ之間半分遣レ之、能久・随長也、

まず「内藤の小者」が千本で殺されたこと、その張本が今少路の米屋と、松親院の小者の「さる」であったことが判明し、小者を殺された「内藤」が彼らを捕えようとしたが、すでに米屋は「逐電」してしまったことが記されている。そしてとりあえず、松親院の小者のさるだけを「地下」が捕え、「当坊」すなわち松梅院に差し出したので、松梅院の責任で誅伐したという。一方米屋の家は闕所されることとなり、門跡と松梅院の責任で「闕符」されたのち、「雑物(18)」については門跡と松梅院の「両方」に分配された。そして家はすべて取り壊

No.	年号	月日	西暦	社家	目代	住所	人名その他	罪科の内容	破却	使者
27	永禄3	12.26	1560	*	●	今少路	与七	博奕		目代，公文承仕能忠，因幡殿，長田与兵衛.
28	永禄6	3.18	1563	*	●		御前番衆能忠	喧嘩・殺人		門跡から上使因幡殿，松梅院から長田与兵衛，公文承仕能哲・能福，政所承仕として目代.

注）「社家」・「目代」の項目は，『社家日記』・『目代日記』の記載の有無を示している．このうち＊は，該当年・月ることを示す．

され、家の周囲の畠の作物を、公文承仕が取得したいと申し出たが却下され、かわりに家の周囲に生えていた古竹半分を取得したという。

一方、このような北野社が領主として闕所を全うした事例とは別に、武家が介入し闕所を行った事例も存在する。武家による介入の理由としては、①犯罪の内容と、②犯科人との被官関係、との二つが存在したものと思われる。前者の事例としては、永正六年（一五〇九）に、侍所開闔の飯尾近江守貞連が、公方（将軍足利義尹〈義稙〉）への夜討を企て逐電した北野社領の住人谷小次郎の家を闕所した一件が該当する。[19]また後者の事例としては、明応八年（一四九九）に逐電した西京中保のこうやの家が、伊勢氏配下の三上氏被官であったことを理由に伊勢氏によって没収された例がある。[20]さらに同年、木辻保神人が逐電した際に、木辻保の責任者である「神辺」は、逐電した神人が伊勢氏の被官であることを目代に伝えており、目代は公文承仕とともに、神人と伊勢氏の被官とは、社家から闕所されない先例ではなかったかと松梅院に確認している。[21]すでに貝英幸氏が指摘されているように、戦国期の北野社領では、住民の武家被官化が進行していた。[22]こうした住民と武家との被官関係の存在は、武家による領主検断への介入を正当化させるとともに、領内の地下人が領主権の行使から免れる方便ともなっていた。

さてこのような領主権行使の危機を一方ではらみつつ、戦国期の北野社領において展開した闕所の内容・方法についてみたときに注意されるのは、住宅検断における検封行為の位置づけである。従来の研究では、領主による住宅検断の方法について、検封・破却・焼却の三種を同列におきながら、そのいずれを選択するのか、そしてそこにどのような意義があるのかが論じられる傾向にあったが(23)、少なくとも北野社の場合、検封は闕所をする際に必ず行うものであったようである。例えば延徳二年（一四九〇）、北野社に土一揆が閉籠した際、これに参加した今少路の左衛門二郎の家は、まず三月二十四日に「検封」・「闕所」され、その三ヶ月後の六月十日になって破却されている(24)。また明応二年（一四九三）に、北野社領今少路の住民が、坂本の日吉社に閉籠・放火した一揆衆に加わった際、松梅院はまず、公人をその家に派遣し、「如二社例一闕符」したのち、その旨を門跡に注進し、処分についての指示を仰いでいる(25)。目代が「門ニふう、我等者左ニ付申候、公文承仕者右付申候、御法也」と記し(26)、闕所に際し必ず公文承仕とともに住宅へ向かう義務を負っていたことからみても、北野社の場合、検封は破却や焼却の代替行為であるというより、「闕所」に必須の行為であったと考えられるのである。

2　闕所屋処分の方法――「居屋」と「壊屋」

それでは検封された家すなわち「闕所屋」は、その後どのように処分されたのだろうか。すでに清水克行氏が指摘されているように、北野社の場合、焼却処分は一例もみられない。ほぼ同時期の東寺領や洛中の町において、焼却処分がみられるのと対照的であり(27)、その理由を導き出すことは容易ではないように思われる。ともかくも表1にまとめた闕所例をみる限り、北野社領の闕所屋は、①破却ののち売却されるか、②破却されずに売却されるか、のいずれかであった。

具体例として、史料2―①・②・③をあげてみる。

［史料2―①］『目代日記』長享二年（一四八八）十二月二十日条

一、今少路し阿ミ《（慈阿弥）》ちくてん《（逐電）》のよしきゝ候間、松梅院ヨリ江村・成孝・目代罷下、符くわ《（加）》へ候、

［史料2―②］『北野社家日記』長享三年（一四八九）正月十三日条

一、今日今少路慈阿庵贓物分取レ之、庵事者、尋レ主可二沽却一之由、自二社務一同心也

［史料2―③］『北野社家日記』長享三年（一四八九）正月十七日条

一、今少路闕所屋事、自二社務一可レ被レ差レ代之由、以二目代一承間、先日代罷出可レ差レ代、其以後又為二当坊一申付、可レ差レ代由返答□、然至二居屋一者参貫五百文、壊屋者三貫文云々、

まず史料2―①・②によると、長享二年（一四八八）の年の暮れに、今少路の慈阿弥の逐電が発覚し、年明けに慈阿庵の家財道具が北野社により没収されていることがわかる。ここで注目されるのは、史料2―③にみえる、慈阿庵の処分をめぐる門跡と松梅院とのやりとりの内容である。まず門跡から、慈阿弥の家の値段がいくらになるかという問い合わせが、目代を通じて「当坊」すなわち松梅院のところに伝えられている。これを受けて松梅院は、目代に庵の値段の値踏みをさせ、それを自分が検討した上で門跡に伝えると、返答している。そして最後に、目代による値踏みの結果出てきた庵の代金は、この庵を「居屋《いや》」、すなわち建てた状態で売るのであれば三貫五百文となり、「壊屋《こぼちや》」、すなわち壊した状態で売るのであれば三貫文となる、というものであった。その後結局五月になって、慈阿弥の家は二貫五百文で売却されているが、破却された形跡はみられない[28]。

この事例から指摘できることは、北野社が闕所屋を破却するかどうかを決定するよりも先に、新たな家屋の「主」となる買得者を探し、闕所屋を売却しようとしていることである。すなわち北野社にとって、闕所屋を破却することよりもまず売却することが、優先すべき課題であったのである。そして売却するにあたり、闕所屋の値段は、①壊さずに建てた状態のままで売る方法と、②壊して売る方法との、二通りの場合について付けられていることも注目される。ここから闕所屋は、必ずしも検封→破却→沽却という過程で処分されるわけではなく、検封→沽却という処分もありえたこと、さらには沽却方法には建てた状態と壊した状態との二通りが存在したことがわかる。実際、表1にまとめた戦国期北野社の二八例にわたる闕所の事例のうち、史料から明確に闕所ののち家を壊したことが判明するのは、

六例にすぎない。したがって、戦国期の北野社領における基本的な闕所屋処分のあり方は、「居屋」のまま売却する、というものであった可能性が高いように思われる。

検断・闕所が、本来犯罪で生じた穢れを祓うために行われるものであったことを念頭におくならば(29)、家を焼却も破却もしないという北野社の闕所屋処分のあり方を、どのように捉えるべきであろうか。破却が穢れを祓う効力を持つという認識が、戦国期の北野社に保持されていたことは、次の史料からうかがうことができる。

[史料3]『目代日記』長享二年（一四八八）五月二日条

一、今少路清本庵松梅院ヨリハそのまゝにい屋《居屋》ふん御うり《売》候てしかるへき由被レ申候、御返事にハ彼者一段之とかにん《科人》の事にて候間、早ゝこほさせられ候て尤由被二仰出一候間、御こほし候也、

この事件は、今少路に住む「悪僧」清本が浮気を咎められたため女房を殺害し、逐電した、というものであるが(30)、ここでは松梅院が清本の家を壊さずに売却することを主張したのに対し、門跡が壊すよう命じたため、家は破却されている。門跡が清本の犯した罪科の内容をふまえて破却を命じていることに注目するならば、少なくとも戦国期の北野社に、殺害等の重罪によって発生した穢れを「祓う」のに最も効果的な方法が家屋の破却である、という意識のあったことは確かであろう(31)。

こうした意識があったにもかかわらず、北野社が闕所屋を「居屋」のまま売却しているのはなぜなのであろうか。建売されている犯科人の家を、買得する者が存在することをも重視するならば、その理由を、領主側の穢れ意識の後退としてのみ捉えることはできない。実際に先の史料2―②をみると、慈阿弥の住まいであった庵は、値踏みがなされる前にまず「主」を探して売却することが取り決められている。また延徳二年（一四九〇）、西京散所者の新三郎の家が土一揆参加を理由に闕所となり、政所の口入により建売の状態で一貫二百文で売却された際には、目代と公文承仕が新三郎の家を実際に「ぬし《主》」、すなわち買得者へ渡している(32)。

したがって北野社の領主検断が、破却という行為を伴わずとも完遂しえるものであるとの認識は、領主と領主をとりまく人々・住民たちによって共有されていたと考えられる。そして検封された闕所屋が、「居屋」であろうと「壊屋」であろうと、必ず「沽却」された点に注目するならば、闕所屋処分において重要であったのは、破却することよりもむしろ「沽却」することにあったと考えられるのである。さらに「居屋」のままでの売却例が存在することは、闕所屋処分としての家屋売却が、必ずしも木材の流通を目論んだ、領主側の経済的欲求によってなされたものとみなしえないことを示していよう。戦国期の北野社が、闕所に際して「壊屋」に祓の意義を認めつつも「居屋」のまま売却処分するという選択をし続けた背景には、当時の社領に展開していた家屋売買・家屋所有の状況や、家屋に対する領主支配のあり方、あるいは闕所における「沽却」そのものの意義など、複雑な問題が関わっていたと思われる。そこでこうした点について節を改め考察し、戦国期北野社の闕所の特質について明らかにしたいと思う。

第二節　家屋の売買と闕所

1　家屋の〈京出〉

北野社が闕所にあたり家屋を破却することは、「壊取」・「こほす（壊す）」と表現されているが、家屋を「こほす」、すなわち解体するのは、闕所の場合ばかりでなく家屋が売買される場合も同様であった。北野社は、次の二つの条件が揃った場合にのみ、社領住民による家屋売買を認めている。まず一つ目は、必ず目代・公文承仕を通じて松梅院に知らせること、すなわち北野社に届け出ること、そして二つ目は、売買に伴う家の移動が、必ず北野社領内で完結すること、である。前者に関わる事例としては、例えば明応元年（一四九二）、南少路の住人が家を松梅院に届け出ずに今少路へ壊して運んだため、松梅院が公人に「如レ元運返」よう命じ、南少路に家屋を再建させた、という例があげられる[33]。また後者の点に関わるものとしては、明応九年（一五〇〇）、北野社祠官の宝成院が南少路にある小家を松光院内へ買得した際に、「ほうわたし」であることを理由に、売買が認められている[34]。「ほうわたし」とは、馬場から西京へ家を売る際に「ほうわたしの事にて候間御心候て給候へ」と売却者が許可を求めたり[35]、今少路の者が「家をこほしほう渡しひき候」と報告していることなどから[36]、社領内における家屋の移動を意味する言葉であったと考えられる[37]。したがって北野社は、あらかじめ売却についての届出があり、しかも家屋の移動先が社領内である場合に、家屋の売買を許可していた。

　しかし現実には、領主の許可なく社領外へと家屋が移動する、不法な家屋売買が横行する事態となっていた。表2は、中世の北野社領における家屋売買の事例を、抽出し整理したものである。家屋売買二五例のうち、一〇例が社領内で完結していない家の移動であり、日野富子や細川政国、伊勢貞宗など、室町幕府の関係者やその被官人が、北野社領で購入した家を「京都」へ運んでいる。このような事態を、北野社側は明応三年（一四九四）の『目代日記』に「一、社家中こをしや（壊屋）ちやうし（停止）の御奉書、松梅ゐん（院）江つき候[38]」、「一、こをし屋御奉書をしゆくわん（祠官）中江目代・成孝両人してふれ申候、又北野内地下人をとな共をめしよせ、堅申付候也[39]」とあるように、幕府の奉行人奉書によって禁止したが、効果ははかばかしくなかった。

　明応九年（一五〇〇）八月、「宮仕預しやういん」が困窮により今少路末にある「小家」を売ることになったが、その買い手が香西元長であったことから、北野社側は売買を許可しなかった[40]。これに対し香西氏は、「今少路末家をこほし候て可レ出候、家共京等へ出候其例共あまた候、今月三日も南少路ゐひ〳〵寺ヨリこほし屋出候、我らも可レ出」と門跡に主張している[41]。すなわち香西氏は、北野社領から家を壊して京へ出す例は多くあること、先日も南少路の「ゐひ〳〵寺」（永円寺）が家を売却し、社領外に出していることなどを根拠として、宮仕の家を自分に売却するよう要求したのである[42]。そして結局宮仕の家は、香西氏が「ゐひ〳〵寺ひつかけをもつて」、つまり永円寺の例を拠りどころとして壊し、京に運んでいってしまっている[43]。

　こうした北野社領内から京都への家屋の移動を、以下便宜上〈京出〉と表現することにするが、香西氏の発言に「其の例共あまた候」とあることから、当時の北野社領では家屋売買による家屋の〈京出〉例が多くあったことがわかる。また社領内で完結する家売買であると見せかけて、「京都」の者に家を売り、「京都」へ家を移動させてしまう事例もあり[44]、北野社領の家屋は社領内外の者たちによって〈京出〉されていた。このように〈京出〉は、北野社から「京都」へと家屋・木材が流通することを意味したものの、それはあくまで北野社側の禁止する、不法な流通形態なのであった。

　それではなぜ、北野社は家屋の〈京出〉を禁止したのか。これを今少路「正本」宅の売却例から、考えてみたい。延徳三年（一四九一）二月、「北少路殿」（日野苗子）の被官が、北野社領今少路の「正本家」を買得して運び取って行ったとの報告が松梅院のもとに届いた。松梅院は公人を派遣し北少路殿へ抗議したが、北少路殿が社家奉行を間にたてたため、社家奉行松田長秀と交渉することになった[45]。その際、社家奉行が北少路殿の運び取った「家跡」に新しく家を建てることを条件に売却を認めることを提案したのに対し、松梅院は、「然者先家を造、其後壊屋を可レ被レ出」、すなわちまず家を建てることが先決で、その後に壊した家の木材を運び出すよう要求している（この時点においてまだ、北少路殿による家の運び出しは完了しておらず、木材の運び出しが続いていた）[46]。こうした問答ののち、来月の二十日までに「壊屋跡」に家を建てるとの、地下人三人による請文が松梅院に提出され[47]、その後、家はすべて「京都」へ運び取られている[48]。

　ここで北野社が家跡に新たな家を建てることを条件に、家屋の〈京出〉を許可していることは、逆に〈京出〉が、本来家屋の建っていた土地から家屋が無くなることを意味し、そのことを北野社側が避けたいために「こほし屋停止」を主張したのだと解することができよう。そして特に「北野」・「社家中」における「こほし屋」が停止されてい

買得者（所望者）	解体	京出	備　考
（社家）	●		壊した状態で社家が抑留．預承仕が大将軍社に移築したいという．松梅院，抑留を今後停止する旨承仕に伝える．
伊勢貞宗	（●）	（●）	侘事により，松梅院・門跡ともにしぶしぶ承知か．
細川政国	（●）	（●）	北野社側，前年に「こほち屋停止」の奉書が出ているとして，断る姿勢．以後どうなったか不明．
密乗院	●		目代・公文承仕に報告せず売却したため，いったんさしおさえられるが，侘事により許可される．
細川政元被官中条	●	●	車３両で壊しにくる．「こほち屋停止」の旨，松梅院が告げるものの，細川政元が遊初軒（葦州等縁）を通じとりなしたため許可する．27日に壊して運んでいく．
	●		禅快が極秘に壊して売ったため，松梅院，番衆を派遣する．（これ以前の６月30日に，梅香院の売券が松梅院に渡り，17貫200文を松梅院が支払っている．）
	●		これより前の６月12日に，彦三郎，西京に売るので「ほうわたし」であるとし，目代に10疋を渡していたが，この日，松梅院は，門跡に「こほち屋停止」を破ることになると忠告（門跡が買主もしくは口入人か）．
日野富子被官	●	（●）	１貫で売れる．門跡が先に許可してしまい，松梅院，「こほち屋停止」であると非難．
日野苗子被官	●	●	門跡は了承するが，松梅院はなかなか了承せず．壊した跡に，新たに家を建築することを条件に了承．
妙蔵院被官	●		境内に移築することを理由に妙蔵院被官が「壊取」．目代・公文承仕が注進しなかったため，松梅院叱る．
曇花院（足利義視女）御乳人	●	（●）	曇花院，「境内壊屋停止儀」を知らずに買得か．社家奉行が松梅院に書状を出す．
会所留守坊主	●		成悦の家の際に移築したいと申請．４月20日に「永琳院前之家」を「成悦前」に引きたいと申請している件も同じ一件か．
今少路	●		松梅院に届け出ずに「壊渡」．松梅院，公人を召して元の場所に運び返し，家を造り直すよう命じる．８月３日に完成か．
松梅院の下部の次郎	●		北辻子に移築．
桜本			１貫800文＋αで売れる．
米屋（半分）	●		家の半分を，米屋に売却．あとの半分は，兵衛の「本家」の修理にあてたいとの要望．後欠により，実行されたか不明．
こうやさへもん五郎	●		松梅院，了承せず．それを抑えて壊す．
宝成院	●		松光院内に移築することを「ほうわたし」により許可される．９月６日に移築．松梅院，承知するものの，「毎度このように言っては京へ出している」と注意．
	●	●	松梅院の被官海老源四郎が勝手に許可し，あとで問題になる．No.20の件により発覚．
香西元長	●	●	８月４日からたびたび要請あり．香西，家を京へ出す例，数多あり，ゑ井ゑん寺の例ありとして，壊し，運んでゆく．
公文承仕成孝の中間	●		かい川南頬に購入した家の修理にあてる．
小畠七郎被官の中間	●		「ほう渡し」に引きたいと要請．
	●		密乗院の内から，家を壊して車１両が出てきたところを，目代がさしおさえ，門跡へ注進．門跡，密乗院と親しい間柄であることを理由に許可．
かうしょういん（光勝院か）殿	●	（●）	松梅院，門跡に処置を委ねる．売却されたか不明．

表2　家屋売買一覧

No.	年号	月日	西暦	社家	目代	住　所	物件名	売却者
1	長享2	2.19	1488	●		今少路	在家	
2		8.3		*	●	今少路	ひる田蔵	
3	長享3	2.2	1489	●	*		柳庵	
4	延徳2	4.18	1490		●紙		神明神主の家	神主
5		8.20		●	●紙	北辻子	西谷寺	
6		9.23		●			梅香院住坊	禅快
7		11.24			●	馬場		彦三郎
8		12.23		●		今少路		一覚
9	延徳3	2.14	1491	●	●	今少路中ハシ		正本
10		3.11		●		南少路末	小家	
11		4.12		●			妙蔵院坊舎	
12	延徳4	4.18	1492	●	*	南少路末	小家	
13	明応元	7.26	1492	●	*	南少路	小家	
14		9.12		●	*	南少路福部社際	小家	
15	明応2	11.22	1493	●		御霊辻子	家	松梅院
16		?.4			●紙	かい川?	せとの小屋	兵衛
17	明応3	9.9	1494	*	●紙	かい川		こふ屋
18	明応9	8.1	1500	*	●	南少路末	小家	坊中被官人
19		?		*	●	南少路ゑ井ゑん寺		
20		8.7		*	●	今少路末		宮仕しやういん
21		9.3		*	●	かい川北頬	小家	
22		9.3		*	●			
23		9.7		*	●			(密乗院)
24		9.28		*	●	北野	小家	

買得者（所望者）	解体	京出	備　考
細川殿御内の「しせん」の子の「しいとの源四郎」	●	（●）	源四郎，京出を要望．後欠により売却されたか不明．

月の記事そのものが存在しないことを示す．また「日代」の項に「●紙」とあるのは，『日代日記』紙背文書に記載が

る点に留意するならば、「こほし屋停止」は「境内」における景観保持において大きな意味を持ったと考えられる。さらにまた、家屋の支配を通じて得られる領主の経済的利益の大きさを保証する役割も果たしたものと考えられる。すなわち中世後期京都の土地所有について分析された脇田晴子氏によると、京都とその近郊においては、田畠の面積に応じて賦課される年貢よりも、家屋の間口の広さに応じて賦課される屋地子の方がはるかに高い収益（氏の試算によれば、後者が前者の五―六倍に相当）を領主にもたらしたという[(49)]。したがって北野社にとってもまた、家屋からあがる屋地子収益は非常に重要であったと考えられ[(50)]、〈京出〉を徹底的に阻止する必要があったと思われるのである。

２　「破却」と「沽却」

これまで家屋の売買例を検討し、北野社が家屋・木材の〈京出〉、すなわち領外への売却・流通を強く規制していたことを明らかにした。それではこのことと、闕所屋処分における家屋売却のあり方とは、どのような関係にあるのだろうか。

まず指摘できるのは、闕所屋処分に際し、「居屋」（建売販売）の事例が「壊屋」（解体資材の販売）の事例より多いことの意味と、北野社が家屋の流通を嫌った理由とが、おそらく密接につながっているということである。なぜならば〈京出〉に象徴されるような、領主による家屋支配権の危機的状況を前提に改めてこの二つの処分形態をみたとき、「居屋」処分の意義とは、家屋を壊したためにその地がいわばサラ地化することを避けることにあったのではないかと考えられるからである[(51)]。

№.	年号	月日	西暦	社家	日代	住　所	物件名	売却者
25	文亀元	10.23	1501	＊	●	（北野）	寮	社家祠官人

注１）「社家」・「日代」の項目は，『社家日記』・『日代日記』の記載の有無を示している．このうち＊は，該当年・あることを示す．

注２）「解体」・「京出」の項の（●）は，買得者の性格によりその可能性が高いことを示す．

しかし一方、「居屋」のまま売却することと、家屋売買に対する規制とが、同一の事情に基づくものであったとしても、闕所としての家屋売却は、決して家屋売却の一種として一般化することはできない特質を持つことに注意が必要である。そのことは闕所屋処分としての家屋売却固有の意味や、土地所有の構造に対する影響力において認めることができる。

まず前者の点については、北野社の事例よりもむしろ、同時期の東寺の事例において明確に見出すことができるので、以下掲げてみることにする。

［史料４―①］「東寺廿一口方評定引付」（『大日本古文書』東寺文書之四）文明十六年（一四八四）五月七日条

一博奕之事、重而披露之処、其人数数輩之由、雖レ有二風聞一、就二露顕之人一、可レ有二御罪科一云々、尾張法師・五郎次郎（寺内）・松法師（上総下人）・与七（乗弥下人）、以上四人、被レ払二境内一畢、仍五郎次郎・与七両人住宅可二検符一云々、則致二下知一畢、

［史料４―②］同右五月十九日条

一与七家之事、乗弥法橋侘事、申通披露之処、衆儀云、法橋申通、非二与七家一、為二法橋自専之家一之由、雖二歎申一、無二其所見一間、難レ及二許容一云々、

［史料４―③］同右六月十六日条

一与七家之事、可レ。〔為〕レ壊之由治定之由、乗弥仁申処、重而愁訴之通、彼家之事、度々雖レ申、侘事不レ可レ叶之由、若衆中依二御訴訟一、被二仰下一之条、無力次第候、雖レ然、於二目前一、忽可レ。〔被〕二壊召一之事、失二面目一候、所詮、哀被二聞進一、被二沽脚（却）一者、可二畏存一之由、披露之処、可レ被レ成レ代之由、治定了、(52)

まず史料4―①から、東寺境内の住民で博奕を行った者に罪科がかけられることとなったこと、罪科人の中に、東寺納所の乗弥法橋の下人与七がおり、与七の家は、五郎次郎の家とともに検封されることになったことがわかる。その後史料4―②にあるように、検封された与七の家は与七の所有する家ではなく、与七の主人の乗弥が所有する家であると乗弥が訴え出た。しかしこの主張は認められず、破却の決定が乗弥に通達された。史料4―③によると乗弥は、「自分の目前において家が壊されては面目を失うので、家を沽却してほしい」と訴えたという。そこで寺僧側もこれを認め、家に値段を付けて売ることにし、一件落着となっている。ここでは家屋を破却するかわりに、「沽却」することをもって闕所が完了しているのであり、闕所屋処分としての家屋売却が、破却にかわる意義、それと等しい意義を持つものであったことがうかがえる。

同様の事例を、もう一つ示す。

[史料5]「東寺廿一口方評定引付」（『大日本古文書』東寺文書之四）明応二年（一四九三）三月十三日条

御所前之百姓彦三郎、トハ三郎、両人屋敷之地子〔年貢〕加地子、年々之未進巨多之間、被二検符一之処、不レ致二其沙汰一之上者、可レ壊レ屋之、雖レ然、居屋ニ申請者有レ之、仍彦三郎ヵ家八百文、三郎ヵ屋四百文、可レ被レ成レ代之由、治定畢、

「御所前」(53)の百姓である彦三郎とトハ三郎の家が、屋敷の年貢・加地子を未進した罪で検封されたが、その後も二人が年貢等を納めなかったため、破却することになった。ところが「居屋ニ申請者」すなわち破却しないでほしいと申請した者がいたため、東寺が両者の家それぞれに値段をつけ、破却せずに売ることにした、という話である。ここでも家を壊すかわりに、東寺がその家を売ることによって闕所屋処分が完了している。

以上のように、闕所屋処分としての家屋売却は、破却行為のかわりとなる意味を持っていた。東寺の事例において注目されるのは、闕所屋を「居屋」のまま売却することを望むのが、必ずしも領主側に限らなかった点である。東寺

が乗弥のような「家主」や、おそらくはこれに類する「居屋ニ申請者」の要望によって、壊すかわりに建売していることは、「居屋」のままの売却が、単に領主側の事情によりのみなしうる闕所屋処分でなかったことを示している。そして北野社領の場合においても、現実にこうした「居屋」を買得する者が存在した点からいって、闕所屋処分として「居屋」を「沽却」するという処分形態が、領主と領民の双方において認知されていたといえるのである。

それではなぜ、破却もせずに犯科人の家屋を売るという処分形態が、領主の住宅検断として認知されえたのであろうか。その理由はおそらく、闕所における家屋売却の持つ意味そのものの中にあると思われる。このことを北野社の場合にたちかえって、さらに詳しく検討してみたいと思う。

３　「沽却」処分の意義

家屋を売却することが、闕所屋処分たりうることの意味がどこにあるのか、まずは具体例を掲げて考えてみることにしよう。

［史料6—①］『目代日記』明応九年（一五〇〇）三月二十二日条

一、今少路北つらくそふミ三郎か家事、次而成孝下人又我らか物と両人をめしつかひ（召使）候て、せんあミ（善阿弥）方へ申事ハ、三郎か家事地子事銭方主けい（契約）屋候程ニ、内内其方御しんたい（進退）あるへきよしうけ給をよひ候事実にて候哉、さやうに候ハゝぬし（主）此方をり候時、彼物を同道之めされ候て御上候て案内承候ておほせ（仰）られ候事、けにもにてあるへく候、ちくてん（逐電）ニ定候ハゝ、けつ（闕）所ニ成候ハんする事にて候、其分御こゝろへ（心得）ために申候よし申遣候、善阿ミ罷下候よし御返事、則善阿ミ罷上候て両保〔役〕方へ申事にハ、彼三郎か家事委細承候、彼屋敷我らか知行にて候、地子事をくわふん（過分）に未進仕候、堅さいそくをいたし候へハ、かの小家を地子方にくれ候よし申候、此子細者地下若衆も内ゝ御存知の事にて候よし申され候、両人御返事仕候事ハうけ給候、子細之段中〳〵事行ましく候、肝要者かの物をめし出され候て、そのかんてい《鑑定》させられ候ハてハ、それの御理うん《運》ニハ成候かたく候、堅申候程ニせん《善》阿ミもり《理》にハまけ候[54]、

今少路北頬の三郎が逐電した疑いが濃厚となり、闕所への準備を進めるため、目代は、公文承仕成孝の下人と自分の下人とを引き連れて、善阿弥のもとをたずねた。その理由は、善阿弥が逐電した三郎と、三郎の家の地子について「銭方主契約」を結んでいたからであった。その契約の具体的な内容を、善阿弥の返答内容から探ってみると、まず善阿弥はもともと三郎の屋敷を知行する「地主」であったことがわかる。そして三郎が「地子」を未進したため、善阿弥は三郎の住む「小家」を未進のかたに取得し、みずからは家主となって三郎を借家人とし、その「小家」に住まわせたのであった。目代側は、こうした家の所有権の移動を、善阿弥が領主である北野社に届け出なかったことにより認めず、善阿弥の所有する家であったとしても「闕所」を行うことを通達している。

この一件は、その後善阿弥が闕所に同意せず、「しやうりゐん」という人物を仲介にたてて北野社との交渉にのぞむなど混乱を招いたが[55]、次にみるように結局闕所は遂行された。

［史料6―②］『目代日記』明応九年（一五〇〇）八月八日条

一、今少路北つらくそふミ三郎か家事、今日けつ《闕》所ニふせられ候、奉行かつさとの《上総殿》・同いなハとの《因幡殿》・目代・奉行ヨリハ成孝、大田殿、則山本与三郎かひ候ハんするよし申され候程ニ、代物四百文うられ候、

これを読むかぎり、この三郎の家もまた、破却されることなく闕所が完了しているようである。そして三郎の家を、山本与三郎なる人物が購入を希望し、四百文で買得している。すなわちそれまでの善阿弥の「地主」あるいは家主としての所有権は、この時点においてすべて否定されてしまったことになり、新たに領主と与三郎との間に家の売買契約が取り結ばれているのである。

同様の事例を、もう一つ示そう。

［史料7］『目代日記』明応八年（一四九九）三月五日条

一、かい川竹屋逐電仕候由、随興中間来候て注進申候、かい川物共皆〻物参仕候て人なく候間、我ら案内申候由、乍レ去此家をハ内々き々候へハ、細川殿（政元）の御こしかき（輿舁）しち（質）ニ取候て、はやなかれ（流）候間、此程も料足にて彼物かし候てをき候由、内〻くら物語仕候、又はゝ（馬場）のまん五郎も成孝・此方へ来候て申事にハ、此家我ら方へうりけん（売券）の状仕候て出候間、我らか家にて候、此間もしゆくちん（宿賃）にてかし候由申候、両人保〔役〕者皆〻返事仕候分ハ、かの家事さやうに候ハ丶、其ぬし（主）時かの物を同道候て、此方へ案内をハ何とて承候ハぬや、中〻御承引あるましく候由申候、

かい川の竹屋が逐電したとの報告が、宮仕随興の中間から目代のもとに届けられた。その後さらに、この竹屋の家の所有権が「竹屋→細川氏の輿かき」の順に変化したとの情報と、「竹屋→馬場のまん五郎」の順に変化したとの情報が目代・公文承仕らのもとに届いたが、目代らはこうした所有権の移動についての届出がないことを一つの理由として、闕所を阻止しようとした家主たちの言い分を斥けている。ここでも犯科人が借家人であった場合の、闕所における家主の権限の限界、逆にいえば領主権の強大さをうかがうことができる。

すでに瀬田勝哉氏は、南北朝期から室町期の京都において、「地主―家持―借家人」関係が成立していたことを明らかにされ、中世都市の基本的対立関係である「地主―百姓」関係の内部に、近世的な「家持―借家人」関係が発展しつつあったことを指摘されている[56]。そしてその前提条件として、「百姓」に家処分権が一定度認められていることが必要であったと指摘されている。先の史料でみた善阿弥や馬場のまん五郎らの存在は、戦国期の北野社領においても領主である北野社（地主）―家持―借家人という重層的な土地所有関係が存在したことを示している[57]。また家屋売買の事例が存在すること自体、戦国期の北野社領において、領主の許可さえ得れば百姓が一定度自由に家屋を処分する権利が保証されていたことを示していよう。

このような土地や家屋の所有をめぐる重層的な関係の存在を念頭においたとき、闕所屋処分にあたり領主が闕所を通じ一方的に家屋を没収し、売却できることの意味は大きい。新たに形成されつつあった「家持」層がいかに自分に家屋の所有権のあることを主張しても認めず、家屋を売却することによって所有者を一新しうる領主権力にとって、売却は焼却や破却に等しい意味を持ったと思われる。すなわち破却や焼却という目にみえる形での「穢れの祓い」でなくとも、領主が「沽却」という行為を通じ、家屋の所有関係を一度壊し、新たに組替えていることを重視するならば、「沽却」は穢れの祓いとしての効力を十分に持ったのではなかろうか。

このことと併せて想起されるのは、「祓除の習俗」と「交換・売買」とは密接な関係にあり、「祓」と「払」とは同語源であるという福田徳三氏の指摘や[58]、市での売買・交換は神との売買・交換であり、「贖う」ことが「祓除」としての一つの手段であったとする勝俣鎮夫氏の指摘である[59]。とりわけ神人・寄人の商業活動の例を通じて「売買の論理のなかに含まれる一種の祓い・浄めの構造」や「仏物・神物の売買という観念」の存在を見出された勝俣氏の指摘をふまえるならば、神仏をまつる寺社領主が犯科人の住んでいた家屋をいったん没収した上で、売買するという行為の中にもまた、祓の意味を見出すことが可能であるように思われるのである。

おわりに

以上、戦国期の北野社領において展開した領主支配のありようを、闕所屋処分を中心に考察してきた。北野社における闕所屋処分の基本的形態は、検封ののち壊さずに沽却するというものであり、闕所屋の沽却が検断の場において破却にかわりうる意味を持ったこと、具体的には土地所有関係を一新することにより穢れを祓う意味を持ったことなどを明らかにした。

寺社領主が闕所にあたり、焼却処分か破却処分か沽却処分か、というい ずれの形態をとるのかについて、明確な基準を持ち合わせていたのか、定かではない。東寺領の場合、戦国期においても破却のみならず焼却処分がなされていることをみると、時期により処分形態を区分することもできないように思われる。ただし焼却された木材を再利用することは不可能であっても、破却された木材ならば可能であることに注意するならば、破却と沽却とは非常に密接な関係にあったと思われる。すなわち破却によって生じた木材を売却するという破却処分の一環としての沽却処分がまず生まれ、さらに破却処分をもせずに売却する、単なる沽却処分という形態が生まれていったものと考えられるのである。

こうした単なる売却処分としての闕所屋処分を成り立たせていたものは、闕所屋が建った状態で売却されることを望む領主や家主、ないしは買得者の存在であった。北野社は、家屋の〈京出〉という事態が進行する中で「壊屋」を禁止し、家屋の社領外への流通を必死で食い止めていたが、その背景には「百姓」の家屋所有権・自専権の拡大や「家主」・「家持」層の台頭という問題があった。家屋所有をめぐるこのような状況の中で、あくまで領主のみが家屋を支配しうるものであるとの建前を貫き、「境内」の景観を保持しつつ屋地子を確保していくためには、北野社にとって「居屋」の「沽却」という処分形態はもっとも適当な処分方法であったと思われる。そこに戦国期における家屋をめぐる所有構造・経済事情が反映されていることは確かであるが、そうした形態が闕所屋処分たりうる条件として、売買の持つ祓の意義が存在した可能性も重視されるべきであろう。すなわち闕所屋を破却せずに沽却する、という処分形態の中に、戦国期の北野社領において展開した家屋支配をめぐる経済事情と闕所の持つ呪術的要素とのせめぎあいを、見出すことができるように思われるのである。

注

（1）清水克行「権門領主による強制執行の形態——室町京都の闕所屋処分の一側面」（『民衆史研究』第五二号、一九九六年、のち同氏『室町社会の騒擾と秩序』吉川弘文館、二〇〇四年、第Ⅲ部第一章「室町後期における都市領主の住宅検断」に増補の上所収）。

（2）勝俣鎮夫「家を焼く」（網野善彦・石井進・笠松宏至・勝俣鎮夫編『中世の罪と罰』東京大学出版会、一九八三年）。

（3）「北野」については、明応三年（一四九四）当時、「むね数二百五十九」、すなわち二百五十九軒の家が立ち並ぶ状況であったことが知られる（『目代日記』紙背、六六七頁、明応三年九月二十日条）。

（4）清水氏注1論文の注5を参照。

（5）『社家日記』第二巻、二〇一頁、延徳二年十二月二十九日条。

（6）『社家日記』第四巻、一二二頁、明応二年十月四日条。

（7）脇田晴子『日本中世都市論』第一章「都市の成立と住民構成」（東京大学出版会、一九八一年）。

（8）北野社の組織については、鍋田英水子「中世後期「北野社」神社組織における「一社」」（武蔵大学『人文学会雑誌』第二九巻・第一・二号、一九九七年）参照。そこでは特に、組織上層部の社僧（「祠官」）について詳細な検討がなされている。

（9）鍋田氏注8論文参照。

（10）目代が「政所承仕代」であることについては、注3史料、及び『目代日記』紙背、六一一—六一二頁、延徳二年閏八月二十三日条、同日記六五頁、延徳二年十二月二十六日条、清水氏注1論文を参照。

（11）『目代日記』紙背、六一一頁、延徳二年閏八月二十日条。

（12）『目代日記』二二六頁、永正六年十月二十七日条。

（13）松梅院は闕所の実行を命じた他、一時的な犯科人の身柄拘束や、拷問・身体刑をも指示することがあった（『社家日記』第二巻、一一七頁、延徳二年七月二十五日条、『目代日記』四九頁、延徳二年七月二十五日条、『目代日記』三二九—三三〇頁、永禄三年十二月二十四・二十五日条、同日記三六七頁、永禄十年十一月十二日条）。

（14）『目代日記』一八〇頁、明応九年十一月二十四日条。

（15）延徳三年に「かい川（紙屋川）」町人が、等持院関係者の畠から瓜を盗んだとの風聞があった際、門跡は盗人が発生した際には「町」から注進してくるはずであるので、まず「町」に事情を尋ねてみるよう、松梅院に指示している（『目代日記』

紙背、六五六頁、延徳三年六月二十七日条）。また同じく延徳三年に、南少路の「しやうきん」という売僧が、撞鐘勧進と称して徘徊したため、造営奉行宝成院が調査に乗り出すという一件があった際にも、「しやうきん」逐電との情報が「町」からの注進によって北野社側に寄せられている（『目代日記』八二頁、延徳三年三月二十七日条）。

(16)『目代日記』三四〇頁、永禄六年三月十八日条。

(17)この史料については、清水氏も紹介され（注1論文）、闕所屋処分に伴う得分物のうち、「雑物」については、明確な分配慣行が見られないことを指摘されている。

(18)北野社の史料において「雑物」は「贓物」とも表記されるが（史料2―②等）、これは盗品としての意味ではなく、清水氏もすでに指摘されているように（注1論文）家財道具を意味する。

(19)この事例については、川嶋將生『町衆のまち・京』第一章「自治の成立」（柳原書店、一九七六年）においても紹介されている。

(20)『目代日記』一三八―一三九頁、明応八年十月十四・十七・二十二日条。

(21)『目代日記』一二九頁、明応八年五月十四日条。なお注進者の「神辺」は、木辻保分の公事柴や小破木を北野社に届けていることなどから（『目代日記』八一頁、延徳三年三月十一日条、同日記一八五頁、明応九年十二月二十八日条等）、木辻保の「保長」的地位にあったと考えられる。

(22)貝英幸「応仁文明乱後における膝下領の支配とその変質――北野社領西京を例にして」（『鷹陵史学』第二九号、二〇〇三年）。

(23)勝俣鎮夫氏注2論文、山本幸司氏「検断と祓」（笠松宏至編『法と訴訟』吉川弘文館、一九九二年）等。

(24)『目代日記』四〇頁、延徳二年三月二十四日条、同日条、同日記紙背、五八〇―五八一頁、同日条、同日記紙背、六〇六頁、六月十日条。

(25)『社家日記』第四巻、一三七頁、明応二年十一月十七日条。

(26)注16参照。

(27)東寺百合文書ち函「廿一口方評定引付」（『大日本古文書』家わけ第十・東寺文書之四）二八三頁、寛正三年十一月三日条、同四一六―四一七頁、文明五年二月十二・十六日条、『言継卿記』第二巻、四四三―四四四頁、天文十八年十一月二十日条。

(28)『社家日記』第一巻、一九五頁、長享三年五月十四日条。「今少路珠阿庵」とあるが、「慈阿庵」のことであろう。

(29) 勝俣氏注2論文。
(30)『目代日記』一二頁、長享二年四月二十八日条、及び『社家日記』第一巻、七〇頁、同日条。
(31) 山本幸司氏は注23論文において、破却が「原形を留めないという点で焼却と同じ意味」を持つとされた上で（一九一頁）、この今少路清本宅の検断例に注目され、「ここからは、犯罪の性質によっては、犯罪者の居屋つまり原形を保ったままでの住居を残すことが忌避されたという解釈も成り立つのである」（一九二頁）との見解を示されている。
(32)『目代日記』紙背、六三二頁、延徳二年七月三日条。
(33)『社家日記』第三巻、二〇三頁・二〇八頁、明応元年七月二十六日条・八月三日条。なお清水克行氏も、注1論文において、北野社門前の住人に家屋処分権はなく、処分にあたっては必ず北野社の許可を得なければならなかったことを指摘されている。
(34)『目代日記』一七一頁、明応九年八月一日条。
(35)『目代日記』紙背、六〇六頁、延徳二年六月十二日条。
(36)『目代日記』一七五頁、明応九年九月三日条。
(37) なお「ほうわたし」に類似する用語として、「町渡」という用語もみられる。すなわち『社家日記』延徳四年八月二十六日条に、「一、神谷河（紙屋川）住人四郎太郎去年家焼候間、直今少路鍛冶檜物師隣ニ居、当年本所ニ構レ家云々、仍町渡事者不レ苦、殊可レ然可レ作由申間、意得由申付畢」とある（傍線は筆者による、以下同じ）。「町渡」の意味を「四郎太郎の身柄」を「町預け」にするものと解釈する見解もあるが（川嶋氏注19書、三五頁）、「殊可レ然可レ作」という文言から、家屋の移動を意味する言葉であると考えられる。また仲村研氏は、至徳二年（一三八五）の祇園社禁制に、「一、壊二渡住宅於社領之外一事」とあることに注目され、領主が住人の所領における居住権を否定し、財産所有権を否定することを意味する「壊取」の逆の意味の用語として「壊渡」という用語が存在したことを指摘されている（仲村氏「住宅破却について」『荘園支配構造の研究』吉川弘文館、一九七八年）。
(38)『目代日記』紙背、六七一頁、明応三年九月晦日条。
(39)『目代日記』紙背、六七一頁、明応三年十月一日条。
(40)『目代日記』一七二頁、明応九年八月五日条。
(41)『目代日記』一七二頁、明応九年八月六日条。

(42) 「ゑひ〳〵寺」は、『目代日記』において「ゑゐゑん寺」とも表記されていることから（同日記一七二頁、明応九年八月六日条）、『社家日記』第七巻、一六四頁、明応四年九月十七日条に出て来る「南少路永円寺」のことであると考えられる。また「目安等諸記録書抜」（『北野天満宮史料　古記録』）三一〇頁には、文安元年二月日付「永円寺星徳庵聖周」の目安が載せられている。

(43) 『目代日記』一七三頁、明応九年八月七日条。

(44) 『目代日記』一七五―一七六頁、明応九年九月六日条。

(45) 『社家日記』延徳三年二月十四日条。

(46) 『社家日記』第二巻、二四三頁、延徳三年二月十六日条。

(47) 『社家日記』第二巻、二四四頁、延徳三年二月十七日条。なおここで地下人が請文を提出しているのは、地下人たちに家屋の管理責任があった（「こほちや停止」の奉書は「北野内地下人をとな共をめしよせ、堅申付候也」とあるように、町の「おとな」を通じて通達されている、注39）にもかかわらず、地下人のうちの誰かが北少路殿に家屋を売却し、〈京出〉という事態を招いたためであると考えられる。

(48) 『目代日記』八〇頁、延徳三年二月十七日条。

(49) 脇田氏注7書第二章「中世京都の土地所有」。

(50) 例えば『社家日記』第二巻、一〇三頁、延徳二年六月十三日条には、「一、同昨日成孝申様、経堂西之在家、西京者令二沽却一、即其跡ニ可二新造一由申間、巨細相尋之処、自二以前一者少可レ造由申間、不レ可レ叶由申付畢」とあり、家を運び取ったその「跡」に新しく造られる家の規模が、以前に建っていたものより小さいものであることが判明したため、家の売買が認められていない。ここで家の規模が小さくなることを理由に売買が差し止められたのは、間口が狭まるために屋地子収入が減少することを、北野社が嫌ったためではないかと考えられる。

(51) なお史料2―③に、「至二居屋一者参貫五百文、壊屋者三貫文」とあるように、「壊屋」よりも「居屋」の方に高い値段が付けられているのは、おそらく家屋を購入する側の事情が反映されていたと考えられる。というのも、一般的な家屋の売買にあたっては、家屋を買得した側が家屋を壊して運び、それを別の場所に建てたからである（『社家日記』第三巻、二一八頁、明応元年九月十二日条等）。こうした意味で、領主側にとっては壊す手間を必要とせず、しかもより高額で売れる「居屋」という処分形態は魅力的であったと考えられる。

(52)　この史料4—③の「哀被二聞進一」の部分を、『大日本古文書』は「哀被レ聞レ主」と翻刻しているが、東京大学史料編纂所架蔵写真帳『東寺百合文書』（請求番号六一七二・六二・一九六）により訂正した。
(53)　この「御所前」は、東寺寺域を含む平安京の左京九条一坊に相当する「寺辺水田」内にあり、八条以南・針小路以北・壬生以西・坊城以東にあった（橋本初子「中世東寺の散在仏事料所と伝来の文書について」『中世東寺と弘法大師信仰』第五章第二節、思文閣出版、一九九〇年、参照）。
(54)　この史料6—①の冒頭部分「一、今少路北つら」を、刊本『目代日記』（『北野天満宮史料』）は「一、今少路北つし《（辻）》」と翻刻しているが、東京大学史料編纂所架蔵影写本『北野社家目代日記』（請求番号三〇七三・一二九）により訂正した（史料6—②では刊本も「北つら」としている）。
(55)　『目代日記』一六三—一六四頁、明応九年四月十八日条。
(56)　瀬田勝哉「近世都市成立史序説——京都における土地所有をめぐって」（寳月圭吾先生還暦記念会編『日本社会経済史研究』中世編、吉川弘文館、一九六七年）。
(57)　なお瀬田氏が前注論文において使用された「地主」という用語は、私的土地所有を保証されたものとして史料上に現れる「領主」・「地主」の両方を含んでいる。
(58)　福田徳三「祓除ト貨幣ノ関係ニ就テノ愚考」（『国家学会雑誌』第二四巻第七号、一九一〇年）。
(59)　勝俣鎭夫「売買・質入れと所有観念」（『日本の社会史』第四巻・負担と贈与、岩波書店、一九八六年）。

〔付記〕本章作成に際し、藤井讓治氏・高橋敏子氏・虹の会参加者の方々など、様々な方から御教示を賜りました。ここに記して感謝いたします。

第三部　本末関係と中世身分制

第一章　中世寺社の公人について

はじめに

中世身分制研究は戦後飛躍的に発展し、黒田俊雄氏の「中世の身分制と卑賤観念」が発表されて以降[1]、特に被差別民の中核に非人を据え、その実態を探る研究が進展していった。またこれとは別の立場から、河原者を被差別民の中核とみる研究[2]、あるいは被差別民を「職人」・「職能民」とみる研究なども展開されていった[3]。こうした研究の進展により、様々な被差別民の存在形態が明らかとなった一方、被差別民を含む個々の集団が中世身分制の中にどのように位置づけられるのかという点については、身分制研究そのものの停滞もあいまって見えにくい状況にある。

ここで一九七〇年代に発展した身分制研究をふりかえってみるならば、かつては非人・被差別民について論じることと、中世社会の秩序総体を論じることとは、非常に密接な関係にあった[4]。こうした点に留意するならば、被差別民を含む様々な中世の社会集団を、改めて中世における制度や秩序の中に位置づけていくことが求められるのではなかろうか。そのための方法は様々に存在すると思われるが、ここではさしあたり、社会集団・身分と中世社会の秩序・制度との関係を、中世の一権門をなした寺社の組織のあり方から探ることにより、身分制研究の場を拡げる試みを行いたいと思う。具体的には、中世後期における京都の祇園社・北野社の「公人《くにん》」集団について取り上げ、検討することにしたい。

中世の寺院史・寺院組織研究において、はじめて公人について本格的検討を行ったのは、稲葉伸道氏である。(5) 稲葉氏はまず東大寺の公人について分析され、公文所に補任される「堂童子職」が、本来の堂童子としての職務を逸脱し、年貢未進の譴責や領内の検断、代官職の請負を行うようになる過程で「公人」となったことを明らかにされた。また興福寺の公人についても検討され、興福寺においては中綱・仕丁・専当＝公人であったこと、中綱・仕丁が検断の際に「公人」と呼ばれるようになることと、興福寺の大和一国支配権（検断権を含む）の確立・拡大とは密接であったことを明らかにされた。そして寺社の公人が、血縁的関係で結ばれ、（中綱職や仕丁職などの）「職」を世襲し、座的編成を有する一方、「公人職」という言葉は存在しなかったことを明らかにされた。さらに中世社会においては、寺院の公人のほか、室町幕府侍所小舎人・雑色、政所公人、国衙の公人なども存在したといい、「公方」や「公田」の「公」と「公人」の「公」とは密接であることをも指摘されている。そして公人は「公権を所有する権力機構に所属し検断など公的活動に従事する職員」と定義することができ、「公権力が分立する中世」において活動した、「すぐれて中世的存在」であったと結論づけられたのである。

いずれも寺院社会における公人の特質を考える上で重視される指摘であると同時に、公人論の行きつく先に中世社会論・国家論が存在していることを示唆している点で注目される。こうした稲葉氏の研究を受け、その後東大寺や東寺、比叡山延暦寺など個別寺院の公人研究が進められた。(6) 本章ではこれらの先行研究の成果をふまえた上で、祇園社・北野社の公人について考察し、その活動及び社内組織における位置づけを明らかにするとともに、公人身分の特質についてさらなる検討をはかりたいと思う。

第一節　寺社公人の職務

1　祇園社公人

まず祇園社公人についてみていくことにするが、その前提として中世祇園社の組織がいかなるものであったのか、本書第一部をふまえ簡単に紹介しておきたいと思う。中世祇園社の組織についてみる上でまず重要なことは、祇園社が、平安末期より比叡山延暦寺（山門）と本末関係にあったことである。この本末関係によって、祇園社には「社僧」の上位に本寺延暦寺僧が置かれ、検校座主（＝天台座主）、別当（＝座主配下の山門僧）の本寺僧を筆頭に、社務執行・三綱・権大別当・少別当より構成される「感神院政所」が組織されていた。このうち、祇園社境内に常住していたのは、社務執行以下の社僧であり、実質的な経営責任者である社務執行のもとで、政所構成員である三綱・権大別当・少別当が、「公文所」をも構成して経営をはかっていた。そして「社僧」とは別に、専当職・宮仕職・承仕職から成る「公人」がおり、公人と血縁を持つ宮籠職の他、神子、神人も祇園社に組織されていた。

それでは「公人」は具体的にはどのように組織され、またどのような活動を行っていたのだろうか。祇園社公人は「社家記録」等をみる限りいずれも法名を名乗っており、中には「法師」・「法橋」号をもつ者もいたことが確認される。そして先述したように、専当職・宮仕職・承仕職の各「職」によって構成されていたが、これら各職は、世襲されるとともに兼帯される場合もままあった。各職固有の役割については必ずしも明確でないが、第一部第一章で指摘したように、座主交代時の新別当補任に際し行われる別当吉書の儀式の際に、専当は「公文座酒肴」の「盃膳役」を、宮仕は印鎰持ちを勤めている(7)。また承仕は毎年元旦に行われる「富祝」の準備や、修正会における「連灯并乱声」役などを担当している(8)。

これら各「職」の得分については、別当吉書の際、「公文座酒肴」とあわせて「専当・宮仕酒肴」が下行されたこと、その中味は、「専当方二瓶二種、宮仕方一瓶二種」が「本式」で、具体的には「毛立、家芋、唐蒄、取肴、昆布」などを下行されたことを確認することができる。(9) また年末には、「元三酒肴料米壱石」が専当・宮仕に下行された。(10) このほか正月の「壇供」の配分先に承仕も含まれていること、同じく正月に承仕が牛玉紙の一部を得分としていることなども明らかである。(11) いずれも断片的な史料であるが、仏神事その他の儀式における各「職」の役割に応じて得分が定められており、その得分は儀式ごとに定められた社領や神供等から賄われたのではないかと推察される。

これら各「職」にある者が、「公人」として史料に現れる場合の活動内容としては、以下の三つの活動がある（本書第一部第一章参照）。

① 祇園社領内の検断

② 社領及び神人・神子等への供米・公事の催促と納入

③ 山門公人の統制下で、犬神人（清水坂非人）とともに、他宗弾圧や検断・嗷訴に伴う破却活動に参加

こうした活動を示す具体例として、次の史料を掲げることにしよう（傍線は筆者による、以下同じ）。

［史料1］祇園社「社家記録」正平七年（一三五二）四月十九日条

十九□(日)、山上公人寺家鎰取・維那・専当、已上十六七人、出京、賢聖房承能法印父子、就二児童殺害事一、京都住坊可二破却一由、去十六日事書十七日到来同本、持来之、銘云、事書案、賢聖房幷承仕住坊破却事云々、即犬神人以二寄方一催促之処、卅余人今日由兼日不承之間、依二他行一宿老等参云々、参二当社一、専当・宮仕六七人(三人)、相二副山門公人一、欲レ罷二向賢聖房許八条坊門猪熊一之処、自二賢聖房許一立二使者於山上公人等中一、山上秘計最中也、今日者先可二罷帰一之由、於二当社内一雖レ申レ之、依二私使者一不二罷向一事令二参差一歟之由、当社公人等申之間、即発二向彼在所一之処、住侶等数輩自レ元籠置最中、招二請山上幷当社公人一、酒献レ之、（以下略）(12)

これは祇園社公人の活動内容のうち、特に③に関わるもので、児童殺害の罪に問われた山僧賢聖房承能の京都の住

房を、山門が破却するため、山門公人を派遣したときの記録である。傍線部にあるように、このときこの記録の記主である祇園執行は、山門の命令を受けて、祇園社公人の「寄方職《よりかた》」を通じて犬神人を動員している。あわせてこれに続く傍線部から専当・宮仕などの祇園社公人もまた検断に向かったことがわかる。すなわち山門が京都で検断活動を行う際には、山門の公人と共に祇園社公人・犬神人が動員されることになっていた。

それではこうした公人の活動に対しては、どのような得分が下行されたのであろうか。右の賢聖房承能一件に関する得分については明らかでないものの、正平七年（一三五二）二月、祇園社と建仁寺との間で「宮辻子路次」をめぐる境相論がおきた際、山門公人・犬神人とともに動員された「宮仕・専当十余人」に対しては、祇園執行から「神供直会」が支給されている[13]。また次に示す事例においても、やはり神供が支給されている。

［史料2］祇園社「社家記録」正平七年三月十二日条

一、社頭木屋破損之間、材木樽等紛失之間、可レ運二置本御輿宿一之処、申二談太子堂円観房一之処、鎰触穢依二長老入滅事一之上者、四壁板ヲ放テ可二取運一之由申間、今日為二執行代奉行一、板ヲ放テ以二専当・宮仕・宮籠等一、運二渡本御輿宿廻廊辰巳角一畢、公人等粉骨間、神供四前給了、材木注文仙舜注レ之、[14]

すなわちここでは、専当・宮仕・宮籠等の公人が破損した木屋を修理し、「神供四前」を支給されている。「神供」の支給という、当座用意しうるもので賄われる得分のあり方は、公人の活動が、宮仕「職」や承仕「職」など、定例化された仏神事に伴う職務から逸脱したものであり、かつ突発的なものであったことと対応しているものと考えられる。

ところで、［史料1］に犬神人の動員役として現れた「寄方職」は、すでに第一部第一章でもふれたとおり、公人の中から補任されるもので、犬神人ばかりでなく綿本・新座をはじめとするその他の神人や、神子、師子、田楽の統制にもあたっている。そして先に示した公人の活動のうち、特に②については、実際には「寄方職」の活動として現れることが多い。すなわち「寄方職」を持つ複数の公人が、それぞれ担当する社領や神人などの集団から社役を徴収するとともに、その一部を「寄方得分」としていた。また①の活動をはじめ、公人それ自体が集団で動く場合にも、その統率者となったのは「寄方職」であった(15)。

ここで想起したいのは、「はじめに」においてふれた、「公人職」という言葉は存在しない、とされた稲葉伸道氏の指摘である。この点について、次の史料に「公人職」の語がみられるのは注意される。

［史料3］祇園社「社家記録」正平七年（一三五二）十一月十三日条

一、於二社内一去夜為二円千法師一、朝珍被二打擲一之由、自二方々一申之間、円千法師解二却承仕職幷公人職一了(16)

祇園社の史料において「公人職」の用例を確認できたのは、右の一例のみである。加えて後にふれる北野社の場合、一例も確認しえない点をふまえると、右の史料をもって「公人」＝「職」であると断定することはできない。とりわけこれまでみてきたような、公人の活動形態とその得分の性格をみるならば、一定の収益を前提として公人が職務を遂行しているとは考えにくく(17)、したがってまた「公人職」が存在したとは考えにくい。

そこで注目したいのが、右の史料において承仕職及び「公人職」を解職されている円千法師が、実はこれ以前、承仕職と「寄方職」とを兼帯していたという事実である。すなわち「社家記録」によると、円千はすでに承仕職であったところ、正平七年正月に寄方職となり、正月九日に任料の半分を支払い、また正月十八日に寄方職の補任状を執行から得ていることがわかる(18)。つまり右の史料で円千が解職されたのは、「公人職」ではなく厳密には「寄方職」であったとみるべきで、承仕職をも失うことにより、結果的に公人としての資格を失ったものと考えられる。

したがって、「公人職」なる語が存在しないとする稲葉氏の指摘は、依然重視されねばならないものと考える(19)。すなわち東大寺・興福寺の中綱・仕丁・堂童子の各職が、その職掌を超えた次元の活動を行うことによって「公人」と称されたように、祇園社の場合もまた、専当・宮仕・承仕の各職が検断等の活動を通じてその職掌を逸脱するゆえに

「公人」と称されたと考えられる。

2　北野社公人

次に、北野社の公人についてみていきたいと思う。北野社もまた祇園社と同様に、中世においては山門と本末関係を結んでおり、天台門跡の竹内門跡が「別当」・「社務」として頂点に位置し、竹内門跡配下の僧が「政所職」をもつという構造をとっている。[20] そしてこの両者が北野社境内ではなく「北山」の地に常住したのに対し、境内に常住し、北野社の実質的な経営責任者として動いたのが、「公文所職」・「神殿大預職」を相伝する「社家」松梅院であった。社家の統轄のもとで、「執行職」、「六綱職」などの「祠官」・社僧が経営をにない、さらに宮仕職・承仕職によって構成される「公人」もまた後述するように様々な活動を行っている。この他、大座神人・西京神人などの神人も組織されていた。

北野社公人は、すでに鎌倉後期には存在し、宮仕・承仕によって構成され、検断活動に従事していたことが知られる。[21] そして特に戦国期以降は、「随」・「能」・「成」を通字とする法名を名乗り、血縁関係を結んでいたこと、また「法師」・「法橋」号を持つ「小預職」（「預」）に統率されていたことが明らかである。[22] 公人を構成する宮仕・承仕の各「職」の中身については、「宮仕」を「承仕」といいかえる事例があったり、「宮仕」とよばれる人間と「承仕」と呼ばれる人間とが一致していたりすることなどから、[23] その相違点を見出しにくい。しかしそのことは逆に、社内にあって宮仕・承仕がひとつの階層をなしていたことを示唆しており、実際宮仕・承仕は「衆中」と呼ばれるひとつの集団を形成していた。[24]

この宮仕・承仕の「衆中」とは、社僧によって構成される「祠官中」に対する概念・集団であったと考えられる。

［史料4―①］「法花堂記録」

御教書
自二公方一被二仰出一、境内・西京宿人事堅可二停止一、殊更祠官・宮仕等可レ存二其旨一、若違背輩在レ之者、可レ有二殊御沙汰一之由、可レ令二相触給一之旨、所レ被二仰下一也、恐々謹言、
応永八
十一月廿七日　　顕円
大納言僧都御房[25]

[史料4―②]『北野社家日記』永正三年（一五〇六）四月十六日条

一、永正三丙寅年四月十六日、社頭仮殿上葺修造依レ在レ之、神輿拝殿へ奉レ出旨、宝成院明順申二請奉書一及二其沙汰一云々、依レ不レ存二古実一、背二先規社例一所レ行如レ此、同上葺終レ之、同廿六日内陣へ御帰座云々、神輿無二出御一上葺在レ之事、文永年中記録分明之間、為二松梅院一此条雖レ申レ之、彼明順一方向掠申者也、前代未聞社家滅亡之儀、不レ過レ之云々、殊社家・諸祠官無人之上、或服者或在国或所労之族在レ之間、出御事難二事行一之処、於内陣　神輿ニ掛レ車申、剰外ニテハ宮仕等、祠官中ニ相交出御成申事、社家レイラク此事也、[26]

[史料4―①]は、北野社の境内及び膝下領の西京において、寄宿者を認めぬよう公方足利義満から命ぜられたのを受けて発給された社務御教書である。[27]ここで社内への周知徹底をはかるにあたり、社務側が特に「祠官・宮仕」に対し公方の命令を通達しようとしている点は注意される。

また[史料4―②]は、永正三年、仮殿の修造に際し、造営奉行宝成院明順が先例に背いて神輿を内陣から拝殿へ移したことを、社家松梅院が非難したものである。松梅院は神輿を移動した事実はもとより、その方法をも非難しており、特に「祠官中」と「宮仕」とが「相交わって」作業を行った点に不快感を示している。近世の『北野社家日記』によれば、中世において宮仕は年頭の礼にあたり社家松梅院の屋敷に上がることはできなかったという。[28]したがって社家・祠官と宮仕とは、礼的秩序の上でも厳格に区別されていた。

これら公人の「衆中」が小預職に統率されていたことは先に述べたが、「政所承仕職」・「公文承仕職」・「沙汰承仕職」の三職もまた、公人の中から補任されている[29]。このうち「政所承仕職」と「公文承仕職」の「両公人」は、祇園社公人の「寄方職」の場合と同様に、公文所松梅院の命を受け、西京神人・大宿禰神人などの北野社神人を統轄する位置にいた[30]。また「沙汰承仕職」も、御供の徴収にあたるとともに[31]、北野社が西京散所者や河原者などの非人を動員する際の動員役として動いている[32]。

一方公人を構成する宮仕・承仕の具体的な仕事を、『北野社家日記』から確認してみると、神殿、神輿の管理、修正会の奉仕（貝をふく、太鼓をうつ）、「日供」の「調飯」などを挙げることができる。また特に重要な仕事として、北野社拝殿の「当番」（＝宿直）があった。「当番」にあたった者を特に「当番承仕」と呼んでおり、「当番承仕」は「着到」を公文所松梅院に届け出て、「番帳」を記したり、祈禱命令など竹内門跡の発給する社務御教書の内容を一社に伝達する役目を負っていた。またこれら公人の服装は、すでに先行研究でも指摘されているように、「浄衣」もしくは「黄衣」であり[33]、剃髪していたことも明らかである。

次に北野社の宮仕・承仕の得分についてみていくと、鎌倉期に書かれた「社頭諸神事次第」や「公文得分注文」により、神事や節句にあたり、宮仕が「嘉酒」「料膳」や「索餅用途」を配分されている事例を確認することができる[34]。また文安二年（一四四五）から三年にかけての「預記録」には、火御子社や福部社など境内末社の遷宮に際し、「衆中酒肴」・「宮仕中酒肴」が下行されたことがみえている[35]。さらに「諸祠官記録」にも永享九年（一四三七）のこととして、執行職補任の「神拝之規式」において「宮仕中酒肴」が支給されたことがみえている[36]。したがって、祇園社の場合と同様に、仏神事その他の儀式に際し、役割に応じた得分を得ていたとみることができよう。そして宮仕・承仕が、拝殿の番をする「当番承仕」にあたったときは、後述するように散銭が下行された。一方これらの職にある者が、公人として活動した際いかなる得分を得ていたのかについては、明らかにしえない点が多い。ただし「公文承仕職」・

「政所承仕職」の「両公人」が、住宅検断を担当するかわりに、検断した家屋の一部を得分にしていることは注目される[37]。

以上みてきたように、祇園社においても北野社においても、宮仕・承仕などの各職にある者が、検断・嗷訴等、通常の職務を逸脱するなかで「公人」という集団を形成し、活動していた。それではこうした宮仕職・承仕職による職務逸脱は、どのようなしくみのもとでなされるものであったのだろうか。次節ではこのことを、公人の所属機関の問題から考えてみたいと思う。

第二節　公人の所属機関

1　公人と公文所

まず祇園社公人の所属機関について、みてみることにしたい。祇園社には先にも述べたように、「感神院政所」と、政所に包摂された形で存在する「公文所」の、二つの管理機関が存在している。公人とこれらの機関とはどのような関係にあったのだろうか。これを補任のあり方から探ってみると、別当のものと推察される袖判が付された応安三年（一三七〇）の専当職補任状には、「彼職所二補任一如レ件、者社家宜二承知一、敢勿二違失一」という文言とともに少別当の署名がみられる[38]。したがって、専当職をはじめとする公人の補任は、別当・少別当を構成員とする政所によって行われたことが読み取れる。ただし「社家宜二承知一」とあるように、専当職を直接統轄するのは社家（社務執行）であった可能性が高い。先に掲げた［史料3］において、円千法師の承仕職・公人職（寄方職）を祇園執行が解任していることからみても、公人の補任の権限を実質的に掌握していたのが執行であったと考えられる。

その上で注目されるのは、本寺僧のものと思われる年未詳三月二十六日付書状に「当社僧名悉可二注進一之由、公文所ニ可レ被二仰付一之由、可二申付一候」とみえることである。(39) この書状が執行あてのものであることから、公文所を統轄していたのは本寺山門僧を頂点とする政所ではなくやはり執行であったと考えられる。さらに次に示す南北朝期の「社家記録」から、公人が「公文所」に所属していた可能性を読み取ることができる。

[史料5―①] 祇園社「社家記録」正平七年（一三五二）三月三日条

三日、為二大判事章興奉行一、社領無尽銭土倉可レ尋二注進一、又闕所屋同可二注進一之由、以二使广(庁)下部一申之間、於二闕所屋一者、無二左右一難二存知一、至レ于二土倉一者、忩可二注進一由返答了、就レ之相二副専当・宮仕於公文和泉阿闍梨玄覚権大別当一、土倉注レ之五条以北、三条以南廻レ之、於二闕所屋一者雖レ相二尋之一、不二存知一之由在家人等申レ之云々、(40)

[史料5―②] 同右、同年正月一日条

一、宮仕乙熊法師娘若女始入二宮籠一了、酒肴料社家并公文所分、明春追可二沙汰一之由申間、先免了、為二乙熊坊人一之間、不レ及二火急沙汰一(41)

[史料5―①]は、検非違使庁の命令で、祇園社領内の土倉・闕所屋を調査することになった際、執行が専当・宮仕を公文所構成員である公文に同行させて調査にあたらせたことを示す史料である。また[史料5―②]は、宮仕が自分の娘を「宮籠職」に補任してもらうに際し、社家（執行）と「公文所」に酒肴料を支払う約束をしているものである。宮籠とは神楽や掃除等に従事する職であり、(42) 公人と血縁関係にあることが本史料から読み取れる。宮籠が「公人」構成員であるかどうかは明確でないが、先に示した[史料2]において宮籠をも一括して、「公人等」と記されていることから、公人に類する職であることは確かであろう。すなわち[史料5―①]で公人が公文と共に活動し、また[史料5―②]において宮仕が公文所に酒肴料を支払っているのは、公人の管轄機関が公文所であったことを示唆しているものと考えられるのではなかろうか。

次に、北野社公人の場合についてみてみることにしたい。以下の史料により、北野社の場合も、「小預職」をはじめとする公人の補任権は政所にあったと考えられる。

[史料6―①]『北野社家日記』長享元年（一四八七）十一月二十九日条

一、北野宮寺政所

補任　小預職事

成栄法師

右以レ人補二任彼職一之状、如レ件、

長享元年十一月廿九日[43]

[史料6―②]同右、長享三年（一四八九）正月十一日条

一、宮仕入句〔公〕補任持来、随栄子也、役銭百疋、（即随栄ニ遣也、別扶持分儀也、樽者留也、）（袖判印無レ之、）

北野宮寺政所

補任　宮仕職事、

虎夜叉丸

右以レ人補二任彼職一之状、如レ件、（如レ件者無レ之歟、）

長享三年正月十一日[44]

[史料6―①]は政所による小預職補任状で、[史料6―②]は同じく政所による宮仕職補任状である。これらの補任状により、一見補任権を通じて小預や宮仕などの公人を統轄しているのは政所であるかのようにみえる。しかし例えば『北野社家日記』延徳元年（一四八九）十二月十三日条に、「宮仕補任事申間、神判任レ例出レ之」とあること[45]、また同じ『北野社家日記』永正六年（一五〇九）十一月二十五日条に、「能遵子梅千代丸入口〔公〕補任被レ出之間、神判出レ之、

樽一ツ升百疋持来也」とあること、さらに「政所へハ任料三貫文」とあることなどから[46]、政所の許可を要するとはいえ、実際には公文所松梅院が補任状を発給していた様をうかがうことができる[47]。これは鎌倉後期の記録に「公文所公人」という表記がみられるごとく[48]、公人が公文所に所属していたためであると考えられる[49]。また［史料6―②］に、宮仕となることを「入公」としているのも、宮仕になることが公人集団もしくは「公文所」の一員となることを示しているものと考えられる。いずれにしても、北野社公人もまた、「公文所」に組織されていたとみることができよう。

ところで、祇園社も北野社も中世においては山門末社であったこと、また祇園社公人が本寺山門の公人とともに活動する場合のあることなどを先に述べたが、山門延暦寺においては公人はどのように組織されていたのであろうか。この点については、すでに下坂守氏が明らかにされている[50]。下坂氏によると山門公人は、延暦寺寺家所属の「寺家公人」（維那、専当、鎰取）と日吉社所属の「社家公人」（宮仕）から構成されていたという。そして維那・専当・鎰取・宮仕らは、大衆の命令を受けて活動する場合に「公人」に変身したといい、大衆こそが延暦寺の「公」権威の源であったという。また山門公人の行動に関する決定権は「衆会」（集会）にあり、その運営に深く関わっていたのは寺家の「公文所」であったという。さらに「衆会」の決定に基づいて山門公人を指揮する権限もまた、寺家の公文所にあり、「山門公人は常に公文所を介することによってのみ大衆の意思を実行に移しえた」とされている[51]。したがって山門公人もまた、延暦寺の公文所に組織されていたといえよう。

このように公人が公文所に所属することは、山門系寺社公人の場合に限らないものであった。すなわち先行研究を参考にするならば、実は東大寺や興福寺、東寺の公人もまた同様であったと考えられるのである。例えば平澤悟氏が問題にされた東大寺の「公人職」の補任状を発給しているのは、稲葉伸道氏も注目されたように東大寺の「公文所」であり[52]、また阿諏訪青美氏は、東寺の公人が納所とあわせて公文所の構成員であったことを指摘されている[53]。したがって寺社公人の「公」とは、直接には「公文所」に由来する可能性が高いのではなかろうか。すなわち宮仕「職」、承仕「職」など、固有の「職」を帯びているものが、座的編成のもとで「公文所」に組織されることにより、「公人」と呼称されたものと考えられるのである。

２　本末関係と公文所

以上のような寺社公人の特質をふまえた上で、改めて本章で検討対象としている祇園社公人・北野社公人の活動をみたときに注意されるのは、公人及び公文所が祇園社・北野社と山門との本末関係を支える、大きな役割をはたしていたと考えられることである。

このことをまず、祇園社と山門との関係から確認してみることにしたい。すでに本書第一部第一章において、山門が京都で住宅検断を行う際に、祇園社公人を動員したこと、逆に祇園社の境内支配に、祇園社公人とともに山門公人が動員されていることを指摘した。またその際祇園執行は、出京して検断等にあたる山門公人に対して、「酒肴」として銭もしくは「神供直会」を支給することになっていたことも指摘した。さらに山門公人と祇園社公人の連動を可能にしたのは、祇園社公人と山門公人の密接な関係であったことを、次の史料から確認している。

［史料7］祇園社「社家記録」正平七年（一三五二）五月二十九日条

一、寺家公人対馬房維那出京、寄二宿行心法師（祇園社宮仕）許一云々、就二松井房事一[54]、明日寺家社家公人幷山上預以下数輩可二出京一、犬神人可レ被二催儲一歟之由、内々令レ申旨、行心来申、

山門の「寺家公人」対馬房が京中検断のために出京した際、祇園社公人である行心法師のもとに寄宿したことを伝える史料である。すなわち祇園社公人の居住地は、山門公人の京中検断の拠点ともなっていた。

こうした京都における本末両寺社の公人の活動を指揮していたのは、延暦寺寺家公文所であった可能性がある。先にみたように、山門公人の活動を指揮する権限は延暦寺寺家公文所にあったが、山門公人が京中で活動する際にとも

に動員される祇園社犬神人もまた、延暦寺寺家公文所の指揮をうけていた。すなわち、正平七年（一三五二）に山門衆徒を殺害した広隆寺住人房円の家を破却する際、山門から犬神人の動員を求められた祇園執行は、「犬神人疲労之間、近日如レ此所役難治之由、去比捧二申状一之間、執二進公文所一了」とあるように、犬神人の申状を寺家公文所に進上している(55)。このように犬神人の動員が延暦寺寺家公文所の意向によりなされている点、犬神人とともに祇園社公人もまた動員される事例が多くみられる点に留意するならば、祇園社公人もまた延暦寺寺家公文所の指揮のもとで、山門公人の活動に協力していた可能性が高い(56)。

このほか、祇園社の公人の中には、執行の命を受けて山門との連絡役をつとめる「山登公人」とよばれる公人がいたことも確認することができる(57)。したがって、山門公人と祇園社公人の活動および連携は、様々なかたちで本末関係を支えていたといえる。そしてそのおおもとに、本末両寺社の公文所に所属する公人を、本寺の寺家公文所が支配しうるような構造が存在したものと考えられるのである。

こうした本寺の公文所による末社の公人・公文所支配は、北野社の場合により顕著に認められる。北野社もまた、祇園社の場合と同様に、山門が京中で嗷訴等を行う際に神人の派遣を求められたが、その際発給される集会事書の宛所は、「北野公文所」松梅院であり、またその集会事書を届けるのは祇園社の場合と同様に山門公人であった(58)。その際、祇園執行の場合と同様に、集会事書を届けた公人に対し公文所松梅院は「礼式酒直」を下行することになっていた(59)。したがって、本寺の公文所から末社の公文所へと命令が伝達されるしくみのもとで、本末関係が維持されていたと考えられる。

さらに北野社公人の進退に、山門の公文所が介入している事例も確認することができる。

［史料8］『北野社家日記』永正四年（一五〇七）十二月条

宮仕（能玉子也、）岩千代事、癩病露顕之上者、衆中へ被二申付一番帳可レ被レ改之由被二仰出一候也、恐々謹言、

十二月廿三日　光世(政所花徳院)

松梅院(禅光)御坊

又山門西塔院公文所法眼よりも書状在レ之間、能玉召寄如レ此之上者、衆中へ不二相触一〆衆分令二斟酌一可レ然歟旨加レ詞之処、但馬湯へ入候、近日可二罷上一候、更非二癩病一之旨申レ之云々、其旨申処衆中訴人在レ之、■所詮近日召上可レ致二出頭一候、若癩病候者、其時親子共可レ被レ処二罪科一之由請文可レ進之由申付之処、兎角申上者無レ紛者歟、言語道断之儀也、来廿日より御番相当条、可レ番ためニ如レ此種々申云々、又湯治之由申処、暇事是又不レ及二案内一上者、旁以可レ被レ処二罪科一之由在レ之、

廿八日、岩千代番之事、然者可二一決一之間事、任二社法一公文(能久)承仕・沙汰之承仕両人ニ申付、散銭中ニ置レ之者也、然処岩千代番之次者小預随栄也、若岩千世(代)不二出仕一者小預可レ執之間、小預も人於可二相副一之旨雖レ申レ之、先例無レ之間、両役者計ニ申付者也、政所承仕無レ之間沙汰承仕申付也、[60]

これは戦国期の永正四年、宮仕岩千代が癩病にかかり、宮仕「衆中」を追われることになった顛末を公文所松梅院が記したものである。癩病者となった人間が、当時どのような扱いを受けねばならなかったのか示している点で非常に重要な史料である。ここで問題にしたいのは、岩千代の処分にかかわって、政所の奉じた北野社社務御教書のみならず、「山門西塔院公文所法眼」の書状が発給されている点である。書状そのものの内容は示されていないものの、岩千代の病状や処分にかかわるものであると推察される。ここから北野社宮仕の進退をめぐり、ときに山門の公文所が介入しうるような状況にあったことを読み取ることができる。すなわち祇園社と同様に北野社の場合も、末社の公人を本寺の公文所が統制しうる構造があったと考えられるのではなかろうか[61]。

このようにみてくると、公文所は単に公人の所属する機関として重視されるばかりでなく、祇園社・北野社と山門とが連携をしていく際、本末関係を具体的に展開させていく場として重要であったことがわかる。すなわち公文所は、

個別寺社の中枢機関であると同時に本末関係の中枢機関でもあったといえよう。祇園社・北野社の公人が、本寺の公文所及び公人と密接な関係にあったのも、こうした公文所の特質を背景にしていたと考えられるのである。

第三節　公人と散銭

1　公人の散銭取得――祇園社の場合

これまで、公文所に所属する「公人」という公人身分のあり方を検討してきたが、最後に近年注目されている、公人の散銭（参銭）取得の問題について考察してみることにしたい。東寺の公人について詳細な分析をされた阿諏訪青美氏は、東寺公人が、荘園経営に欠かせない代官や納所を担当し、年貢諸公事の徴収や納入などを行うばかりでなく、それらの年貢公事や、布施・供料などの一部を預り、運用していた事実を明らかにされた。また十三世紀以降、庶民による参詣・巡礼が流行したのを受け、さい銭・勧進銭・寄進物などの信仰財を差配したのが寺家公人であったこと、公人が鎮守八幡宮や北面御影堂のさい銭を取得する権利を持ったこと、公人を構成する宮仕は、南大門脇の「宮仕部屋」を参詣者・巡礼者の宿所として提供し、巫女を配下にかかえ、祈禱をさせてその上前をはねていたことなどを指摘された(62)。このような成果をふまえながらここで問題にしたいのは、公文所に所属する公人という公人身分のあり方にそって公人の散銭取得を捉えた場合、それが寺社全体の経済構造においてどのような意味を持ったのか、という点である。

このことをまず、祇園社の散銭管理・取得のあり方から考えてみることにしたい。祇園社の場合、「散銭」とかかわってまず取り上げねばならないものに「番仕」がある。康正三年（一四五七）、祇園社社僧快祐とその弟子快玄が「散銭」を押領するという事態が発生した。快祐はこれより前の文安五年（一四四八）、「大黒坊」へ借物を返済するにあたり、「五月番仕」担当時に返済すること、無沙汰の場合は「番仕部屋」で直納することを約束している[63]。

本来「番仕」とは、拝殿の管理を意味する言葉であったと考えられるが[64]、建治四年（一二七八）の「社家記録」に「四月番仕徳分一貫七百有レ之」とみえ[65]、また「社家条々記録」に、「乾元々年（一三〇二）、当社六月棚守番仕雖レ為ニ別当分一、任ニ申請一被レ寄ニ附修理料足一」とあることから、すでに鎌倉期後期には「得分」として存在する一方、修理料足等の費用にあてられるものであったことが知られる[66]。先の快祐の場合もまた、「番仕」の得分を借物返済にあてようとしたがうまくいかず、「散銭」の押領へと至ったものとみられる。そしてなぜ「散銭」を押領したかといえば、「散銭」こそが「番仕」得分の源であったからであった。時代は下るが、天正十六年（一五八八）三月日付祇園社社務執行宝寿院祐雅言上状案に、「一、祇園神前之御番、毎年六月・七月・八月・十月・霜月合五ヶ月御番之参銭、当院進退仕」（傍点は筆者に拠る、以下同じ）とみえる[67]。したがって「神前之御番」すなわち「番仕」とは、具体的には「御番之参銭」を管理することを意味し[68]、「散銭」によって社殿の警固や管理・修造を行ったものと考えられる。

ただし南北朝期の文和五年（一三五六）正月三十日付後光厳天皇綸旨案には「祇園社二月番仕職事、為ニ毎月大般若経転読料所一、致ニ管領一、可レ抽ニ御祈禱精誠一」とみえ[69]、「番仕」がひとつの「職」として、祈禱を行うための「料所」を管領する性格をも持っていたことがわかる。また正平七年（一三五二）の祇園社「社家記録」にも、当時の六月番仕の所役が「公用」の納入と「下地」の知行とで構成されていたことを示す記述がみられる[70]。したがって少なくとも南北朝期においては、「番仕」は下地・料所の知行と散銭管理の両方を行うことにより、社殿の警固・管理や修法等を行うための費用を捻出していたものと考えられる。

［史料9］宝徳四年（一四五二）正月一日付感神院番次第

感神院

定　当年番仕次第之事

正月　元三朝拝御神供　一日御僧供
二月　社頭鋪設　二日御僧供
三月　権長吏権律師顕永　三日御僧供
五月　御節供頭少別当大法師隆深
六月　御修理社務執行権律師顕宥　五日御僧供
七月　社務執行権律師顕宥
八月　一公文権上座法橋上人位快運　六日御僧供
九月　御念仏大頭少寺主
十月　御念仏少頭　七日御僧供
十一月　社務執行権律師権宥　八日御僧供
十二月　御仏名頭少別当大法師隆深
大神供行事社務執行権律師顕宥
宝徳二年庚午正月一日　少別当阿闍梨恵俊
（以下略）[71]

右の史料は、年始にあたりその年の「番仕」を定めたときのもので、やや不規則ではあるが、各月の「番仕」担当者、もしくは番仕の用途について記している。日付の直前に祇園執行の名が「大神供行事」として記されていることからも明らかなように、「番仕」はこのころには社殿の管理ばかりでなく神供をともなう諸仏神事の費用を調達するために設定されていた。また省略した後半部分に、検校座主・別当のほか、全社僧のものと思われる署判・署名がみられることから、各月における「番仕」の設定は祇園社において非常に重要なものであったことがわかる。

ところで「社家記録」正平七年（一三五二）六月一日条には、「当月番仕為二修造料足一予管領無二相違一、快栄請二申之一奉二行之一」とみえ、「番仕」が「管領」者と「奉行」者とで構成される場合のあったことがわかる。[72] その一方、「六月番仕奉行職」なる言葉も確認される。[73] したがって右の［史料9］で「番仕」と定められた者の中には、「奉行職」も含まれていると考えられる。「奉行職」がおかれた場合、「奉行職」はその月の散銭から「御神供」代その他（「番仕公用」）と「管領」者の得分を差し引いたものを自らの得分とした。[74]

そして南北朝期に特に「六月番仕」の取得をめぐるトラブルが多く生じているのは、祇園会による散銭増加がみこまれていたからなのではないかと考えられる。例えば正平七年（一三五二）には、執行に「管領」権のあった六月番仕を、権長吏が山徒と手をくみ押領するという動きがあったが、武家の介入もあって結局は執行の番仕管領が確定している。[75] また永徳二年（一三八二）には、祇園社六月番仕についての「座主・別当之綺」を停止するとの宣言がわざわざ座主によってなされており、[76] 六月番仕が本寺にとっても魅力的なものであった様子がうかがえる。

ここで注意されるのは、社僧のもつ「職」と「番仕」・散銭とが非常に密接な関係にあった点である。応永十八年（一四一一）に少別当が記した請文には、「当社少別〔当〕。一職ニ被レ加レ召之条、畏入存候、仍五月番仕所役、五日御神供備進、幷社家御得分料足拾捌貫文文（ママ）〈中次分加二二貫一定〉、事、四月二日拾弐貫文、相残分五月廿日以前可二進上仕一候」とあり、[77] 少別当職補任と五月番仕所役の納入とは一体のものであった様子がうかがえる。同様に長禄三年（一四五九）の宥存請文に、「就二一公文職一、被レ成二下御補任一候、畏入存候、仍八月番仕御公用拾肆貫伍百文、未進無二懈怠一可レ致二其沙汰一候」とあるのも、[78] 一公文職補任と八月番仕の奉行とがほぼ同義であったことを示している。室町期以降、一方で「番仕職」という言葉が存続しながらも「下地」知行にかかわる史料が確認されない点に留意するならば、[79] このころには「番仕」の得分とは実質的には「散銭」を意味していたと考えられる。したがって室町期の少別当「職」の経済基盤もまた、実際には「散銭」の運用にゆだねられていた可能性が高いといえるだろう。

以上のように、祇園社の場合、散銭は寺社経営の根幹となる仏神事の運営や社殿修理などにおける重要財源であり、その管理者および取得者は、基本的には執行をはじめとする社僧であった。したがって、公人が散銭を取得している東寺の事例とは、やや異なる結果となっている。ただし永正二年（一五〇五）六月六日付宮仕幸円目安案には、「祇園少将井御旅所御神輿前神輿参銭之事、従二木幡執行手一、山門之救賢大徳買徳、及レ于二十ヶ年余一知行仕、親候者仁契約而、廿ヶ年余知行無二相違一、殊祭礼御再興以来所務仕、既歴レ代」とあり[80]、戦国期には宮仕が祇園会御旅所の神輿の賽銭を取得していた事実が確認される。また慶長年間には、宮仕が祇園社境内にある末社弁才天社の「宮守職」として散銭を管理していた様子もうかがえる[81]。したがって少なくとも戦国期以降には、祇園社それ自体が経済基盤を「散銭」収入に依存していく状況の中で、公人の散銭取得も進行していったとみることができよう。

2　公人の散銭取得――北野社の場合

次に北野社の散銭管理についてみてみることにするが、北野社の場合、散銭関係の史料そのものが戦国期に集中しており、またその取得者として専ら史料に現れるのは公人である。具体的には、「当番」・「番承仕」の公人が、拝殿「当番」役の報酬として散銭を取得している。これは祇園社の「散銭」が、本来拝殿管理を意味した「番仕」の報酬としてあらわれてくるのと軌を一にするものと考えられる。

［史料10］「永禄四年古記録甲」（一五六一年）五月条

一、七日、当番也、雨降也、竹岡方社参候、（中略）当番銭百四十一文あり、

一、八日、似栗斎ニ連歌在之、当番なからさりかたく承候間、能福やとひて番ニをき罷出候也、番銭百八十一文あり、丹後快運入候、連歌二百韻あつらへ候也、

一、九日、清天（晴）也、番銭弐百六十六文あり、
一、十日、清天也、番銭百六十文也、[82]

右に示したのは、北野社公人が記した記録の一部で、[83]「当番」にあたった公人が、毎日「番銭」すなわち散銭を管理している様子がうかがえる。同じ記録の八月二十五日条には、「一、廿五日、清天、番銭五貫ニをよひ候、ありせん也」とみえ、天神の生誕日・忌日にあたる毎月二十五日の散銭がとりわけ多かったことがわかる。

先に癩病となった宮仕の処遇を示す事例として取り上げた［史料8］を、ここで改めてみてみると、後半部分の十二月二十八日条に、「岩千代番之事、然者可二決一之間事、任二社法一公文（能久）承仕・沙汰之承仕両人ニ申付、散銭中ニ置レ之者也」とあるのが注目される。すなわち癩病となった宮仕岩千代が衆中をはずれるに際し、散銭をどうするかが問題となり、公文所松梅院は、岩千代が本来「当番」を勤め管理するはずであった散銭を、いったん衆中の管理にゆだねることで対処している。ここで公人の「小預」が散銭の取得を申し出ていることなどから、散銭は「当番」の得分になったものと考えられる。

［史料11］慶長五年（一六〇〇）『北野社家日記』正月八日条

一、観音堂修正大導師役、初夜導師ハ錫杖計也、小預来テ錫杖を取て初夜導師へ渡、（中略）観音ノ御前灯明預リかきたて申、万道具はこふ事ハ一松（鎰取）役、灯明・香以下ハ番承仕役ニて出也、其子細ハ、観音堂ノ参銭取故也、禅興法印へ尋候へハ、如レ此古キ書物ニ有之由也、[84]

右の史料は、これまで述べてきた時代からやや下った時期のものであるが、「番承仕」が境内の観音堂の散銭を取得する権利をも得ていたこと、またその一部から、観音堂修正会に用いる「灯明・香以下」の費用を負担するきまりであったことがうかがえる。したがって本堂拝殿の場合も同様に、「当番」にあたった公人は、散銭を取得することができたものの、必ずしも全額を取得しえたわけではなかった可能性が高い。

このようにみてくると、公人による散銭取得は、「当番」・「番承仕」という一定の活動に対する報酬としての意味合いを持つと同時に、[85] 法会の経営とも決して無縁ではなかったものと考えられる。すなわち公人の散銭取得の問題は、公人が独自に経済基盤を持ちえたということ以上に、公人の活動を含む様々な必要経費の調達を散銭におくような経営構造が、戦国期の北野社において生まれていたことを示すものとして注目すべきではないかと考えられる。

そのことは、公人ばかりでなく社家松梅院もまた「法華堂」の散銭を取得していた事実からもいえるのではなかろうか。すなわち『北野社家日記』慶長四年（一五九九）正月二十五日条には、「一、暁社参仕、下向之時法華堂へ立寄、三中(法華堂留守居)ニ参銭之儀賢(堅)申付、添番ニ西田善四郎を置、今日一日参銭七貫二百文有之、当月ハ一段多シ」とみえ、[86] 慶長五年（一六〇〇）正月八日条にも、「一、今日うしの日、社参人多シ、法華堂参銭二百疋有」とある。[87] 公人が観音堂の散銭を取得したように、松梅院もまた境内の法華堂の散銭を取得していた。

以上、南北朝期から戦国期にかけての祇園社の散銭管理と、戦国期の北野社の散銭管理をみてきた。公人が散銭取得を行うようになるその前提には、「番仕」・「当番」役による散銭管理という職務がまず存在する。そしてその背景には、両社の経済基盤そのものの変化という問題が大きくかかわっていたと考えられる。すなわち従来から指摘されているように、[88] 中世後期京都の権門寺社の経済基盤が、荘園収入ではなく都市収入（信仰財や境内・門前における屋地子収入・商工業者への課役等）に依存しつつあった結果として、公人の得分として散銭があてられるようになったとみられるのである。

その上で改めて注意されるのは、公人と参詣人との関係である。

［史料12―①］『北野社家日記』延徳二年（一四九〇）三月三十日条

一、自二承仕中一、当社霊神還幸遅〻迷惑仕候、若此儘延引在レ之者、当坊開二大門一可レ入二参詣人一旨致二訴訟一也、遅〻儀、更非二当坊疎略一、宝成院無沙汰之由申遣也、但重而経二上裁一、可レ及二下知一由返答在レ之[89]

［史料12―②］同右、延徳三年（一四九一）正月九日条

一、就二天下触穢一当社参詣人事可二制止一哉由申処、預迷惑由内ゝ申レ之、但去年も参詣人▨停止儀者無レ之間、不レ及二申付一者也、(90)

［史料12―①］は、土一揆の閉籠・放火による北野社の造営に際し、霊神の還幸が遅れ、参詣人への対応に苦慮した「承仕中」が、松梅院の院家の門を開き参詣人を入れるよう訴えたというもので、ここから承仕が参詣人と密接であったことがうかがえる。また［史料12―②］は、足利義視の他界による天下触穢のため、参詣人を制止すべきかどうかが問題となった際、公人の「預」が参詣人の制止を迷惑だと述べている。したがって、阿諏訪青美氏の明らかにされた東寺公人の場合と同様に、北野社公人の場合もまた参詣人と密接な関係を持つことで、散銭収入の増加をはかったものと考えられる。戦国期以降、北野社の宮仕が特定の参詣者を檀那とし、(91)また連歌をたしなんで布施を得るなど、(92)境内での活動を活発化させていることからも明らかなように、散銭取得は、公人の活動形態を変化させていく端緒ともなった。

ただし中世において、祇園社の散銭管理に、執行をはじめ一公文職・少別当職など、特に公文所を統轄・構成する僧のかかわっていた節のあること、また北野社の場合も、公文所松梅院が散銭取得を行い、かつ「当番承仕」の「番帳」を管理していたことは注意される。(93)すなわち散銭をめぐる寺社財政の根幹に公文所が存在し、それゆえに公人が散銭取得をしえたと考えられるのである。したがって、公人による散銭取得は、公人の自立的な経済活動を意味するというよりはむしろ、経営機関としての公文所の役割によるものとみるべきではなかろうか。

おわりに

本章で考察してきた寺社の公人の発生理由を、かつて稲葉伸道氏は、公的存在たる惣寺による一円的荘園支配の形成・強化にともない政所（別当）系列下の諸職が従来の職掌をこえる活動を展開した点に求められた[94]。中世寺社の公人を公人たらしめたものが、直接には「公文所」による宮仕・承仕の編成であったとする本章の観点にたつならば、寺社公人発生にあたっては、稲葉氏の指摘された点に加え、権門組織における「公文所」の成立とその展開、という問題がやはり深く関わっているものと思われる。

その上で注目されるのは、祇園社寄方職、あるいは北野社政所承仕・公文承仕・沙汰承仕職と神人・非人との関係からも明らかなように、寺社権門が「公文所」に編成された公人を通じて神人や非人をも組織していたことである。すなわち「公文所」及び公人は、寺社権門にとって、寺社外に拠点をおいて活動する様々な集団・身分の組織化の要ともなっていた[95]。神人・非人を含む「職能民」・「非農業民」を、荘園公領制という土地支配の制度に対する、人の支配の制度である「神人・供御人制」の中に位置づけられたのは網野善彦氏であるが[96]、「神人・供御人制」の前提の一つに、寺社「公文所」による「人の支配」の展開があったと捉えるべきであろう。そして室町期に現れる清水坂非人集団の組織もまた、「坂公文所」であったことをも想起するならば[97]、身分編成における「公文所」の役割について、寺社組織のみならず国制上の問題として、今後さらに追究していく必要があると思われる。

注

（1）初出『部落問題研究』三三号、一九七三年、のち同氏著作集第六巻『中世共同体論・身分制論』（法蔵館、一九九五年）に所収。

（2）脇田晴子「中世被差別民の生活と社会」（『部落の歴史と解放運動』前近代篇、部落問題研究所、一九八五年、のち同氏『日本中世被差別民の研究』岩波書店、二〇〇二年、に所収）。
（3）網野善彦「職人について」・「中世前期の「散所」と給免田——召次・雑色・駕輿丁を中心に」（『日本中世の非農業民と天皇』岩波書店、一九八四年）・同氏「職能民の存在形態——神人・供御人制」（永原慶二・佐々木潤之介編『日本中世史研究の軌跡』東京大学出版会、一九八八年、のち同氏著作集第八巻『中世の民衆像』岩波書店、二〇〇九年、に所収）等。
（4）例えば黒田俊雄氏は、中世社会における身分系列や身分成立の契機を中世社会全体の中から捉えなおし、権門体制からはずれた「非人」像を導き出された（注1参照）。また大山喬平氏は、中世の社会的諸身分を①侍、②凡下・百姓、③下人・所従、の三つに分類し、非人を凡下の特殊形態とみる見解を示された（大山氏「中世の身分制と国家」『岩波講座日本歴史』第8巻中世4、一九七六年、のち同氏『日本中世農村史の研究』岩波書店、一九七八年、に所収）。さらに大山氏は近年、日本社会の歴史を「ゆるやかなカースト社会」の歴史として捉え、インドとの比較において、中世日本の身分と「職」および職能について考察されている（『ゆるやかなカースト社会・中世日本』校倉書房、二〇〇三年）。
（5）稲葉伸道「中世の公人——寺院の公人を中心として」（『史学雑誌』第八九編一〇号、一九八〇年、のち同氏『中世寺院の権力構造』岩波書店、一九九七年、に所収）。
（6）富田正弘「中世東寺の寺官組織について——三綱層と中綱層」（『京都府立総合資料館紀要』一三号、一九八五年）、阿諏訪青美「室町期における東寺鎮守八幡宮の宮仕と庶民信仰」（『日本史研究』四五〇号、二〇〇〇年、のち同氏『中世庶民信仰経済の研究』校倉書房、二〇〇四年、に所収）、平澤悟「中世の公人に関する基礎的考察」（『歴史研究』二六、一九八八年）、下坂守「山門公人の歴史的性格——『祇園執行日記』の記事を中心に」（『奈良史学』一一号、一九九三年、のち同氏『中世寺院社会の研究』思文閣出版、二〇〇一年、に所収）等。
（7）祇園社「社家記録」正平七年十一月九日条（『八坂神社記録』上、三〇三—三〇四頁）。
（8）祇園社「社家記録」正平七年正月一・五日条（『八坂神社記録』上、一八九・一九二頁）。
（9）祇園社「社家記録」正平七年十一月九日条（『八坂神社記録』上、三〇三—三〇四頁）。
（10）祇園社「社家記録」正平七年十二月三十日条（『八坂神社記録』上、三二四頁）。
（11）祇園社「社家記録」正平七年正月十五・十八日条（『八坂神社記録』上、一九七頁）。
（12）『八坂神社記録』上、二四二—二四三頁。

(13) 祇園社「社家記録」正平七年二月十六・十七日条(『八坂神社記録』上、二一五頁)。
(14) 『八坂神社記録』上、一三一頁。
(15) 祇園社「社家記録」正平七年九月七日条(『八坂神社記録』上、二八六頁)。
(16) 『八坂神社記録』上、三〇六頁。
(17) ここでの「職」という言葉についての理解は、佐藤進一『日本の中世国家』(岩波書店、一九八三年)第一章第三節「職と家業」に、「収益を内包した官職、職務の執行によって、予定された収益の取得が実現するような、権利体としての性質をもつ官職が「職」とよばれ、これが中世所有権法史における「職」の原型となったのではあるまいか」(四三頁)とあるのに基づいている。
(18) 祇園社「社家記録」正平七年正月九日条・十八日条(『八坂神社記録』上、一九四・一九七頁)。
(19) ただし平澤悟氏は、東大寺公文所発給の公人「職」補任状が存在することを明らかにされ、戦国期の東大寺において公人職補任が堂童子職就任の基本条件であったとの見解を示されている(平澤氏注6論文)。平澤氏の示された公人職補任状が、戦国期のものである点に留意するならば、稲葉伸道氏が注5論文の補注1で推定されているように、室町時代に、本来「職」でなかった公人が職となった可能性が考えられるように思われる。
(20) 北野社の組織については、鍋田英水子「中世後期「北野社」神社組織における「一社」」(『武蔵大学人文学会雑誌』第二九巻第一・二号、一九九七年)に詳しい。
(21) 「紅梅殿社記録」(『北野天満宮史料　古記録』一―三七頁)及び史料纂集『北野社家日記』第七巻所収「社頭諸神事次第」二六六頁等。
(22) 『北野社家日記』第一―六巻等に拠る。
(23) 「預記録」文安三年七月二十五日条(『北野天満宮史料　古記録』三三七―三三八頁)をみると、「十二所御遷宮」に際し「衆中」に酒肴料が分配されたことがみえ、分配先として名を記されている五十三人が、おそらく当時の「衆中」の全構成員であったと考えられる。「衆中」は同記録において、「宮仕中」とも記されていることから、宮仕によって構成されていたと考えられるが、「衆中」の中には「承仕方」として請取状を発給している者もいることから(同三三八―三三九頁)、承仕をも含む集団であったことがわかる。
(24) 前注に同じ。

(25)『北野天満宮史料　古記録』三一八頁。
(26)『北野社家日記』第七巻、二〇八頁。
(27)「三年一請会引付」明徳三年八月十八日条（『北野天満宮史料　古記録』一六五頁）に、万里小路嗣房伝奏奉書が「竹内御坊」（北野社社務・別当）宛に発給されたのを受け、「顕円」奉書が「大納言僧都」宛に発給されていることから、顕円は社務御教書の奉者であり、また「大納言僧都」は政所であると考えられる。
(28)『北野社家日記』第六巻、一九二・一九六頁、慶長十六年十二月二十六日条・同十七年正月二日条。
(29)「沙汰承仕職」と「政所承仕職」は政所が、また「公文承仕職」は公文所松梅院が補任していたとみられる（『北野天満宮史料　古記録』「永禄四年古記録甲」四〇四―四〇五頁、六月二日条、『北野社家日記』第四巻、二〇一頁、永正四年八月二日条、同第六巻、九九―一〇〇頁、慶長七年正月四日条等）。
(30)「祭礼引付」文安二年七月二十日条（『北野天満宮史料　古記録』二六三頁）。
(31)『北野社家日記』第一巻、五五―五六頁、長享二年一月二十五日条等。
(32)『北野社家日記』第一巻、一六五頁、長享三年二月二十四日条、同第二巻、五八頁、延徳二年三月二十日条等。なおこの点については、すでに細川涼一氏が、「中世の北野社と宮仕沙汰承仕家――京都橘女子大学所蔵「北野社宮仕沙汰承仕家文書」の補任状から」（京都橘女子大学女性歴史文化研究所編『家と女性の社会史』日本エディタースクール出版部、一九九八年）において指摘されている。
(33)野地秀俊「中世における寺社参詣と「穢」」（伊藤唯真編『日本仏教の形成と展開』法蔵館、二〇〇二年）。
(34)『北野社家日記』第七巻、「社頭諸神事次第」二六六・二七〇・二七二頁。
(35)『北野天満宮史料　古記録』三三五―三三八頁。
(36)『北野天満宮史料　古記録』一九七頁。
(37)本書第二部第三章参照。
(38)「祇園社記」雑纂第三（『八坂神社記録』下、七〇六―七〇七頁）。
(39)『増補八坂神社文書』上巻、八一七号、六二四頁。
(40)『八坂神社記録』上、二二八頁。
(41)『八坂神社記録』上、一九〇頁。

(42) 本書第二部第二章参照。
(43) 『北野社家日記』第七巻、一一二頁。
(44) 『北野社家日記』第一巻、一四四頁。
(45) 『北野社家日記』第一巻、二九三頁。
(46) 『北野社家日記』第四巻、二一一―二一二頁。
(47) なお北野社公人の中には、「沙汰承仕職」・「公文承仕職」・「政所承仕職」の各「職」を帯びる承仕が一人ずつ存在したが、「沙汰承仕職」と「政所承仕職」は政所が、また「公文承仕職」は公文所松梅院が補任していたとみられる（「永禄四年古記録甲」『北野天満宮史料　古記録』、『北野社家日記』永正四年八月二日条・慶長七年正月四日条等）。
(48) 「紅梅殿社記録」（『北野天満宮史料　古記録』一一頁）に「無二是非一振二神木於四面一町一、放二付北野社公文所公人幷官人職直数輩下部等一、令レ追二捕住宅一」とみえる。
(49) その結果近世移行期には、松梅院の「同心」がなければ補任もかなわぬ状況となっている（『北野社家日記』慶長六年九月十日条、第六巻、七二―七三頁、等）。
(50) 下坂氏注6論文。
(51) 下坂氏注6書、三八〇頁。
(52) 平澤氏注6論文、および稲葉氏注5書四〇九頁、補註1、参照。
(53) 阿諏訪氏「中世後期の東寺にみる寺家経済の構造」（阿諏訪氏注6書）。
(54) 『八坂神社記録』上、二六二頁。
(55) 祇園社「社家記録」正平七年七月六日条（『八坂神社記録』上、二六七頁）。
(56) なお本書第一部第一章で明らかにしたように、南北朝末期になると、祇園社と山門の本末関係は、足利義満の対山門政策の展開過程の中で形骸化し、座主を頂点にすえた「感神院政所」の存在は確認されなくなり、祇園社の経営それ自体は、社務執行の手に集中していく。しかしながら、例えば永正十一年（一五一四）四月四日付室町幕府奉行人奉書案より、戦国期においても祇園社宮仕が日吉祭礼に奉仕している事実が確かめられることは（「祇園社記続録」第一、『八坂神社記録』下、九二一―九二二頁）、寺社組織のいわば上位の改革に関係なく、本寺の末社公人に対する支配が維持されている事を示しており注意される。

(57) 祇園社「社家記録」正平七年四月二十五日条（『八坂神社記録』上、二四四頁）等。
(58) 「三年一請会引付」（『北野天満宮史料　古記録』一三五―一三六頁）等。
(59) 前注に同じ。
(60) 『北野社家日記』第四巻、二〇四―二〇五頁。
(61) なお北野社の「御前灯」が延暦寺根本中堂の火であり、その火をもらいにいくのが「当番承仕」であった事実も（『北野社家日記』延徳二年五月二十八日条）、本寺山門と北野社及び北野社公人の密接な関係を示すものとして注目される。
(62) 阿諏訪氏注6書。
(63) 康正三年五月十五日付斎藤基恒奉書案（折紙）、文安五年七月二十四日付社僧駿河坊快祐請文（『増補八坂神社文書』上、一一〇六・一一〇五号、八三三頁）。
(64) 祇園社「社家記録」正平七年四月四日条・延文二年六月十五日条（『八坂神社記録』上、二三六・三二六頁）。
(65) 『八坂神社記録』上、五五八頁。
(66) 『八坂神社記録』上、五九一頁。
(67) 「祇園社記」雑纂第四（『八坂神社記録』下、七二四―七二五頁）。
(68) 「神前之御番」がすなわち「番仕」であるのは、室町期に実際に祇園執行が七・六・八・十月番仕を「管領」していた事実が確かめられることから明らかである（史料9、および（永徳二年カ）六月三日付万慶書状、『増補八坂神社文書』上巻、一一〇九号、八三四―八三五頁、応永十八年十一月十五日付慶安・快秀小別当職五月番仕所役請文案、『増補八坂神社文書』上巻、一〇五〇号、七九七頁、文安五年八月二十二日付豊前法橋秀慶請文、『増補八坂神社文書』上巻、一一一三号、八三七頁等）。
(69) 『増補八坂神社文書』上巻、一一〇一号、八三〇頁。
(70) 祇園社「社家記録」正平七年七月十一日条（『八坂神社記録』上、二七〇頁）。
(71) 『増補八坂神社文書』上巻、八一四号、六一九―六二一頁。なお刊本において、「四月」の項一行分を空欄としているのにならった。
(72) 『八坂神社記録』上巻、二六三頁。
(73) 応永十六年四月二十九日付丹後法眼兼恵請文案（「祇園社記」雑纂第四、『八坂神社記録』下、七一七頁）。

(74) 応永十八年十一月十五日付慶安・快秀小別当職五月番仕所役請文案（注68参照）、および天正十六年（一五八八）三月日付祇園社社務執行宝寿院祐雅言上状案（注67参照）。
(75) 祇園社「社家記録」正平七年五月二十九日・六月一日条（『八坂神社記録』上、二六二・二六三頁）。
(76) （永徳二年カ）六月三日付万慶書状（注68参照）。
(77) 応永十八年十一月日付小別当恵俊請文（『増補八坂神社文書』上巻、一〇五一号、七九七—七九八頁）。
(78) 長禄三年十二月三十日付一公文宥存請文案（『増補八坂神社文書』上巻、一〇六六号、八〇七—八〇八頁）。
(79) 文安二年四月十六日付社務執行宝寿院顕宥申状案（『増補八坂神社文書』上巻、一〇六六号、八三二頁）。
(80) 『増補八坂神社文書』上巻、八一〇号、六一三—六一四頁。
(81) 「祇園社記」第十九、天正十六年十二月二十日付宮仕幸円書状案、年未詳十二月二十日付宮仕幸円書状案、文禄四年十二月二十日付宮仕幸円書状案（『八坂神社記録』下、二五二—二五五頁）。
(82) 『北野天満宮史料　古記録』四〇〇頁。
(83) 記主は、沙汰承仕職補任をのぞみ、門跡と任料の交渉をしており（六月二日・七月二日条）、「先祖三代之記録」をもとに「老父」の例を掲げていることから（七月二日条）、沙汰承仕職を世襲する公人の家の者であったと考えられる。
(84) 『北野社家日記』第五巻、二二一—二二二頁。
(85) 享徳四年四月十六日付東寺鎮守八幡宮宮仕等連署請文（『大日本古文書　東寺文書之六』第二七九号、三四二—三四三頁）には、宮仕の「当番」にかかわる誓約がみられる。ここから東寺の宮仕が散銭取得をしえた背景にもまた、公人の「当番」という役割が大きく作用した可能性がうかがえる。
(86) 『北野社家日記』第五巻、一〇一頁。
(87) 『北野社家日記』第五巻、二一一頁。
(88) 阿諏訪氏注6書、「序論」参照。
(89) 『北野社家日記』第二巻、六四頁。
(90) 『北野社家日記』第二巻、二一四頁。
(91) 『北野社家日記』第五巻、一七頁、文禄四年正月二十六日条、等。
(92) 「永禄四年古記録甲」六月二十八日条（『北野天満宮史料　古記録』四〇八頁）等。

(93)　松梅院の「番帳」管理については、例えば『北野社家日記』第四巻、一五八頁、明応八年十一月十六日条等によって確認することができる。
(94)　稲葉氏注5論文。
(95)　公人・神人・非人の三者は、ともに「～人」という呼称をもつ集団であり、かつ寺社に組織されていたという共通点をもつ。そのため特に公人と神人については、ときに同一のものとして捉えられる傾向がある（阿諏訪氏注6書等）。しかし祇園社・北野社の事例をみる限りにおいては、公人が境内に居住し、個々には宮仕職・承仕職などの「職」を所有することで生活および経済の基盤を完全に寺社においていたのに対し、神人は、寺社外に主たる活動の拠点および経済基盤をおくという違いを持っている。また非人と寺社との関係は、いっそう限定的なものであり、犬神人の場合をみても明らかなように（本書第二部第二章）、寺社が公人を通じて組織化しえたのは非人集団の上層部にすぎない。
(96)　網野氏「職能民の存在形態——神人・供御人制」（注3参照）。
(97)　正長元年十月日付清水坂公文所引馬銭請文案（『長楽寺の名宝』京都国立博物館、二〇〇〇年、四二頁）等。

第二章　中世犬神人の存在形態

はじめに

中世身分制研究は、戦後、林屋辰三郎氏や原田伴彦氏らによる散所・河原者に関する研究を出発点として、一九七〇—八〇年代にかけ飛躍的に発展した[1]。とりわけ一九七三年に黒田俊雄氏が、著名な「中世の身分制と卑賤観念」を発表され、散所・河原者に代わって、新たに中世の被差別民衆の基本に「非人」を据えられて以降[2]、中世非人についての研究が活発化した。黒田氏はまずこの論文において、中世の身分系列を①村落生活、②荘園・公領の支配、③権門の家産支配秩序、④国家秩序、の四つに求められ、身分成立の契機を、①共同体、②社会的分業、③国家、に求められている。そして中世身分制が、出生により貴賤尊卑の品が定まるという種姓観念に基づくものであった、との見解を示されている。さらに獄囚・乞食・雑芸民・聖・巫女・キヨメ・河原者・エッタは「一応それぞれの区別はあるが、所詮は権門体制＝荘園制社会の支配秩序の諸身分から原則としてはずれている点で共通している」のであり、「非人とは広くそういう「身分」に共通して用いられた身分外の身分呼称」である、と結論された[3]。

このような黒田氏の研究を受け、大山喬平氏は非人をはじめとする中世被差別民を、①侍、②凡下・百姓、③下人・所従の三つの社会的諸身分のうち、②の凡下の特殊形態であるとの独自の見方を提示され、奈良坂・清水坂を二大本宿とする中世非人についての研究を深化された。そしてそれらの宿非人が、長吏によって統率された座的集団を持ち、王朝貴族を中心とするケガレ観念の肥大化を背景として、都市のキヨメとしての職能を担うに至ったことを指摘されている。(4)そうした中で、絵巻物を素材として癩者を中核とする非人宿の構造を明らかにされた黒田日出男氏の研究、(5)施行等を通じての、検非違使による非人の統轄の実態について考察された丹生谷哲一氏の研究も生まれた。(6)さらに清水坂「坂者」の葬送支配権について論じられた馬田綾子氏の研究、(7)西大寺流律宗による非人救済事業について明らかにされた細川涼一氏の研究、(8)叡尊の非人救済を媒介とする鎌倉幕府の非人統轄について考察された松尾剛次氏の研究なども相次いで発表され、(9)中世非人論は大きく進展した。

その一方、黒田俊雄氏の身分制論・非人論を問い直す動きもまた、生まれている。そこで問題となっている点を大まかに整理するならば、次の二つの点に集約されるのではなかろうか。まず一点目は、黒田氏が中世被差別民を「非人」と総称する見解を示したのは、妥当であるかどうか、という点である。この点については、多様な被差別民衆のあり方を重視する立場から、被差別民を新たに類型化する動きが生まれている。例えば脇田晴子氏は被差別民衆を、①非人、②河原者＝えた、③散所非人＝声聞師の三つの集団に分類された上で、河原者は殺生禁断思想により非人とは別に悪人として差別されており、河原者こそが被差別民衆の中核にあった、との見解を示されている。(10)丹生谷哲一氏もまた、被差別民を非人・河原者・散所の三類型に分けてその存在形態について考察されている。(11)ただし丹生谷氏は、著名な後深草院崩御記にみえる非人施行注文をみると、獄囚・散所もまた非人施行の対象となっていることから、河原者・散所もまた「広義の非人」であるとされ、むしろ黒田説を支持する見解を示されているように見受けられる。本章でふれる犬神人《いぬじにん》の、もう一つの呼称である「坂者」と河原者との関係をもふまえるならば、河原者・散所＝「広義の非人」と捉えうる可能性は十分あるように思われる。

問題の二点目は、黒田氏が非人を「身分外の身分」とされたのは適切であるかどうか、という点である。「身分外の身分」説を批判する立場を示すものとして、網野善彦氏の「職人」身分論がある。すなわち氏は、非人が寺社権門と奉仕の関係を結ぶことで権門の家産支配に組み込まれる一方、課役を免除され給免田に年貢・公事を賦課されない点で、「職人」としての特質を持つことから、「清目」を「芸能」とする中世「職人」身分の一つであった、との見解を示されたのである(12)。こうした見解に対しては、黒田氏自身により「本来非人が、乞食・癩者という、生産の社会的分業の総体系からの脱落者・被疎外者を指す以上、その身分の本質をなすものは「芸能」＝職掌ではないのである」との反論がなされている(13)。黒田氏自身の反論に加えて、本章でふれる犬神人の場合のように、非人が権門の家産支配に組み込まれてもなお「脱落者・被疎外者」としての本質を失わないことを重視するならば、非人＝職人身分論により「身分外の身分」論をつきくずすことには無理があるように思われる。

「身分外の身分」論に対しては、細川涼一氏もまた独自の見解を示されている。細川氏は非人を、①一次的非人（自然発生的な身分外身分としての非人）と、②二次的非人（①の非人が体制内身分に分化編成された宿非人）の二つの発展段階で捉えるべきことを、提唱されている(14)。長吏に統率され、権門支配の対象となっていた宿非人については「身分外の身分」ではない、とする立場は網野氏の見解に近いように思われる。しかしながら、二次的非人の典型ともいえる清水坂非人＝犬神人の存在形態をみる限り、宿非人が完全に「体制内」身分となるのかどうかあやぶまれる点もあることから、こうした二段階論について、改めて見直してみる必要があるように思われる。

黒田氏の非人論にまつわるこのような問題は、そもそも中世非人論・身分論についての研究が、一九九〇年代から現在にかけて非常に少なくなってきた、という状況も手伝って、現段階で活発に議論されているとはいいがたい。しかしながら、黒田氏の提示された「体制」から疎外された「非人」像というものについて考えるとき、「体制」と「非人」との緊張関係について考察する余地はまだ十分にあり、中世政治社会論・都市論、あるいは権力論をも含みこんだ議論を展開しうるのではないかと思われる。このように考えるのは、これまで中世祇園社の組織と京中社領支配について分析を重ねる中で、祇園社に所属していた清水坂非人＝犬神人の存在形態が、山門・祇園社という寺社権門の政治的立場に大きく影響を受けながらも、その支配秩序を逸脱する特殊性を持つことに思い至ったためである。

犬神人は、これまでの研究において、清水坂非人の後身として捉えられ[15]、中世の宿非人を代表する存在として幾度となく取り上げられてきた。しかしながら犬神人が、自らを組織する祇園社・山門の支配秩序の中でどのような位置にあったのかという点については、祇園社の組織、さらには両寺社の本末関係の内容が明らかでなかったことも手伝って、あまり重視されてこなかったように思われる。犬神人とこれら寺社権門の関係について具体化されないままに、犬神人が権門支配秩序の体制内に組み込まれた二次的非人であるとされているのは問題ではなかろうか。

そこで本章においては、黒田氏の「身分はなんらかの社会関係を基礎に成り立っている」との提言をもふまえ[16]、犬神人をとりまく社会関係を、山門・祇園社という権門寺社の寺院社会の中に求めながら、考察してみたいと思う。すでに本書第一部において、中世後期の祇園社組織と京中支配の構造、及び山門との本末関係について検討している。本章においてはそこで明らかとなった点を前提としながら、一、清水坂非人が「犬神人」として寺社権門支配の対象となる過程とその契機を明らかにすること、二、本末関係で結ばれた山門・祇園社の支配機構の中で、犬神人がどのような位置を占め、またどのような役割を担ったのかを明らかにすること、三、寺社権門支配秩序の中にある「犬神人」と清水坂非人・坂者とはどのような関係にあるのかを明らかにすること、の三点を特に重視しながら考察を進めることにしたい[17]。

第一節　犬神人の成立と職掌

1　犬神人の成立

「犬神人」という言葉が歴史上に現れるのは鎌倉時代のことであり、日蓮の弟子日向の編纂した『金綱集』が、その初見史料であると思われる。すなわち著名な浄土宗弾圧、嘉禄の法難について記した『金綱集』巻五「浄土宗見聞下」には、次のようにみえる（傍線は筆者による、以下同じ）[18]。

永尊竪者状云、弾選択等被㆓上送㆒之後、披㆔露于㆓山上㆒、於㆓弾選択㆒者毎日翫㆑之、顕選択者諸人謗㆑之、法然上人之墓所仰㆓付感神院犬神人㆒令㆓破却㆒畢、其後及㆓奏聞㆒、蒙㆓裁許㆒畢、七月上旬法勝寺御八講之次、自㆓山門㆒触㆓南都㆒、清水寺・祇園辺、為㆓南都山門之末寺㆒之処、専修之輩容身之草庵、悉令㆓破却㆒畢、於㆓其身㆒仰㆓使庁㆒、被㆓搦取㆒之間、礼讃之声、黒衣之色、京洛之中都以止畢、張本三人雖㆑被㆑定㆓流国㆒、逐電之間、未㆑向㆓配所㆒、山門于㆑今訴申候也、

延暦寺僧である永尊竪者の書状が引用され、法然の墓所を感神院（祇園社）犬神人に命じて破却させたこと、及び南都興福寺への申し入れを行った上で、両寺の末寺である清水寺と祇園社の近辺に住む専修念仏者の住坊を破却したことがみえている。さらに検非違使庁が専修念仏者を逮捕したものの、張本三人が逐電するという事態となり、山門が今も訴えているところであるという。

引用されている永尊竪者の書状は、原本が存在しないものの、『念仏者令㆓追放㆒宣旨御教書集列㆓五篇㆒勘文状』にもその一部が引用されており、これをみると嘉禄三年（一二二七）十月十五日のものであることが明らかとなる[19]。ただ『金綱集』の右引用部分も『念仏者令㆓追放㆒宣旨御教書集列㆓五篇㆒勘文状』も、一二五〇年代後半の成立である点に注意するならば[20]、法難発生時に「犬神人」が存在したかどうか危ぶまれよう。そこで嘉禄の法難直後に書かれた

『明月記』安貞元年（一二二七）六月二十七日条の方をみてみると、「山門僧又依レ妨二専修一、発二法然房之墓一、破二壊其墓堂一、以二濫僧等一令レ壊二取之一」とみえ、[21] 法然の墓所を破却したのは「濫僧」であるとしている。同様に祖師（法然）絵伝のうち、最も古いものとされる「拾遺古徳伝」にも、「山門ノ使者等オリキタリテ、清水坂ノ乱（濫）僧ニオホセツケテ、廟堂ヲコホチトルトコロニ」とあり、「清水坂の濫僧」が墓所を破却したと記されている。[22]

以上の諸史料により、犬神人の成立については、法然の墓所破却を契機として、山門が清水坂の「濫僧」を組織化し、直接的には、山門の末社である祇園社に「犬神人」という「神人」として所属させたものとして、理解できるのではなかろうか。「濫僧」とは、『塵袋』に「乞食等ノ沙門ノ形ナレトモ、其ノ行儀僧ニモアラヌヲ」とあることからも明らかなように、乞食非人を意味する言葉である。[23] またこれより前、清水坂を拠点として末宿を支配し、「奈良坂非人」と抗争している「清水坂非人」の存在が確認される。[24] したがってここでの「濫僧」とは、「清水坂の濫僧」とあることからも、「清水坂非人」を指しているものと考えられる。

清水坂非人が、癩者をも含みこみ、長吏に統率された座的構成をとる非人集団であったこと、葬送に関する得分を持ち、癩病人を管理し、京都上下町中を乞庭とし、非人施行の対象ともなっていたこと、及び鎌倉時代前期には、興福寺とつながる奈良坂非人と数十年に及ぶ抗争を展開していたことなどが、すでに先行研究によって明らかにされている。[25] 清水坂非人と奈良坂非人との抗争は、承久の乱以前から寛元二年（一二四四）ごろまで続いており、その背景には、京都の清水寺をめぐる南都興福寺と比叡山延暦寺の争いがあった。[26] このときに作成された奈良坂非人の陳状により、当時清水坂非人が「清水寺一伽藍之清目」であること、及び清水坂長吏が清水寺の寺僧であったことなどが明らかである。このような清水坂非人と清水寺との結びつきを前提としてか、すでに建保元年（一二一三）の段階で、興福寺末寺であった清水寺を、「乞食法師等」が「謀書」によって山門に寄進しようとする動きが生じている。[27] したがって、清水寺をめぐる興福寺と山門の争いが展開していく中で、山門と清水寺配下にあった清水坂非人との結びつきが強まり、嘉禄の法難を契機として、徐々に清水坂非人が山門末社祇園社に組織されていったものと考えられる[28]。

このように山門を主導として清水坂非人を祇園社に所属させることによって成立した犬神人が、成立当初の鎌倉期においてどのような活動を行っていたのか、という点については、史料が限られており不明な点が多い。しかしながら、諸記録を通じて、①山門による新仏教勢力の弾圧において破却部隊として活動していたこと、及び②祇園社境内におけるキヨメとしての奉仕活動等を行っていたことを確認することができる。①については、『天台座主記』に、「建治元年乙亥四月廿七日山門衆徒集二会東光寺一、差二遣公友(人カ)幷犬神人於龍象上人住房一焼二払之一、於二中山房一者、犬神人等破二却之一」とあることから[29]、建治元年（一二七五）に念仏僧と思われる龍象上人の住房を破却していたことが明らかである。一方②については、『勘仲記』弘安七年（一二八四）七月十日条に、「感神院中今月四日林中小童自害事出来、仰二犬神人一雖レ令二撤却一、可レ為二触穢一否、可レ在二時宜一、但弘安三年如レ此事出来、其時無二触穢之儀一之由社家申レ之、可レ奏二聞之由被二仰下一」とあることから[30]、犬神人が祇園林で自害した小童の死体を処理していたことがわかる。また弘安九年（一二八六）の感神院所司等申状案をみると、祇園社領内に禅律僧尼・念仏者・武士甲乙人が買領により居住するという事態を忌み嫌った祇園社側が、「遵行不二事行一者、可レ達二山門一歟、其時者、定為二一山之衆命一、以二公人・宮仕・犬神人等一、及二徹(撤)却之衆議一者、公私之煩費、綷不レ可二穏便一者哉」と、犬神人らによる破却をほのめかしている点も注目される[31]。

このほか鎌倉期における犬神人の動向において注目されるのは、祇園社を通じ相論を行っていることである。そのことは、『勘仲記』弘安七年（一二八四）二月九日条に、「祇二候仙洞一之間、祇園執行晴増帯二別当法印挙状一参入、申二犬神人訴訟事一、先内覧、次所二奏聞一也、可レ尋二沙汰両方一之由、可レ仰二守清法印八幡検校一之由、被二仰下一」とあることから確かめられる[32]。関連史料がないため詳しい事情はわからないものの、この日祇園執行晴増が、石清水八幡宮の関係者を訴える内容の犬神人の訴状を、祇園別当の挙状とともに院評定に提出したことが明らかとなる。先にふれた寛元のころの清水坂非人と奈良坂非人との相論においては、清水坂非人は「清水寺之寺解連署」と共に自らの訴状を六波羅探題に提出していた(33)。したがって、ここで犬神人が祇園社をたのみとして訴訟を起こしていることは、清水坂非人が祇園社内に所属する神人としての性格を明確に持っていたことを示す動きとして注目される。

2　犬神人の職掌

これまで鎌倉期における犬神人の活動をみてきたが、実は犬神人の職掌が具体的に明らかとなるのは、南北朝期以降のことである。祇園執行の記した「社家記録」等をみると、犬神人の活動として次の四つの活動を確認することができる。すなわち①社家神事・祇園会の供奉と警固（対祇園社）、②死体の処理（対祇園社）、③寺院・住宅等の検断・破却（対祇園社・対山門）、④掃除（対山門）、の四点である(34)。ここで注目されるのは、第一に犬神人が山門・祇園社双方に使役される存在であったこと、第二に、犬神人動員の基盤に、当然のことながら山門と祇園社の本末関係があったこと、の二点である。犬神人が、山門・祇園社の双方に奉仕する神人であることは、犬神人自身の申状からもうかがうことができる。すなわち文和二年（一三五三）の著名な犬神人等申状案には、犬神人が山門の釈迦堂寄人として、山門による検断に使役される一方、祇園会の祭礼にあたり、社頭の警固やキヨメを行っていた事実が書き記されている(35)。

犬神人を使役する、山門と祇園社両者の関係については、本書第一部第一章においてすでに検討している。すなわち山門と祇園社は、平安期以降から本末関係を結んでおり、祇園社の長官は天台座主で、天台座主の下に座主配下の山僧が別当として祇園社を統轄する、という構成をとっていた。祇園社の実務責任者は祇園執行であったが、この執行の補任権は、天台座主の手中にあった。こうした本末関係により、南北朝期までの祇園社の社領内には、門跡領や山僧の地主所有地が存在している。そして祇園社が他寺と境相論等を行う場合、山門が公人を動員して、祇園社を援助する一方、山門が京都において所領の検断や新興寺院弾圧を行う際には、祇園社から公人・犬神人が派遣され、協力するというように、両者は相互補完関係にあった。以上が、南北朝期における山門と祇園社の本末関係の大まかな内容である。

犬神人は、こうした山門・祇園社の本末関係を基盤として、様々な活動を行っていたが、直接には「神人」として祇園社に所属している。祇園社内部の組織構造は、本寺僧である検校座主・別当・目代を上位に置きながら、祇園執行が経営の実務を担い、執行の下には三綱をはじめとする社僧が、社僧の下にはさらに公人・神人・神子・宮籠が組織されている、というものであった。この中で犬神人は、公人を構成員とする寄方《よりかた》に統率され、祇園会に奉仕する、という点で、祇園社神人一般の特質を有している。ただし犬神人が座を持たなかった点、及び祇園会の供奉に対する得分も、「馬上料足惣支配帳」等に支給された形跡がなく明確でない点は、他の商業座を営む祇園の諸座神人と異なる点として注意される(36)。さらに祇園社の神人でありながら、成立当初から山門との関係が非常に密接であった点も、特異なことといえよう。とりわけ山門の京中検断・新興寺院の破却に度々犬神人が駆り出されている事実を重視するならば、犬神人の動員に、より積極的であったのは、祇園社よりむしろ山門側であったとも考えられる。

そのことはまず、犬神人動員をしぶる祇園社側に対し、「為二山門所勘神人一、争重二武命一、可レ軽二衆命一哉」と述べて積極的に京中検断に動員しようとする山門大衆側の態度にうかがうことができよう(37)。このことと、先にもふれた申状において、犬神人自身が、山門西塔釈迦堂寄人であり、「自二山門一被レ罪二科所犯輩一之時、差二遣犬神人一、被二退治一之間、為二重色人一」と述べていることとは、対応しているものと思われる(38)。

さらに掃除という側面においても、犬神人と山門との密接な関係を確かめることができる。すなわち「社家記録」正平七年（一三五二）十二月十五日条に、「一座主宣命近日之間、為二掃除一犬神人両日毎日五十人帯二鋤鍬一(39)可二召進一之由、被レ下二御教書一之間、以二寄方一相触了、仍今日参仕、但人数無レ之間、廿五人参云々」とあるように、座主宣命に際し、掃除のため犬神人が動員されている。これに対し、「社家記録」応安四年（一三七一）七月三十日条、[40] あるいは応安五年（一三七二）八月十九日条をみると、[41] 仙洞から掃除人夫の動員要請があった際、祇園社は犬神人ではなく宮籠を派遣している。ここから犬神人は、あくまで山門側の要請があった場合にのみ、掃除を行う存在であったのではないかと考えられる。

このように犬神人と山門とは非常に深いつながりを持っていたといえるのであるが、その関係は具体的にはどのように取り結ばれていたのだろうか。そこで次に、山門と犬神人との関係について、少し詳しくみてみることにしよう。

3　山門と犬神人

南北朝期以降、戦国期に至るまで、山門は集会事書を発給し、以下に示すような命令伝達経路を用いて、犬神人をたびたび動員している。

三塔・各塔―寺家―山門公人―祇園執行―寄方（公人）―犬神人

この経路をみても明らかなとおり、山門は犬神人を直接動員することはせず、必ず祇園執行を通じて動員している。集会事書には、「仰二祇園執行一、相二催畿内近国犬神人等一」ともみえ、[42] 犬神人が「畿内近国」から動員されていることがわかるが、動員された犬神人の活動範囲は、基本的に京都に限定されていたと考えられる。南北朝期には、主として山門による京中検断と寺院破却のため出動している。次に示すのは、京中検断の例である。[43]

一賢聖房承能法印父子児童殺害事、昨日十六日日吉社頭集会事書到来、明日、公人可二下洛一、犬神人可二催儲一之由、使者申レ之、神供直会一続所望之間給レ之、事書云、已加二衆勘一、坂本坊舎等令二破却一畢、然者京都住坊土倉等、相二‐催犬神人一速三令二破却一云々、（以下略）

正平七年（一三五二）四月に、山徒賢聖房承能の子息が、侍所所司代の甥の児童とその後見の山徒を殺害するという事件がおきたときの史料である。これをみると、山門から祇園執行に対し、承能の京都住坊を破却するため明日山門公人が下洛するので、犬神人を動員するように、という内容の日吉集会事書が届けられたことがわかる。そしてこの数日後、山門公人十六・七人と、犬神人三十余人、祇園社公人九・十人が、八条坊門猪熊にある賢聖房の住坊に向かっている[44]。

同じく正平七年に、山門は法華宗の妙顕寺法華堂や、大谷一向宗堂を破却するため、犬神人をたびたび動員している[45]。

一一向衆住所可二破却一由事書始到来、彼事書云、如二風聞一者、於二法花宗一者、依レ有二退治之沙汰一、悉以赴二辺境一畢、事為レ実者神妙也、至二一向衆一者、曾無二其沙汰一云々、所詮任二妙顕寺之近例一、相二触祇園執行一、以二犬神人一可レ徹二却一向衆奴原之住宅一云々、事書使者一人持来、神供一前給了、

「一向衆奴原」を退治するため、ここでもまず祇園執行に山門から集会事書が届けられ、犬神人の動員が命ぜられている。

山門による犬神人の動員において注目されるのは、犬神人と山門公人、及び犬神人と延暦寺寺家公文所との、密接な関係である。正平七年二月、犬神人が法華堂破却に動員される際、「山門公人不二相副一馳向事無二先規一之由」を執行に申し述べていることからも明らかなように[46]、山門による京中検断や新興寺院破却の際、常に犬神人は山門公人と行動を共にしている。また広隆寺住人の房円が山徒を殺害したため、山門がその住坊を破却しようとした際、「犬神人疲労之間、近日如レ此所役難治之由、去比捧二申状一之間、執二進公文所一了」とあるように[47]、犬神人の申状が祇園執行を通じて延暦寺の公文所に届けられている。この住坊破却は、結局犬神人を動員して決行されることになったが、その際、住坊が仁和寺領と接しているため領内に入らないことを誓った請文を犬神人が提出しており、その請文は祇園執行から延暦寺公文所代武蔵法橋睿祐を通じ寺家に届けられている[48]。こうした点に加え、犬神人と行動を共にする

山門公人が延暦寺公文所に所属していることをもふまえるならば[49]、大衆の意を受けて犬神人動員を指揮する山門側の機関は、延暦寺公文所であったと考えられる。

それでは山門がこのように祇園社を通じてひんぱんに犬神人を動員する必要は、どこにあったのだろうか。このことを考える一つの素材となるのが、応安元年（一三六八）の延暦寺政所集会事書である。この事書は応安元年、南禅寺の定山祖禅が、顕密仏教を批判する内容の「続正法論」を著したため、山門が嗷訴するに際し作成したものである。その中の一部に、次のような文言がみえる[50]。

犬神人発向事、依レ能居レ身、所レ居又有二優劣一、本願濫觴雖レ不二聊爾一、住持僧侶悪行超過之間、欲レ加二治罰一之処、①彼寺者、遁世異門之乞食法師等也、山門衆徒直発向、不レ足二敵対一之間、任二先規一令レ下二知神人所一畢、②然而武家贔屓異レ于レ他、家々勇士・当時良将、悉馳二集寺辺一、対二非人一可レ決二雌雄一之旨、及二其企一之間、尩弱神人等無レ拠、寺門撤却令二退散一畢、此段更非二山門之恥辱一、宜レ任二天下之口遊一、又背二満山之衆命一之時、犬神人発向非レ適レ于レ今、其時不レ論二御領所・勅願寺一、令二破却一者故実也、就レ中如二近日一者、狭少之草堂、辺鄙之蓮宇、募二勅願之号一之間、頗無二尽期一者乎、更非二衆徒今案嗷議事一、

まず傍線部①により、山門が南禅寺の僧侶を「乞食法師」であると認識していた点が注目される。そしてそれゆえに、山門衆徒が直接相手をするような者ではないから、「神人」すなわち犬神人に発向を命じたのだとしている。さらに傍線部②においては、幕府が南禅寺に肩入れをして、「家々勇士・当時良将」を「尩弱神人」である犬神人に敵対させたことを非難している。つまり山門と南禅寺は対等ではないゆえに、犬神人と南禅寺とを敵対させるのであり、幕府と犬神人もまた対等ではないのであるから、両者が敵対するなどありうべからざることである、という主張を読み取ることができる。このような主張により、山門が禅宗寺院をはじめとする新興寺院の破却等に際し、犬神人を積極的に動員する理由もまた、まさに彼らが「乞食法師」に相応する「非人」・「尩弱神人」であった点に求められるの

ではないかと思われる。そしてその根底には、犬神人を使役する山門自身による、犬神人に対する賤視があったとみることができよう。

ここで山門が、新仏教勢力である禅宗寺院勢力を「乞食法師」であるとし、「非人」に相並ぶ存在とみなしている点は、犬神人の成立を考える上でも重要であると思われる。第1項において考察したように、犬神人成立の契機は、浄土宗弾圧の嘉禄の法難であったと考えられる。犬神人が山門による新仏教勢力の弾圧という側面において編成された「非人」であることを重視するならば、新仏教勢力を「非人」と同類のものとみなし、「非人」に敵対させるという論理は、おそらく嘉禄の法難の段階から、すでに存在していたのではないだろうか。そのように考えるならば、犬神人は、寺社権門による宗教思想の対立の中で創出された身分である、というふうに捉えることができよう[51]。そして彼らが戦国期に至るまで、山門による新仏教勢力への弾圧に動員されているのも、このような論理を背景としていたものとみなすことができるのである。

第二節　「坂公文所」の成立と犬神人

1　坂非人と犬神人

これまで、山門・祇園社という寺社権門と犬神人との関係について考察を進めてきたが、もう一つ、犬神人について考察する際に重視されるものとして、清水坂非人との関係がある。従来の研究においても、犬神人の成立とその性格が論じられる際には、必ず清水坂非人との関係がふれられてきた。そこでまず、清水坂非人と犬神人との関係について論じている、二つの先行研究について紹介しておこう。

はじめに取り上げるのは、馬田綾子氏の「中世京都における寺院と民衆」である[52]。この論文は、文安二年（一四四四五）に、東寺の寺僧・寺官の葬送を行う地蔵堂三昧が、光明講を母胎として発足し、「坂」との交渉の結果、東寺が三昧輿を使用して独自に葬送を実施する権限を得るまでの過程を明らかにしたものである。この中で馬田氏は、東寺百合文書に収める一連の清水「坂」関係史料を翻刻・紹介されており、「坂」が「坂惣衆」として非人全体を組織し、国名を名乗る「奉行」によって構成される「坂之沙汰所」という決定機関を持っていたこと、及び「奉行」の決定に基づき「公文所」において文書を作成していたことなどを指摘されている。そしてこのような「坂」組織と、「犬神人」集団との間に共通性を見出され、「犬神人は、祇園執行の支配を受けて山門の検断活動に携わると同時に、坂の管轄下で葬送に従事していたのである」とされ(53)、両者を同一のものとする見解を示されている。

一方脇田晴子氏は、「感神院―祇園社下級神職＝職掌人としての犬神人と、上下京の葬送権を独占していた清水坂非人とは、構成員が重複していても、組織としてはもちろん、近世においても使い分けられていた」との見解を示されている(54)。すなわち「犬神人」と「坂非人」とが、実態としては同一の人間をさしていても、両者の組織は別々に存在し、その組織における個々の役割も異なっていた、と理解されているのである。

両者の意見は、犬神人が清水坂非人でもある、という点においては一致しつつも、職掌に基づく所属組織の形態についての理解は、異なっているように見受けられる。そこで今一度、犬神人と坂非人との関係がいかなるものであったのか、再検討してみたい。

まず時代は下るが、永正七年（一五一〇）のころのものとされる、犬神人の提出した就商売之事申状についてみてみよう(55)。

畏申上候、

抑就二商売之事一、淀魚市与西岡宿人等子細一端申上候、①当坂者事　山門西塔院転法輪堂寄人、祇薗御社犬神人而、当初忝延喜御門以来、於二一天下之内一、先正月元三日より中御門にて、任二恒例不変之儀一、諸人集中、万蔵物売賦砌ニ、万民これを買取、一年中の試と千穐万歳延齢、寿命長遠之御祝言、最初世上無某（其）隠候哉、然間、今般題目者、譜代百姓西岡宿者、年来塩売買仕候処ニ、近年始而淀魚市之御方様公事を可被召由蒙仰候条、言語道断希代之御所行与驚歎之次第候、惣而諸国関々橋賃・船賃以下悉不致（※脱落アリか）其沙汰申候、如此之御扶持要脚をもて、②毎度山王大師、別而祇園御社奉公諸役ニ令参勤仕申候、殊ニ彼宿者加様之致商売、当坂鎮守大伽藍仏供灯明、同長棟非人湯粥等にも施行仕候、（間脱カ）浅敷物既望飢之間、当公方様へも以事次申上、初て可然御慈悲広大之施行、普広院殿御建立候て被下候長棟風呂等、早及大破候間、申上度折節候、一道之人非人之事候、被聞召候者可畏入候、（以下略）

この史料は、冒頭部分をみても明らかなように、西岡宿人の塩売買に対し、淀魚市が公事をかけたため、西岡宿人が抗議をして作成したものである。まず傍線部①より、「西岡宿人」＝「坂者」＝「山門西塔転法輪堂寄人」＝「祇薗御社犬神人」であったことがわかる。そして「当坂者」の「当坂」とは、傍線部②の「鎮守大伽藍」・「長棟非人」という記述が、戦国期成立の「清水寺参詣曼荼羅」に描かれた「清水坂」の情景と重なることから、[56]「清水坂」をさすことは明らかである。

このように「当坂者」たる「犬神人」の申状が存在することによって、戦国期には「坂者」＝犬神人であったことを確かめられるのであるが、ではいったい「坂者」という呼称が現れるのはいつのことなのであろうか。そこで「坂者」の初見についてみてみると、管見の限り、貞治三年（一三六四）のことであると思われる。すなわち『師守記』の同年六月十四日条には、祇園会の際のこととして「於三条油小路、田楽与犬神人有喧嘩事」と、田楽と「犬神人」の喧嘩のあったことが記されたのち、「田楽一人於当座被殺害、坂者被疵云々」とあり、「犬神人」が「坂者」と言い替えられていることがわかる。[57]したがって、すでに南北朝期の段階で、「犬神人」＝「坂者」という実態を示していたことになる。

この「坂者」という呼称の成立は、「河原者」の発生と密接な関係にあると考えられる。「河原者」の初見は、応安四年（一三七一）であり、「坂者」とほぼ同時期である[58]。背景は不明であるが、おそらくこのころの京都において、非人集団を拠点とする場に応じて把握する動きが生まれたのではないかと考えられる。そのような事態を想定しうるならば、「河原」に対する「坂」という概念のもとで、新たに「清水坂非人」に対して付された身分呼称が「坂者」であった、といえるのではないだろうか。「清水坂非人」を祇園社内部に組織することにより、「犬神人」が成立したことは、先に述べたところであるが、このことをふまえるならば、先行研究が指摘するとおり、確かに「犬神人」と「清水坂非人」・「坂者」とは実態としては同一のものであったといえよう。

それでは、「犬神人」の職掌と、「坂者」・坂非人の職掌とはどのような関係にあったのだろうか。そこで注意されるのが、『後愚昧記』に載せられている、犬神人と河原者との相論関係記事である。『後愚昧記』応安四年（一三七一）四月四日条には、次のようにみえる[59]。

四日、犬神人〈数十人云々、〉寄㆓来智恵光院㆒鼓騒云々、尋㆓事子細㆒処、佐川下人死人等、川原者取㆓棄之㆒、取㆓衣裳㆒之間、犬神人等称㆑可㆑管㆓領之㆒、乞㆓返川原者所㆑取之衣裳㆒可㆑賜之由、譴㆓責智恵光院㆒、可㆑及㆓放火㆒之由称㆑之云々、用途少分可㆑与之由、寺中雖㆓懇望㆒、不㆓叙用㆒之間、数刻不㆓退散㆒、然間川原奴原又称㆑可㆑見㆓継智恵光院㆒、多以帯㆓甲冑㆒集会、犬神人若畏㆓彼威㆒歟、引退了、後聞、於㆓侍所㆒犬神人与㆓川原者㆒番㆓問答㆒之処、川原者理致之由判断之間、無力不㆑及㆓嗷（〻）之沙汰㆒、犬神人等後干云々、

智恵光院にて管領細川頼之に討たれた佐川の下人の衣装をめぐり、犬神人と河原者とに争いが生じたが、侍所で相論した結果、河原者が取得した、という内容である。ここで注目したいのは、次の二つの点である。まず一点目は、犬神人が死人衣装の取得を主張した場である智恵光院が、法勝寺北にあったとも東山にあったともいわれている浄土宗寺院であったことである[60]。つまり智恵光院と山門・祇園社とは何ら関係を持っていないことから、ここでの犬神人

の活動は、山門・祇園社の命令系統に拠らない独自のものであったと考えられる。そして彼らが、死人の衣装を自らの得分であると主張した背景には、彼らが清水坂非人として「京都上下町中」に対し本来的にもっていた葬送に関わる被施行権が存在しているのではないかと思われる(61)。したがって犬神人は、ときに〈祇園社に所属する職掌人〉という枠組みを超えた活動をも行うのであり、「犬神人」と「清水坂非人」の職掌及び活動範囲を、厳密に区分することはできないといえよう。

もう一点は、犬神人・清水坂非人と河原者との関係である。「はじめに」においてもふれたように、従来の研究においては、河原者を非人に含めて考えるべきかどうかが一つの争点となっている。しかしこの史料を見る限りにおいては、犬神人と死人の衣裳、すなわち葬送得分をめぐって争っているという点で、成立期の河原者と犬神人すなわち非人とは、その生業のあり方に大きな違いはなかったのではないかと考えられる(62)。そうした意味では、確かに河原者もまた広義の非人として捉えうるといえよう。

それでは、犬神人と清水坂非人・「坂者」とは、集団としての存在形態も、職掌・権利も完全に同一のもの、ということになるのであろうか。そこで、両者に共通してみられる葬送の場における被施行権を、「犬神人」の場合について少し細かくみてみることにしたい。馬田氏も取り上げられている祇園社「社家記録」には、次に示すように、①和気益成の妻、②十相院僧正、③大宮大納言の、三名の葬送関係記事が確認される。

① 和気益成の妻（正平七年正月二十六日条）

一上北少路室町宮内大輔益成妻女、去年十二月十九日、他界之間、或遁世者於二伏見一沙汰了、而犬神人等輿等可レ給之由譴責之間、□難治可レ閣之由、可レ下二知犬神人一之由、益成許ヨリ懇望之間、以二寄方一此分令二下知一之処、奉行輩ニ相尋テ可レ申二委細返事一、先於二死者一可レ止之由申之間、載レ状申二遣彼使一了、

② 十相院僧正（正平七年七月二十三日条）

廿三日、自二梶井宮一以二静豪僧都奉書一被レ仰云、一昨日十相院僧正死去、為二葬送一都賀尾山本坊輿借用処、犬神人抑留云々、返遣之様可二計沙汰一云々、此趣彼下僧乗善来申間、下二知犬神人一之処、相二触惣衆一可レ申二左右一云々、

③　大宮大納言（正平七年十一月十二日条）

一行二西大路一、犬神人等申大宮大納言跡葬礼具事、重申之処、無沙汰上者、直可レ質之由可レ被レ仰云々、

注目されるのは、①にみえる妻を亡くした和気益成が、祇園執行のかかりつけの医師であったこと、②の十相院僧正が天台の梶井門跡の関係者であることが史料から明らかであること、そして③の大宮大納言は、「社家記録」の別の記事に「一別当御房祖母、今日他界云々、西大路大納言入道殿御母儀也」とみえることにより、祇園別当の血縁関係者であったことがわかること、である[63]。したがって犬神人は、あくまで執行及び天台門跡・別当の関係者、すなわち自らが所属する祇園社・山門の関係者が亡くなった場合にのみ、三昧輿の取得権を主張していることになる。

このような犬神人の取得権は、従来、清水坂非人が、「京都上下町中」に対し葬送に関する諸特権を持っていたとされるのに比べ、かなり限定的なものであるといえよう。したがって、ここから「清水坂非人」が、「犬神人」としての活動を通じ、山門・祇園社関係者を葬送支配権の得意先の一つとして認識し、利用していた可能性が浮かびあがってくる。すなわち「犬神人」の本質的な身分は「非人」であり、あくまで「清水坂非人」が山門・祇園社に組織された形態を属性として持っていた、と捉えるべきではないだろうか。

このように考えると、馬田氏の説に非常に近いかたちで、犬神人と坂非人との関係を捉えることになるが、ここで今一度考えてみたいのは、室町期の東寺の史料に現れた「坂」の組織を即、犬神人の組織として捉えてよいのだろうか、という問題である。こうした疑問が生じてくるのは、一方で「犬神人」が「坂公文所」のメンバーと、河原田畠をめぐり対立している例が確認できるからである[64]。

（端裏書）「摂津殿被レ遣之状案永享九・卯・廿九」

（紙背）「（切封墨引）」

祇園社領之内、四条五条間河原畠事、犬神人自㆓往古㆒社恩之由承候歟、此内条尺犬神人与㆓薩摩㆒相論、付下地子細。犬神人可㆓相尋㆒之由、蒙㆑仰候間、則加㆓下知㆒之処、捧㆓一通㆒候歟
薩摩支障事蒙仰無㆓社家録㆒候間、顕縁不㆓存知㆒候、可㆑得㆓御意㆒候、恐々謹言、

卯月廿九日　　顕□〔縁〕請文

御奉行所

この史料は、端裏書から永享九年（一四三七）に記されたものであると考えられ、このとき四条から五条にかけての河原畠をめぐり、犬神人と「薩摩」とが相論していたのであった。犬神人がこれ以前に河原畠を所有していたことは、祇園社「社家記録」をはじめとする他の史料によっても確認できる。(65) 注目されるのは、ここでその犬神人と争っているのが「薩摩」なる人物であったことである。「薩摩」とは、おそらく文安二年（一四四五）の坂奉行連署置文において「坂之沙汰所」のメンバーとして署判を加えている「薩摩」と同一人物であると考えられる。(66) ここで犬神人と坂組織の構成員とが相論をしていることを重視するならば、両者を単純に同一化して捉えることには無理があるように思われる。

それではこのような対立が、犬神人と坂奉行との間に生じる背景には、何があるのであろうか。こうした点について考える際に注意されるのは、そもそも「坂之沙汰所」・「坂公文所」・「坂奉行」が、室町期になって現れる言葉であることである。このことをふまえるならば、「坂」組織の成立と性格を改めて考察した上で、「坂」組織と「犬神人」両者の関係について明らかにする必要があると思われる。そこで項を改め、次に「坂」組織の性格について考えてみたいと思う。

２　「坂公文所」の性格

従来の研究においては、鎌倉期の清水坂非人が葬送得分を有していたことと、南北朝期の犬神人の中に「奉行輩」がいたこと等を繋ぎ合わせ、「坂公文所」を前代から続く「坂」の執行機関とみなしているように見受けられるが、(67)はたしてそうなのだろうか。

「坂」組織を示す「坂公文所」が、実は正長元年（一四二八）の段階で存在していたことが、近年の京都国立博物館における「長楽寺文書」の公開によって新たに明らかとなった。一例を示そう。(68)

（端裏書）「坂ヨリ引馬ノ免状案」

七条御引導之時、引馬・鞍等事、御遊行十五代上人様御在京時、庫院其阿弥陀仏、堅蒙レ仰候間、以二御礼一閣申候、雖レ然於二向後一引馬御座候者、壱貫文可レ給候、其外兎角之儀申間敷候、仍為二後日一状如レ件、

正長元年拾月　日　坂公文所在判

進上　七条御道場

葬礼の際に「引馬」があった場合、一貫文を支給してもらうほかは「坂」として一切他の要求をしない旨、七条道場金光寺に約したものである。この史料をも含め、公開されたいずれの「坂」関係史料も、「坂」が七条道場金光寺に対し、「坂公文所」もしくは「坂奉行」・「坂惣中」の名で、葬送の際に本来は「坂」の得分となっていた引馬や輿等の権利を請求しない旨、免許を与える内容となっている。「坂」の持つ葬送時の被施行権を免除している点で、馬田氏が紹介された、東寺百合文書の「坂」関係史料とほぼ同じような性格のものといえる。

これら東寺及び七条道場金光寺に対する免状の存在から、「坂公文所」は、一見葬送に関する得分を差配する機関であったような印象を受ける。すなわち権門と対等にわたりあえる、坂非人独自の自立機関として機能していた、と理解することも可能であるが、実態はどうであったのだろうか。

そこで注目されるのが、「坂公文所」が葬送とは異なる場で役割をもつ事例が存在することである。(69)

祇園小路普門寺事、当谷末寺候、其辺便宜候事候、警固候者可レ喜候、委細者上林坊申候、返々不レ可レ有二無沙汰一候、仍折紙如レ件、

六月十七日　　喜楽坊御代 祐淳判

坂公文所

ここでは「坂公文所」が、山門末寺普門寺を「警固」するよう、山門から命じられている。普門寺の所在地は、この史料に「祇園小路」とあることから、祇園社及び清水坂に近い位置にあったと考えられる。「坂公文所」はまた、山門から寺院破却をも命じられている。(70)

洛中洛外法華堂事、被レ成二奉書一畢、雖レ有下加二下地(知)一子細上不レ可レ有二楚忽之儀一、此趣可レ相二触板(坂)中一者也、

寛正六　十二月廿九日　　年頭(預)代

坂公文所

これは『日蓮宗宗学全書』に収められている「妙法治世集並同始末記録」の、「諫暁始末記」から引用したものである。「諫暁始末記」は寛正六年（一四六五）、法華宗本覚寺の僧である日住上人が将軍義政に説法したため山門の怒りを買い、山門が洛中の法華宗寺院をことごとく破却しようとしたところ、幕府の制止により事なきを得た、という一連の事件について、各法華宗寺院の僧がその「始末」の内容を記したものである。ここでは、山門楞厳院釈迦堂閉籠衆が洛中の法華宗寺院の破却を企てたが、幕府の制止を受けたため、「年頭代」（おそらくは山門の「年預代」）が「坂公文所」に破却の中止を指示している。

注目されるのは、これ以前に山門の閉籠衆が洛中法華宗寺院にあてて出した、十二月十四日付の山門集会事書末尾

には、「以二数多公人幷犬神人一悉令二発向一、可レ処二一段罪科一旨、衆議而已」と記されていること、すなわち山門公人と犬神人が法華宗寺院に発向することになっていたことである(71)。この文言と、さきの年預代の書状とが対応関係にあることは明らかで、年預代は、十二月十四日段階において発向を予定していた犬神人の動員の阻止を、年預代書状を以て「坂公文所」に対し要求している、と理解できる。つまり「犬神人」は「坂公文所」に所属していた、と考えられるのであり、「坂公文所」は、山門の命を受けて「犬神人」を動員する機関であったといえよう。こうした「坂公文所」と山門との密接な関係は、南北朝期に展開していた「犬神人」と山門との関係と重なりあうものとして注目される。

さらに「坂公文所」と山門との関係について考える上で重視したいのが、山徒「上林房」の存在である。先に示した年未詳六月十七日付喜楽坊代祐淳折紙案を改めてみてみると、山門が「上林房」を通じ、「坂公文所」に命令を下していることを確認できる。この「上林房」という房名は、すでに鎌倉時代末期から確認される有力な山徒の房名「上林房」を指していることは間違いない(72)。そしてこの「上林房」はまた、東寺百合文書の「坂」関係文書にも登場しているのである（傍線は筆者による）(73)。

一東寺の地蔵堂免のこしに付仏事料足事、上林坊より御口入によんて、永代さしおき申所実也、
一正月に毎年の御ゆわいの事、永代さしおき申候也、仍為レ後、免状如レ件、

文安二年乙丑八月九日

越後判

沙汰人

日向判

坂公文所判

すなわち「坂公文所」が初めて東寺に対し、三昧輿の免許を与えた際、坂と東寺とを仲介する「口入人」となったのが、「上林坊」なのであった。

このように「坂」関係史料に頻繁に現れることを考慮するならば、山徒上林房は「坂」と恒常的な関係をもつ人物であったと考えられる。上林房がなぜ「坂」と密接に関係しているのか、次項で改めて検討してみることにしたい。

3　上林房と「坂」

「上林房」については、北野社「社家条々抜書」に、興味深い記述がなされているので以下に検討してみたい。正長元年（一四二八）八月に山門西塔院閉籠衆が山門末社北野社の公文所松梅院禅能の押妨を非難し、要求が聞き入れられないならば犬神人と馬借を派遣して、松梅院の住房を破却する旨集会事書で通達する、という動きをみせた。その集会事書によると、山門側の主張は、①松梅院の建てた綱所を破却すべきこと、②政所職を曼殊院門跡に返すこと、③北野柴の開発を停止すること、④社頭外郭・大堀以下の要害を撤去すること、⑤先年山門配下の土倉・酒屋の麹室を破却し、北野社西京神人の独占権が認められたのは不当であること、の五点であった[74]。

これら五つの要求のうちでも、⑤は特に山門側が強く主張していた点であったと考えられる。応永二十六年（一四一九）の西京神人による麹室独占の背景には、松梅院禅能と将軍足利義持の密接な関係があり、松梅院に対する山門側の不満は相当根強いものであった。すでにこれより前の応永三十三年（一四二六）に、坂本の馬借が西京神人の麹室独占により米の売買もたちゆかない状況になったため、松梅院禅能の住坊を破却しようと京都乱入を企てるという動きが起きている[75]。

このような山門側の要求に対し、北野社では西京神人が幕府への嗷訴のため北野社に閉籠する、という事態が生じている。その後の北野社及び幕府の対応について、「条々抜書」は次のように記している[76]。

一竹内殿東門有二御成一テ、直神人御問答在レ之、其後住坊御成アリテ、重全慶坊以種々雖レ有二御問答一、更以不二承引仕一之旨、希代不思儀也、自二　上様一被レ立二祇園執行方御使一、犬神人事為二山門一雖二相触一、楚忽不レ可二領承一、可レ伺二申　上意一之由、治部越前守被二仰出一云々、

一上林房馬借・犬神人年預之旨、別而被二仰出一間、畏入之由、御返事申云々、

最初の一つ書をみると、北野社別当竹内殿（曼殊院良什）が、社殿に閉籠している神人と直接問答を行ったものの、解決には至らなかったことが記されている。そして室町殿足利義教が祇園執行に対し、山門から犬神人の動員を命ぜられても、了解してはならないこと、まずは室町殿の意向をうかがうべきことを通達したこともみえている。一方次の一つ書をみると、義教が「上林房」を「馬借・犬神人年預」に任命していることがわかる[77]。この二つ目の一つ書は、山徒「上林房」が、これ以後「犬神人年預」としての職権を以て、「坂公文所」を統轄するに至ったことを読み取ることができる点で非常に重要である。すなわち義教の発言内容を整理するならば、犬神人の動員は、①山門から祇園執行への命令によってなされる場合と、②室町殿によって補任される「年預」によりなされる場合、の二つの方法で行われる可能性を想定することができるのである。①の方法については、先にもふれた南北朝期以来の犬神人の動員ルートを、そのまま踏襲したもの、と理解することができるが、②のようなルートが成立したのはなぜなのだろうか。②の動員ルートについては、これまでみてきた「坂公文所」関係史料により、以下のような命令伝達経路を経るもの、と考えられる。

各塔・各谷の大衆→犬神人年預上林房→「坂公文所」→犬神人

こうした経路のあり方が、かつて南北朝期に存在した山門・祇園社の犬神人動員のための命令伝達経路と大きく異なることは、一目瞭然である。祇園執行を通じて犬神人を動員するルートは、室町期に至っても、犬神人催促を命じる集会事書が祇園執行にあてて下されていることから、この時点においても一応は生きていたといえる。しかしなが

ら、そもそもこの祇園執行を通じてのルートというのが、山門と祇園社の本末関係のあり方に強く規定されたものである点には、注意が必要である。すなわち、山門が祇園執行を通じ末社を統制しうる限りにおいて、機能するルートなのであった。

そこで南北朝期から室町期にかけての山門と祇園社との本末関係について改めてみてみると、山門と祇園社は、室町幕府が京都市政権の掌握に乗り出す中で、関係を大きく変化させていることがわかる。こうした事実については、すでに本書第一部第二章で明らかにしたところであるので、ここでは要点のみ述べることにしたい。先にも述べたとおり、南北朝期までの祇園社は天台座主をはじめとする本寺僧を上位におきつつ、祇園執行を中心に経営がはかられていた。しかし内乱期に入って、執行顕詮・顕深が祈禱を通じて幕府将軍と結びつくことにより、座主の執行職補任権は否定され、執行職は世襲の職となるとともに、本寺勢力の影響を大幅に縮小させながら自らの社内統制権を強めたのである。こうした組織の変化に伴い、執行による社領の一円支配化も進み、山門が祇園社を通じて京都市中に及ぼしていた特権的支配も大きく後退している。したがって、幕府の京都市政権の確立に伴う形で、山門と祇園社の本末関係は変化を遂げたのであり、祇園執行を通じての犬神人動員ルートは、山門の命ではなく「武命」を重視する祇園執行の姿勢により、足利義満政権期を境としてしだいに機能しなくなっていた。

このような状況をうけて、山門側は室町期以降、清水坂非人を、祇園社によって組織された「犬神人」としてではなく、「坂公文所」の構成員として直接に組織することにより、動員を行ったのではなかろうか。「公文所」という言葉が一般に、平安時代以降、諸国国衙・院宮・摂関家・寺社・諸家に置かれた一機関であることを想起するならば、(78)「坂公文所」もまた、延暦寺の一機関として機能していたとみることも可能なのではないかと思われる。さらに南北朝期において、犬神人動員の権限を持つ山門側の機関が、寺家「公文所」であったことをも考えあわせるならば、「坂」組織が「公文所」という言葉で表現されることにはそれなりの意味があったと考えられる。先にもみたように、室町期になってもなお山門から末寺の警固や他宗寺院の破却を命じられていることをもふまえるならば、「坂公文所」は、山門の組織する機関であった可能性が高いといえよう。

その一方、見過ごせないのは、犬神人年預上林房が、実は山門使節であったことである。山門使節については下坂守氏の研究に詳しく、室町幕府将軍足利義満が対延暦寺政策の一つとして創設したものと考えられている(79)。永享の山門騒乱の前後で、多少メンバーを異にするものの、幕府から使節遵行権・軍事警察権・裁判権、及び関所勘過等に関する権限を認められ、延暦寺内における「幕府権力の執行機関」及び「守護」としての役割を担った、とされている。下坂氏は上林房を、永享の山門騒乱以後の使節に数えられており、残存する山門使節の連署状をみる限り、騒乱以後に使節であったことは確かであると思われる。したがって、少なくとも永享の山門騒乱以後において、上林房は山門使節と犬神人年預を兼帯していたということになる。

しかしおそらく上林房は騒乱以前においても、山門使節であったと考えられる。そのことは、先にみた正長元年における、北野社「社家条々抜書」の関連記事である、『満済准后日記』正長元年八月二十九日条からうかがうことができる(80)。

廿九日、晴、今暁両壇結願北斗護摩 不動護摩了、(中略)次北野社閉籠事、為二禅能法眼計一、可レ属二無為一之由、厳密ニ可レ仰二管領一旨被レ仰キ、次山門訴訟事、同可レ被レ申二付乗蓮一云々、次行仙・上林両人事、為二彼谷衆一処、無二左右一令二閉籠一条、併堂々警固等無沙汰故歟、可二切諫一之由可レ仰二管領一云々、

前半部では、北野社西京神人の閉籠を、松梅院禅能のとりなしで止めさせるよう、室町殿義教が三宝院満済を通じ管領畠山満家に命じたことが記されている。そして後半部では、山門側が閉籠をして松梅院に対し訴訟を起こしている事態につき、山門使節乗蓮房に停止を求めるよう、義教から満済に指示が出されている。さらに傍線部をみると、義教は行泉房・上林房の両人が、「彼谷衆」すなわち閉籠している西塔の衆徒の一員であるのに、みすみす閉籠を許

してしまったのは、彼らが西塔内の堂舎の警固をきちんとしていなかったためであるので、厳重注意を与えるよう管領に命じるべきである、との主張を行っている。山門の訴訟に際し、幕府側が山門使節乗蓮房とともに行泉房・上林房両者の対応を問題にしているのは、両者もまた山門使節であったからではなかろうか。とりわけ両者が、山門敷訴という事態にあって幕府から「堂々警固」を期待されていたことは、山門使節が延暦寺内の軍事警察権を持っていたとする下坂氏の指摘とも符合しよう(81)。この二年前に坂本馬借が京都乱入を企てたときに、幕府の命により「馬借居住之在所」をことごとく破却したのは、山門使節であった(82)。

したがって上林房は、すでに永享の山門騒乱以前から、犬神人年預であると同時に山門使節であった、といえるのではなかろうか。すなわち先にみた北野社「社家条々抜書」において、義教が上林房を犬神人年預に任じているのは、幕府と山門使節の結びつきを前提にしていたものと解することができるのである。そしてこのように考えてみるとき、犬神人年預上林房による「坂公文所」の統轄は、単なる山門による犬神人支配というものにとどまらない性格を含んでいたといえよう。すなわち上林房が山門使節であるゆえに、あくまで上林房を介してではあるが、室町幕府もまた犬神人の動員を統制しえたと考えられるからである。

先にも述べたように、室町幕府が京都市政権を確立していく上でとった対山門政策の一つは、祇園執行と結び付くことにより、犬神人の動員を通じて行われる検断権行使を含め、それまで山門が京都に有していた諸権益を否定する、というものであった。そして下坂氏が指摘されているとおり、山門使節制度の創立もまた、幕府の対山門政策の一環なのであり(83)、山門が祇園執行を介さない形で犬神人を組織し始める中で、山門使節の中から犬神人年預を補任することもまた、広い意味での対山門政策になりえたと考えられるのである。犬神人年預の統轄する「坂公文所」が創設されて以後もなお、後述するようにときに山門が、祇園執行を介しての犬神人動員ルートをたより、祇園執行に動員をよびかけているのは、幕府と犬神人年預・山門使節との結びつきを警戒したためと理解しうるのではなかろうか。

ところで、山門と「坂者」との密接な関係は、寺院破却に伴う山門側の動員、という側面とは別に、葬送という側面においても認められる。すなわち山門膝下の近江の諸寺社にも「坂の者」が存在し、葬送に携わっていたことを、すでに高田陽介氏が近江大原観音寺文書や近江長浜八幡宮文書等を素材として、詳しく考察されている(84)。注目されるのは高田氏が、次に示す近江福生寺文書に署判を加えている坂奉行備後が、清水坂の坂組織に所属する備後ではないか、と指摘されていることである(85)。

江州蒲生郡佐々木之内、東おひそにおひて火葬所申付上者、何方よりなにやうの事申候共、相違有ましく候、仍如レ件、

天正十六戊子 九月十日　坂 奉行 備後

ひかしおひその 光阿ミ陀仏参

これは「坂奉行備後」が、福生寺の開山とされる三昧聖光阿弥陀仏に対し、東老蘇の火葬所を申し付けることにより、坂の「葬送権」を放棄する、という内容の史料である。「坂奉行備後」＝清水坂「坂者」とされる高田氏の指摘が正しいことは、藤田励夫氏が、知恩院にあてて清水坂奉行が発給した売券に署判している「備後」と、福生寺文書の原文書にみえる備後の花押とが一致することを立証されていることからも明らかである(86)。こうした点と、高田氏による、「山門の本末関係の展開と重なる形で、「山門西塔転法輪堂寄人」たる「坂の者」のネットワークが近江国内に形成されていた」との見解とを考慮するならば(87)、近江における葬送支配権という側面においても、山門と「坂」組織

との密接な関係を読み取ることができるといえよう。そして東寺に三昧輿の免許を与えた際に、上林房が口入人となっていたことをも想起するならば、山門は「坂」の葬送支配をも統轄したのではないかと考えられるのである。

以上山門が祇園社を介することなく、直接に犬神人を動員するため「坂」組織、すなわち「坂公文所」を整備したこと、及び「坂公文所」を統轄したのは犬神人年預・山門使節の上林房であったことを明らかにした。これらの事実をふまえるならば、先にふれた永享九年（一四三七）の犬神人と薩摩との、河原畠をめぐる相論は、すでに鎌倉期から祇園社に「神人」として組織されていた犬神人と、室町期に入ってから新たに山門に組織されるに至った「坂者」との相論として、理解しうるものと思われる。犬神人がすでに南北朝期の段階で、祇園社領のうち「四条五条間河原畠」を祇園社から付与されていたことは明らかである。したがってこの相論は、河原畠に対する犬神人の権利を、犬神人と同様清水坂非人集団の一員でありながら、新たに山門によって設置された「坂公文所」の「奉行」として清水坂非人集団の中で台頭してきた薩摩が侵奪しようとしたために生じたものであった、と捉えることができよう。

4　近世移行期の犬神人

これまで、中世における犬神人の活動や権門との関係について述べてきたが、最後に甚だ簡単ではあるが、近世移行期における犬神人・「坂」組織の存在形態と動向についても、ふれておきたいと思う。

近世移行期の犬神人の活動について、まず注意されるのは、管見の限り、文明元年（一四六九）の山門楞厳院中堂閉籠衆集会事書を最後に(88)、山門による新仏教勢力の弾圧に動員された形跡がみられなくなることである。おそらく、応仁・文明の乱を境として、山門の「坂」に対する統制力が、減少していく傾向にあったものと考えられる。先にみた戦国期の近江福生寺文書において、「坂」が葬送に関する得分を手放していることを重視するならば、こうしたこともまた、「坂」と山門との関係に何らかの変化が生じていた可能性を示しているのかもしれない。

その反面、「坂」と祇園社との関係は保たれており、犬神人は室町時代を通じて近世期に至るまで、祇園会に供奉している(89)。そのことは、犬神人が山門の「坂公文所」に組織されてもなお、祇園会を通じて祇園社の「神人」であり続けたことを意味しよう。ただし祇園会とは別の側面においても、「坂」と祇園社との密接な関係はうかがわれる。

坂番頭中

洛陽東山双林無量寿寺内諸墓掃除銭之事、永代指置申候上者、於㆓末世㆒違乱之儀不㆑可㆑申候、殊更為㆓祇園御社㆒令㆓奉行㆒、懇御扱之儀之間、不㆑可㆑有㆓一言其煩㆒候、仍為㆓後証㆒免状如㆑件、

淡路（花押）

大永六年九月廿三日

下野（花押）

東山

双林無量寿寺方丈

「坂番頭中」が、祇園社にほど近い位置にある双林寺に対し発給した、「諸墓掃除銭」の免状である(90)。やや難解な文書であるが、傍線部に注目するならば、掃除銭の免除にあたり、祇園社が「坂」と双林寺の仲介者となったことを読み取ることができる。したがって、祇園会及び諸墓に関する権利の両側面において、「坂」は戦国期においてもなお、祇園社とのつながりを保っていたといえる。

一方、戦国期に成立した洛中洛外図屏風には、祇園会に供奉する犬神人のほか、弓の弦を張ったり、懸想文を売り歩いたりする犬神人の姿も描かれており、これ以前にはみられなかった犬神人の多様な活動形態が示されている(91)。とりわけ犬神人が弓の弦を張る姿が描写されていることは、犬神人のもう一つの呼称である「つるめそ」との関係がしのばれ、興味深い。しかしながら犬神人を「つるめそ」とする史料が室町末期以降のものであり、成立当初から「つ

るめそ」と呼ばれていたわけではないことは、河田光夫氏がすでに指摘されている通りである[92]。したがって犬神人は戦国期以降になってから、「つるめそ」として弓の弦や懸想文を売り歩く職人・商人と化していたとみることができる。

一方、天文―天正期成立の『清水寺参詣曼荼羅』に描かれた癩者と犬神人が、一定の距離感をもって描かれている事実に注目された下坂守氏は、近世期の寛文年間に癩者は物吉村に集住し、物乞いをして生計をたてるのに対し、犬神人が弓矢町に住んで弓矢の製造・販売者となる始源が、すでに戦国期にあったことを指摘されている[93]。近世期の物吉村の癩者については、横田則子氏の研究が[94]、弓矢町の犬神人については、村上紀夫氏による研究がある[95]。村上氏が紹介されている「清水寺文書」に収める弦召についての覚書をみると、江戸時代の坂弓矢町は、かつては坂者が火葬を行っていた場であり、往古、坂者は火葬を行う一方、弓矢を売り歩き、国名を名乗っていたという。このように清水坂非人集団が、居住地という側面においても職能という側面においても完全に〈分化〉するのは、江戸時代に至ってからであったと考えられる。

以上のように、近世移行期の犬神人の活動について考察してみると、この時期の犬神人をとりまく社会環境が、大きく変化していたことに気づく。その流れは、ひとまず応仁・文明の乱を契機とする京中・近江に対する山門支配権の衰退→「坂」の得分の減少→犬神人の商人化→清水坂非人の分化→坂者の弓矢町居住と癩者の物吉村居住、というものであったと考えたい。山門と「坂」との関係は、おそらく織田信長による延暦寺焼き討ちにより、ほぼ完全に消滅したと思われるが、近世期以降、祇園社と「坂」との関係については、引き続き維持されている。いずれにせよ、移行期の犬神人の存在形態については、今後さらに詳しく検討していく必要がある。

おわりに

これまでの考察を通じて、犬神人の活動を通じてみえてくる、中世京都の非人身分の存在形態と社会関係は、どのように捉えることができるのだろうか。

まず従来の研究において、あいまいに定義されてきた「坂非人」と「犬神人」・「坂者」・「坂公文所」それぞれの関係については、次のように整理できるのではなかろうか。「清水坂非人」とはすなわち、中世を通じて清水坂を拠点に存在した非人集団であり、癩者や重病人をも含みこむ重層的な構成をとり、葬送に関する得分をもつものである。これに対し、「犬神人」は中世後期に「清水坂非人」を母体として現れ、直接には祇園社に所属した「神人」であり、祇園社と山門との本末関係を基礎として、山門・祇園社の両方に奉仕した存在である。一方南北朝期に現れる「坂者」という呼称は、犬神人を、その活動拠点とする場に応じて呼びならわしたものと捉えることができ、「坂者」の所属する「坂公文所」とは、山門が祇園社を媒介とせずに犬神人を組織するため創出した機関である、というふうに定義できる。その一方、京都市政権を掌握した室町幕府もまた山門使節を「犬神人年預」に任命することにより犬神人を統御した。

犬神人＝坂者であり、両者が実態面においても職掌という側面においても厳密に区分しえない同一のものであることは先にも述べた。両者が直接に拠り所とする権門は、ともに祇園社とその本寺山門であるが、室町期に入って、山門が新たに「坂公文所」を設置する一方、幕府もその把握に乗り出していることは重要な点である。ここから中世の非人集団は、自らを組織し編成する権門の政治動向により、その存在形態を変化させていく側面を持っていたことを指摘できよう。

ここで一つ考えてみなければならないのは、犬神人＝坂者が清水坂非人集団の中でどのような位置を占めていたか、という点である。鎌倉時代に現れる清水坂非人長吏が国名を名乗っていることと、犬神人が国名を名乗っていることとを考え合わせるならば、[96] 犬神人は長吏の系譜を引くものとして、癩者を下部におく非人集団を統轄する位置にあったと考えられる。そして「坂公文所」の「坂奉行」や「沙汰人」、さらには戦国期に見られる「坂番頭」も国名を称していることから、犬神人と同じく、清水坂非人の上層部にいた非人であった。したがって犬神人＝「坂者」は、黒田日出男氏の指摘された①宿の長吏とその配下の集団、②乞食非人・不具者、③癩者という非人宿の重層的構成の中で、①の位置にあって清水坂を統轄する非人であったといえる。[97] そしてこれらの事実を権門寺社の側からみるならば、祇園社は、坂非人の上層部を「犬神人」として、山門は「坂公文所」構成員として組織することにより、非人集団を支配したものとみなすことができよう。

こうした清水坂非人集団の重層性は、中世を通じて存在したと考えられ、第二節で掲げた戦国期の史料にみられる「坂者」と「長棟非人」の関係も、重層性の反映として捉えられるのではないかと思われる。従来の研究においては、犬神人＝坂者が、「長棟非人」を施行するばかりでなく、彼らを「浅間敷者」・「一道之人非人」としていることから、両者の間に「区別」の存在したこと、[98] 及び「坂惣衆」から「癩者」が排除されることにより非人宿が分化しつつあったことなどが指摘されている。[99] 非人宿の分化、という視点は近世移行期の身分制を考える上で、非常に重要であると思われる。ただしここでは、清水坂非人集団がすでに鎌倉期の段階で、癩者を内部に含みこみながら国名を名乗る長吏層により統轄される重層的構造をとっていたことをふまえ、「坂者」と「長棟非人」との関係も、あくまで戦国期における清水坂非人集団の重層性、ないしは非人集団内部における階層性を示すもの、と捉えるべきではないかと考える。坂者が権門とつながりながら商売をしつつ、ここで非人に対し「湯粥施行」を行っていることは、戦国期においてもなお坂者と癩者とは密接につながっており、権門寺社―坂者の関係が、清水坂非人集団の一つの経済基盤ともなっていたことをうかがわせる。そして「当坂者」、すなわち「清水坂」の「坂者」という名乗りもまた、「西岡宿人」でありつつも、「坂者」が本来的には「清水坂」に帰属するものであることを示すものと解することができよう。いずれにせよ清水坂非人の〈分化〉が、いつ、何を契機として起こるのかという点については、改めて検討する必要がある。

それでは、このような犬神人・清水坂非人の存在形態が明らかとなった結果、はじめに設定した視点にもとづき、従来の身分制研究、とりわけ黒田俊雄氏の非人論と本章とはどのように対応してくるのであろうか。犬神人は、祇園社の「神人」として神社組織の中に組み込まれている身分であることから、これを細川涼一氏のいう、体制内に取り込まれた「二次的非人」の存在形態とみることも、あるいは可能であるように見受けられる。(100)しかしながら犬神人は、一、「座」を持たず、祇園会に奉仕していても「馬上料足」を支給された形跡のない点で、他の祇園社神人とは区別される存在であること、及び二、山門・祇園社のもつ京中支配権の範囲をこえた活動をすること、三、清水坂を拠点として活動することから、「坂者」とも呼称されるという特質をもつこと、などから、権門寺社の身分系列におさまらない性格をも持っていた。こうした、権門支配の秩序から取りこぼれる犬神人の性格は、その母集団である清水坂非人としての性格と捉えることができ、清水坂非人は犬神人として山門・祇園社に組織されてもなお、権門の支配秩序からはずれている、という非人身分の本質を失うことはなかったのである。(101)したがって、少なくとも「一次的非人」から「二次的非人」へという発展段階をもって、犬神人（非人）の存在形態を説明することはできないといえよう。

このことは、犬神人を動員する権門自身が、彼らを「乞食法師」と同類の「非人」であると認識していた事実からも確かめられる。応安年間の南禅寺との争いをみても明らかなとおり、山門がたえず嗷訴等に際して犬神人を動員したのは、彼らが「非人」であるゆえのことであったといっても過言ではなかろう。したがって犬神人は本質的に、体制内から脱落した身分であることを前提として支配秩序にとりこまれていたとみることができよう。そうした意味で、中世非人を「身分外の身分」として捉えようとされた黒田俊雄氏の視点の正しさを、改めて評価すべきではないかと思われるのである。

注

（1）林屋辰三郎「散所――その発生と展開」（同氏『古代国家の解体』東京大学出版会、一九五五年）、原田伴彦「中世賤民の一考察」（同氏『日本封建都市研究』東京大学出版会、一九五七年）等。
（2）初出『部落問題研究』三三号、一九七三年、のち同氏著作集第六巻『中世共同体論・身分制論』法蔵館、一九九五年、に所収。
（3）黒田氏注2論文、『著作集』一一七頁。
（4）大山喬平「中世の身分制と国家」（同氏『日本中世農村史の研究』岩波書店、一九七八年）。
（5）黒田日出男「史料としての絵巻物と中世身分制」（同氏『境界の中世　象徴の中世』東京大学出版会、一九八六年）。
（6）丹生谷哲一『検非違使――中世のけがれと権力』（平凡社、一九八六年）。
（7）馬田綾子「中世京都における寺院と民衆」（『日本史研究』二三五号、一九八二年）。
（8）細川涼一『中世の身分制と非人』（日本エディタースクール出版部、一九九四年）。
（9）松尾剛次「中世非人に関する一考察――西大寺流による非人支配」（『史学雑誌』第八九編第二号、一九八〇年）、及び同氏『中世の都市と非人』（法蔵館、一九九八年）。
（10）脇田晴子「中世被差別民の生活と社会」（『部落史の研究　前近代篇』部落問題研究所、一九七八年）。
（11）丹生谷哲一「非人・河原者・散所」（『岩波講座日本通史』第8巻中世2、岩波書店、一九九四年）。なお小川央氏もまた、「宿」や「非人宿」、「河原者」すべてを〈中世非人集団〉という概念で捉えることにより、黒田説を維持することは可能であるとの見解を示されている（「中世奈良の非人集団と中世の身分」『部落問題研究』一五六号、二〇〇一年）。
（12）網野善彦「中世身分制の一考察――中世前期の非人を中心に」（初出は『歴史と地理』二八九号、一九七九年、のち『網野善彦著作集』第十一巻・芸能・身分・女性、岩波書店、二〇〇八年、に所収）。
（13）黒田俊雄「中世社会論と非人――諸説の批判と課題」（初出は『部落問題研究』七四号、一九八二年、のち同氏著作集第六巻『中世共同体論・身分制論』法蔵館、一九九五年、に所収）。

(14) 細川涼一「中世前期の非人について」(初出は『中央大学大学院研究年報』九号、一九八〇年、のち同氏注8書に所収)。
(15) 大山氏注4論文等。
(16) 黒田俊雄「中世の身分意識と社会観」(初出は『日本の社会史』七、岩波書店、一九八七年。のち同氏著作集第六巻『中世共同体論・身分制論』法蔵館、一九九五年、に所収)。
(17) 「犬神人」について考察する際、なぜ「犬」神人という呼称を持つのか、という点がまず大きな疑問となろう。部落問題研究所編『部落史史料選集』第1巻・古代中世編〔犬神人の職掌〕に付された「犬神人」の補注では、「犬」の意味について、神人に準ずるもの・隼人の別名・悪魔祓い等の諸説が掲げられている。こうした諸説の存在をふまえた上で、犬神人の「犬」の意についていては、日本中世における「犬」の存在形態、及びそれが象徴するものを明らかにすることによって、別個に検討せねばならないと考える(なお、すでに西山良平氏が、平安期の京都において、犬が穢れの発生・肥大していく都市にあって「社会的・公共的機能を代替していた」ことを明らかにされている。同氏「〈王朝都市〉の動物誌」『京都市立芸術大学美術学部研究紀要』三四、一九九〇年、のち同氏『都市平安京』京都大学学術出版会、二〇〇四年、に所収)。したがって、犬神人の「犬」の語についていては後日の検討課題としつつも、本稿ではむしろ「神人」の語にこだわりながら考察を進めることにしたい。また犬神人は、京都祇園社に所属する犬神人の他、鎌倉の鶴岡八幡宮に所属する犬神人のいたこともよく知られているが、本章では、あくまで京都を拠点として活動する祇園社犬神人について考察することをあらかじめお断りしておく。なお本章の基礎には、二〇〇一年十一月三日に、大阪市立大学で開催された都市史研究会シンポジウム「伝統都市と身分的周縁」において発表した「中世京都の犬神人」がある(『年報都市史研究10　伝統都市と身分的周縁』二〇〇二年)。
(18) 立正大学日蓮教学研究所編『日蓮宗宗学全書』(山喜房佛書林)第十三巻「金剛集」第五「浄土宗見聞　下」。嘉禄の法難とは、『選択集』をめぐる定照と隆寛の論争を契機として、嘉禄三年(一二二七)六月に、山門が法然の墓所を破却し、七月に隆寛・幸西・空阿弥陀仏が遠流に決した事件をいう。嘉禄の法難及び『金綱集』については、平雅行「安居院聖覚と嘉禄の法難」(初出は中世寺院史研究会編『中世寺院史の研究』法蔵館、一九八八年、のち同氏『日本中世の社会と仏教』塙書房、一九九二年、に所収)に詳しい。
(19) 立正大学宗学研究所編『昭和定本日蓮聖人遺文』第三巻、二二六二頁。
(20) 平氏注18論文。
(21) 『明月記』安貞元年六月二十七日条(『大日本史料』五編之三、安貞元年六月二十二日条)。

(22) 茨城県那珂郡常福寺本『拾遺古徳伝』巻九第三段（『大日本史料』第五編之三、八九三頁、安貞元年六月二十二日条）。元亨三年（一三二三）の奥書を持つ。
(23) 日本古典全集『塵袋』上（三六七頁）。なお喜田貞吉「濫僧考——河原者・坂の者・宿の者・非人法師」（同氏著作集第一〇巻『部落問題と社会史』平凡社、一九八二年）も参照。
(24) 江藤文書・寛元二年（一二四四）三月日奈良坂非人等陳状案、神宮文書所蔵文書・寛元二年四月日奈良坂非人等陳状、春日大社文書・年末詳奈良坂非人等陳状、古文書雑纂・奈良坂非人等陳状（いずれも注17書『部落史史料選集』第1巻、一一七—一四〇頁、に所収）。
(25) 黒田日出男氏注5論文、網野善彦「非人に関する一史料」（同氏注12書に所収）、大山喬平氏注4論文及び「奈良坂・清水坂両宿非人抗争雑考」（同氏注4書に所収）等。
(26) 注24参照。
(27)『明月記』建保元年十月二十四日条（図書刊行会、三三五頁）。
(28) なお脇田晴子氏も、ほぼ同様の観点から「鎌倉期を通じて、坂非人の犬神人化、すなわち、祇園社を媒介としての山門の清水坂支配が進行しつつあった」ことを指摘されている（『部落史用語辞典』柏書房、一九八五年、「犬神人」の項）。
(29) 渋谷慈鎧編『天台座主記』二八〇頁。龍象上人については、鎌倉で説法をし、日蓮と対立していたことなどが、石井進「都市鎌倉における地獄の風景」（御家人制研究会編『御家人制の研究』吉川弘文館、一九八一年）に紹介されている。
(30) 増補史料大成『勘仲記』（臨川書店）二、五—六頁。
(31)『増補八坂神社文書』下巻、二〇頁、一二七〇号。
(32) 増補史料大成『勘仲記』一、二五九頁。この史料は、従来、刊本で「申丈神人訴訟事」と翻刻されていたために、犬神人関係史料として取り上げられることのなかったものである。東京大学史料編纂所架蔵写真帳『兼仲卿記』（請求番号六一七三・九三—一二）により、訂正した。
(33) 奈良坂非人等陳状（春日大社文書、注24参照）。
(34) 本書第一部第一章「山門・祇園社の本末関係と京都支配」参照。
(35)『増補八坂神社文書』上巻、九三三頁、一二四六号。
(36)『増補八坂神社文書』上巻、二八五—四八七頁には、祇園会「馬上料足」の請取状及び惣支配帳が多数収められているが、犬神人の「馬上料足」請取状はなく、また惣支配帳にも記載がない。
(37)「社家記録」正平七年五月二十日条（『八坂神社記録』上、二五一頁）。
(38) 注35に同じ。
(39)『八坂神社記録』上、三一八頁。
(40)『八坂神社記録』上、三四六頁。
(41)『八坂神社記録』上、四三二頁。
(42) 応安元年閏六月二十三日付延暦寺政所集会事書（「続正法論附録」『増補八坂神社文書』下二、一一四六頁）。
(43)「社家記録」正平七年四月十七日条（『八坂神社記録』上、二四二頁）。
(44)「社家記録」正平七年四月十九日条（『八坂神社記録』上、二四二―二四三頁）。
(45)「社家記録」正平七年閏二月二日条（『八坂神社記録』上、二二三頁）。
(46)「社家記録」正平七年二月二十九日条（『八坂神社記録』上、二二二頁）。
(47)「社家記録」正平七年七月六日条（『八坂神社記録』上、二六七頁）。
(48)「社家記録」正平七年七月十八日条（『八坂神社記録』上、二七四頁）。
(49) 下坂守「延暦寺における「寺家」の構造」（『京都市歴史資料館紀要』一〇号、一九九二年、のち同氏『中世寺院社会の研究』思文閣出版、二〇〇一年、に所収）、及び同氏「山門公人の歴史的性格」（『奈良史学』一一号、一九九三年、のち同氏前掲書に所収）を参照。
(50)『山門嗷訴記』（『大日本史料』第六編之二九、四九〇頁）。
(51) なお細川涼一氏は、鎌倉期の奈良坂非人が神鹿死骸処理の職掌をもつに至る過程で、興福寺―春日社の「中世的イデオロギーとしての神鹿信仰の形成」が媒介となったことを指摘されている（「中世前期の非人について」同氏注8書、七三頁）。こうした指摘も、中世における宗教思想と非人の組織化との密接な関係を示すものとして注目される。
(52) 注7参照。
(53) 馬田氏注7論文、四二頁。
(54) 脇田氏注10論文、一二九―一三〇頁。
(55)『増補八坂神社文書』上巻、九三七―九三八頁、一二五三号、『北風文書』。この史料については、網野善彦「非人と塩売」

（同氏注12書に所収）に詳しい。本史料の脱落部分の存在、及び解釈については、注17書『部落史史料選集』第1巻、〔犬神人の職掌〕補注、二七一頁（脇田晴子氏・加藤美恵子氏執筆部分）を参考にした。

(56) 下坂守「中世非人の存在形態――清水坂「長棟堂」考」（『芸能史研究』一一〇号、一九九〇年、のち同氏『描かれた日本の中世――絵図分析論』法蔵館、二〇〇三年、に所収）参照。

(57) 史料纂集『師守記』七、二二〇頁。

(58) 大日本古記録『後愚昧記』二、応安四年四月四日条（岩波書店、三一―三二頁）。

(59) 注58に同じ。

(60) 『拾芥抄』下、諸寺部（『改訂増補故実叢書』第二十二巻、明治図書出版、一九九三年）は「法勝寺北、花園向」とし、『大日本寺院綜覧』上（堀由蔵編、名著刊行会、一九六〇年）は、「東山高台寺の地に在り」とする。もし智恵光院が東山にあった場合、「山門―犬神人による膝下の支配権確立という要素」により、犬神人が智恵光院を譴責することも想定しうるとする指摘がある（注17書『部落史史料選集』第1巻、〔行刑と追捕〕補注二五八頁、久野修義氏執筆部分）。しかし東山に位置する祇園社近辺の寺院のうち、山門―祇園社の支配権により犬神人が検断活動を行った場は、史料を見る限り、基本的に山門と本末関係にあった長楽寺と双林寺に限られる（詳しくは第一章参照）。智恵光院と山門が本末関係にない限り、少なくとも祇園社の犬神人がここで「山門―犬神人」の支配権のもとで死人衣裳の取得を主張したとみることはできないものと思われる。

(61) 建治元年八月十三日付清水坂非人長吏起請文（『金剛仏子叡尊感身学正記』建治元年八月二十七日条、奈良国立文化財研究所監修『西大寺叡尊伝記集成』法蔵館、一九七七年、に所収）。

(62) 丹生谷哲一氏は、ここでの犬神人と河原者の争いについて、「葬送権」をめぐる一元的なものではなく、犬神人の葬送権と河原者の検断権との衝突、として捉えうる可能性を指摘されている（「犬神人小考」大阪教育大学『歴史研究』第三二号、一九九四年、のち同氏『身分・差別と中世社会』塙書房、二〇〇五年、に所収）。しかし、死体を片付け、その衣裳を取るということでの河原者の行為を、「検断権」に基づくものと理解するには無理があるのではなかろうか。河原者の「検断権」という場合、まず河原者が権門に組織され、その検断行為に使役されることによって何らかの得分を得る、という事態が想定されねばならず、この場合についていえば、成立当初の河原者が、室町幕府の京都支配の確立とどのように関係していたのか、という点がまずは問われねばならないだろう（「河原者」が中世前期から存在した非人集団であるかどうかは自明のことではない。この点については拙稿「中世後期の身分制論」中世後期研究会編『室町・戦国期研究を読みなおす』思文閣出版、二〇〇七年、を参照)。むしろ丹生谷氏が当初示された、「犬神人と河原者との間に、ほとんど実質的差異がなかったことは、両者がともに死体処理の権限をめぐっているという事実からも明らか」であるとされる理解(「検非違使とキヨメ」、初出は『ヒストリア』八七号、一九八〇年、のち同氏注6書に所収)の方が適切ではないかと思われる。

(63) 和気益成については「社家記録」観応元年四月二十四日条・正平七年正月二十六日条を、十相院僧正については同記録正平七年七月二十三日・二十七・二十八日条を、大宮大納言については同記録正平七年十一月十二日・十二月二十一日条等を参照(いずれも『八坂神社記録』上に所収)。

(64) 祇園執行顕縁請文案(『早稲田大学所蔵　荻野研究室収集文書』三—一七六号、「祇園社文書」九三—九四頁)。

(65) 康永三年感神院所司等申状案(『増補八坂神社文書』下巻一、一四七頁、一三三三号)、及び祇園社『社家記録』正平七年七月十六日条(『八坂神社記録』上、二七三頁)等。

(66) 『東寺百合文書』ヱ函八一号(東京大学史料編纂所架蔵写真帳、請求番号六一七一・六二—一九六)。

(67) 馬田氏注7論文。

(68) 正長元年十月日付清水坂公文所引馬銭請文案(図録『長楽寺の名宝』京都国立博物館、二〇〇〇年、四二頁)。

(69) 年未詳六月十七日付喜楽坊代祐淳折紙案(『増補八坂神社文書』下巻二、二二四七号、一〇一一頁)。

(70) 立正大学編『日蓮宗宗学全書』第十九巻・史伝旧記部二「妙法治世集並同始末記録」(山喜房佛書林、一九六二年)。

(71) 著者未詳「諫暁始末記」(注70参照)。

(72) (元応元年八月)延暦寺張本交名(『鎌倉遺文』第三十五巻、二七二〇一号)、(元応元年九月)金沢貞顕書状(同、二七二三一号)等参照。なお上林房が青蓮院門跡の門徒であったことは、延暦寺張本交名から明らかであり、応永三十三年(一四二六)には青蓮院門跡領近江国北庄の知行を任されている(応永三十三年九月十七日付青蓮院准后令旨、『青蓮院文書』東京大学史料編纂所架蔵写真帳、請求番号六一七一・六二—六七)。

(73) 『東寺百合文書』ヱ函八二号(東京大学史料編纂所架蔵写真帳『東寺百合文書』、注66参照)。

(74) 嘉吉元年「社家条々抜書」所収正長元年八月二十七日付山門西塔院閉籠衆集会事書(史料纂集『北野社家日記』第七巻、二〇頁、二〇〇一年)。

(75) 東京大学史料編纂所架蔵写真帳『兼宣公記』(請求番号六一七三・二七四—五)応永三十三年六月八日条。

(76)　嘉吉元年「社家条々抜書」(注74書、二二一頁)。なお刊本では、「自　上様被立祇園執行方御夫犬神人事、為山門雖相触」と翻刻されているが、「御夫」は「御使」であることを、清水克行氏のご教示により知り、東京大学史料編纂所架蔵写真帳『北野神社文書』(請求番号六一七一・六二―三―二)を確認の上、訂正して引用した。

(77)　旧稿「中世犬神人の存在形態」(『部落問題研究』一六二号、二〇〇二年)においては、この一つ書について、「義教が北野社に対し、「上林房」が「馬借・犬神人年預」であることを伝えている」(一九頁)と解釈したが、前条の内容及び末尾の「云々」等より解釈を改めた。

(78)　『国史大辞典』(吉川弘文館)の「公文所」の項(五味克夫氏執筆)を参考にした。

(79)　下坂守「山門使節制度の成立と展開」(初出は『史林』五八―一、一九七五年、のち同氏注49書に所収)。

(80)　続群書類従・補遺一『満済准后日記』上(続群書類従完成会、五三〇頁)。

(81)　下坂氏注79論文。なお『満済准后日記』正長元年八月十二日条によると、山門大衆の釈迦堂閉籠は七月二十七日から続くものであり、幕府は再三にわたり「山門使節乗蓮・杉生以下七人」を釈迦堂に派遣して閉籠の理由を問いただしたという。ここから、この時点において山門使節は七人であったこと、山門嗷訴の際には幕府の命により大衆と交渉する役目を負っていたことなどがわかる(八月二十三日条をみると、この日も使節は釈迦堂へ赴き、閉籠衆と交渉をしている)。「七人」とある点を重視するならば、この「七人」とは下坂氏が永享の山門騒乱以前に山門使節であったとされる、円明坊・乗蓮坊・杉生坊・金輪院・月輪院に、上林坊と行泉坊の二人を加えた「七人」であると考えられ、上林坊はやはり山門使節であったと思われる。

(82)　注75に同じ。

(83)　下坂氏注79論文。

(84)　高田陽介「山門膝下における葬式寺院の登場をめぐって」(『遙かなる中世』一〇号、一九八九年)。

(85)　『近江蒲生郡志』巻七、三八四頁。

(86)　藤田励夫「近江の三昧聖・煙亡について」(細川涼一編『三昧聖の研究』碩文社、二〇〇一年)。

(87)　高田氏注84論文、六三頁。

(88)　京都大学所蔵・文明元年七月二十六日付山門楞厳院閉籠衆集会事書(『大日本史料』八編之二)。

(89)　続群書類従・補遺一『満済准后日記』応永三十四年六月十四日条(続群書類従完成会、四三七頁)等。

(90) 大永六年九月二十三日付坂番頭淡路・下野連署免状（東京大学史料編纂所架蔵写真帳『中野荘次氏所蔵文書』一、三三頁、請求番号六一七一・六二・一九二・二―一）。この史料の存在については、前川祐一郎氏と高田陽介氏のご教示により知った。ここに記して感謝申し上げる。
(91) 上杉本・町田本をはじめとする洛中洛外図に描かれた犬神人については、黒田日出男「洛中洛外図上の犬神人」（同氏注5書に所収）に詳しい。
(92) 河田光夫「親鸞と「犬神人」」（同氏著作集第一巻『親鸞の思想と被差別民』明石書店、一九九五年）。
(93) 下坂氏注56論文。
(94) 横田則子「「物吉」考――近世京都の癩者について」（『日本史研究』三五二号、一九九一年）。
(95) 村上紀夫「近世「弦召」考」（『大阪人権博物館紀要』第三号、一九九九年）。
(96) 犬神人が国名を名乗っていたことは、文和二年五月日付犬神人等申状案（注35参照）において、殺害された犬神人の名が「伊豆法師」とされていることから明らかである。
(97) 黒田日出男氏注5論文。
(98) 細川涼一「非人宿の文化」（同氏注8書に所収）。
(99) 網野善彦「非人と塩売」（同氏注12書に所収）、及び片岡智「十五―十七世紀における非人宿の展開」（『史学研究』第二一六号、一九九七年）。
(100) 細川涼一「中世前期の非人について」（同氏注8書に所収）。
(101) このことはまた、大山喬平氏が、「将来の個別的な検討によって、さらに確認されねばならぬいくつかの仮説」の一つとして、清水坂非人・犬神人が「清水寺ないし祇園感神院に所属したことは事実ながら、その存在は個別権門寺社の荘園制的支配の枠内にはおさまりきらない都市的広域的な支配を実現していた」可能性を指摘されている点と符合するのではないかと思われる（同氏注4書、第三部身分制「問題の展望」、三六八頁）。なお松尾剛次氏は、大和の非人である三党者についてふれる中で、「三党者の職能には領主からの保護・特権の代償として果たすことを義務づけられたいわば公事として付与された職能と、領主からの要請等とは関係なく行っていた職能の二つがあった」との指摘をされている（「中世の非人とは何か」、同氏注9書、一三〇頁）。こうした職能の差異もまた、権門寺社の支配秩序の内と外とに属する非人身分の特質を示すものとして捉えることができるのではなかろうか。

第四部　山門──幕府の京都支配

第一章　山門集会の特質とその変遷

はじめに

中世の寺院大衆は、平安時代末期以降、神輿・神木の動座・入洛をともなう「嗷訴」を展開し、国政上において、公家・武家の勢力とも対抗しうる社会的・政治的「勢力」を形成していたとされている。[1]こうした「寺社勢力」による政治行動の起点にあるのは、大衆の意思決定機関「集会」における集団決議にあった。それでは大衆は具体的に、どのように集団内で合意形成を行い、決議内容をどのように他権門に対し表明したのであろうか。本章ではこのような問題について、比叡山延暦寺（山門）大衆の「集会」を例に、検討してみたいと思う。山門集会といえば、『源平盛衰記』・『天狗草紙』等の描写を通じ、大講堂の前に裹頭姿の三千人の衆徒が集まる様子がよく知られている。[2]ここではこうした集会の様子を念頭におきつつ、特に鎌倉時代後期に成立してくる寺院大衆の集会決議表明文である「集会事書」の形式と機能を分析することにより、山門集会の特質について明らかにしたいと思う。

ここで集会事書を取り扱うにあたり注意されるのは、従来、寺院の集会事書の性格について、①上申文書とみる説、②下達文書とみる説、の二つの相異なる見解が存在している点である。前者の立場にたつものとしては、例えば相田二郎氏の『日本の古文書』がある。相田氏は、同書第五部「上申文書」の項において、集会事書を「寺院の衆徒等が上位の者に向かって、事を申請する場合」に「時に強く意思の貫徹を図る形式として」発給されるものと規定され、東大寺・多武峯の衆徒事書を紹介されている。(3) このほか、僉議事書を「一味同心の奏状」(興福寺の例)であるとされる勝俣鎭夫氏の見解や、(4)「惣寺の決定は朝廷に対しては(中略)申状に代わって「事書」と呼ばれる様式の文書で上申される」(東大寺の例)とされる稲葉伸道氏の見解等もあることから、(5) おおむね南都諸寺院においては、集会事書は奏状に類するような上申文書の一種であったものと考えられる。

これに対し、山門の集会事書について分析された下坂守氏は、山門集会事書を「大衆が集会の決議結果をもってその施行を該当の執行機関に下達するための文書」であったと規定されている。そして「奏状が延暦寺の外部に向けて上申された文書であったとすれば、集会事書は延暦寺の内部に向けて下達された文書であった」と述べておられる。(6) すなわち山門集会事書の場合、上申文書ではなく下達文書としての性格が認められるという。

集会事書が「上申」文書であるのか「下達」文書であるのかという問題は、寺院大衆が宛所となる機関・権門に対し、どのような認識を持って自らの意思を表明・貫徹させようとしたのか、ということと深く関わる点において看過できない問題である。したがって本章においては、このような問題を念頭に置きつつ、山門集会事書がどのような性格を持つ文書であるのか、その発給経緯・内容・機能をいま一度検討することにより、明らかにしたいと思う。その上で室町期に入り、山門集会事書の発給主体の様相が変遷していく事実に注目し、室町幕府の成立が山門大衆の合意形成及び集会のありようにいかなる影響を与えたのか、という点についても、あわせて考察することにしたいと思う。(7)

第一節　集会事書の発給者とその様式

1　山門集会と集会事書の発給

先述したように、大衆の「集会」における決議表明文である山門集会事書は、鎌倉後期よりあらわれる。後掲の表1は、中世に発給された山門集会事書を一覧にしたもので、現在のところ、正安元年（一二九九）から弘治三年（一五五七）にかけて、全部で一六六通の集会事書を確認している。下坂守氏の研究によれば、集会事書が出現する以前、大衆の意志を表明する機能を果たしていたのは、延暦寺「寺家」の執当らによって発給される「延暦寺政所下文」であった。ここでいう「寺家」とは執当・三綱（「政所」を管轄）と所司・公人（「公文所」に所属）より構成され、山上・山下の大衆を統制し、寺務を管轄する延暦寺の執行機関をさしている。この寺家は、天台座主と大衆という「拮抗する二つの点のいわば接点に位置した組織」であるとともに、坂本に存して、山門内の造営や検断、対外交渉・所領の知行等を職務とした(8)。

こうした寺家の発給する延暦寺政所下文について分析された衣川仁氏によれば、政所下文は、実際に大衆僉議による意志決定を大きく反映するかたちで発給されていたことが確認できるという。ただし衣川氏は、現在確認しうる政所下文全十四通のうち、「大衆僉議」の文言を含む政所下文は二通にすぎないことも、あわせて指摘されている。そして政所下文は、座主の主導により発給される場合もあること、かつ政所下文に押される延暦寺印も座主により保管されていることを指摘され、その発給にあたり、大衆の意志を直接反映するには手続き上の困難を伴ったとしている(9)。したがって集会事書の出現は、大衆がより直接的な意志表明の手段を獲得したことを意味しているといえよう。

それでは集会事書とは、具体的にどのような様式をもつ文書なのであろうか。表をみても明らかなように、山門集会事書は、集会の発給主体・内容ともに様々な類型を持つ文書であるが、そのおおよその基本様式を示せば、以下の

伝達者	宛　所	出　典	分類	備　考
	神人	近江竹生島文書	A	鎌遺20107.「衆儀一揆之也」
	坂本六ヶ条	菅浦文書	A	鎌遺22421.『菅浦文書』744号
	院々谷々	東大文学部所蔵文書	A	東京大学文学部所蔵（雑文書9-2-2）
	西塔院内	山城大通寺文書	A	鎌遺23734. 起請文の形式.
	西塔院内	山城大通寺文書	A	鎌遺23735.「成起請文畢」
	関東（武家）	公衡公記	C	鎌遺25128（正和3年の「西園寺伝来秘記」）
寺家	京都上綱	公衡公記	A	鎌遺25493
諸門主	朝廷	公衡公記	B	鎌遺25516
	朝廷	内閣文庫蔵文書	C	鎌遺25937
	武家	東寺百合文書め	B	鎌遺25974. 学頭浄恵法印の，執当宛の添状あり（鎌遺25944）.
	寺家	三院衆議帳	A	山門無動寺蔵（叡山文庫）（以下同）
	中堂夏衆	三院衆議帳	A	
（貫首）	近衛殿	長福寺文書	C	鎌遺補2081
	客人宮年預	近江竹生島文書	A	鎌遺31182
	朝廷か	三院衆議帳	C	
	西塔院	山門訴申	A	大日本史料6編9
	谷々	山門訴申	A	大日本史料6編9
寺家	三塔	山門訴申	A	大日本史料6編9
	寺家	園太暦	A	兼運僧都，公文所注進状とともに洞院公賢のもとへ届ける．公賢，御所に進上（園太暦19日条）.
	西塔宝幢院	山門訴申	A	大日本史料6編9．内容から，或いは東塔院政所の集会事書か.
寺家	貫首（座主）	山門訴申	B	大日本史料6編9
	菅浦給主	菅浦文書	A	『菅浦文書』719号
寺家	三門跡	園太暦	B	「山門注進事」
寺家	貫首（座主）	園太暦	B	執当兼澄，公文所注進状とともに洞院公賢のもとへ届ける（園太暦21日条）.「貫首，若背三千衆徒群議，無御執達者，争可奉仰山務哉」
	檀那院院務	菅浦文書	B	『菅浦文書』22号
	近江守護	菅浦文書	C	『菅浦文書』93号

表1　山門集会事書一覧

No.	文書名	年月日	「事書」文言	場所・発給主体
1	山門集会事書	正安元(1299) 2.5	可被触遣近江国浅井東西両郡生湯以□神人等事	
2	政所集会事書	嘉元3(1305) 12.20	且経奏聞且差下公人可加治罰事	(檀那院) 政所
3	西塔院政所集会事書案	徳治3(1308) 2.10	早可被相触院々谷々事	西塔院政所
4	花台院宿老集会事書	延慶2(1309) 7.26	於当院者不可供奉神輿	花台院
5	西塔宿老集会事書	同　7.26	令延引来廿八日神輿入洛宜仰　上裁	西塔
6	西塔衆徒集会事書案	正和4(1315) 4.12	早可被賀申近江国開発郷幷笠原間事	西塔衆徒
7	食堂集会事書案	同　5.21	早（為寺家沙汰）可被相触京都上綱事	食堂集会
8	三門徒集会事書案	同　5.21	早可有御奏聞之旨可申入諸門主	三門徒
9	檀那院集会事書	正和5(1316) 9.25	欲早被経奏聞越前国坪江郷住人（中略）神人殺害事	東塔檀那院
10	東塔本尊院集会事書	同　10	欲早被申武家（中略）被断罪（中略）事	東塔本尊院
11	政所三塔集会事書案	元応2(1320) 10月	重可被相触寺家事	政所・三塔
12	政所集会事書案	元亨2(1322) 5.13	（文末）可被相触中堂夏衆中	(西塔) 政所
13	北谷本尊院集会事書案	嘉暦3(1328) 9.11	忩賜　貫首御挙状可申入　近衛殿事	(東塔) 北谷本尊院
14	近江無動寺集会事書	元徳2(1330) 8.14	早可相触浅井郡田根庄七郷客人宮年預事	無動寺
15	楞厳院解脱谷集会事書	元徳3(1331) 6.28	（文末）早経　奏聞被付本処令専房舎造営可致講演之興行	楞厳院解脱谷
16	政所集会事書案	康永4(1345) 6.29	早可被相触西塔院	政所
17	政所集会事書案	同　7.4	早可被相触谷々事	政所
18	生源寺三塔集会事書案	同　7.11	不廻時刻為寺家沙汰可相触三塔事	生源寺・三塔
19	政所集会事書案	同　7.18	早可被相触寺家事	政所
20	政所集会事書案	同　7.23	早可被相触宝幢院事	政所
21	政所集会事書案	同　8.3	早為寺家沙汰可申入貫主	政所
22	十禅師彼岸所集会事書	観応元(1350) 10.22	可早被相触江州菅浦給主事	十禅師彼岸所
23	社頭集会事書案	同　12.7	忩為寺家沙汰可被申入三門跡事	日吉社社頭
24	政所集会事書案	観応2(1351) 5.20	可早為寺家沙汰可被申入貫主条々	政所
25	政所集会事書	観応3(1352) 4.14	可早被申入檀那院々務事	政所
26	檀那院尊宝院集会事書案	文和2(1353) 3.14	早可被仰江州守護方事	檀那院・尊宝院

伝達者	宛　所	出　典	分類	備　考
	檀那院院務	菅浦文書	B	『菅浦文書』725号
寺家	貫首（座主）	園太暦	B	座主が「集会事書」に挙状.
	近江守護	菅浦文書	C	『菅浦文書』92号
	祇園執行	続正法論附録	A	『八坂神社文書』下２，大日本史料６編29
寺家	建仁寺	続正法論附録	C	大日本史料６編29
寺家	武家	南禅寺対治訴訟	C	大日本史料６編29
	祇園執行	続正法論附録	A	『八坂神社文書』下２，大日本史料６編29
寺家	朝廷・管領	続正法論附録	C	大日本史料６編29
寺家	朝廷	山門嗷訴記	C	大日本史料６編29
	在京宿老	山門嗷訴記	A	大日本史料６編29
	寺家	目安等諸記録書抜	A	『北野天満宮史料』
寺家	公家・武家	南禅寺対治訴訟	C	大日本史料６編29
	寺家	続正法論附録	A	『八坂神社文書』下２，大日本史料６編29
	寺室（寺家）	続正法論附録	A	『八坂神社文書』下２，大日本史料６編29
	寺家	続正法論附録	A	『八坂神社文書』下２，大日本史料６編29
寺家	朝廷	含英集抜萃	C	大日本史料６編33
寺家	北野社務	目安等諸記録書抜	A	『北野天満宮史料』
	寺家・社家	目安等諸記録書抜	A	『北野天満宮史料』
寺家	祇園執行		A	『北野天満宮史料』
御留守	百姓等	菅浦文書	A	『菅浦文書』90号
御留守	百姓等	菅浦文書	A	『菅浦文書』120号
	寺家	北野天満宮史料	A	「目安等諸記録書抜」
	名主百姓	菅浦文書	A	『菅浦文書』７号
	(北野) 公文所	北野天満宮史料	A	「三年一請会引付」
公文所	祇園執行	北野天満宮史料	A	「三年一請会引付」
	北野公文所	北野天満宮史料	A	「三年一請会引付」.「西塔院使節伊予行事幷公人一人例式酒直下行也」. 関連史料あり.
	京極高秀	大原観音寺文書	C	『近江大原観音寺文書』98号
	京極高秀	大原観音寺文書	C	『近江大原観音寺文書』99号
	寺家	室町殿御社参記	A	『続群書類従』巻第54（以下同）
	在京衆分	室町殿御社参記	A	

№.	文書名	年月日	「事書」文言	場所・発給主体
27	政所集会事書案	文和2（1353）3.14	早可申入檀那院々務御辺事	政所
28	政所集会事書案	同 4.14	早為寺家沙汰可被申入貫首事	政所
29	檀那院尊宝院集会事書	同 5.15	早被仰江州守護方可被経厳密御沙汰事	檀那院・尊宝院
30	政所集会事書	応安元（1368）閏6.21	早可相触祇園執行僧都事	政所
31	政所集会事書案	同 閏6.23	早為寺家沙汰可相触建仁寺事	政所
32	政所集会事書案	同 閏6.27	早為寺家沙汰被達武家事	政所
33	西塔院政所集会事書案	同 閏6.28	不廻時刻可被相触祇園執行事	西塔院政所
34	社頭三塔集会事書案	同 閏6.29	為寺家沙汰且被奏聞且被相触武家管領事	日吉社社頭・三塔
35	政所集会事書案	同 7.10	為寺家沙汰不移時刻可経奏聞事	政所
36	政所集会事書案	同 7.26	早不移時刻可被相触在京宿老中事	政所
37	政所集会事書案	同 7.晦	早可被相触寺家事	政所
38	十禅師集会事書案	同 8.4	早為寺家沙汰可被相達公家武家事	十禅師彼岸所
39	政所集会事書案	同 8.20	早可被相触寺家事	政所
40	政所集会事書案	同 8.25	重可被相触寺室事	政所
41	政所集会事書	応安2（1369）4.17	可早相触寺家事	政所
42	社頭三塔集会事書案	応安4（1371）3.8	早為寺家沙汰可被経奏聞事	日吉社社頭・三塔
43	十禅師三塔集会事書案	永和元（1375）12.11	早為寺家沙汰被触北野社務辺事	十禅師彼岸所・三塔
44	彼岸所三塔集会事書案	同 12.11	可早被触寺家社家事	彼岸所・三塔
45	社頭三塔集会事書案	康暦元（1379）6.6	可早為寺家沙汰被相触祇園執行事	日吉社社頭・三塔
46	檀那院集会事書案	至徳元（1384）8.21	可相触為御留守之沙汰日差・諸河・菅浦百姓等事	檀那院
47	檀那院集会事書	同 閏9.1	可相触為御留守之沙汰日差・諸河・菅浦百姓等事	檀那院
48	政所集会事書案	至徳3（1386）7.13	可早相触寺家事	政所
49	（檀那院）政所集会事書案	嘉慶2（1388）3.24	重可相触日差・諸河名主百姓等事	（檀那院）政所
50	政所集会事書案	康応元（1389）7.19	可早被相触公文所事	政所
51	政所集会事書案	同 7.22	可早為公文所沙汰被相触祇園執行事	政所
52	西塔院政所集会事書案	同 7.23	可早被相触北野公文所事	西塔院
53	東塔北谷禅林院集会事書案	同 7.28	可早被相触京極光禄辺事	東塔北谷禅林院
54	東塔北谷禅林院集会事書案	同 9.18	重可被相触京極光禄事	東塔北谷禅林院
55	生源寺集会事書案	応永元（1394）7.29	可早被相触寺家事	生源寺・在坂本宿老
56	社頭三塔集会事書案	同 8.7	可早相触在京衆分事	日吉社社頭・三塔

伝達者	宛　所	出　典	分類	備　考
	在京衆分	室町殿御社参記	A	
給主	百姓沙汰人	室町殿御社参記	A	
寺家	院々谷々	室町殿御社参記	A	
四至内(公人)	馬借	室町殿御社参記	A	
寺家	桟敷本主	室町殿御社参記	A	
寺家	青蓮院門跡	室町殿御社参記	B	
寺家	六箇条・三津浜	室町殿御社参記	A	
寺家	院々谷々	室町殿御社参記	A	
	社務	室町殿御社参記	A	
寺家	四谷	室町殿御社参記	A	
寺家	神供奉行	室町殿御社参記	A	
寺家	院々谷々	室町殿御社参記	A	
寺家	三塔	室町殿御社参記	A	
寺家	坂本中	室町殿御社参記	A	
	大原庄地頭方	大原観音寺文書	C	『近江大原観音寺文書』119号
学頭	天台座主	大原観音寺文書	B	『近江大原観音寺文書』135号
	観音寺衆徒	大原観音寺文書	A	『近江大原観音寺文書』140号
	青蓮院門跡	青蓮院文書	B	
寺家	北野社務	社家条々抜書	A	『北野社家日記』第7巻
	北野公文所	社家条々抜書	A	
寺家	北野公文所	社家条々抜書	A	
	北野公文所	社家条々抜書	A	
管領	公方	看聞御記	C	「牒状」
管領	公方	看聞御記	C	「牒状」
管領	公方	看聞御記	C	「牒状」
山門奉行	公方	目安等諸記録書抜	C	『北野天満宮史料』
	院々谷々	三院衆議帳	A	300余人の連署あり.
山門使節	管領	菅浦文書	C	『菅浦文書』281号
	名主百姓	菅浦文書	A	『菅浦文書』106号

No.	文書名	年月日	「事書」文言	場所・発給主体
57	聖女彼岸所三塔集会事書案	同　8.7	可重被相触在京衆分事	聖女彼岸所・三塔
58	社頭三塔集会事書案	同　8.7	可早為給主沙汰被相触山門領庄々百姓沙汰人等事	日吉社社頭・三塔
59	聖女彼岸所三塔集会事書案	同　8.7	可早為寺家沙汰相触院々谷々事	聖女彼岸所・三塔
60	生源寺集会事書案	同　8.9	可早為四至内相触馬借等事	生源寺
61	生源寺集会事書案	同　8.9	可早為寺家沙汰相触桟敷本主事	生源寺
62	社頭三塔集会事書案	同　8.10	可早為寺家沙汰被申入青蓮院御門跡事	日吉社社頭・三塔
63	三塔集会事書案	同　8.11	可早為寺家沙汰被相触六箇条三津浜事	三塔
64	社頭三塔集会事書案	同　8.15	可早為寺家沙汰相触院々谷々条々	日吉社社頭・三塔
65	社頭三塔宿老集会事書案	同　8.15	可早為触社務事	日吉社社頭・三塔宿老
66	社頭三塔集会事書案	同　8.15	可早為寺家沙汰被相触四谷事	日吉社社頭・三塔
67	社頭三塔集会事書案	同　8.23	可早為社務沙汰被相触神供奉行	日吉社社頭・三塔
68	社頭三塔集会事書案	同　9.6	可早為寺家沙汰院々谷々事	日吉社社頭・三塔
69	社頭三塔集会事書案	同　9.8	可早為寺家沙汰被相触三塔事	日吉社社頭・三塔
70	社頭三塔集会事書案	同　9.8	可早為寺家沙汰相触坂本中事	日吉社社頭・三塔
71	東塔北谷禅林院集会事書案	応永9(1402) 9月日	可早相触、、、大原庄地頭方事	東塔北谷禅林院
72	東塔北谷虚空蔵尾集会事書案	応永16(1409) 9.20	早可被申入為学頭　貫首事	東塔北谷虚空像尾
73	東塔北谷虚空蔵尾集会事書案	応永21(1414) 9.2	可早相触江州北郡観音寺衆徒中事	東塔北谷虚空像尾
74	根本中堂閉籠衆事書	応永24(1417) 12.13	早可被申入　青蓮院門跡事	根本中堂閉籠衆
75	十禅師彼岸所三塔集会事書案	応永27(1420) 閏1.11	早可為寺家沙汰被触申北野社務辺事	十禅師彼岸所・三塔
76	西塔院閉籠衆事書案	正長元(1428) 8.28	可早相触北野公文所事	西塔院閉籠衆
77	大講堂集会事書案	永享元(1429) 11.2	早可為寺家沙汰被相触北野公文所事	大講堂
78	根本中堂閉籠衆事書案	同　11.9	早可相触北野公文所事	根本中堂閉籠衆
79	根本中堂閉籠衆事書案	永享5(1433) 7.19	可早為管領御沙汰被申入公方事	根本中堂閉籠衆
80	根本中堂閉籠衆事書案	同　閏7.7	重可為管領御沙汰被申達公方事	根本中堂閉籠衆
81	大講堂三院宿老集会事書案	同　閏7.20	早可為管領御沙汰被申達公方事	大講堂・三院宿老
82	西塔院政所集会事書案	嘉吉元(1441) 4.15	早可為山門奉行沙汰被申達　公方事	西塔院政所
83	大講堂三塔集会事書案	文安2(1445) 6.25	可早院々谷々融邪執人々箇々住興隆加連署於事書之左辨至要於題目之右事	大講堂・三塔
84	檀那院堂集会事書	文安3(1446) 2.25	早可被為使節中沙汰啓達管領辺事	檀那院
85	檀那院堂集会事書	同　5.10	早可相触菅浦名主百姓等事	檀那院

伝達者	宛所	出典	分類	備考
(寺家)	北野公文所	目安等諸記録書抜	A	『北野天満宮史料』
(寺家)	洛中末寺末社	目安等諸記録書抜	A	『北野天満宮史料』
	末寺末社	目安等諸記録書抜	A	『北野天満宮史料』
	杉生坊	目安等諸記録書抜	A	『北野天満宮史料』
山門使節	公方	山門事書	C	東京大学史料編纂所架蔵謄写本（以下同).「宝地房作」とあり.
	管領	山門事書	C	「巨細先度政所集会事書幷寺家目安篇栝訖」「成ノ作」とあり.
	日野烏丸家	山門事書	C	「宝地之作」とあり.
	名主百姓	菅浦文書	A	『菅浦文書』107号
	西塔院内	山門事書	A	「三院若輩，為奉動座神輿，折下坂本処也，然上者，谷々老若，不移時刻，雖為遅参，可被致神輿動座合力者也，若於遠見之谷者，忽令切房，可返礎石者也」
	末寺末社	山門事書	A	
	東塔・楞厳院	山門事書	A	
	祇園執行	山門事書	A	
	西塔院内	山門事書	A	院内の若輩，すでに二宮神輿を動座.「院内之老若，日々夜々可被廻不日神輿入眼之計略之者也」
	楞厳院	山門事書	A	
	(西塔）院内	山門事書	A	
	山門使節	山門事書	A	
	西塔院内	山門事書	A	
	楞厳院	山門事書	A	
	西塔院内	山門事書	A	
	祇園執行	山門事書	A	犬神人＝「当堂被官之神人」
	釈迦堂閉籠衆	山門事書	A	
	山門使節	山門事書	A	
	西塔院内	山門事書	A	「今日点未刻，院内若輩悉立登政所，当院僉義者，以大衆蜂起，忽可差定之者也」
	東塔院	山門事書	A	
	楞厳院	山門事書	A	
	無動寺	山門事書	A	
	東塔院	山門事書	A	
	宝幢院閉籠衆	山門事書	A	
	上林房	山門事書	A	
	貫首（座主）	山門事書	B	
	山門奉行	山門事書	C	
	山門使節	山門事書	A	
	禰宜方	山門事書	A	
山門奉行	公方	山門事書	C	

No.	文書名	年月日	「事書」文言	場所・発給主体
86	根本中堂閉籠衆事書案	文安4(1447) 11.7	可早被相触寺家沙汰北野公文所事	根本中堂閉籠衆
87	根本中堂閉籠衆事書案	同　12.18	可早被相触寺家沙汰洛中末寺末社事	根本中堂閉籠衆
88	西塔院閉籠衆事書案	同　12.18	早可相触末寺末社事	西塔院
89	西塔院政所集会事書案	同　12.21	早可被相触杉生坊事	西塔院政所
90	西塔院政所集会事書案	文安5(1448) 4.23	早可為使節沙汰被啓達　公方事	西塔院政所
91	西塔院政所集会事書案	同　5.13	可早跂列参啓達管領辺事	西塔院政所
92	西塔院宿老集会事書案	同　7.10	可早跂列参被申達日野烏丸家事	西塔院宿老
93	山門政所集会事書	同　10.2	早可相触菅浦名主百姓等事	山門政所
94	西塔院閉籠衆事書案	同　11.22	早可被相触院内事	西塔院閉籠衆
95	釈迦堂閉籠衆事書案	同　11.25	早可被相触末寺末社事	西塔釈迦堂閉籠衆
96	釈迦堂閉籠衆事書案	同　11.26	早可被相触東塔院・楞厳院事	西塔釈迦堂閉籠衆
97	釈迦堂閉籠衆事書案	同　12.6	早可被相触祇園執行事	西塔釈迦堂閉籠衆
98	釈迦堂閉籠衆事書案	同　12.10	可早被相触院内満遍事	西塔釈迦堂閉籠衆
99	(釈迦堂) 閉籠衆事書案	同　12.10	早可被相触楞厳院事	(釈迦堂) 閉籠衆
100	(釈迦堂) 閉籠衆事書案	同　12.11	可早被相触院内事	(釈迦堂) 閉籠衆
101	釈迦堂閉籠衆事書案	同　12.11	可早被相触使節中事	西塔釈迦堂閉籠衆
102	釈迦堂閉籠衆事書案	同　12.12	可早被相触院内満遍事	西塔釈迦堂閉籠衆
103	釈迦堂閉籠衆事書案	同　12.12	可早被相触楞厳院事	西塔釈迦堂閉籠衆
104	釈迦堂閉籠衆事書案	同　12.13	早可被相触院内満遍事	(釈迦堂) 閉籠衆
105	釈迦堂閉籠衆事書案	同　12.13	早重而可被相触祇園執行事	西塔釈迦堂閉籠衆
106	楞厳院政所集会事書案	同　12.13	可早被相触釈迦堂閉籠衆事	楞厳院政所
107	釈迦堂閉籠衆事書案	同　12.17	可早被相触使節中事	西塔釈迦堂閉籠衆
108	釈迦堂閉籠衆事書案	同　12.19	早可被相触院内満遍事	西塔釈迦堂閉籠衆
109	(釈迦堂) 閉籠衆事書案	同　12.23	早不移時刻可被相触東塔院事	西塔釈迦堂閉籠衆
110	釈迦堂閉籠衆事書案	同　12.24	早可被相触楞厳院事	西塔釈迦堂閉籠衆
111	釈迦堂閉籠衆事書案	同　12月日	早可被相触無動寺事	西塔釈迦堂閉籠衆
112	釈迦堂閉籠衆事書案	同　月日未詳	早可被相触東塔院事	西塔釈迦堂閉籠衆
113	政所集会事書案	同　月日未詳	早可被相触宝幢院閉籠衆事	政所 (西塔以外の院)
114	釈迦堂不断経衆事書案	文安6(1449) 1.4	可早被相触上林房事	釈迦堂不断経衆
115	釈迦堂閉籠衆事書案	同　1.5	早可被申入　貫首事	西塔釈迦堂閉籠衆
116	釈迦堂閉籠衆事書案	同　1.23	早可被相触山門奉行事	西塔釈迦堂閉籠衆
117	釈迦堂閉籠衆事書案	同　1.24	早可被相触使節中事	西塔釈迦堂閉籠衆
118	(釈迦堂) 閉籠衆事書案	同　1.24	重而可被相触禰宜方事	(釈迦堂) 閉籠衆
119	釈迦堂閉籠衆事書案	同　1.26	早可為山門奉行沙汰被申達　公方事	西塔釈迦堂閉籠衆

伝達者	宛　所	出　典	分類	備　考
	祇園執行	山門事書	A	
	飯尾四郎左衛門	山門事書	C	飯尾四郎左衛門＝山門奉行
	近江守護	山門事書	C	
	北野公文所	北野社家日記	A	公人に酒直200文を下行.
	北野公文所	北野社家日記	A	
	北野公文所	北野社家日記	A	
	北野公文所	北野社家日記	A	
	名主百姓	菅浦文書	A	『菅浦文書』115号
	左方馬上一衆	八瀬童子会文書	A	『八瀬童子会文書　増補』251号
	末社	北野天満宮史料	A	三年一請会停止記録
	蒲生方	今堀日吉神社文書	A	『今堀日吉神社文書集成』
	伊庭	今堀日吉神社文書	A	『今堀日吉神社文書集成』
	日蓮宗	諫暁始末記	C	『日蓮宗宗学全書』第19巻
	馬上一衆	八瀬童子会文書	A	『八瀬童子会文書　増補』260号
講衆	新熊野公文所	八瀬童子会文書	A	『八瀬童子会文書　増補』261号
	山門使節	八瀬童子会文書	A	『八瀬童子会文書　増補』265号
	山門奉行	京都大学所蔵文書	C	大日本史料８編２
	法花宗	京都大学所蔵文書	C	大日本史料８編２.「当宗申状」
	山門奉行	山門申状	C	東京大学史料編纂所架蔵謄写本
別当代	馬上一衆	八瀬童子会文書	A	『八瀬童子会文書　増補』276号
	今西熊谷方	菅浦文書	A	『菅浦文書』14号
堂務	布施下野□…□	八瀬童子会文書	C	『八瀬童子会文書　増補』285号
山門使節	奉行人	八瀬童子会文書	C	『八瀬童子会文書　増補』286号
	畠山殿	妙法院史料	C	妙法院史研究会編『妙法院史料』
	畠山殿	妙法院史料	C	(端裏書)「裹紙云　山門ヨリ畠山殿　寺各副書物」. 143の事書とほぼ同じであるが，字の異同があり，文末も途中で切れている. 仏光寺文書にもあり（大日本史料８編13).
	妙法院門跡	妙法院史料	B	仏光寺文書にもあり（大日本史料８編13).
	妙法院門跡	妙法院史料	B	(端裏書)「裹紙云　山門ヨリ　兄弟ノ事」. 145の事書とほぼ同じ.

No.	文書名	年月日	「事書」文言	場所・発給主体
120	(釈迦堂) 閉籠衆事書案	同　1月日	早可被相触祇園執行事	(釈迦堂) 閉籠衆
121	釈迦堂閉籠衆事書案	同　3.9	可早被相触飯尾四郎左衛門事	西塔釈迦堂閉籠衆
122	西塔院閉籠衆事書案	同　3月日	可早跂列参被相触佐々木近江守方事	西塔院閉籠衆
123	釈迦堂閉籠衆事書案	宝徳元(1449) 12.8	可早相触北野公文所事	西塔釈迦堂閉籠衆
124	釈迦堂閉籠衆事書案	同　12.10	早可相触北野公文所事	西塔釈迦堂閉籠衆
125	釈迦堂閉籠衆事書案	同　12.12	早可被相触北野公文所事	西塔釈迦堂閉籠衆
126	釈迦堂閉籠衆事書案	同　12.14	不移時剋可相触北野宮公文所事	西塔釈迦堂
127	檀那院堂集会事書	宝徳2(1450) 8.22	早可相触菅浦名主百姓等事	檀那院
128	西塔院政所集会事書案	宝徳3(1451) 6.3	可早被相触左方馬上一衆中事	西塔院
129	根本中堂閉籠衆事書案	康正元(1455) 8.7	可早被相触末社事	根本中堂閉籠衆
130	東塔院東谷集会事書案	長禄2(1458) 2.29	可早被相触蒲生方事	東塔院東谷
131	東塔院東谷集会事書案	寛正5(1464) 9.2	可早被相触伊庭事	東塔院東谷
132	楞厳院閉籠衆事書案	寛正6(1465) 12.13	早可被相触日蓮宗等事	根本中堂閉籠衆
133	東塔政所集会事書案	応仁2(1468) 5.10	□…□被相触馬上一衆中事	東塔政所
134	西塔院政所集会事書案	同　6	早為講衆沙汰可被相触新熊野公文所事	西塔政所
135	西塔院政所集会事書案	応仁3(1469) 3.20	可早被相触使節中事	西塔政所
136	楞厳院中堂閉籠衆事書	文明元(1469) 7.26	早可被相触山門奉行事	楞厳院中堂閉籠衆
137	楞厳院閉籠衆事書	同　8.3	早可被相触法花宗事	楞厳院閉籠衆
138	本院政所集会事書案	同　8.8	早可被相触山門奉行事	東塔政所
139	楞厳院政所集会事書案	文明2(1470) 6.11	早可被為別当代沙汰相触馬上一衆中事	楞厳院政所
140	大講堂集会事書	文明4(1472) 3.15	可早被相触今西熊谷方事	大講堂
141	西塔院政所集会事書案	文明10(1478) 6.5	早可被為堂務沙汰相触布施下野□…□	西塔院政所
142	大講堂集会事書案	同　6.6	早可被経為使節中沙汰相触奉行人公聞事	大講堂
143	大講堂集会事書	文明13(1481) 11.3	可早被啓達畠山殿事	大講堂
144	大講堂集会事書案	同　11.3	可早被啓達畠山殿事	大講堂
145	大講堂集会事書	文明14(1482) 4.26	可早被啓達妙法院門跡事	大講堂
146	大講堂集会事書写	同　4.26	可早被啓達妙法院門跡事	大講堂

伝達者	宛　所	出　典	分類	備　考
庁務	妙法院門跡	妙法院史料	B	仏光寺文書にもあり（大日本史料8編13）.
	園城寺	三院衆議帳	C	園城寺側も集会事書を発給（三院衆議帳）.
	北野公文所	北野社家日記	A	日記中に,「就事書之儀, 返事自往古無之」とあり.
	西塔院内	山門雑記	A	東京大学史料編纂所架蔵謄写本
奉行	朝廷	知恩院文書	C	『京都浄土宗寺院文書』(同朋舎)
	青蓮院庁務	知恩院文書	B	『京都浄土宗寺院文書』(同朋舎)
山門奉行	公方	田中穣氏旧蔵典籍古文書	C	東京大学史料編纂所架蔵写真帳
天台座主	朝廷	三院衆議帳	C	
天台座主	朝廷	田中穣氏旧蔵典籍古文書	C	東京大学史料編纂所架蔵写真帳
山門奉行	公方	三院衆議帳	C	
山門奉行	公方	田中穣氏旧蔵典籍古文書	C	東京大学史料編纂所架蔵写真帳
山門雑掌	園城寺	三院衆議帳	C	
	公武・諸宗	三院衆議帳	C	
	園城寺	田中穣氏旧蔵典籍古文書	C	東京大学史料編纂所架蔵写真帳
	大衆か	三院衆議帳	A	連署あり.
	朝廷	田中穣氏旧蔵典籍古文書	C	東京大学史料編纂所架蔵写真帳
	大衆か	三院衆議帳	A	三院100人の連署あり.
山門雑掌	東寺	東寺百合文書ホ	C	
	法性寺その他	八瀬童子会文書	C	『八瀬童子会文書　増補』305号
	清水寺執行／他	八瀬童子会文書	C	『八瀬童子会文書　増補』306号

部の諸機関, B＝天台座主・門跡, C＝山門外部の諸機関

鶏頭院主法印大僧都厳覚」との奥書あり.

令書写之者也, 古代衆議一決厳密以此記可知, 叡嶽執行探題僧正豪実記之」との奥書あり. 叡山文庫蔵.

No.	文書名	年月日	「事書」文言	場所・発給主体
147	大講堂集会事書	同　8月日	可早被啓達為庁務沙汰妙法院御門跡事	大講堂
148	大講堂集会事書案	文亀元(1501) 11月日	早可被報園城寺事	大講堂
149	釈迦堂閉籠衆事書案	永正7(1510) 1.18	可早相触北野公文所事	西塔釈迦堂閉籠衆
150	西塔院政所集会事書案	永正15(1518) 9.19	早可被相触院内満遍事	西塔政所
151	大講堂三院集会事書案	大永3(1523) 4.24	可早被達為奉行沙汰　上聞事	大講堂・三院
152	大講堂三院集会事書案	同　4.24	可早被相触　青蓮院庁務事	大講堂・三院
153	大講堂三院集会事書案	大永4(1524) 7.23	可早為山門奉行沙汰被申達公聞事	大講堂・三院
154	大講堂三院集会事書案	天文5(1536) 6.1	可早為山務沙汰被献覧　天聴事	大講堂・三院
155	大講堂三院集会事書案	同　6.1	可早有令申入貫主献覧　天聴事	大講堂・三院
156	大講堂三院集会事書案	同　6.1	可早被山門奉行沙汰達　公聞事	大講堂・三院
157	大講堂三院集会事書案	同　6.1	可早被為奉行沙汰達　上聞事	大講堂・三院
158	大講堂三院集会事書案	同　6.1	早可被為山門雑掌沙汰啓達園城寺事	大講堂・三院
159	三院集会事書案	同　6月日	可早被達　公武之尊聞遍相触諸宗事	三院
160	大講堂集会事書案	同　6月日	可早被啓達園城寺	大講堂
161	金宝寺三院集会事書案	天文8(1539) 6.2	記載なし	金宝寺・三院
162	大講堂三院集会事書案	天文9(1540) 7.12	根来寺開山謚号事	大講堂・三院
163	三院集会事書案	同　8.23	可早被備息当分之諍論続而為後規向後惣別　大小之事亀鏡事	三院
164	大講堂三院集会事書	弘治3(1557) 12月日	可早被為山門雑掌沙汰啓達教王護国寺	大講堂・三院
165	政所集会事書案	年未詳	可早被相触法性寺執行事／ほか5点	（東塔？）政所
166	政所集会事書案	年未詳	早為講衆沙汰可相触清水寺執行事／ほか3点	（東塔？）政所

注1）表中のA．B．C．の各記号は，集会事書の被伝達者を以下のように分類したことを意味する．A＝山門内
注2）備考欄の「鎌遺」とは『鎌倉遺文』をさす．
注3）「山門事書」は，江戸時代に書写されたもので「元禄六年冬十二月，以西北正教房蔵本倉卒書写之訖，兜率谷
注4）「山門雑記」は，「山門事書」と同じく横川鶏頭院の厳覚が，元禄7年に書写したものである．叡山文庫蔵．
注5）「三院衆議記録」も江戸時代に書写されたもので，「文政七年甲申十二月上旬日，以堀井河内所持之古写本，

ようになる。

◇◇年◇月◇日△△△集会議曰、

早為㆓□□之沙汰㆒、可㆑被㆑相㆓-触（申㆓-入）○○㆒事、

右…………、仍可㆓××㆒之由、衆議如㆑件、

まず集会の日時（◇）と事書発給主体（△）があらわされ、次いで命令伝達者（□）と被伝達者（○）が記されたのちに、決議内容が示される。このような様式が固定してくるのは、南北朝期以降のことである（初期の様式については後述する）。

右の集会事書の形式から、山門集会が、鎌倉後期以降、「△△△集会議曰」の「△△△」に該当する、谷・塔（院）・三塔の、各単位ごとに開催されていたことをまず確認することができる。すでに下坂守氏が明らかにされているように、中世の山門大衆は、東塔・西塔・横川の「三塔（三院）」より構成され、その下に「谷々」が地域単位として存在していた。また山下の坂本には、「坂本衆徒」とよばれる大衆の集団が存在していた(10)。そして大衆組織は「下から順に「谷々」「院々」そして「惣寺」という重層的な構造を持って存在し(11)」、それぞれの運営の基礎に「衆議」があった。したがって、谷ごとの集会を最小単位として、決議事項に応じて塔単位の集会・三塔全体の集会が開催されたものと考えられる。さらに「満山」による集会、すなわち「三塔集会」の場合、「山上」の「政所」を集会所とする「山上」集会と(12)、日吉社社頭・生源寺・各彼岸所を開催地とする「山下」集会の、二種類が存在した。

ところで集会が、集会事書に示される「△△△集会議曰」の「△△△」の組織を単位として開催されたとみる場合、その結果発給される集会事書そのものは、いったい誰によって作成されたものと考えるべきであろうか。様式上、山門集会事書に明確な作成者を見出すことは難しく、従来の研究の中には、作成者が延暦寺の寺家であった可能性を指摘するものも存在する(13)。先述したように、寺家に大衆の統制という職務のあることをふまえるならば、たしかに集会

事書の発給を通じ、寺家が大衆の決議表明に関与した可能性を想定することも可能である。ただし例えば康永四年（一三四五）の『園太暦』所載の政所集会事書には、「早可レ相二触寺家一事」という文言がみえ、「明日十九日、卯一点、寺家御人等、可レ令レ催二促坂本六ヶ条在地人等一」という、大衆から寺家への要請文も記されている。そしてこれを受けて、「山上衆議曰、相二催六条在地人等一、可レ奉レ動二坐神輿一之由、事書進二上之一」という内容の、公文所注進状が（おそらくは寺家あてに）発給されている(14)。

このように寺家に対し決議内容の実施を要請する集会事書が存在する点に注意するならば、事書の作成者は「△△△集会」で表現される各集会に参加した大衆自身であると考えるのが自然であると思われる。実際、後述するように集会事書の中には、集会に参加した大衆による連署をもって、決議内容の遵守を誓約したものも存在する。したがって本章においては、集会事書の作成者は、集会の場に臨んだ大衆自身であったと結論づけることにしたい。

２　集会事書の伝達経路

集会事書の様式をめぐり次に浮上してくる問題は、集会事書の「宛所」はどこか、すなわち集会における決定事項は、誰にどのように伝達されたのか、という点である。従来の研究をみると、集会事書を一般的に「充所を欠く様式の文書」であるとする見解が存在する一方(15)、山門集会事書の書式の中に「宛名」（「可レ被レ相二触（申二入）○○一事」）の「○○」が存在するとする見解もみられる(16)。ここでは、先に示した『園太暦』所載の政所集会事書が、「早可レ相二触寺家一事」という文言どおり、実際に寺家に渡っている点等を重視し、「可レ被レ相二触（申二入）○○一事」という文言の中の「○○」が、実質的には「宛所」であったと規定することにしたい。

ところでこのように「○○」を宛所とみなした場合に注目されるのは、表からも明らかなように、集会事書の宛所が、天台座主を含む延暦寺内部の機関及び末社・所領のほか、公方・管領など、延暦寺外部の人々をも対象としていることである。すなわち山門集会事書は、延暦寺内部のみならず外部に対しても発給されるものであった。

その上で注意されるのは、宛所を示す「可レ被レ相二触（申二入）○○一事」の上に、「早為二□□之沙汰一」という文言がつく場合と、つかない場合とが、存在することである。すなわち、宛所を示す事書部分には、以下の三つの場合が存在するのである。

A「為二□□之沙汰一」の文言が無く、「早可レ被レ相二触（申二入）○○一事」という文言のみのもの

B「為二□□之沙汰一」という文言があり、「□□」＝「寺家」であるもの

C「為二□□之沙汰一」という文言があり、「□□」＝「管領」・「山門奉行」・「山門使節」であるもの

まずAは、大衆が、決議事項の執行にあたる該当機関、すなわち実質的「宛所」（＝「○○」）に、直接事書を届ける場合にとられる様式である。一方B・Cは、大衆がまず集会の決議事項の伝達機関として「□□」を指定し、いったん「□□」に決議内容が通達されたあと、「□□」が責任をもって「○○」に決議内容を伝達するよう要請する場合にとられる形式である。すなわちBの場合は寺家を、Cの場合は管領・山門使節を通じて、集会の決議事項が該当執行機関「○○」に伝達されることが予定されている。

ところでBの様式、すなわち寺家を伝達機関として指定している事書をさらに詳しくみてみると、Bの様式は、宛所（＝「○○」）が、

①　貫首（＝天台座主）
②　末寺・末社
③　他寺・公家・武家
④　「山上」の大衆・坂本の住民等（「山下」の大衆が発給）(17)

の四つの場合にとられるものであることが明らかである。したがってここから、大衆が、座主・寺外の諸機関に決議

事項を通達する際には、必ず寺家を窓口とせねばならなかったこと、さらには山下の大衆が山上の大衆及び坂本の住民に通達する際も寺家を介する必要のあったことが、明らかとなる。すなわちすでに下坂守氏も指摘されているように(18)、寺家は大衆集団が内外にわたって意思を表明する際の、重要な窓口であった。

一方Cの、「管領沙汰」・「山門奉行沙汰」・「山門使節沙汰」文言のある事書は、いずれも、宛所（＝「〇〇」）が公方もしくは管領である場合に発給されている集会事書である。一例として、永享五年（一四三三）閏七月七日、山徒光聚院猷秀・将軍申次赤松満政・山門奉行飯尾為種らによる金銭着服・贈収賄行為等をめぐる山門嗷訴に際し発給された(19)、山門根本中堂閉籠衆集会事書（表№80）をあげてみる。この事書は、根本中堂閉籠衆が、「重可下為二管領御沙汰一被レ申中達公方上事」、すなわち管領を介し公方に通達されることを願って作成した事書である。その要点は、「至二猷秀幷肥前守一者速可レ召二賜衆徒手一者也」、すなわち山徒猷秀と山門奉行飯尾為種を衆徒に引き渡すよう要求する点にあった。そしてそれが達成されない場合には、神輿入洛も辞さないことを主張している(20)。実際にこの集会事書は管領細川持之のもとに届けられたもようで、『満済准后日記』永享五年閏七月二十四日条には、次のような記事がみられる。

［史料1］

管領来臨、山門重事書幷自二山門閉籠衆中一遣山門雑掌方状一通持二参之一、事書幷書状子細同前也、猷秀法師幷為種男両人事渡二賜衆徒手一可レ致二其沙汰一云々、此二通持参、未初刻歟参二室町殿一、御対面、管領申旨等具申入了、所詮於二猷秀事一ハ内々遂電由被二聞食一也、然者可レ為二其分一歟、於二為種《飯尾肥前守》一者可レ被二下国一之由被二仰出一了（以下略）

ここで管領が満済のもとに持参している「山門重事書」は、「猷秀法師幷為種男両人事渡二賜衆徒手一可レ致二其沙汰一云々」とあることよりみて、前掲閏七月八日付根本中堂閉籠衆集会事書のことと考えられる。したがって、根本中堂閉籠衆の思惑どおりに、たしかに集会事書は、三宝院満済を介しつつ、管領から公方足利義教へと渡っていたことを確認することができる。

同様に、「山門奉行沙汰」・「山門使節沙汰」文言のある事書も、山門奉行・山門使節から公方へと渡ったものとみられる。(21) 例えば文安三年（一四四六）に発給された東塔東谷檀那院堂集会事書（表No.84）には、「早可レ被下為二使節中沙汰一、啓中達管領辺上事」との文言がみえ、(22) これを受けるかたちで、「山門檀那院集会事書如レ此候、子細見レ于レ状候歟、以二此旨一可レ有二御披露一候哉」と記す山門奉行宛の山門使節連署添状が発給されている。(23)

以上、集会事書の宛所について考察してきた。山門集会事書に、明確な様式上の「宛所」は無いといえるものの、「早為二□□之沙汰一、可レ被レ相二触（申二入）○○一事」の文言により、実質的な宛所が「○○」であること、ときに宛所「○○」の性格によって、集会の決議事項の伝達を担う機関「□□」が指定されたことが明らかとなった。すなわち山門大衆は、集会の決議事項を誰に対し、どのように伝えるのか、明確な意図とルールをもって事書発給にのぞんでいたのである。

第二節　集会事書の機能

1　一揆としての集会

前節でみたように、山門集会事書は、延暦寺の内・外を宛所として発給され、その宛所の性格に応じて、窓口となる機関が存在した。ここで改めて、集会事書の宛所「○○」について注目してみたときに重視されるのは、宛所が延暦寺内部にあっては天台座主である場合もありえた点、また外部においては公方でもありえた点である。その際、例えば天台座主が宛所の場合に、「早為二寺家沙汰一、可レ申二入貫主一」（表No.21、傍点は筆者による、以下同じ）と表記され、公方の場合も、「可下早為二管領御沙汰一被レ申中入公方上事」（表№79）と表記されている点は注意される。なぜならばこうした表現から、山門大衆がときに集会事書を「上申文書」とみなしていたことを読み取ることができるからである。すなわち山門集会事書は、必ずしも「下達文書」であるとは言い切れず、「上申文書」と「下達文書」、両様の機能を備えた文書であるといえる。

このような、上申文書でも下達文書でもあるという集会事書のあいまいな性格は、いったい何に起因するものなのであろうか。このことについて考える際に注目したいのが、成立初期の集会事書の様式——集会事書の原型——である。以下に、その例を示そう。

［史料2］

正安元年二月五日山門衆会事書

可レ被レ触二遣近江国浅井東西両郡生湯以□神人等一事

右、竹生島蓮花会頭役者、為二慈恵大師御輿行一、山門三箇大事其一也、然浅井東西郡地頭御家人、其外甲乙人・神人・宮人勤仕例、無二其隠一者也、就レ中、塩津庄（浅井郡）住人弥太郎男并西塔釈迦堂六十六人神人、大師御輿行神祭札押取之由事、太以不レ可レ然之処、令三本山忽二諸事書一者（任脱カ）、旧記先例、可レ致二其沙汰一者也、仍衆儀一揆之也而已、[24]

右の史料は、表の№1に相当するもので、山門集会事書の初見とみられるものである。内容は、近江竹生島蓮花会頭役勤仕に際し、塩津庄住人と西塔釈迦堂の神人が「神祭札」を押し取ったため、集会によって大衆がこれを制止する決議を行い、その結果を「近江国浅井東西両郡生湯以□神人等」に通達したものである。ここで注目されるのは、末尾に「仍衆儀一揆之也」とあることである。ここから集会が大衆の一揆的結合の場であり、集会事書とは基本的に集会における誓約を記したものであること、すなわち一揆契状としての性格を帯びていたことが明らかとなる。

このような初期の集会事書の様式と性格について注目した際に想起されるのは、集会事書成立以前に、大衆らが次のような起請文を作成している事実である。

［史料3］

今度企二訴訟一、願レ召二返園城寺戒壇　官符一、於二此事不レ如レ意者、連名之面々各可二離山一、此事不レ可レ拘二門跡長者師匠之制禁一、致二一味同心沙汰一、又不レ可レ存二自他門跡意趣一、専二合体一可二訴訟一、若無二　天裁一速発二向三井一打二滅寺門一、即坐雖レ亡レ命可レ無レ悔者也、右相背輩速蒙二神明罰一、仍連名起請如レ件、

正元二年正月十一日　　　　中納言法印親暁中納言光親卿息已下法印

安居院信承　尊勝院智円　北野別当承兼　二位清尊　宰相経承　浄土寺円暹　毘沙門堂経海　宰相範成　祇園別当実増　安居院聖憲　宰相有快　刑部卿権大僧都俊豪已下権大僧都　石泉院承源　大納言実源　宰相宗澄　兵衛督源雅

中堂執行権少僧都円舜住侶已下例レ上　粟田口静明　宰相憲源　大納言実厳　右衛門督尊俊　五辻寛円　法眼幸秀住侶南谷学頭已

下例レ上　頼覚住侶南谷学頭　良覚住侶学頭　貞快住侶　弁宗住侶東谷学頭　範慶住侶東谷学頭　長暁住侶北尾学頭　宗慶住侶北谷学頭　玄海住侶南尾学頭　権律師俊承已下例レ上住侶学頭

定賀住侶　興仙住侶　定顕住侶学頭　桂寛住侶　朝祐住侶学頭　辯海住侶　定祐住侶　覚永二位　中納言信超　法橋覚然住侶　俊禅住侶　林泉坊

（イ房）前大僧正公豪　玉泉房僧正雲快　法印公誉此三人雖二連名一不レ出二集会席一[25]

正元二年（一二六〇）正月、園城寺への戒壇設置が勅許されたのを受け、京都にいる「門徒僧綱等」及び住山の大衆らがそろって大講堂で集会を行い、戒壇創設の官符撤回とならない場合、離山することを誓約したものである。ここでは、「離山」となった場合、特定の門跡・長者・師匠の意向によることなく「一味同心」・「合体」して行動することが確認されており、集会に参加した四十四名の僧侶と、集会には参加しなかったが意思を同じくする僧三名が名を連ねている。衣川仁氏も指摘されているように、右の署名者のうち、比叡山山上の「住侶」の多くが、各谷の代表者「学頭」である点は注意される[26]。その上で「門跡長者師匠之制禁」や「自他門跡意趣」にしばられない「一味同心沙汰」・「合体」の必要性が説かれているのである。こうしたことは、起請文作成の背景に、十三世紀に体制的確立を

みる[27]門跡―門徒の関係が強く影響していることを示していよう。すなわち集会の場における起請文の作成は、鎌倉期の山門大衆にとって、門跡―門徒の関係に縛られぬ「一味同心」を確認する場としての意義をもったとみることができる。

右の起請文が作成されてから約四十年後の正安元年（一二九九）に、前掲［史料2］の集会事書があらわれるようになり、その後次のような山門集会事書もみられるようになる。

［史料4］

（端裏書）「山門事書西塔」

延慶二年七月廿六日、花台院宿老集会事書

依二大師号事一、来廿八（日脱カ）神輿入洛之時、宿老以下可二供奉一之由、雖レ有二其沙汰一、如二昨日廿五日院宣一者、已被レ下二山門奏状等於関東一云々、然者、太早入洛、不レ可レ然之上者、於二当院一者、不レ可レ供二奉神輿一之由、衆儀一同切了、若背二此旨一者、可レ蒙二山王大師之冥罰一而已、

頼智在判　永盛同　常信　賢信　懐超　請厳　行空

憲宗　円綱　真海　尊観　覚意　定澄　頼宣

延超　成承　真胤　聴尋　□賢

使者承仕三和尚来照同廿七日

これは延慶二年（一三〇九）、後宇多院への灌頂の賞として東寺長者益信に「本覚大師」号が贈与されるに及び、山門において神輿入洛が企てられた際、横川華台院の「宿老」が集会を行い、作成した事書である。[28]山門全体では大衆「宿老」以下による神輿供奉も決定していたものの、華台院の「宿老」はこの決定をよしとせず、これに供奉しないことを「衆儀一同」によって誓約し、署名している。したがって、文中に「集会事書」と明記されているものの、そ

の性格は、［史料3］に同じく起請文であるといえよう。

以上の事例から、山門大衆にとって、集会とは基本的に参加者の「一揆」・「一味同心」を確認する場であること、集会事書の作成は「一揆」・「一味同心」による誓約の証明を意味した、とみなすことができる。おそらくは、集会の場において、当初は必要に応じて集会参加者同士の誓約による起請文の作成を行っていたのが、誓約・議決内容を文書に記すことが常態化するようになり、(29)次第にその誓約文書そのものを山門内外に発給していくことで大衆の意思・命令貫徹の徹底化がはかられていったのではなかろうか。そのような過程の中で、集会事書の文書様式が調えられていったと考えられる。したがって集会事書の基本的性格は、一揆契状であるという点に求められるのであり、それゆえ本来的に「上申」／「下達」の範疇におさまらないものであった。

すでに勝俣鎮夫氏は、中世社会において、一味同心、一同、一揆の決定が特別の効力をもつと信じられていたこと、それゆえ寺院にとって一味の決定をなす集会とは、俗法が力を持ちえない内部規範、支配のための法に効力をもたせる意義をもったこと、寺社の嗷訴の前提に、一味同心によって通常の理非の世界をこえた「理」を生み出すという「一揆の力」が存在していたこと、を指摘されている。(30)したがって山門大衆がときに大衆の上位に位置する権力にも集会事書を発給しているのは、まさにそれが大衆の合議による決定そのものの力――勝俣氏のいわれる「一揆の力」――を象徴するものとして、既存の身分秩序すらも打ち破り、大衆の主張を正当化する作用を及ぼし得たからであるとみなすことができよう。

2　集会事書の伝達範囲

それでは具体的に、大衆の「一揆の力」は集会事書を通じてどのように伝達されていったのであろうか。ここではこうした点について、中世京都の有力な山門末社祇園社における集会事書への対応状況から、確認してみることにしたい。中世祇園社が、嗷訴をはじめとする山門大衆の政治行動・権力行使における、重要な拠点であったことはすでに本書第一部で述べたところである。そのような性格を持つ祇園社の執行顕詮によって記された「社家記録」には、集会事書の交付にまつわる記事が多く載せられている。そのほとんどは、京中における山門大衆による他宗寺院の破却、および山僧に対する検断権の行使に関わるもので、具体的には山門公人と祇園社公人・犬神人による破却・検断の実行にかかわるものとなっている。すなわち山門大衆が京中で破却・検断行為を行う際には、必ず祇園社に協力を求めたのであるが、その協力要請は常に集会事書を通じてなされたのであった。

すでに下坂守氏により、祇園社あての山門集会事書が、大衆の通達を受けた寺家「公文所」により、山門公人を通じて祇園執行に届けられたことが明らかにされている(31)。その一方、「社家記録」により集会事書の流れをさらに詳しく追ってみると、大衆の意思・命令が、事書に示された宛所「〇〇」を超える範囲に及んでいることを確認することができる。

その一例としてまず、法華宗弾圧として山門大衆により企図された妙顕寺法華堂の破却にかかわる集会事書の流れをみてみたいと思う。「社家記録」正平七年（一三五二）二月二十五日条によれば、この日、「宮辻子路次未レ直レ之、無レ謂之由山門事書一通、今月廿一日 并法花堂可二破却一之由重事書、同廿三日 已上三通」が、山門寺家公人より祇園執行のもとに届けられている。このうち法華堂破却に関する「重事書」については、これより少し前に初度の事書が届けられたのを受け(32)、祇園執行が犬神人の動員手続きをとっていることから、犬神人動員を要請する内容のものであったと考えられる。そして祇園執行は翌日の二十六日、「一、法華堂破却事、昨日到来重事書第二反案、以二寄方一下二犬神人一、明日可二用意一之由下知了」と日記に記している(33)。すなわち執行は、集会事書の案文を作成し、祇園社公人の「寄方」を通じて破却役をつとめる犬神人に届け、動員命令を下しているのである。

表No.30・45等をみれば明らかなように、山門大衆から祇園社にあてて下される集会事書は、ふつう、「可レ被レ相二触祇園執行一事」等の文言が付され、祇園執行を宛所として発給されることになっている。したがって右の法華堂破却に関する集会事書も、直接には祇園執行を宛所として発給されたと考えられ、それゆえに執行の日記にも書き留められたのであろう。しかし執行は、集会事書に示された大衆の指示に従って犬神人を動員するばかりでなく、破却にあたる犬神人自身にも集会事書の案文を書き送っている。したがってここから、大衆の命令が、末社組織の末端集団に至るまで、事書を通じて伝達されている様子を見て取ることができる。

同様の例として、一向宗弾圧のため計画された仏光寺破却にまつわる集会事書の流れも注目される。すなわち「社家記録」閏二月十五日条には、仏光寺破却を命じる「政所集会事書」が祇園執行のもとに届いたこと、祇園執行が犬神人を催促するにあたり、「発向以前事書案文一通書二遣犬神人許一」とあるように、集会事書の案文を書き送ったことが記されている。ここでもやはり、祇園執行が犬神人に対し、破却命令を口頭で伝えるのではなくわざわざ集会事書の案文を発給して伝えていることがわかる。

その一方、「社家記録」正平七年閏二月十八日条には、「山門事書到来、一向衆堂仏光寺破却事、广(暦)応年中東西両院学頭□連署免状之処、一類輩近日可二破却一之由、有二其沙汰一条無レ謂、向後不レ可二借用一、且申二入貫主一之由事書十禅師彼岸所、三塔集会之事書、也」とみえる（傍線は筆者による、以下同じ）。傍線部より、このとき祇園執行のもとに「到来」した集会事書とは、記事の内容から本来は天台座主を宛所とする集会事書であったことがわかる。おそらく犬神人の動員阻止にかかわる事書であるため、祇園社に持ち込まれたのであろう。したがってこの事例もまた、集会事書による実際の情報伝達の対象が、必ずしも「可レ被レ相二触（申二入）○○一事」の「○○」として指定された宛所とは限らなかったことを示していることになる。すなわち集会事書は、事書に示された宛所のみならず、実質的には大衆の決議事項の行使に関わる諸機関・諸集団すべてに対し交付されていった。

その際に注意されるのは、祇園社に限らず、他の末社、あるいは天台座主・公方をも含め、集会事書を受け取った諸機関・諸集団が返書を送ったという例が、ほとんどみられないという点である。時代は下って永正七年（一五一〇）正月、山門末社北野社に、閉門を命じる西塔院釈迦堂閉籠衆集会事書が届けられた際に、北野社松梅院雑掌は、事書の添状の署判者西塔院公文所法眼継秀に対し、返書を発給した。このことについて松梅院は、「就二事書之儀一返事自二往古一無レ之処、公文所使所望之間進レ之也」と、日記にわざわざ書き記している(34)。つまり集会事書に対しては、往古より返事を出さないきまりであったが、今回は、事書を届けた西塔院公文所の使者が所望したために、発給したという。したがって集会事書は一方向の文書であるといえ、ひとたび大衆によって集会事書が発給されたならば、受け取り手は基本的にその内容に従うことが求められた(35)。

そしてこのような強制力とその正当性を集会事書に付与したものとは、延暦寺寺家、とりわけ公文所であったと考えられる。すでに下坂守氏は、正平七年の祇園社「社家記録」の分析から、山門の集会事書が本来、寺家を経由してはじめてその効力を発揮するものであったことを指摘されている。あわせて、集会の運営に寺家の公文所が深く関与していたこと、また集会の決定に基づき山門公人を指揮する権限も、寺家公文所にあったことを指摘されている(36)。大衆の意見対立により、命令内容の異なる事書が立て続けに祇園社に届けられた際、祇園執行が、「公人出洛日限、不レ見二于事書一不審」と記したり(37)、「事書ニ銘不レ書之上、使者以外無案内也」として独自に山徒に対し命令内容の真偽を確認していたりするのも(38)、寺家・公文所・山門公人の関与の有無が、集会事書の正当性に強く影響を与えるものであったからであると考えられる。そして先述したように、検断・破却の現場に向かう祇園社犬神人が祇園執行から集会事書の案文交付を受けていたのは、集会事書が洛中検断権を掌握しつつあった室町幕府に対し、彼らの活動の正当性を保証する役割を果たしたからではないかと考えられる(39)。

第三節　一揆の危機

1　閉籠衆集会事書の出現

これまでみてきたように、山門集会事書は、山門大衆の集会における「一揆の力」を体現するものとして、各塔・各谷の山門内部はもとより、天台座主から末社、さらには公方・管領に至るまで、様々な機関・集団に対し発給された。そしてその際、寺家を重要な窓口とした。しかしながらいま改めて表を通覧してみると、このような状況が実は十五世紀に大きく変化していることに気づく。その変化とはすなわち、①集会事書における「寺家沙汰」文言の消失、②閉籠衆集会事書の出現、である。

まず①についてみてみると、表をみても明らかなように、「早為二寺家之沙汰一、可レ被レ相二触（申二入）○○一事」といった文言のある事書――すなわち「寺家沙汰」文言のある集会事書――は、十五世紀に入ると、発給されなくなっていく。そして「寺家沙汰」文言にかわって、「管領沙汰」・「山門奉行沙汰」・「山門使節沙汰」文言が集会事書にあらわれてくるのである。したがって、先に、「為二□□之沙汰一」という文言の有無によって集会事書をA、B、Cの三つに分類したが、このうち、

B　「為二□□之沙汰一」という文言があり、「□□」＝「寺家」であるもの

C　「為二□□之沙汰一」という文言があり、「□□」＝「管領」・「山門奉行」・「山門使節」であるもの

の、二つについては、実は、BからCへの、時系列変化を示すものでもあった。なぜこうした変化が生じたのか、その検討は後に譲るとして、いまここで問題にしたいのは、この変化と並行して、②閉籠衆集会事書の出現、という状況があらわれてくる事実である。

ここで閉籠衆集会事書について説明する前に、まず、「閉籠」および「閉籠衆」について説明しておく必要があろ

う。「閉籠」が、鎌倉中期以降の山門で頻繁にみられるようになる、「閉籠衆」を主体とする訴訟形式であること、堂舎に籠もることによりそこで勤修されるはずの仏神事を退転させる効果を持っていたことが、すでに衣川仁氏によって明らかにされている。衣川氏によれば、「満山」大衆・「三千衆徒」による「閉門」という訴訟行為が、山門大衆内部はもとより、公武権力によっても是とされる行為であったのに対し、「閉籠」は「一類凶徒」による「悪行」として山門内外から不当とみなされる行為であった。そして「閉籠」行為に及ぶ者の多くは、門跡の門徒であることが多かったという。その上で衣川氏は、「実体として内部に多様な利害の齟齬を抱え込まざるをえない「満山」大衆、そしてそれを構成する個々の集団は、その個別性のままに如何に力を発揮するかという課題に直面した。それへの回答の一つが、鎌倉後期に登場する集会事書であった」とされている。すなわち「満山」大衆の一員であると同時に、門跡の門徒であるなど個別の利害を背負う山門僧たちにとって、集会事書は、一揆的な力を文書化することにより、「満山」的秩序の復活へと取り込む機能を果たすものであったのである。(40)

このような衣川氏の指摘をふまえるならば、集会事書は、「一揆の力」により閉籠衆の不当な訴訟行為を封じ込める意義をもって出現したといえよう。そうであるならば、十五世紀において、その閉籠衆自身が、集会事書を発給し始めるという現象の意味を、どのように考えればよいのであろうか。実はそこには、「閉籠」および「閉籠衆」の性格それ自体の変化があった。すなわち下坂守氏によれば、室町期以降の「山訴」（＝「山門訴訟」・山門嗷訴）それ事態が、各塔単位の堂舎閉籠→神輿動座→三塔会合へと進展していくものであったといい、堂舎閉籠もまた、「通常、一院（＝東塔・西塔・横川の各塔、＊筆者注）の衆徒の総意に基づき一院を単位として実施」されるものであったという。そして閉籠衆は、「閉籠時には一院よりその権限を全面的に移譲された公的・合法的な存在」であったという。つまり室町期の山門において「閉籠」は、大衆の訴訟形態において正当とみなしうる手段となっていたのであり、「閉籠衆」は「合法的な組織体」として存在していたのであった。(41)

それでは鎌倉期から室町期にかけ、このように「閉籠」・「閉籠衆」の性格変化が生じたのは、いったいなぜなのであろうか。このことについて考える際に注意されるのが、閉籠衆集会事書の出現が、三塔集会事書の大幅な減少とあいまってみられる現象であるという点である。すなわち「満山」単位による集会事書の発給がなされなくなっていくかわりに、閉籠衆集会事書が発給され始めるのである。そしてこれは、「満山」に対する「一類凶徒」であったはずの閉籠衆が、一院を単位とする合法組織となっていく過程と連動したものとみなすことができる。

ここで三塔集会事書が山門使節制度の創設とともにほぼ完全に姿を消す、とされる下坂守氏の指摘をふまえるならば、(42)「満山」単位による集会事書の激減と、閉籠衆集会事書の出現の背景には、山門使節制度の成立があった、とみることができるのではなかろうか。山門使節制度については、康暦元年（一三七九）頃、将軍足利義満により対延暦寺政策・対大衆政策の一環として創設されたものであることが、同じく下坂氏によって明らかにされている。すなわち室町幕府により任命され組織された特定の有力山徒が、山門支配下の地域において、幕府の命による使節遵行を行い、軍事警察・裁判権等を行使することにより、「幕府権力の執行機関」及び「守護」としての役割を果たしていた。(43)

このような山門使節の権限は、以前より延暦寺に存した執行機関「寺家」の保持する検断や対外交渉をはじめとする諸権限と重複する側面を持っている。したがってすでに下坂氏も注目されているように、(44)室町幕府による山門使節制度の創設は、延暦寺独自の執行機関である寺家の諸権限・諸機能を、形骸化させていく意味合いを帯びていたとみることができる。すなわち山門使節制度の成立により、大衆の合意形成と決議表明のありように変化がみられるようになり、大衆の意思表明の重要な窓口であった寺家の機能も低下せざるをえなかったと考えられるのである。したがって、十五世紀における集会事書をめぐる二つの変化、①「寺家沙汰」文言の消失と、②閉籠衆集会事書の出現とは、ともに山門使節制度の成立によってあらわれた現象であったとみることができる。

2　山門使節と閉籠衆

それでは山門使節制度の成立は、具体的に、集会のありようとその結果なされる集会事書の発給にどのような影響を与えたのであろうか。ここでは末社北野社にあてられた二つの集会事書の様式と内容を分析することにより、こうした問題について考えてみることにしたい。

［史料5］

応永廿七年潤〔閏〕正月十一日十禅師彼岸三塔集会議曰、

　早可下為二寺家沙汰一、被レ触中申北野社務辺上事

右天満天神者、円宗愛楽之神明山門崇重之霊神也、然間日吉与二北野一本末之旧好異レ于レ他、山門与二洛中一敬信之尊卑超レ余、爰酒麴事聖廟垂迹已前被レ定二其業一、降臨已後殊為二神職依怙一、①而頃《頌》年東京動恣二私曲一、構二麴室一之間、神祭已下零落之条、無二勿体一之次第也、幸為二　公方一任二旧議一、御成敗之処、万一為二山門一得二非拠之語一、及二余議一者、不レ可レ然者也、以二一旦依怙一被レ悩二万年之神襟〔宸〕一之条、末社之衰微也、本山争不レ歎レ之乎、②仍向後於二酒麴一者、且任二　公方御成敗之旨一、且任二往古之故実一、専二西京麴業一、被レ止二東京麴室一之上者、堅為二山門一不レ可レ有二違乱之煩一、将又於二北野一者、自二往古一被レ止二公人乱入一之旨、被レ定二大法一之上者、殊就二此事篇目一、万一雖レ有二公人等罷向事一、為二社中一堅相支、不レ可レ被二入立一者也、③仍為二後証一、加二使節署判幷三塔谷之連署一、所レ触二送社家一之状如レ件、

金輪院 法印弁澄在判　　杉生坊 法印暹春在判　　月輪坊 法印慶賢同

乗蓮坊 阿闍梨兼宗同

東塔南谷

一学頭十乗坊 執行法印権大僧都頼明在判　　瑠璃坊 一学頭法印権大僧都範慶同

南陽坊　法印権大僧都慶仙同
妙覚坊　法印権大僧都長慶同
桐林房　法印玄慶同
福泉坊　法印重運同
実相坊　法印庭隆同
智蔵坊　法印覚教同
実蔵房　法印権大僧都幸恵同
報恩坊　已講真舜同

無動寺

政所兼学頭金蔵房　法印権大僧都栄尊同
御留守大善房　法印承秀同
蓮光房　法印俊賀同
円林房　法印春海同
十妙房　法印正海同

東谷

十方院　一学頭法印賢泰同
竹中坊　二学頭法印弘尋同
延命院　法印権大僧都昌海同
蓮台坊　法印教玄同
花王院　法印権大僧都証憲同
栄泉坊　法印行全同
妙音房　法印賢清同
真如坊　法印椿全同
教光坊　法印浄全同

北谷

覚恩坊　一学頭法印権大僧都救運在判
西松井坊　法印清運同
心蓮房　法印権大僧都源運同
宝塔院　二学頭法印権大僧都叡忠同
惣持房　法印権大僧都源真同

……（中略）……

在坂本人数

光薗房 法印良芸在判　辻本房 法印覚賢同

月輪院 阿闍梨慶覚同　法印直秀同

……（中略）……

護正院 阿闍梨隆円同　善住房 阿闍梨最慶同

寂林房 隆阿闍梨承賀同　田中房 阿闍梨承賀同

修理別当法印大和尚位芙兼

已上(45)

冒頭事書部分より明らかなように、この三塔集会事書は、山門大衆が延暦寺寺家を窓口とし、末社北野社の社務（別当）竹内門跡を宛所として作成したものである。周知のごとく、この前年の応永二十六年（一四一九）、将軍足利義持は、京都の酒屋・土倉による麴業を停止し、その麴室を破却させる一方、北野社西京神人に麴販売の独占権を付与した。(46)したがって、右事書傍線部②の「公方御成敗」とは、具体的には義持の布いたこのような政策をさしている。そしてこのとき麴業停止に追い込まれた酒屋・土倉（＝右事書にみえる「東京麴室」）は、山門配下の酒屋・土倉であった。(47)すなわち右の事書は、山門側が、傍線部①にある末社北野社の「神祭」衰微を立て直す、という名目のもと、公方による西京神人に対する専売権付与と東京麴室の停止を承認し、今後山門として違乱しないことを誓約するため作成したものなのである。そしてこの［史料５］で注目されるのは、各「谷」の学頭を含む百十二名もの山上山下の大衆がいっせいに連署を加えていること、および傍線部③で示したように、その連署の筆頭に四名の山門使節の署判がおかれていることである。このことは、この日の三塔大衆の決議を主導したのが山門使節であったことを示しているものと考えられる。

ところで右の集会事書は、この八年後の正長元年（一四二八）、山門西塔閉籠衆から北野社松梅院に対し、「返渡」すことが命じられている。

［史料6］

正長元年八月廿七日山門西塔院閉籠衆ゝ議曰、

可三早相二触北野公文所一事

右一天之安全者専依二日吉之神光一、四海之静寧者併酬〔酬〕二吾山護持一矣、然間帝都乱二法度一時加二制誡一者先規也、故実也、爰為二末社ゝ官一順二諸門跡一、建二綱所一事、緩怠之至極下尅上之至也、不レ移二時日一可レ破レ之、是一、（中略）次麹事、京都土倉等致二其沙汰一之処、号二先例一令二停止一之、剰令レ書二起請文一、結句相二語傍族一取二調連署之状一、号二山上之下知一之条、希代不思議奸曲也、早速調レ之可レ返二渡閉籠衆一也、是五、所詮此等条ゝ存二如在一令二難渋一者、犬神人并差二遣馬借等一、忽可レ破二却住坊一事、不レ可レ廻レ踵、其時定而可レ有二後悔一哉之旨、群議了、(48)

この集会事書は、西塔閉籠衆が北野社公文所松梅院禅能の押妨を止めるため、五つの命令を松梅院に下したものである。中略部分を含め、その内容を示すと、①松梅院の建てた綱所の破却、②政所職の曼殊院門跡への返還、③「芝」開発の停止、④境内に付した要害の撤去、⑤「京都土倉」の麹業停止に関する連署状の返付、を要求している。(49) このうちいま問題にしたいのは、⑤の要求に関する傍線部の文言である。ここで西塔閉籠衆が松梅院に返還を要求している「連署之状」とは、先行研究がすでに指摘しているように、(50) 先に引用した［史料5］応永二十七年閏正月十一日付十禅師彼岸三塔集会事書であると考えられる。すなわち西塔閉籠衆はここで、かつて北野社社務宛に下された、北野社西京神人の麹業独占を認める内容の三塔集会事書を、松梅院が「相二語傍族一」用意し「山上之下知」と偽ったものであると主張しているのである。こうした点、およびそもそも西京神人の麹業独占が「東京麹室」を保護する立場にあった山門側の意向に反するものであったと考えられる点などから、応永二十七年の三塔集会事書（［史料5］）について、松梅院の造成である可能性も指摘されている。

しかし先にも述べたように、［史料5］の連署の筆頭には、延暦寺内における「幕府権力の執行機関」・「守護」としての役割を負っていた山門使節の署名がみられる。その一方、応永二十年代から三十年代にかけ展開する西京神人の麹業独占の背景に、北野社公文所松梅院禅能と将軍義持との密接な関係があったことも明らかにされている(51)。そして［史料6］の西塔閉籠衆集会事書の出された正長元年は、義持が死去し、義教が後を継いだ年で、義持時代に展開された北野社優遇策への不満が各方面から一気に噴出した年であった(52)。したがって、西塔閉籠衆が「相二語傍族一取二調連署之状一」と非難している松梅院禅能の行為の具体的中味とは、松梅院が、将軍義持との連携により、幕府「守護」山門使節を通じ三塔大衆の連署による集会事書を作成させたことを意味するもの、と解することも可能なのではなかろうか。

このことと関連して想起されるのは、［史料6］の集会事書が作成される直前に、西塔閉籠衆が次のような動きを見せている点である。

［史料7］『満済准后日記』正長元年（一四二八）八月十二日条

十二日、晴、去月二十七日以来、山門西塔釈迦堂閉籠了、連々以二山門使節乗蓮・杉生以下七人一訴訟条目雖レ被二尋仰一、対二使節一ハ不レ可レ申之由申切了、而昨暁自二閉籠衆中使者一此事書付二置管領一了、雖レ然以二使者一不二申入一者不レ可二披露一之由ハ対二彼使者一申了、但先以内密ニ申入者也、被レ達二上聞一時宜之様承者可二畏入一云々、使者斎藤因幡守也、此事書并条目加二一見一処、無二殊題目一、凡条目廿一ヶ条也、明日可二披露一之由令二返答一了(53)、

冒頭部分より、閉籠衆が七月末から西塔で閉籠を行っていたこと、幕府が「山門使節」七人を何度も閉籠衆のもとへ派遣し、閉籠の理由を問い質していたことがわかる。すなわちここで山門使節は、幕府の意を受け閉籠衆との交渉にあたっているのである。そして一方の閉籠衆は、山門使節に対し「訴訟条目」を述べることなく、直接集会事書を

管領のもとに届け、意思表明をしている。このとき作成された二十一箇条から成る事書の内容がどのようなものであったのか、残念ながらいま知ることはできない。しかし閉籠衆が、ここで山門使節を介した幕府との交渉を拒否しているのは、閉籠衆にとって山門使節が、同じ大衆構成員でありながらも自らの要求貫徹を阻害しかねない存在であったからであったと考えられる。実際、［史料6］の閉籠衆集会事書が北野社公文所松梅院に下されたのち、閉籠衆対処にのぞんだ室町殿義教は、山門使節行泉房・上林房の「堂々警固無沙汰」により、このたびの西塔閉籠が生じたとし、両者への「切諌」を管領に命じている(54)。すなわち山門使節は、幕府の意向を受け、平時より山門大衆の閉籠行為を防止する任務を帯びていたのである。

以上のことから、「閉籠」行為の合法化と閉籠衆集会事書の出現とは、使節制度の成立により内部矛盾をかかえることとなった大衆の、危機意識の増大と先鋭化を意味するものであったといえるのではなかろうか。［史料5］は、三塔集会事書にかわり閉籠衆集会事書が多量に発給され始める、そのちょうど境目の時期に発給されている。のちの閉籠衆にとって、そこに記された三塔決議の内容は容認しがたいものであるばかりでなく、使節連署を伴っている点でおよそ正当なものとみなしがたかったゆえに、北野社松梅院にその返還を求めたのではなかろうか。

こののち永享五年（一四三三）、根本中堂閉籠衆が山徒猷秀と山門奉行飯尾為種らの非法を訴えたのを契機として、著名な永享の山門争乱が起こる(55)。その際幕府に提出された閏七月二十日付大講堂三院宿老集会事書によると、閉籠の主体は、大衆の中でも特に「若輩」・「若徒」と称される若者たちであったが、その主張は「満山一之群議」による意思によるものであった(56)。他方、閉籠の首謀者の中に、山門使節円明坊がいたことからも明らかなように、この争乱を山門側にあって主導したのは、山門使節であった。下坂守氏によれば、すでに将軍義持の時代より、幕府の山門使節への締め付けが強化されていたところ、義教の時代に一層厳しくなったため山門使節の怒りが爆発し、争乱にいたったという(57)。結局根本中堂の回禄・閉籠衆の自焼、使節殺害をもって争乱は終結し、以後護正院をはじめ新たな使節が幕府によって補任され、幕府の山門使節を介した軍事・警察権の介入がより強化されていく[58]。その後の山門集会のありようについての検討は、今後の課題とせざるをえないが、山門使節制度の成立が、山門大衆に分断と矛盾をもたらし「閉籠衆」の合法化という状況を生み出したこと、そうした矛盾がふくれあがる中で山門争乱に至ったことをここで確認し、節を終えることにしたい。

おわりに

これまでみてきたように、鎌倉後期における山門集会事書の成立は、大衆内部における個別利害を超えた一揆的結合の確立と、「一揆の力」の内外への表明を意味するものであった。しかしそうした「一揆」のありようは、室町幕府による山門使節制度の創設により、変質を余儀なくされていく。その変質とは、具体的には、延暦寺寺家の衰退と、「閉籠」行為の合法化による閉籠衆集会事書の出現、というかたちをとってあらわれた。そして室町期の山門集会は、幕府の命を受けた山門使節の「堂々警固」を前提に、行われるようになっていく。こうした状況は、従来の門跡―門徒関係のもたらす内部矛盾とは異質の危機を、山門大衆にもたらしたといえるだろう。

山門使節制度が成立するのとほぼ同じころ、室町幕府は、京都の有力山門末社であった祇園社・北野社に対し、内乱期より設置していた将軍御師職を通じた神社支配を、積極的に展開し始める[59]。御師職となった祇園執行職や北野公文所職は、ともに両社の神人・公人を統轄する位置にあり、両者の神人・公人はまた山門大衆の支配を受ける位置にあった[60]。すなわち山門使節制度の創設も将軍御師職の設置も、ともに幕府の山門系「寺社勢力」統制策の一環として位置づけることができるのである。そして使節や御師職の成立は、山門系「寺社勢力」にとって、他権門による集団統制を意味し、「寺社勢力」の自立性・自治を揺るがす結果を導いた。閉籠衆集会・閉籠衆集会事書の出現は、そうした「寺社勢力」の危機を象徴するものであったのである。

注

（1）黒田俊雄『寺社勢力――もう一つの中世社会』（岩波書店、一九八〇年）。
（2）豊田武「寺院議決機関の成長」（『豊田武著作集第五巻　宗教制度史』第一編第三章、一九八二年、初出は一九三八年）。
（3）相田二郎『日本の古文書』（岩波書店、一九四九年）。
（4）勝俣鎮夫『一揆』（岩波書店、一九八二年）四九頁。
（5）稲葉伸道「寺院の領分――中世の東大寺にみる」（週刊朝日百科別冊『歴史の読み方』5「文献史料を読む・中世」、一九八九年）二三頁。
（6）下坂守「中世大寺院における寺家の構造」（『京都市歴史資料館紀要』一〇、一九九二年、のち同氏著書『中世寺院社会の研究』思文閣出版、二〇〇一年、に「延暦寺における「寺家」の構造」と題して所収）三二九頁。
（7）本章は、二〇〇一年度古文書学会大会における報告「集会事書発給にみる山門大衆の権力行使」をもとに、作成したものである。
（8）下坂氏注6論文。
（9）衣川仁『中世寺院勢力論――悪僧と大衆の時代』第一部第四章「閉門・閉籠と鎌倉期の延暦寺大衆」（吉川弘文館、二〇〇七年）。
（10）下坂守「中世寺院における大衆と「惣寺」」（『学叢』第二二号、二〇〇〇年、のち同氏注6書に所収）。
（11）下坂氏前注論文（注6書）一九九頁。
（12）「山上」の「政所」は、「山家要記浅略」（『続群書類従』第二七輯下）所載「本院政所」の項に、「爰以至二今世大衆蜂起一先到二此峯一、鳴二三響洪鐘場一同之音一動集或議」とあることから、東塔に存在していたものと考えられる。
（13）河内将芳「室町・戦国期における京都法華教団の政治的位置」（『歴史学研究』七三一号、一九九九年、のち同氏『中世京都の民衆と社会』思文閣出版、二〇〇〇年、に所収）。
（14）『園太暦』貞和元年（一三四五）七月十九日条。この政所集会事書は、著名な天龍寺落慶供養に対する山門嗷訴に関連して、山門大衆が提出した集会事書である。このとき、政所集会事書・公文所注進状を、左大臣洞院公賢のもとに届けている兼運僧都は、暦応二年（一三三九）に寺家執当職にあったことが知られるが（下坂守氏注6論文、表3「延暦寺執当・三綱一覧」に拠る）、このときの立場は不明である。

(15) 網野善彦「寺社文書」（日本歴史学会編『概説古文書学　古代・中世編』吉川弘文館、一九八三年）。

(16) 下坂氏注6論文。

(17) なお「山上」の「政所集会」が「山下」に対し指示を行う場合には、「寺家」を宛所とする「政所集会事書」が発給され、同じ「山上」内にある各塔・谷に対し指示を行う場合は、「寺家」を通さず、直接各塔・谷を宛所とする「政所集会事書」が発給された。

(18) 下坂氏注6論文。

(19) この事件が発端となって、著名な永享の山門騒乱が起こった。事件の経緯とその後の展開については、太田順三「永享の山門騒乱とその背景」（『佐賀大学教養部研究紀要』第一一巻、一九七九年）、及び桜井英治『破産者たちの中世』（山川出版社、日本史リブレット二七、二〇〇五年）を参照。

(20) 『看聞御記』永享五年閏七月八日条。

(21) ただし表1 №83のように、山門使節→管領（→公方）というルートをたどる場合もあった。

(22) 『菅浦文書』二八一号、文安三年二月二十五日付檀那院堂集会事書。

(23) 『菅浦文書』二一九号、二月二十九日付護正院代等連署添状。

(24) 正安元年二月五日付山門衆会事書（『鎌倉遺文』二〇一〇七号）。

(25) 『天台座主記』正元二年正月十一日条。

(26) 衣川氏注9論文。

(27) 衣川仁「中世延暦寺の門跡と門徒」（『日本史研究』四五五号、二〇〇〇年、のち同氏注9書に所収）。

(28) 『鎌倉遺文』二三七三四号。武覚超『比叡山三塔諸堂沿革史』（叡山学院、一九九三年）により、「花台院」（華台院）を横川の院家と判断した。なお本事書については、衣川仁氏が、「大衆が個別集団の「衆儀」自体にも「満山」同様の価値を見出している」事例として紹介されている（注9論文）。

(29) なぜ集会における誓約・議決内容の文書化が常態化したのか、その理由について考察することは今後の課題である。ここではさしあたり、議決内容の明文化が、門跡—門徒体制の束縛から大衆の一揆を保障する役割をはたした可能性を想定しておきたい。

(30)　勝俣氏注4書「一　一揆とは何か」。なお勝俣氏は同書において、「一味同心」という言葉が、仏教の「一味和合」から生まれたものではなく、民俗的神事・祭祀奉仕集団、祭などを胎盤として生まれたものであること、寺院集会のありかたも、日本における「伝統的な「一味同心」観念」によって支えられていたことを、あわせて指摘されている。

(31)　下坂守「山門公人の歴史的性格」(『奈良史学』一一、一九九三年、のち同氏注6書に所収)。

(32)　「社家記録」正平七年二月二十一・二十三日条(『八坂神社記録』上、二一七―二一八頁)。

(33)　「社家記録」正平七年二月二十六日条(『八坂神社記録』上、二三一頁)。なお初度の法華堂破却に関する集会事書が届けられた際にも、「法花堂事々案、昨日以寄□□(方申)遣犬神人之処、可二存知一之由、今日寄方申レ之」とあるように(二月二十三日条、前注参照)、祇園執行から犬神人に事書の案文が送られている。

(34)　史料纂集『北野社家日記』第四巻、二二五―二二六頁、永正七年正月十四日条。

(35)　このことは、「事書」の本質が「それが用いられた訴が、文書提出に始まって裁決に終る手続の全過程において、通常の法の適用を一切拒絶しようとする具体的な意志の表現にあ」り、中世の寺社訴訟が、「通常の理非に超越する特権にまもられ」、「嗷訴は、中世人にとって悪しき裁判の代名詞であった「一方向の裁許」の極であ」ったとされる笠松宏至氏の指摘を想起させる(「中世の政治社会思想」『日本中世法史論』東京大学出版会、一九七九年、一七二頁)。

(36)　下坂氏注31論文。

(37)　「社家記録」正平七年四月十七日条(『八坂神社記録』上、二四二頁)。

(38)　「社家記録」正平七年五月十・十一日条(『八坂神社記録』上、二四七頁)。

(39)　すでに本書第一部第一章でふれたように、室町幕府は、犬神人による検断行為を、「路次狼藉」とみなし、祇園執行に派遣停止を求めている。

(40)　衣川氏注9論文。

(41)　下坂守「「山訴」の実相とその歴史的意義」(河音能平・福田榮次郎編『延暦寺と中世社会』法藏館、二〇〇四年)。

(42)　下坂氏注10論文。

(43)　下坂守「山門使節制度の成立と展開」(『史林』五八巻一号、一九七五年、のち同氏注6書に所収)。

(44)　下坂氏注6論文の「むすび」において、「南北朝時代末に室町幕府が山門使節制度をもって大衆内の有力者を直接組織しはじめるや、寺家がただちにその公的な執行機関としての内実を失っていった」（三三三頁）と述べておられる。
(45)『北野社家日記』第七巻、二五―三一頁。
(46)『北野天満宮史料　古文書』七号、五―六頁、及び、同一〇―六一号、同七―三四頁。
(47)桜井氏注19書、及び早島大祐「清水克行『室町社会の騒擾と秩序』書評」（『歴史学研究』八一一号、二〇〇六年）。
(48)『北野社家日記』第七巻、二〇―二一頁。
(49)この西塔閉籠衆による「山門訴訟」が、著名な正長の徳政一揆を勃発させる引き金となったことは、清水克行「正長の徳政一揆と山門・北野社相論」（『歴史学研究』七七一号、二〇〇三年、のち同氏『室町社会の騒擾と秩序』吉川弘文館、二〇〇四年、に所収）に詳しい。
(50)注19参照。
(51)太田氏注19論文、小泉（本郷）恵子「松梅院禅能の失脚と北野社御師職」（『遙かなる中世』八号、一九八七年）、清水克行「足利義持の禁酒令について」（『日本歴史』六一九号、一九九九年、のち同氏注49書に所収）。
(52)清水氏注49論文。
(53)『満済准后日記』正長元年八月十二日条。
(54)『満済准后日記』正長元年八月二十九日条。
(55)永享の山門争乱については、下坂氏注43論文、太田氏注19論文、桜井氏注19書等に詳しい。
(56)『看聞御記』永享五年閏七月二十五日条。
(57)下坂氏注43論文。
(58)小風真理子「山門使節と室町幕府――永享・嘉吉事件と護正院の台頭」（『お茶の水史学』四四号、二〇〇〇年）。
(59)本書第一部第二章・第二部第一章参照。
(60)本書第一部第一章・第三部第一章参照。

第二章　室町幕府の京都支配

はじめに

中世京都は、公家・武家・寺社の三つの権力によって、政治的・経済的支配のなされた都市であったといえる。本書がこれまで取り扱ってきた、比叡山延暦寺とその末社によって構成される山門系寺社勢力もまた、本末関係を作用させながら、領主権・検断権の行使を通じて、また商人や酒屋・土倉の支配を通じて、さらには嗷訴を通じて、京都の政治・経済に多大な影響を及ぼした。そしてこのような影響力が、南北朝期における室町幕府の京都支配の確立を通じ、変節を余儀なくされたことも、本書で明らかにしてきたとおりである。そのような変節によって、南北朝期以降の京都にいかなる秩序が生まれることとなったのか。本書で分析してきた諸事象を総括する意味もこめ、本章においては、秩序創出を主導した室町幕府に視点を据え、検討していくことにしたい。

周知のごとく、室町幕府の京都支配を論じた先駆的かつ重要な研究として、佐藤進一氏の「室町幕府論」が存在する(1)。佐藤氏は、室町幕府にとっての京都を、将軍の直轄領域であると同時に将軍権力の拠点であったと明確に位置づけられ、京都市政権の確立と将軍権力の確立とは密接不可分の関係にあったことを明らかにされた。そして足利義満の京都支配権掌握を最も強く阻んだのが、行政・警察機能を有する検非違使庁と山門であったことを指摘された(2)。こうした指摘をふまえ、五味文彦氏は、康暦の政変後、使庁の行政・裁判権が幕府に吸収されていく過程を明らかにされた(3)。一方下坂守氏は、義満政権期における山門使節制度・日吉小五月会馬上方一衆の成立に注目され、いずれもが幕府による対山門政策の「切り札」であったことを明らかにされた(4)。

このように既存の権力と対峙しつつ京都支配を推し進めた室町幕府の財政については、すでに戦前、小野晃嗣氏が検討されている。すなわち洛中洛外の多数の「座」が寺社・公家を本所と仰ぎ課税免除を受けるなか、幕府は土倉・酒屋への課税を達成することにより財政の基礎を築くこととなったのである(5)。その後馬田綾子氏により、鎌倉末期に公家政権が賦課していた洛中地口銭・棟別銭等の諸課役を、南北朝末期には室町幕府が賦課・免除するに至ったことも指摘されている(6)。したがって幕府は、新たな課税を行うと同時に、公家政権のもつ課税権を「吸収」することにより、財政基盤を整備していった。

一方、こうした課税とは異なる側面から幕府の都市支配を論じたものに、祇園会に象徴される祭礼と幕府との関係を論じた研究がある。すなわち二木謙一氏は、室町将軍の祇園会御成が、武家儀礼形成・社寺政策としての意義をもったことに加え、下京町衆に対する将軍権力の誇示と威圧、懐柔という意義をも持ったことを指摘されている(7)。また瀬田勝哉氏は、祇園会が至徳年間に室町幕府公認組織たる「馬上一衆」・合力神人制により再建されることによって、幕府の政治経済的諸権限を補完・統合する場となったことを明らかにされた(8)。さらに下坂守氏は、その「馬上一衆」が義満政権期に山徒の土倉・酒屋を組織して成立した日吉小五月会馬上方一衆をさすことを指摘された(9)。そして下坂氏の研究をふまえ、河内将芳氏は、南北朝末期以降の祇園会が、神輿渡御と山鉾巡行の二本立てへと変化すること、文安年間を画期として山鉾と神輿の経営が馬上方一衆のもとに一本化されることを指摘された(10)。一方大塚活美氏は、室町将軍の祇園会見物に注目され、将軍の服忌や見物の有無が祭礼の執行やその盛況を左右したこと、祇園会が明や高麗・朝鮮から来る外交使節の接待の場として利用されたことなどを明らかにされている(11)。

以上のような研究が展開された一方で、佐藤説を受け、「日本国王」へと帰結する将軍権力や公武関係を基軸として展開する室町政権の特質について論じた研究も、次々に進展したことは周知の事実である。すなわち伊藤喜良氏・森茂暁氏による伝奏論の提示を受け[12]、一九七〇年代より、室町将軍をめぐる研究は、「公武関係」論を基軸に展開するに至っている。そして富田正弘氏による「公武統一政権」論の提示や[13]、今谷明氏による「王権簒奪」論の展開を受け[14]、「日本国王」としての将軍に注目が集まるようになっていった。そうした中で、家永遵嗣氏は、義満が武家による公家の主従制的編成である「室町殿家司制度」を確立していく過程を明らかにされ[15]、また水野智之氏は、家領の安堵を通じ、公家衆に対し将軍の主従的支配が展開されていったことを明らかにされた[16]。

一方近年、こうした公武関係は、将軍と有力武将との関係の反映であり、天皇と将軍による「権限の争奪戦」として捉える研究手法に見直しが必要であるとの見解が市沢哲氏によって提起されている[17]。また松永和浩氏も、幕府の「王朝権力の吸収」という枠組みが議論を矮小化するものであること、「権限吸収」と呼ばれる現象がなぜ生じたのか、その原因を追究する必要があることを、指摘されている[18]。さらに桃崎有一郎氏は、朝幕二元論を克服する「公方」論の展開と、義持以後の「室町殿」論の展開により、「公武統一政権」論の問い直しが必要であるとされている[19]。そして最近では、義持・義教期の展開を見通すことにより、義満政権の相対化をめざす「室町殿」論も活発化している[20]。

このように、佐藤進一氏の「室町幕府論」の提示を受け、①室町幕府の京都支配に関する研究、②公武関係をふまえた室町期政治史研究、が展開されるところとなり、とりわけ②はごく最近においても活発に議論されている。反面、すでに早島大祐氏が指摘されているように、中世都市史研究が「都市的な場」を重視し、「首都」京都を例外視していく中で、一九八〇年代以降、幕府と京都の関係を探る研究の深化はみられない状況にある[21]。

こうした動向をふまえ、本章においては以下の点に留意し、検討をすすめていくことにしたい。まず、近年②の研究において論議をよんでいる「室町幕府による王朝権力接収」という問題については、早くに森茂暁氏が「幕府による洛中支配の完成に即し論じられたもの」であると指摘されている点に注目すべきであると考える。[22]すなわち佐藤氏による「権限吸収」という枠組みの提示は、ひとつには室町幕府が公家・寺社の支配する京都におかれたことに由来するものと考えられる。したがって室町幕府が、既存権力とどのように切り結び京都に政権を確立させたのか、今一度①の視点にたった研究を行っていく必要がある。次に、幕府の京都支配の問題を考える際に、幕府と公家ばかりでなく、幕府と寺社との関係も重視されるべきと考える。とりわけ室町幕府の財政基盤を支えたものが比叡山延暦寺（山門）配下の酒屋・土倉であったことに注目するならば、「公武関係」に収斂されない、寺社勢力との関係に着目した室町幕府論の展開が必要であろう。

以上のことから、本章においては、幕府の京都支配の展開過程を、足利義満政権期を中心に、山門系寺社勢力（比叡山延暦寺大衆を中核とし末社の祇園社・北野社の社僧・公人・神人らも含む勢力）との関係から探ることにしたいと思う。

第一節　初期足利政権と京都

1　室町幕府の成立と寺社

建武三年（一三三六）、足利尊氏により「建武式目」が制定され、室町幕府の成立が宣言された。その「式目」第一項では、幕府の所在地を鎌倉とすべきか「他所」（具体的には京都）とすべきかについて答申がなされているが、[23]結果的に幕府は京都に置かれることとなった。なぜ京都が選ばれたのか、その積極的な理由を式目そのものから見出すのは困難である。先行研究においては、式目制定時の政治社会状況をふまえ、①尊氏の武力編成における畿内武士団の重要性、②京都における流通経済の発達、③後醍醐天皇側の情勢を把握する必要性、という三つの理由の存在したことが指摘されている。[24]このうち、幕府成立に先んじて京都に政権をうちたてた後醍醐天皇が洛中酒屋役賦課令等の法令を発令し、「洛中―京都の直轄支配」をめざしていたことをもふまえるならば、[25]②はとりわけ重要な理由であったと考えられる。

しかしながら観応の擾乱勃発により、室町幕府が京都に政権の根をおろすのは容易なことではなかった。正平の一統後も、文和二年（一三五三）・同四年・康安元年（一三六一）に、南朝方が京都を占領するという事態になっている。貞治年間に、検非違使庁や造酒司が洛中に紺屋・酒屋役等の課役を賦課しているのは、「幕府の政権の動揺――特に京都の放棄」によるものであったが、一方で洛中の警察行政については、幕府侍所の奉行人―雑色・小舎人と、使庁の保官人―使庁下部の両系列とが「共存」しつつあり、観応年間以降侍所の使庁下部吸収が進展していった。[26]したがって内乱にともなう動揺をともないつつも、軍事力を梃子とした幕府の京都支配が次第に浸透しつつあったと考えられる。

次に京都の寺社勢力と幕府との関係についてみていくと、足利尊氏は、幕府成立初期より、寺社に対し祈禱命令を積極的に発令していたことが知られる。尊氏・直義・義詮の祈禱命令を受給した全国の寺社のうち、最も受給数が多いのは畿内の寺社で、そのほとんどが京都・山城に集中している。そして尊氏祈禱命令の場合、一寺社の祈禱命令受給数でとりわけ多いのが祇園社であった。[27]

このような特色を持つ祇園社の経営を統轄する位置にあった祇園執行の顕詮は、尊氏が将軍となる以前の元弘三年（一三三三）から、尊氏の祈禱をする「御師」となっている。[28]顕詮はその後一度南朝方につき実際に合戦に参加していたことも知られるが、本書第一部第二章で指摘したように、次第に尊氏・義詮への祈禱と軍忠に励むことにより、執行職・祈禱料所・造営奉行職・造営料所等を獲得していくようになっていく。祈禱ばかりでなく軍忠に励み恩賞を獲得するという「僧の忠節」が、この南北朝内乱期にはじめてみられる現象であったことが、笠松宏至氏によって指摘されており、[29]顕詮の場合もそうした例の一つとみなしえる。また御師職の設置は、二十二社の上七社・下八社を中心に展開され、京都に政権をかまえた幕府にとって対畿内社寺政策の一環としての意義を持っていた[30]。

ただし幕府が、個別寺社の構成員のうち誰に祈禱命令を発するかについては一貫性がなく、各寺社内部で混乱・競争を招くところとなり、ときに南朝方への「内通」という状況をも生じさせている[31]。そのようななか、北野社・石清水八幡宮・祇園社の御師職については、観応の擾乱後に幕府の京都支配が落ち着くにしたがい、御師職の固定化・制度化がはかられるようになっていった[32]。そして本書第一部・第二部で述べたように、祇園社・北野社御師職は、両社が山門と本末関係にあったことから、幕府が検非違使庁と同様に京都市政権掌握を強く阻む存在であった山門への統制を進めていく上で、次第に重要な意義を持つようになっていったのである。

2　山門の京都支配と室町幕府

周知のごとく、鎌倉後期の京都には「山門気風の土蔵」が二百八十軒あり[33]、これは京都の土倉の八割近くを占める数であった。山門はこれらの酒屋・土倉や座商人、さらには犬神人（＝清水坂非人長吏）に対する支配を、本書第一部第一章で述べたように、祇園社を通じ展開していた。このうち犬神人は、祇園社に所属し、鎌倉期より山門の「京都市中支配権」と密接であった[34]。ただし南北朝期における山門の度重なる犬神人の動員について、室町幕府は「洛中狼藉」・「路次狼藉」であるとし、御師であった祇園執行を通じ牽制している[35]。その一方、幕府もまた独自に非人統制をすすめ、康永二年（一三四三）と康暦二年（一三八〇）、直義と義満がそれぞれ、東寺散所法師の他役免除を行い、以後、散所非人が幕府侍所の管轄下におかれるようになっている[36]。また応安四年（一三七一）にあらわれる「河原者」は、犬神人と死人の衣装の取得権を争い、侍所の裁定により勝利するとともに[37]、嘉吉元年（一四四一）には侍所による処刑を警固している[38]。よって幕府は侍所を通じ、犬神人・清水坂非人以外の非人集団を、徐々に統制・組織し始めていたといえよう。

次に山門と幕府との関係を、嗷訴、という側面から探ってみたい。山門大衆が、内乱初期の延元元年（一三三六）に二度にわたり後醍醐天皇をかくまい、当初南朝方について戦ったことはよく知られている。その後北朝が京都をおさえていた康永三―四年（一三四四―四五）に、山門は北朝に対し天龍寺落慶供養をめぐる嗷訴を行っている。ことの発端は、後醍醐天皇の冥福を祈るため、尊氏・直義が建立した天龍寺を「勅願寺」とし、落慶供養の場に光厳上皇が行幸しようとしたことにあった。このとき大衆の作成した「院参申詞」に、比叡山は「鎮護国家之正宗、天子本命之道場」との文言があるように(39)、大衆は「鎮護国家」という立場のもと、あくまで光厳上皇に対し嗷訴を行っていた。

こののち応安元年（一三六八）八月にも、南禅寺住持定山祖禅が『続正法論』を著し、顕密諸宗を批判したことなどを契機として、再び大規模な山門嗷訴が行われている。この応安の嗷訴の際には、日吉・祇園・北野の神輿が入洛し、日吉神輿は応安二年にも再度入洛している。その結果幕府側が折れ、南禅寺の楼門を破却することで解決をみた。この嗷訴の過程をみたときに注目されるのは、最終的には山門の要求をのんだにせよ、幕府が山門嗷訴に謂れなしとの立場でのぞみ、「諸国之軍勢」により神輿入洛を防御しようとしたことである(40)。こうした対処に、公家側は「此成敗尤可レ有二猶予事一歟、山門訴訟宥沙汰、古来之儀、毎度之事歟、今度武家沙汰之趣、不レ被二甘心一、可レ恐々々」として対照的な態度をみせている(41)。実際に、神輿入洛時、赤松・山名・佐々木・土岐・細川氏ら幕府有力守護が河原・義満宿所・禁裏を警固しており(42)、こうした「諸国之軍勢」による神輿入洛への「防戦」を、山門大衆もまた前例のないこととして受け止めた(43)。その一方この応安嗷訴においても、山門大衆は自らの立場を「鎮護国家」のための唯一の「皇帝本命之道場」と規定している。ただし康永の嗷訴時とは異なり、「武家」をも明確に嗷訴の対象に据えていた(44)。

このように展開した応安の山門嗷訴は、その過程において「王朝の無能」・「使庁の洛中支配機構の弱体」を露呈することとなった(45)。その一方、応安二年（一三六九）には侍所が市中に制札を出して身分規制や商業規制をしき、その翌年には山門公人の煩い・悪行の禁止がなされるなど、幕府の洛中警察権は完成へと向かっていく(46)。したがって、応安の山門嗷訴は結果的に使庁の弱体化を表面化させ、幕府の京都支配を強化していく意義をもたらしたといえるだろう。

以上のように、京都支配に意欲的であった後醍醐政権を倒した室町幕府にとって、京都支配の展開と政権の確立・安定化とは密接不可分の関係にあった。そのような中で、京都の寺社と足利氏が祈禱を介して結びついたことは、将軍が主従関係を通じ、京都の寺社を支配しつつあったことを意味する。また幕府の京都支配をはばむ勢力の一つであった山門の行政・警察機能を京都において補完する位置にあったのは祇園社であり、内乱期の幕府は、御師職の設置を通じ祇園執行との関係を強め、山門大衆による京中支配を抑えつつあった。しかしながら大衆そのものに対する有効な統制策を打ち出すことはできず、対山門大衆政策の本格的展開は義満政権の成立をまたねばならなかった。また康永・応安の山門嗷訴に際し、公家は有効な打開策を持たず、その結果、幕府侍所の権限強化をもたらすこととなったのである。

第二節　足利義満政権の対山門政策

1　山門使節・馬上方一衆の成立

康暦元年（一三七九）、康暦の政変により管領細川頼之が失脚をし、三代将軍足利義満の執政が開始されると同時に、山門使節制度が成立する。下坂守氏によれば、使節制度成立の意義とは、幕府が康永・応安の二度にわたる嗷訴をふまえ、三門跡ではなく強大な軍事力を持つ門跡門徒を介した「大衆慰撫政策」を展開したことにあるという。すなわち山門使節は、関所や末寺支配において多くの権益を保持し、使節遵行権・軍事警察権・裁判権を持つ「延暦寺における守護」であった(47)。

こうした使節の成立により、神輿造替の遅延によって起こった応安七年（一三七四）の神輿入洛以後、義満治世下において山門嗷訴はみられなくなっている。したがって、使節制度は対大衆政策として有効に機能したといえよう。またその成立時期が、いわゆる義満の〈公家化〉とよばれる現象が見られるようになるのとほぼ同時期であることは、注目される。このことは、義満政権にとって対山門政策が対公家政策と同様の意義を持ったことを示唆しているのではなかろうか。

山門使節制度に続き、義満はさらに至徳年間（一三八四―八七）、山門大衆の主導のもとで行われる日吉社の祭礼「小五月会」の費用を賄う日吉小五月会馬上方一衆を創設している[48]。日吉小五月会はもともと、保延四年（一一三八）に公認された馬上役制により行われ、京都・近江の住人で日吉社神人ではない者に差定されることになっていたが、鎌倉末期にはこの馬上役制も機能しなくなっていた[49]。そのようななか、南北朝末期に馬上方一衆制度が成立すると、むしろ洛中日吉神人から洛中の山徒の土倉（＝馬上方一衆）が祭礼費用を徴収する祭礼へと変化する。馬上方一衆は「一頭」ともよばれ、酒屋・土倉・味噌屋・風呂屋などから成る日吉合力神人の「在所」を支配し、巡役で祭礼費用を徴収した[50]。

そしてこうした体制がとられることにより、小五月会馬上役は千余貫という高額になり、高額化の恩恵を受けたのは、山門使節をはじめとする山徒であったことがすでに指摘されている[51]。つまり日吉小五月会の再興は、山門使節の経済基盤をも用意する意義をもったのである。また、一頭となる洛中の酒屋・土倉は「座」の名称をもたず[52]、さらに山徒の土倉のなかに特定の門跡に所属する者はいなかった[53]。したがって、馬上方一衆制度とは、幕府が「座」組織および門跡―門徒関係をもたぬ京都の金融業者を把握するに、有効な措置であったのである。

ところで、この馬上方一衆が成立するのとほぼ同じ時期、幕府は洛中の土地支配を積極的に推し進めている。すなわち康暦の政変後、新たに「地方」を設置することにより、洛中屋地の安堵や裁判を管轄するに至っている[54]。さらに至徳元年（一三八四）には、地方裁判—侍所遵行の体制が確立し、(55)幕府が洛中の土地に対する行政・裁判権を獲得するに至っている。(56)そしてその翌年には、山城守護職が設置されるとともに、侍所の洛中支配がいっそう強化されるようになった。

このようななか、永徳元年（一三八一）、三条公忠が「公家御計」の「京都地」を、武家執奏により獲得しようとし後円融天皇の怒りをかったことはよく知られている。(57)その翌年、相国寺が造営されるに際し、近隣の家屋が強制的に移転されるにおよび、一条経嗣は「近辺貴賤遷二居於他所一、如レ此事、福原遷都之時之外無レ例云々」(58)とその日記に記している。当時の朝廷にとって、京都は「最後の牙城」であったが、(59)その土地支配を独自に行うことはもはや困難な状態であった。そうしたなかで、幕府が馬上方一衆制度を成立させ酒屋・土倉の把握につとめたことは、新たな洛中支配の方式の創出とも捉えることができる。すなわち至徳年間は、幕府が洛中の空間と人とを把握・支配していく上で大きな画期であった。(60)

2　酒屋・土倉支配の展開

よく知られているように、室町幕府は明徳四年（一三九三）、「洛中辺土」の土倉・酒屋に対し、次に示すごとく土倉・酒屋役を賦課した。ここに、将軍家御料所・地頭御家人役・段銭とあわせ、幕府の主要財源が出揃うことになる(61)（傍線は筆者による、以下同じ）。

洛中辺土散在土倉幷酒屋役条々

一　諸寺諸社神人幷諸権門扶持奉公人体事

悉被二勘落一之上者、可レ致二平均沙汰一焉、

一　寄二事於左右一、及二異儀一所々事

任㆑法、①為㆓衆中㆒可㆑致㆓其沙汰㆒、若尚於㆓難渋之在所㆒者、就㆓注進㆒有㆓糺明沙汰㆒、且立㆓用公物㆒、且可㆑被㆑付㆓寺社修理㆒矣、

一　②政所方年中行事要脚内、六千貫文支配事

為㆓毎月々別沙汰㆒之上者、縦雖㆑有㆓御急用㆒、寺社幷公方臨時課役等、永可㆑被㆑免㆓除之㆒焉、

一　閏月役事

既被㆑定㆓員数㆒之上者、曾不㆑可㆑有㆓加増之儀㆒矣、

一　造酒正申酒麹役事

③自㆓往古㆒有㆑限所課也、不㆑可㆑依㆓此沙汰㆒焉、

右此条々、更不㆑可㆑有㆓違依之儀㆒、可㆑令㆓存知㆒之状、依㆑仰下知如㆑件、

明徳四年十一月廿六日

左衛門佐源朝臣（在判 義将）(62)

この「洛中辺土散在土倉幷酒屋役」は、すでに下坂守氏によって指摘されているとおり、馬上方一衆制度の創設による日吉小五月会の再興と継続を「切り札」として実現したものである(63)。そして第二条の傍線部①にみえる「衆中」が、馬上方一衆の成員、別名「土倉方一衆」をさすことも同じく下坂氏によって指摘されている(64)。すなわち洛中辺土の土倉・酒屋のうち、土倉・酒屋役の徴収に従わないものがあれば、「衆中」すなわち山徒の土倉が責任をもって対処にあたることとなったのである。

こうした幕府による土倉・酒屋役賦課の前提には、伊勢氏の政所執事就任による政所の将軍家家務機関化と、雑務公事の活発化という状況があった(65)。そして第三条傍線部②のごとく、この法令により京都の土倉・酒屋が政所の「年中行事要脚」六千貫文を負担することになった。したがって土倉・酒屋役賦課は、幕府機構の整備と連動した財政基

盤の確立を意味したといえるだろう。

さらにふみこんで、この法令を解釈してみよう。まず諸寺社・権門配下の土倉・酒屋に対する免除特権の排除をうたった第一条の内容、及び第二条傍線部①にみえる「衆中」の役割の関係をもふまえるならば、土倉・酒屋役の賦課とは、幕府による馬上方一衆を通じた「諸寺諸社神人」・「権門扶持奉公人」の把握・統制であった、と意味づけることが可能である。すなわち馬上方一衆の成立は、幕府にとって単なる対山門政策にとどまらぬ意義を持ったといえ、ここに山徒を介して諸権門に組織された京都の土倉・酒屋を把握する体制が誕生したといえるのである。

実際、時代は下るが、応仁元年（一四六七）に室町幕府奉行人が一衆に対し、「春日社散在住京神人」の在所移転を通知しているのは[66]、一衆が、日吉社神人でない他社神人の在所をも把握する位置にあったことを示している。一衆関係文書の多くが、年欠文書もしくは応仁・文明の乱以降のものであることから、成立期の一衆の状況を、具体的に明らかにするのは容易ではない。しかし次に示す文書から、一衆および幕府がその成立期から各社神人の在所を把握していた可能性は、高いと考えられる。

日吉社小五月会左方馬上合力神人等事、寄二事於一乱一、相二交他社一之条、御糺明之処、八幡宮神人貫首等雖レ申二子細一、無二其理一之上者、不レ能二許容一、所詮任二至徳以来度々御下知之旨一、至二彼神人一者被レ返二付当社一訖、早如レ元令レ支二配合力銭一、可レ被レ遂二神事無為之節一、若猶有下及二異儀一之輩上者、速為レ被レ処二罪科一、云二在所一云二交名一可レ被二註申一之由、所レ被二仰下一也、仍執達如レ件、

文明十年十一月十六日　　下野守（布施英基）
大和前司（飯尾元連）

馬上一衆中[67]

右の室町幕府奉行人連署奉書案により、文明十年（一四七八）、応仁・文明の乱の混乱に乗じ日吉社神人が石清水八

幡宮神人であると称して祭礼役を納めない事態となった際、幕府が一衆に対し「至徳以来度々御下知」を根拠に合力させるよう命じていることがわかる。こうした点や、なおも徴収に応じない場合の在所・交名の提出が求められている点からも明らかなように、一衆が小五月会の祭礼役を徴収するため、京都に散在する日吉合力神人の在所のみならず「諸寺諸社神人」・「権門扶持奉公人」の在所をも把握していた様子がうかがわれる。したがって、幕府は至徳年間の馬上方一衆成立を通じ調うこととなる祭礼役徴収システムを利用することにより、明徳四年に土倉・酒屋役賦課を達成することができたのではなかろうか。

その上で改めて個々の馬上方一衆の把握する合力神人の在所をみてみると、在所が洛中の各所に分散して存在していることに気づく（表1）。これは室町期の京都において、地縁によらぬ寺社権門組織下の都市民結合――具体的には山徒の土倉と日吉神人――が存在したことを意味している。すなわち十四世紀末から十五世紀の京都には、十六世紀の京都に展開した町屋・屋地の「共同管理」や生業の相互保障を基礎とする「町共同体」(68)のあり方とは異なる都市民結合が存在していたのである。そして室町幕府は、寺社権門による「神人」支配を前提にしてはじめて、土倉・酒屋役を賦課しえたのであった。さらにその際、徴収の責任を山徒の土倉が担うことで、山徒の土倉を頂点におく、日吉神人・「諸寺諸社神人」・「権門扶持奉公人」から成る京都の金融業者の構造が形成されるに至ったのである。

以上をまとめると、将軍義満は、執政開始と同時に山門使節制度を創設し、御師と同様の主従制的支配を将軍と山門使節との間に確立することにより、大衆との安定的な関係を築くことにひとまず成功したといえるであろう。その後さらに義満は馬上方一衆を成立させ、ついで酒屋・土倉役賦課を行った。その結果、幕府―山徒（馬上方一衆・土倉方一衆）―日吉神人・他社神人・権門扶持奉公人という土倉・酒屋の統率体制が、地縁を媒介せずにつくられた。これは室町幕府が地縁に基づく都市民掌握ではなく、権門を介した支配方式を選択したことを意味している。そしてこうした体制が日吉小五月会という祭礼の再編をともなってあらわれたものであることに留意するならば、当該期の幕

表１　馬上方一衆一頭の徴収在所一覧

一頭名	年月日	賦課対象地	賦課対象（合力神人）	文書番号
聚福院	永享４	綾小路東洞院南東頬	酒屋（外御供）	341
西蔵坊	永享５	四条烏丸東南頬	布屋（外御供・龍泉坊相続）	341
栄蔵坊	永享９	楊梅猪熊北西頬	酒屋（外御供）	341
	文安４・４・27	樋口町南西頬	日銭屋（外御供）	341
正実坊	享徳２	五条京極		246
	文正元・12	一条今出川東北頬		補遺11
	文正元・12	冷泉油小路北西頬	「酒入止在所」	補遺11
	文正元・12	六条東洞院北西	「酒入止在所」	補遺11
	文正元・12	春日油小路南東	「酒入止在所」「在所無之」	補遺11
	文正元・12	近衛堀川西北	「酒入止在所」	補遺11
	文正元・12	姉小路油小路南東	「酒入止在所」	補遺11
	文正元・12	法性寺堂前	「酒入止在所」	補遺11
	文明４・４・14	四条町北西頬		209
	年欠	一条今出川	りうこ酒屋	242・補遺20
	年欠	一条今出川	りうこ酒屋「在所上大路」	補遺20
	年欠	四条坊門西洞院西北頬		246
	年欠	七条猪熊東北頬		246
	年欠	五条櫛笥西北頬	文明３年—八幡神人と主張	補遺36
	年欠	大馬場東南頬	金蔵	補遺83
禅住坊	永享８	三条坊門東洞院北西頬	奈須与一酒屋（外御供）	341
	文安３・４・27	五条坊門油小路南西頬	日銭屋（外御供）	341
	宝徳４	六角西洞院南西頬		246
	宝徳４	鷹司富小路南頬		246
	宝徳４	三条京極		246
	享徳２	三条烏丸		246
	享徳２	錦小路東洞院		246
	享徳２	勘解由小路町		246
	享徳２	水車		246
	享徳２	高辻東洞院		246
	寛正２	大炊御門西洞院南東頬	（外御供）	341
	年欠	三条油小路東頬		239
	年欠	鷹司室町西北頬	酒屋・質屋（ミセケチ）	242・補遺20
	年欠	鷹司室町西北頬	酒屋・質屋「せき寺下北頬」	補遺20
	年欠	今小路万里小路南東頬		246
	年欠	三条烏丸北西頬		246
	年欠	綾小路大宮東南頬		246
	年欠	勘解由小路町西北頬		246
定泉坊	永享７	七条町東南頬	酒屋（外御供）	341
	文安２・４・23	綾小路油小路東北頬	日銭屋（外御供）	341
	宝徳４	一条烏丸南頬		246
	宝徳４	「弊房」		246
	享徳２	五辻大宮		246
	康正元	土御門京極南西頬	日銭屋（外御供）	341
	文正元・12	冷泉烏丸	酒屋	補遺11

一頭名	年月日	賦課対象地	賦課対象（合力神人）	文書番号
	年欠	高辻猪熊西北頰	沢村	235・補遺36
	年欠	大炊御門西洞院	味噌屋	242・補遺20
	年欠	高辻東洞院北西頰	養円・岡子（「新加」）	補遺83
定光坊	嘉吉元	七条大宮東北頰	（外御供）	341
	（文安５–享徳元）	□猪熊□	日銭屋（外御供）	341
	宝徳４	中御門堀川□		246
	享徳２	勝蔵		246
	享徳２	正親町々		246
	享徳２	小川		246
	文正元・４・17	勘解由小路□		257
	文正元・４・17	一条富小路	酒屋	257
	文正元・６・８	中御門烏丸南東頰	酒屋（本馬上）	257
	文正元・12	北小路小河		補遺11
	文正元・12	一条大宮東北頰		補遺11
	文正元・12	五条坊門猪□	「異儀」	補遺11
	文正元・12	五条堀川東北頰	「異儀」	補遺11
	年欠	錦少路烏丸西北頰	酒屋	242・補遺20
	年欠	大炊御門万里小路南西頰		246
	年欠	正親町万里小路南東頰		246
	年欠	一色殿跡北頰	わかさけ中井民部	補遺83
宝聚坊	永享10	三条室町北西頰	酒屋（外御供）	341
	文安５・４・26	高辻東洞院北西頰	日銭屋（外御供）	341
	（寛正４）６・９	四条万里小路西北頰	（外御供）	341
	文正元・６・９	四条万里小路西北頰	（外御供）	257
	文正元・12	土御門室町東□	酒屋「異儀在所」	補遺11
	年欠	冷泉高倉東北頰	味噌屋（ミセケチ）	242・補遺20
	年欠	冷泉高倉東北頰	味噌屋	補遺20
	年欠	上北小路富小路南東頰		246
正蔵坊	永享11	大和大路北東頰	酒屋（外御供）	341
	（文安５–享徳元）	五条堀川東北頰	日銭屋（外御供）	341
	宝徳４	鷹司高倉北頰		246
	応仁元・５・６	五条室町南西頰	酒屋（外御供）	257
	応仁元	五条室町南西頰	請酒屋（外御供）	341
	年欠	正親町烏丸西南頰		246
	年欠	楊梅町南東頰		246
	年欠	勘解由小路万里小路東北頰		246
	年欠	清水枝橋	酒屋「無之」	補遺20
	年欠	粟田口柱	酒屋「大榊神人云々」	補遺20
賢光坊	永享６	春日烏丸北西頰	酒屋（外御供）	341
	文安元	六条坊門町東北頰	日銭屋（外御供）	341
	宝徳４	鷹司烏丸西頰		246
	宝徳４	木ノ□		246
安養坊	享徳２	春日高倉		246
	文正元・12	二条室町	酒屋	補遺11
	文正元・12	四条富小路	酒屋	補遺11

一頭名	年月日	賦課対象地	賦課対象（合力神人）	文書番号
小林坊	永享12	冷泉堀川東北頬	酒屋（外御供）	341
	（文安５-享徳元）	五条室町南東頬	日銭屋野田与一（外御供）	341
	享徳２	三条高倉		246
宝蔵院	享徳２	綾小路東洞院		246
	享徳３	樋口猪熊南東頬	酒屋（外御供）	341
善蔵坊	嘉吉２	六条室町西南頬	「安養坊に与奪」（外御供）	341
龍泉坊	嘉吉３	鷹司富小路北東頬	白粉屋（外御供）	341
	享徳２	六条坊門町西北頬	日銭屋（外御供）	341
長寿坊	（寛正３）	武者小路出雲路南東頬	（外御供）	341
光林坊	応仁２	大和大路東頬	請酒屋（外御供）	341

注１）文書番号は，『八瀬童子会文書　増補』（京都市歴史資料館、2003年）に拠る．
注２）246号は太刀・刀の賦課注文である．

府による祭礼の再編は寺社権門と幕府との関係を強化すると同時に、幕府と都市民とをつなげる意義をもったといえる。そこでこうした点をさらに、祇園御霊会・北野祭の場合について確認していくことにしたい。

第三節　祇園御霊会・北野祭の再編

1　祇園御霊会の再編

十二世紀から「五条ないし六条以北の住人」に馬上役を賦課する「祇園会敷地住人原理」により執行されていた祇園御霊会は、元亨三年（一三二三）の後醍醐天皇の馬上役停止令以後、国家の保障体制が衰退し、応安年間以降の神輿造替の膠着により二十年以上神輿渡御を欠くこととなる(69)。しかし義満政権期の応永初年の頃から、日吉小五月会馬上方一衆が祇園会馬上役三百貫文を請け負う体制が新たにしかれるようになる(70)。その一方、神輿造替の膠着・神輿渡御の欠如は、祇園会において鎌倉末期より現れる「山鉾の存在」を「一気にクローズアップ」させることになった(71)。その結果、南北朝末期以降の祇園会は、神輿渡御と山鉾巡行の二本立ての形式へと変化する。

ここで注目したいのは、山鉾と室町将軍との密接な関係である。すなわち義満・義持の祇園会見物において、両者の関心をひいたのは、神輿渡御よりむしろ山鉾巡行であった(72)。またのちの文安四年（一四四七）、山鉾運営費用から神輿具足にかかわる費用を馬上方一衆・公方御倉の禅住房の関与で補塡していることも注意される(73)。ここから桜井英治氏は、山鉾が「将軍家の持ち物だった可能性」を指摘されている(74)。したがって、「町衆」の自治とからめて論じられることの多い山鉾の巡行も、少なくとも成立期においては幕府権力の肩入れのもとで運営されていた可能性が高いといえるだろう。

次に祇園会の御旅所についてみてみると、至徳二年(一三八五)に義満が、高辻烏丸(五条坊門東洞院)の大政所御旅所を祇園社御師に寄進し(75)、さらに応永四年(一三九七)、祇園執行顕深を大政所御旅所神主職に補任している点が注意される(76)。瀬田勝哉氏によれば、大政所御旅所の「大政所」とは一般に、「神を迎える在地側のセンター」であり、神主職はもともと祇園会成立時に御旅所敷地を祇園社に寄進した「助正」を祖とする一流が世襲するもので、「社家の出先機関ではなく、神事の主宰者」であった(77)。したがって義満は、本来寄進する権利をもたぬ地であったはずの御旅所を、御師である祇園執行に付与することにより、在地の秩序への介入をはかったといえる。それが可能となった背景には、先述したように、幕府が至徳年間に洛中の土地に対する行政・裁判権を獲得するなど、洛中支配を達成しつつあった状況があったものと考えられる。

祇園会のもう一つの御旅所である少将井御旅所(冷泉東洞院)も、嘉吉元年(一四四一)以降、公方御倉山徒禅住坊が神主職になっている(78)。こうして室町幕府は、御師や山徒を神主に据えることにより、「在地側のセンター」を掌握していったのである。

2 北野祭の再編と都市民支配

次に北野祭についてみていくと、北野祭もまた、祇園会と同様の変化を義満政権期に迎えていることが注目される。すなわち本書第二部第一章で述べたように、鎌倉期において蔵人方が運営の責任を持ち、大蔵省・率分所の年預により祭礼費用を諸国から調達して執行される祭礼であったのが、明徳二年（一三九一）には西京の「七保」神人（麴座神人）と大宿直（大宿禰・大舎人）「九保」神人とが馬上役を負担する祭礼へと変化している。その背景には、将軍と北野社御師との緊密な関係があった。すなわち北野祭も、新たな馬上役制のもと、鉾の巡行と神輿巡行から成る祭礼となったのである。そして北野祭を将軍が「御見物」する一方、神人が本殿や末社に「飾神供」を調進したのち、それを公方に進上していることも注目される。ここから祭礼が、神人と将軍とを直接的に結びつける場として機能していたことがうかがわれる。

また北野祭のうち、三年に一度神輿修造をともなって開かれる三年一請会も、鎌倉期まで大蔵省年預が「成功」を付され経営されていたところ、南北朝期の貞治年中（一三六二—六八）には幕府奉行人が祭礼奉行をつとめる祭礼へと変化し、義満政権期には菅原庄と加賀国笠間保の二つの料所が確定され総額二百五十貫文の祭礼費用を賄っている(79)。したがってここにも、日吉小五月会や祇園会の場合と同様の、幕府の肩入れによる、新たな祭礼費用の調達方法の成立をみることができよう。

ところで三年一請会の神輿修造の責任者である大蔵省年預が、次の史料にみられるごとく、修造の担い手となる諸職人を統轄していたことは注意される。

御損式無為無事目出相存候、兼又参候て及二種々御沙汰一候条、殊以祝着無レ極相存候、其子細今朝早々可二申入一之処、御酒ニ給酔候て令二遅々一候之条恐入候、何様重可二参申入一候、又諸道輩事、神輿造替之時下行候様ニ申候、先度者初度候間為レ事二無為一下行候、今度者諸事申談候て可レ致二沙汰一候、先日音谷塗師今朝も来候て歎申入候へとも未二領状一候、其由可レ有二御心得一候、事々期二面拝一候、恐々謹言、

明徳三
五月九日　時弘

御方(80)
北野殿

ここでは、大蔵省年預が、神輿修造を担当する「諸道輩」への給与の下行をめぐり北野社と交渉しており、「塗師」からの要望をも受ける身であったことがわかる。このほか、「金銅師」・「織手」などをも統轄していたことが確認され、三年一請会は、年預にとってもまた職人にとっても、給与を保障する重要な行事であった。すなわち室町幕府による祭礼の再編は、祭礼にかかわる官人の権益や官人の諸職人支配を保護する側面をもち、かつ諸職人の経済基盤を用意する意義を持ったのである。

　このような祭礼を通じた幕府と官人・職人・商人との関係について、さらに北野社西京神人を例にみていきたい。本書第二部第二章でもふれたように、康暦元年（一三七九）、幕府は西京神人に対する造酒正の酒麴役賦課を停止し、嘉慶元年（一三八七）に北野祭における神人の違乱防止を理由に酒麴役を一円社家に付与している[81]。これらの事実は、北野祭における馬上役制導入の背景に、幕府の西京神人への優遇措置のあったことを示している。

　ただし永和元年に、山門大衆の一部が「得㆓大外記師連・師邦等語㆒、以㆓大嘗会料足㆒称㆑寄㆓進十禅師御灯料足㆒、放㆓付数多公人於社中・西京㆒、無㆓是非㆒及㆓嗷責㆒」といった行動を起こしていることから[82]、西京神人は、これ以前には造酒正と山門双方の課役を負う立場にあったと考えられる。とりわけ、本書第二部第二章で論じたように西京神人を「麴座」神人と称するのが山門のみであることから、山門は「座」の本所として、末社の神人を支配していた可能性が高い。したがって幕府による西京神人の酒麴役免除は、将軍御師である北野社社家松梅院に西京神人の支配にかかわる諸権限を集中させ、複数の権門による麴商人支配を整理するために行われたものといえよう。

　ただし先に取り上げた明徳四年（一三九三）の土倉・酒屋役条々において、幕府は傍線部③にあるように、「洛中辺土散在土倉幷酒屋」に対する造酒正の酒麴役賦課を保証している。またこれより前の至徳二年（一三八五）には、後円融上皇が造酒正に「洛中西京白河等酒麴売年役」を返付している[83]。さらに嘉慶三年（一三八九）には、酒麴役朝要分知行者である中原師胤に、「西京」を含む酒麴役についての「安堵勅裁」に代わる義満の家司の奉書が発給されていることもすでに指摘されている。[84]したがって、西京神人に対する幕府の酒麹役免除は、厳密には不完全なものであったと評価すべきであろう。

近年の遠藤珠紀氏の研究によれば、すでに鎌倉末期より造酒正による酒麹役賦課がなされていることから、室町期京都の酒屋は、基本的に幕府の酒屋役と造酒正の酒麹役との両方を負担していたという。[85]すなわち室町幕府は、寺社権門・官人による商人支配を否定しえないままに、土倉・酒屋役のような新たな課税や課税免除・課税権の認可を行っていたのである。[86]

以上みてきたように、室町幕府は、祭礼の財政基盤を整備し、従来からの中下級官人の諸職人支配権を保護するとともに、祭礼様式を変化させることにより「神人」・「在地」の人々、すなわち都市住民を把握した。さらに将軍による祭礼の見物行為を通じ、都市民支配の主導者を可視化した。そしてここにもまた寺社権門や官人による神人・商人支配を前提に、京中の商人・職人を把握しようとする幕府の姿勢が読み取れる。こうした姿勢は、後醍醐天皇の「洛中―京都の直轄支配」、「全神人の供御人化」[87]とは大きく異なるものである。いわば寺社権門の扱いが、義満と後醍醐の施策の明暗を分けたとみることができよう。

義満政権はまた、京都の商人に対する山門の支配権を整理し、酒造業に関しては、「東京」の酒屋を山門が、「西京」の麴業者を北野社が、幕府の認定のもとそれぞれ支配することとなった。ただし両者ともに、造酒正の課税を負担した。これは幕府の都市民支配が、諸権門の商人支配を前提としたために起こりうる現象であったといえ、ひとすじ縄でいかぬ都市民支配の困難さを示すものと解することができる。しかしそれゆえに、既存の権門がなしえなかった土倉・酒屋役賦課を幕府がなしえたことの意義は大きいともいえるのである。

第四節　「公方」の都の確立

本章のまとめとして、最後に、これまでみてきた幕府の山門政策と都市民支配の展開が、いかなる政権・将軍権力の形成に帰着したのか、みていくことにしたい。

1　「公方」の登山

応永元年（一三九四）九月十一日、山門使節制度・日吉小五月会馬上方一衆制度の確立と土倉・酒屋役賦課を達成した足利義満は、比叡山にのぼり日吉社に参詣した[88]。この参詣にあたり、山門大衆は四千貫文以上を負担し、①在京衆の辻本房・宝蔵房（院カ）・宝聚房・正行房・善蔵房・行願房・行実房・成就院・善法房・正蔵房（正実房分）・禅住房・福生院と、②坂本土倉三十九箇所が、それぞれ屛風を負担している。このうち①の宝蔵院・宝聚房・善蔵房・正蔵房・正実房・禅住房は、馬上方一衆であった。また義満を迎えるに際し、山門使節の坐禅院・円明房・杉生房が「一山之使節」として「山洛之行事」を執り行っている。よって義満の日吉社参詣は、山門使節制度と馬上方一衆制度の結実によって実現したものといえよう。

このとき義満につき従って参詣した者は、①公卿、②殿上人、③諸大夫、④衛府侍、⑤武家から成り、惣奉行は万里小路嗣房である。このような動員を義満がなしえたのは、永徳元年（一三八一）に完成した「廷臣総動員体制[89]」によるところが大きい。「鎮護国家」を標榜してきた山門にとって、将軍の公家社会における位置づけは重大な関心事であったと考えられる。そうした大衆が、このとき義満を「室町殿准三后従一位前左大臣征夷大将軍源義満公」、さらには「聖君」・「君」と称している点は注目に値する[90]。したがって義満の参詣は、対山門政策の成功のみならず公家支配の確立を前提に実現したといえ、「公家・武家を一体の「上」として抽象し包括する「公方[91]」」、公家・武家・寺家の頂点にたつ「公方[92]」像を現出させる意義をもった。

この参詣から三ヶ月後の十二月、義満は、征夷大将軍を辞任して太政大臣にのぼり、翌年に出家をとげた。そして応永三年（一三九六）九月、延暦寺大講堂供養に出席するため、再度比叡山へ赴いている。この大講堂供養は「御斎会」に準じて執行するよう「宣下」がなされ[93]、日取りも「天長之例」（＝嵯峨太上天皇による大講堂供養の例）により定められ[94]、登山の儀は鳥羽・後白河法皇の例にならって行われた[95]。登山にあたり、関白・左大臣・右大臣・内大臣以下、二年前の登山よりもさらに多くの公卿が動員される一方[96]、将軍義持は河原まで見送りに出るのみで、その他の武家の登山もみられなかった。この前年に義満は最後の拝賀をとげ、朝廷社会の中で扈従動員における家礼／非家礼の差はほぼなくなっていることが指摘されている[97]。その影響か、登山前、義満の車前において公卿殿上人は、地上に蹲踞した[98]。

こうした点をふまえると、将軍職辞任・出家という過程をへたこの段階の義満は、武家の長たる地位を超越した、いわば「法皇」としての性格をもっていたと考えられる。法皇義満の政治は、やがて北山第における政治へと結実していくことになるのであるが、その前提にこれまで述べてきたような、山門・公家統制、そして都市民の掌握から成る京都支配の確立のあったことを、ここでは強調しておきたいと思う。

2　義持政権期以降の京都支配

義満のあとを継いだ義持は、「義満が残した莫大な遺産」を「取捨選択」しつつ、義満時代よりも権力を強化した[99]。義持政権期に公方御倉が成立し、土倉・酒屋役が重要財源化され、将軍家財政のみならず「国家的公事をも支える」役割を果たしたのは[100]、その一例といえよう。

こうした義持の権力強化を語るものとして、ここで特に注目したいのは、応永二十六年（一四一九）の、義持による北野社西京神人に対する麹専売特権の付与である。周知のごとく、この特権付与にあたり、義満は洛中酒屋・土倉の麴室を破壊するという強硬手段をとった。そしてこのとき麴室の破却対象となった洛中酒屋・土倉は、山門配下の人々であった(101)。麴室破却の翌年、山門大衆は、末社北野社の祭礼復興を理由に、こうした幕府の政策に従う誓約を行っている(102)。しかし義持死後、一部の大衆が洛中土倉・酒屋の麴室禁止に抗議していることから明らかなように(103)、この政策は山門と幕府との間に禍根を残すことになった。そのような中、応永三十二―三十三年（一四二五―二六）には酒屋名簿も作成され、さらに幕府の酒屋統制が拡大していく(104)。

このような麴室をめぐる義持の一連の諸施策の展開において注意されるのは、応永二十六年に「東京酒屋」が麴室破却に際し提出した起請文に連署しているのが、「町人」である点である(105)。

五条坊門室町西南頬土倉、公方よりおほせかうふり（仰蒙）候間、いまより後ハかうし（麴）仕候ましく候、

応永廿六年九月廿九日

祐光（花押）

町人かうあミ（略押）(106)

これは義持が、酒屋・土倉を統制するに際し、「町人」による統制をしいたことを意味している。当該期の「町人」と酒屋・土倉との関係を、「地縁」の問題と即座にからめ論じることは難しい。ここでは義持が、義満期にとられた日吉小五月会馬上方一衆による酒屋・土倉支配という方法ではなく、「町人」を通じた、個々の酒屋・土倉の直接把握につとめたことを確認しておきたい。

一方山門嗷訴は、義満政権期に姿を消して以降、義持政権期においてもほとんどみられない。したがって、山門使節制度は義持期においても対山門大衆政策として有効であったと考えられる。ただし前章で述べたように、大衆にとって使節制度の成立は、本来的に大衆の自治を揺るがしかねない要素を持っていた。そのため義持晩年期以降、本来は非合法的であった「閉籠」を伴う大衆集会が頻繁に行われるようになっていく。その一方、本書第三部第二章で述

べたように、義教政権期の正長元年（一四二八）には山門使節が清水坂非人を統轄する「坂公文所」の年預（「犬神人年預」）となっていることが確かめられる。したがって、この頃までに山門使節を通じた幕府の清水坂非人集団の統轄システムが形成されていたとみることができよう。

その義教政権期に起きた著名な正長の土一揆は、義持の死を契機として、北野社西京神人の麴専売権付与を不服とする山門の嗷訴に始まった[107]。以後、山門嗷訴が土一揆を誘発するようになっていく[108]。一方、同じ義教政権期におきた永享の山門騒乱は、将軍によって使節のメンバーが入れ替えられるという結果をもたらし、山門と幕府との安定的関係を揺るがすこととなった[109]。

康永・応安の嗷訴時、自らを「鎮護国家」のための「皇帝本命之道場」と規定していた山門の大衆は、応永元年（一三九四）に義満の日吉社参詣を歓迎し、義満を「我君」と称して賞賛した。すなわちすでに応永初年の段階で、義満は天皇・上皇・法皇になぞらえられる存在であったといえる。その前提には、康暦以後の対山門政策の成功と、武家による公家の家礼化があった。ついで政権を担った義持は、義満の築いた幕府と山門との安定した関係を前提に、山徒の土倉の組織化を強化するとともに、西京の麴商人へ特権を付与した。しかしこうした政策は、山門大衆の不満をつのらせることになり、「閉籠衆集会」の出現と、土一揆へと拡大していく山門嗷訴を用意することとなったのである。

おわりに

室町将軍は、公家との間に伝奏を、山門大衆の間には山門使節を、寺社との間には担当奉行人を、地方武士との間には守護を、というように、「窓口」を通じ調整能力を発揮したことが、すでに山家浩樹氏によって指摘されている[110]。

これにならうならば、将軍が伝奏・山門使節・馬上方一衆・御師職などの新たな役職を、公家・寺社あるいは都市商人・金融業者集団の中に設置することによって、武家―公家、武家―寺社を主従関係により統合する体制が義満期の京都に確立した、ということになろう。

上記の過程は、軍事・警察や行政における「権限吸収」をともないつつも、既存の権門組織とその支配秩序の存続を前提に進展していった。そこに、もともと京都に対する領主権・統治権をもたなかった将軍が、京都に政権を築くことの難しさが現れている。とりわけ幕府が、神人のように既存の権門に所属する都市住民を直接に把握し支配する回路を見出すことは困難であったといえ、その結果既存の組織を利用した支配体制が編み出されることとなった。山門の組織を利用した日吉小五月会馬上方一衆制度の創設は、その顕著な例である。

こうした制度の創設により、幕府の財政基盤の整備と、酒屋・土倉をはじめとする都市民支配体制の整備が可能となった。これは言い換えるならば、室町幕府が地縁的結合とは異なる、宗教組織・職縁組織による京都支配を行ったことを意味している。その結果、十五世紀における「町人」の出現から、十六世紀における「町」共同体確立までの長い道のりが用意されるとともに、山門との関係が幕府政治を左右するという状況が生まれるようになったのである。

注

（1）佐藤進一「室町幕府論」（『岩波講座日本歴史』第7巻中世3、岩波書店、一九六三年）。
（2）佐藤氏注1論文、および同氏『日本の歴史9　南北朝の動乱』（中央公論社、一九六五年）。
（3）五味文彦「使庁の構成と幕府――一二―一四世紀の洛中支配」（『歴史学研究』三九二号、一九七三年）。
（4）下坂守『中世寺院社会の研究』（思文閣出版、二〇〇一年）。
（5）小野晃嗣「室町幕府の酒屋統制」（『史学雑誌』第四三編七号、一九三二年、のち同氏『日本産業発達史の研究』法政大学出版局、一九八一年、に所収）。

（6）馬田綾子「洛中の土地支配と地口銭」（『史林』六〇巻四号、一九七七年）。
（7）二木謙一「足利将軍の祇園会御成」（『国学院大学日本文化研究所紀要』二六号、一九七〇年、のち同氏『中世武家儀礼の研究』吉川弘文館、一九八五年、に所収）。
（8）瀬田勝哉「中世の祇園御霊会――大政所御旅所と馬上役制」（『日本史研究』二〇〇号、一九七九年、原題「中世祇園会の一考察――馬上役制をめぐって」、のち同氏『洛中洛外の群像――失われた中世京都へ』平凡社、一九九四年、に所収）。
（9）下坂守「延暦寺大衆と日吉小五月会（その一）・（その二）」（下坂氏注4書に所収）。
（10）河内将芳『中世京都の都市と宗教』（思文閣出版、二〇〇六年）。
（11）大塚活美「室町将軍・異国使節等の祇園祭見物――中世における首都京都の祭礼」（京都文化博物館紀要『朱雀』第一七集、二〇〇五年）。
（12）伊藤喜良「応永初期における王朝勢力の動向――伝奏を中心として」（『日本歴史』三〇七号、一九七三年、のち同氏『日本中世の王権と権威』思文閣出版、一九九三年、に所収）、森茂暁『増補改訂南北朝公武関係史の研究』（思文閣出版、二〇〇八年、初出は一九八四年）。
（13）富田正弘「室町時代における祈禱と公武統一政権」（日本史研究会史料部会編『中世日本の歴史像』創元社、一九七八年）、「室町殿と天皇」（『日本史研究』三一九号、一九八九年）。
（14）今谷明『室町の王権』（中公新書、一九九〇年）。
（15）家永遵嗣「足利義満における公家支配の展開と「室町殿家司」」（同氏『室町幕府将軍権力の研究』東京大学日本史学叢書、一九九五年）。
（16）水野智之「室町将軍による公家衆への家門安堵――南北朝―室町期を中心に」（『史学雑誌』第一〇七編一〇号、一九九七年、のち同氏『室町時代公武関係の研究』吉川弘文館、二〇〇五年、に所収）。
（17）市沢哲「「梅松論」における建武三年足利尊氏西走の位置――もうひとつの多々良浜合戦・湊川合戦」（『神戸大学史学年報』一六号、二〇〇一年）。
（18）松永和浩「室町期における公事用途調達方式の成立過程――「武家御訪」から段銭へ」（『日本史研究』五二七号、二〇〇六年）、「南北朝公家社会の求心構造と室町幕府」（『ヒストリア』二〇一号、二〇〇六年）。
（19）桃崎有一郎「室町殿の朝廷支配と伝奏論」（中世後期研究会編『室町・戦国期研究を読みなおす』思文閣出版、二〇〇七年)。

(20)『歴史学研究』八五二号、二〇〇九年所収の、桃崎有一郎「足利義持の室町殿第二次確立過程に関する試論」・大田壮一郎「室町殿権力の宗教政策」・石原比伊呂「足利義教と義満・義持」等。

(21)早島大祐「中世後期社会の展開と首都」(『日本史研究』四八七号、二〇〇三年、のち同氏『首都の経済と室町幕府』吉川弘文館、二〇〇六年、に所収)。

(22)森氏注12書。

(23)石井進ほか編『中世政治社会思想』上・笠松宏至校注「室町幕府法」(岩波書店、一九七二年)。

(24)村井章介『日本の中世一〇　分裂する王権と社会』(中央公論新社、二〇〇三年)。

(25)網野善彦「元亨の神人公事停止令について――後醍醐親政初期の施策をめぐって」(『年報中世史研究』二号、一九七七年、のち『網野善彦著作集』第十三巻・中世都市論、岩波書店、二〇〇七年、に所収)。

(26)五味氏注3論文。

(27)田中浩司「寺社と初期室町政権の関係について」(今谷明・高埜利彦編『中近世の宗教と国家』岩田書院、一九九八年)。

(28)『増補八坂神社文書』下巻二、増補篇一〇頁、増補一〇号。

(29)笠松宏至「僧の忠節」(同氏『法と言葉の中世史』平凡社、一九八四年)。

(30)太田直之「室町幕府の神祇政策――将軍家御師職を中心に」(『国学院大学研究開発推進センター研究紀要』一号、二〇〇七年、のち同氏『中世の社寺と信仰――勧進と勧進聖の時代』弘文堂、二〇〇八年、に所収)。

(31)『増補八坂神社文書』上巻、六四六―六四九頁、八四五号。

(32)小泉(本郷)恵子「松梅院禅能の失脚と北野社御師職」(『遥かなる中世』八号、一九八七年)、遼史香「南北朝期の石清水八幡宮祠官家と幕府政策――足利将軍家八幡御師職の成立をめぐって」(『ヒストリア』一五六号、一九九七年)、および本書第一部第二章参照。

(33)『群書類従』第三輯・帝王部「日吉社幷叡山行幸記」四九五―四九六頁、および『京都の歴史』2・中世の明暗、学芸書林、一九七一年、四六二頁。

(34)大山喬平「中世の身分制と国家」(『岩波講座日本歴史』第8巻中世4、一九七六年、のち同氏『日本中世農村史の研究』岩波書店、一九七八年、に所収)。

(35) 本書第一部第二章参照。
(36) 大山氏注34論文。
(37) 大日本古記録『後愚昧記』二、三一―三二頁、応安四年四月四日条。
(38) 続史料大成『斎藤基恒日記』五六頁、嘉吉元年十一月条。
(39) 『大日本史料』第六編之九、一三〇―一三三頁、「康永四年山門申状」。
(40) 『大日本史料』第六編之三十、一三一―一三二頁、「南禅寺対治訴訟」応安元年八月四日付山門日吉十禅師彼岸所三塔集会事書。
(41) 続史料大成『愚管記』一、二五二頁、応安元年七月五日条。
(42) 『大日本史料』第六編之三十、三八―三九頁、「山門嗷訴記」応安元年八月二十九日条。
(43) 注40に同じ。
(44) 『大日本史料』第六編之二十九、四八一―四八三頁、「続正法論附録」応安元年閏六月二十九日付山門三塔集会事書案、および注40史料。
(45) 五味氏注3論文。
(46) 佐藤氏注1論文。
(47) 下坂守「山門使節制度の成立と展開」(『史林』五八巻一号、一九七五年、のち同氏注4書に所収)。
(48) 下坂氏注9論文。
(49) 瀬田氏注8論文。
(50) 京都市歴史資料館編『八瀬童子会文書　増補』一七―一八頁、補遺一二号(臨川書店、二〇〇〇年)。
(51) 下坂氏注9論文。
(52) 小野氏注5論文。
(53) 下坂守「彼岸銭考」(下坂氏注4書)。
(54) 五味氏注3論文。
(55) 五味氏注3論文。
(56) 佐藤氏注1論文。
(57) 大日本古記録『後愚昧記』三、三四―四七頁、永徳元年八月―十一月条。

(58)「荒暦」永徳二年十月三十日・十一月二日条（桃崎有一郎「〔史料紹介〕『荒暦』永徳元年・二年記の翻刻」『年報三田中世史研究』一二号、二〇〇五年、一二九―一三〇頁）。
(59)桜井英治『日本の歴史12　室町人の精神』講談社、二〇〇一年。
(60)本書第一部第二章で述べたように、祇園社境内が至徳二年（一三八五）に将軍家御師職に寄進されているのも、この流れの一環に位置付けることができよう。
(61)桜井英治「足利義満と中世の経済」（松岡心平・小川剛生編『ZEAMI――中世の芸術と文化04【特集】足利義満の時代』森話社、二〇〇七年）。
(62)室町幕府追加法一四六―一五〇条（『中世法制史料集』第二巻・室町幕府法、五九―六一頁）。
(63)下坂氏注9論文。
(64)下坂守「中世土倉論」（『中世日本の歴史像』日本史研究会編、一九七八年、のち下坂氏注4書に所収）。
(65)五味氏注3論文。
(66)『八瀬童子会文書　増補』（注50参照）一八頁、補遺一三号、応仁元年四月十七日付飯尾為数書状（折紙）。
(67)今谷明・高橋康夫編『室町幕府文書集成』奉行人奉書篇・上、思文閣出版、一九八六年、三一九頁、一一三八号。
(68)仁木宏『空間・公・共同体――中世都市から近世都市へ』（青木書店、一九九七年）。
(69)瀬田氏注8論文。
(70)瀬田氏注8論文、および下坂氏注9論文。
(71)河内将芳「室町期祇園会に関する一考察」（『ヒストリア』一九一号、二〇〇四年、のち河内氏注10書に所収）。
(72)大塚氏注11論文。拙稿「書評河内将芳氏著『中世京都の都市と宗教』」（『史学雑誌』一一六編六号、二〇〇七年）。
(73)文安四年五月日付祇園執行顕有請取状案（「祇園社記」第十二『八坂神社記録』下、一七一頁）。
(74)桜井英治「二〇〇五年度中世都市研究会京都大会コメント」（高橋康夫編集・中世都市研究会編集協力『中世都市研究12　中世のなかの「京都」』新人物往来社、二〇〇六年）。
(75)『増補八坂神社文書』下巻一、一二一七頁、一四一一号、および同下巻二、三一一―三一二頁、増補四六号。
(76)『増補八坂神社文書』下巻一、一二一八頁、一四一二号。
(77)瀬田氏注8論文。

(78) 河内氏注71論文。
(79) 本書第二部第一章。
(80) 「三年一請会引付」明徳三年五月条（『北野天満宮史料　古記録』一四九頁）。
(81) 『北野天満宮史料　古文書』三―四頁、第三―五号。
(82) 永和元年十二月十一日付十禅師三塔集会事書（『北野天満宮史料　古記録』「目安等諸記録書抜」二八五―二八六頁）。
(83) 至徳二年十二月九日付後円融上皇院宣案（『京都御所東山御文庫所蔵　地下文書』、一二頁）。
(84) 家永氏注15論文。
(85) 遠藤珠紀「中世朝廷の運営構造と経済基盤」（『歴史学研究』八七二号、二〇一〇年）。
(86) なお早島大祐氏は、明徳四年土倉酒屋役条々の傍線部③より、公家の酒麹役徴収の存続を読み取れることから、課税権の「権限吸収」はなかった、との見解を提示されている（同氏『室町幕府論』講談社、二〇一〇年）。たしかに課税権の併存という状況をふまえるならば、「権限吸収」とはいえないであろう。ただし、造酒正の酒麹役賦課が、幕府への訴えに基づき幕府の法令によって保障されていることにも注意が必要であり、少なくとも課税権の認定を幕府が担い得たことは読み取れよう。
(87) 網野氏注25論文。
(88) 『大日本史料』第七編之一、六四三―六八三頁、「日吉社室町殿御社参記」。
(89) 桃崎有一郎「足利義満の公家社会支配と「公方様」の誕生」（『ＺＥＡＭＩ――中世の芸術と文化04』、注61参照）。
(90) 「日吉社室町殿御社参記」（注88）六六一―六六七・六七一―六八〇頁、応永元年九月十一・十三日条。
(91) 新田一郎「日本中世の国制と天皇」（『思想』八二九号、一九九三年）。
(92) 桃崎氏注89論文。
(93) 『大日本史料』第七編之二、五三五―五三六頁、「荒暦」応永三年八月二十三日条。
(94) 『大日本史料』第七編之二、五〇〇―五二三頁、「山門大講堂供養記」。
(95) 注93に同じ。
(96) 注94に同じ。
(97) 桃崎氏注89論文。

(98)『大日本史料』第七編之二、五三〇―五三五頁、「御登山記」。
(99) 桜井氏注59書。
(100) 早島氏注21論文。
(101) 桜井英治『破産者たちの中世』(山川出版社、二〇〇五年)。
(102) 応永二十七年閏正月十一日付十禅師彼岸三塔集会事書(『北野社家日記』第七巻、二五―三一頁)。
(103) 正長元年八月二十七日付西塔院閉籠衆集会事書(『北野社家日記』第七巻、二〇―二一頁)。
(104) 清水克行「足利義持の禁酒令について」(『日本歴史』六一九号、一九九九年、のち同氏『室町社会の騒擾と秩序』二〇〇四年、に所収)。
(105)『北野天満宮史料　古文書』七―三四頁、一〇―六一号。
(106) 応永二十六年九月二十九日付祐光請文(折紙)(『北野天満宮史料　古文書』七頁、一〇号)。
(107) 清水克行「正長の徳政一揆と山門・北野社相論」(『歴史学研究』七七一号、二〇〇三年、のち清水氏注103書に所収)。
(108) 下坂守「「山訴」の実相とその歴史的意義」(河音能平・福田榮次郎編『延暦寺と中世社会』法蔵館、二〇〇四年)。
(109) 下坂氏注47論文。
(110) 山家浩樹「室町時代の政治秩序」(『日本史講座4　中世社会の構造』東京大学出版会、二〇〇四年)。

結　町共同体の成立――総括と展望

第一節　総括――寺社勢力と室町幕府の京都支配

本書においては、中世後期の京都に展開した、延暦寺・祇園社・北野社によって構成される山門系寺社勢力の京都支配と、それと切り結びながら形成されていく室町幕府の京都支配について検討してきた。その結果明らかになった点をまとめると、以下のようになる。

①　山門系寺社勢力の京都支配

比叡山延暦寺（山門）は、京都の末社のみならず、金融業者や商工業者、そして非人をも組織する、中世京都の一大権力であった。その支配は、祇園社・北野社の組織の長に天台門跡とその配下の層をおく、いわば末社を通じた支配として院政期以降に確立する。そしてその支配の主体は、大衆およびその執行機関である延暦寺寺家であった。

ここでいう山門の京都支配とは、嗷訴のような政治的支配をはじめ、本寺と末社双方の「公文所」の連携による、京中の山徒および神人に対する検断権行使、あるいは新興宗教の弾圧などをさしている。彼らの支配は、京都で金融業や商業を営む山徒や日吉社神人などの神人、すなわち都市住民の権益保護と表裏の関係にあり、山徒・神人を通じて京都の経済をも左右しえた。そしてその支配が、必ずしも領主権すなわち土地所有に基づく権利によらない、所属集団・人に対する支配として展開していった点にひとつの特徴がある。さらに集団支配の対象が、非人にまで及んでいたことは、山門が都市身分秩序の形成において公家や武家と並びうる権力であったことを示していよう。

こうした山門の京都支配は、室町幕府の成立により、大きく転換していく。まず、山門の京都支配を支えていた祇園社・北野社それぞれに、将軍家御師職が誕生する。御師職は組織経営の実質的な長として、本寺の統制に拠らない独自の領主支配および人員支配、さらには祭礼の経営と執行を展開することができた。そのため、西京神人の場合に顕著にみられるように、それまで座組織を通じ本寺の支配を受けていた末社所属の商工業者は、末社によって直接把握されるようになっていく。

一方、本寺山門においても、山門使節および日吉小五月会馬上方一衆が幕府によって設置され、嗷訴の解消と、祭礼の復興と新たな土倉・酒屋統制の成立、という展開がみられた。しかし山門使節や馬上方一衆は、幕府による大衆の組織化としての側面を有することから、集会を核とする大衆の自治に危機が生まれるようになっていく。その結果、寺家の衰退と、大衆勢力の分断がすすみ、「閉籠」行為の合法化をともなう集会の先鋭化がみられるようになり、足利義教政権期の山門争乱の勃発を招くこととなった。

②　室町幕府の京都支配

室町幕府は、幕府成立以前から京都の地において展開されていた、山門の本末関係に基づく都市支配を、御師職や山門使節・馬上方一衆など新たな役職の設置を通じて、分断し再編した。具体的には、山門・祇園社・北野社はそれぞれ、山門使節・馬上方一衆と将軍、祇園社御師・北野社御師と将軍、というように、将軍を結節点とする支配秩序の中におかれるようになった。

こうした分断・再編は、幕府にとって、単なる寺社勢力対策というよりはむしろ、京都支配、なかでも都市住民支配の展開において、大きな意義をもつものであった。すなわち幕府は、馬上方一衆による祭礼役徴収を通じ、土倉・酒屋の把握を可能なものとし、北野社御師職を通じ、麴業者である西京神人の把握と酒屋統制をも可能とした。そして山門使節による「坂公文所」の統御を通じ、京都最大の非人集住地である清水坂の支配をも積極的に行った。したがって、山門使節・馬上方一衆・御師の設置は、幕府がこれまで山門の統制下にあった都市住民を、新たに将軍権力のもとへ引き寄せていくための、有効な手段となりえたのである。

ここで注意されるのは、こうした幕府の京都支配が、必ずしも山門やその末社による都市住民支配の否定を意味せず、むしろそのしくみを利用してすすめられた点である。そのことは土倉・酒屋に対する役賦課に端的に示され、幕府と山門とが利害を一致させながら経済基盤を共有し、相互の権力を成り立たせていた様子がみてとれる。したがって、幕府の政権維持と都市支配の維持の両面において、山門の動向は影響を与えかねない側面を持っていた。義持政権期以降に山門使節への統制が強化され(1)、また嘉吉・享徳の徳政後、日吉小五月会馬上役の徴収に苦労する山門を幕府が積極的に支援しているのは(2)、その証左となろう。

以上のように、本書の検討を通じて、中世後期の京都においては、寺社勢力の京都支配が、寺社勢力のみで自立的に展開されているのではなく、室町幕府との関係に支えられ、成立している事実が浮かび上がってきた。そして幕府もまた、寺社勢力との関係を利用することにより、京都の諸集団を把握し統制しえたことが明らかとなった。こうした寺家と武家による支配秩序の形成は、公武関係論・公武統一政権論の重視する「公武関係」とは別に、武家が寺家との関係をも重要な柱として、都市支配を成り立たせていたことを示している。すなわち室町幕府は、寺家と公家二つの既存権力の存立を保障しつつ利用しながら、新たな権力として京都に君臨したといえるのである。

このような幕府による都市支配の確立の過程は、山徒を通じ徴収される土倉・酒屋役が将軍家政所の年中行事要脚等に充てられていた事実が象徴するように、将軍権力の確立過程と連動するものであった。したがって、序において述べたように、幕府による政権の構築と京都の掌握とを密接不可分のものとする佐藤進一氏の視角は、未だ共有されるべき視角であるといえる。ただし、政権の構築や京都の掌握の中身を具体的にみていくならば、それは必ずしも「王朝・本所権力の有する政治経済諸機構」の「抑制・解体」(3)へとは向かわず、むしろ神人など既存の権門組織の利用というかたちをとってあらわれた。よって本書においては、こうした既存の組織の再編・利用という点にこそ、室町幕府の京都支配および政権構造の特質を認めるべきであると結論づけたい。

ところで武家・寺家・公家によってつくられた新たな京都支配の秩序は、一見すると、将軍・室町殿を頂点におく新たな「権門体制」の創出であるかのようにも見受けられる。しかし本書で明らかにした支配秩序は、あくまで京都を支配するために構築された秩序である点に注意が必要である。守護制度の展開等に明らかなように、幕府は京都支配のしくみとは異なる方法で全国統治をすすめていった。幕府の全国統治をめぐっては、近年、幕府のある畿内中央ブロックと他地域ブロックとの「外交」関係から捉える研究も出現している(4)。こうした議論に立ち入ることは、すでに本書で扱いうる問題の範疇を超えている。ひとまずここでは、地域ブロック論をもふまえながら、山門との協力関係に基づく幕府の経済基盤の確立が、地域勢力に対する幕府の優位性を担保し、間接的にではあれ幕府の全国統治を支える意義をもった可能性を指摘しておきたいと思う。

第二節　展望——室町期の土地所有と「町人」の出現

さて、室町幕府が既存の権門組織を利用しながら政権確立と京都支配の確立をみたとする本書の結論に関連して重視されるのが、明徳四年（一三九三）の土倉酒屋役条々である。従来、この法令についてはもっぱら幕府財政の確立という文脈において評価されてきた。しかし第四部第二章において述べたように、この法令によって示された幕府の課税政策は、幕府財政のみならずその都市住民支配において重要な意義をもっている。すなわち土倉・酒屋役の賦課を通じ、幕府は馬上方一衆を通じた「諸寺諸社神人」・「権門扶持奉公人」の把握・統制をも行うことが可能となったのである。先に山門の京都支配が、必ずしも領主権すなわち土地所有に基づく権利によらない、所属集団・人に対する支配であったことを述べたが、幕府もまた同様であったといえる。幕府成立期の京都とりわけ洛中は、理念的には天皇・上皇の支配する地でありながら[5]、実際には公家や寺社の所領が存在したほか、「神人」・「供御人」など権門の所属集団としての身分を帯びる人々の在所ともなっていた。そして山門に代表される寺社勢力が、独自に検断権の執行をはかる一方、様々な免除特権を行使していたのである。したがって、ひとつの権力体が、京都の土地と住人を一元的に把握するには困難な状況があるなか、幕府は土地所有・領主権に基づく住人支配を選択せず、いわば既存権力の人員把握方式を利用しながら、つかめるところをつかむ都市支配を展開したといえよう。

ところで、従来から指摘されているように、こうした土地支配を媒介としない支配方式を選択した幕府支配下の京都には、新たな土地所有の構造が生まれ始めていた。すなわち瀬田勝哉氏により、南北朝期の京都において、本来地代を産まなかった屋敷地が商工業の発展により急激に荘園領主や朝廷・幕府に注目されるようになり、彼ら「地主」が「百姓」たる商工業者から地子を収奪する構造のあったこと、「百姓」の土地保有は室町期に入るにつれ安定化していく一方、地主権は弱体化し、やがて「百姓」のなかに上下分解が生じ、家所有者たる「家持」とその家持から家を借りる「借家人」とがあらわれることが、指摘されている[6]。こうしたことから、瀬田氏は、室町期以降の京都を、「中世都市の基本的な対立関係たる「地主―百姓」の内部に、近世的な萌芽としての「家持―借家人」関係が孕まれ、新たな対立関係として発展するきざしをみせ」ていた都市であるとされた[7]。

このような「百姓」の上下分解は、土地支配ではなく人員支配による幕府と山門の都市政策によって、促進され固定化されていった側面もあるのではなかろうか。瀬田氏は、土倉・酒屋等の高利貸業者が、土地を担保とする貸付けを行っており、質流れにより地子収納権を集積していたと考えられることなどから、「一般百姓にとっては本来的には相いれぬ存在であり、むしろ「地主」の範疇に入れうるものであった」ことをも指摘されている(8)。したがって、室町幕府は、「家持」による富の蓄積を前提に、京都のいわば上層都市民の把握・統制を、山門との連携によって達成したといえよう。

こうした事実は、当然のことながら京都の都市共同体の形成に多大な影響を与えたものと考えられる。ここで述べる都市共同体の形成とは、具体的には「町」共同体の形成をさしている。従来の研究において、室町期に本格化する「家持―借家人」関係は、やがて近世京都において、「町」による共同体的土地所有に裏付けられた「家持」=「町人」の成立へと解消されていくことが指摘されている(9)。「町人」の語それ自体は、すでに南北朝期の史料にみられるが(10)、南北朝期から室町期の史料にあらわれる「町人」の性格、およびそれと「家持」との関係がいかなるものであったのかについては、必ずしも明らかでない。

本書第四部第二章においてもふれた、著名な応永二十六年（一四一九）の酒屋起請文五十二通には、麴室をもつ酒屋・土倉等の署判に加え、「町人」の連署がみられる(11)。注意されるのは、酒屋・土倉の多くが「花押」を据えているのに対し、「町人」の多くは、「略押」を据えている点である(12)。この起請文に連署を加えている「町人」の名が、応永三十二―三十三年（一四二五―一四二六）に作成された酒屋名簿にはあらわれていないとされる五島邦治氏の指摘や(13)、酒屋名簿に同一人物が複数の酒屋を経営している例の多々みられることなどをふまえると、酒屋・土倉と「町人」との間には、身分差・階層差の存在した可能性を想定しうる。

このようにみてよいならば、近世京都において、「家持」であることを条件に「町」によって身分保障される「町人」が出現してくる前提には、それまで「家持」層をなし、山門・幕府と結びついてきた土倉・酒屋の衰退が、大きく影響を及ぼしていた可能性が高い。「町」共同体論をはじめとする都市共同体論は、これまでの京都研究においても活発に議論され、形成の契機を応仁・文明の乱後の安全保障・治安維持や、[14]疫病の流行・大火の発生による祭礼の再興に求める見解も提示されてきた。[15]こうした、いわば民衆側の動きから形成過程を分析することとあわせ、本書で明らかにしてきた幕府と山門の連携により構築された都市支配秩序の崩壊という権力側の問題も、「地縁的・職業的」共同体たる「町」共同体を成立させていく契機となったのではなかろうか。[16]

そもそも従来の中世京都研究において、都市権力と都市共同体の成立との関係が論じられる際には、主として幕府および領主権力と「町人」との関係が措定されてきた。[17]しかし、本書で述べてきたように、都市権力には領主権力とは別に土倉・酒屋・神人ら都市住民の本所として権益を行使する権力も含まれており、なかでも山門はもっとも強大な本所として幕府と結びつきながら京都に君臨していた。そのため都市民衆は、土倉・酒屋・神人・非人など、それぞれの利害をもとに集団をなしこうした権力に組織されていたのである。[18]その際注意されるのは、都市住民が馬上方一衆を形成する山徒の土倉・酒屋と、彼らにより在所を把握され神役を徴収される日吉神人の関係のように、上下関係をはらみながら権力支配を受けていた点である。こうした複雑な都市民衆社会のなかから、いかにして「地縁」をもととする「町」共同体が形成されていくことになるのか。近世都市京都の成立をめぐる問題が、本書の明らかにした山門系寺社勢力と室町幕府によって形成された都市支配秩序の存在をぬきにして語りえないものであることを強調して、本書の結びとしたい。

注

（1）下坂守「山門使節制度の成立と展開」（『史林』五八巻一号、一九七五年、のち同氏『中世寺院社会の研究』思文閣出版、二〇〇一年、に所収)。

(2)　康正三年四月二十日付某禁制案(『八瀬童子会文書　増補』二〇三号)、早島大祐「戦国時代の土倉酒屋役と室町幕府」(『年報中世史研究』二六号、二〇〇一年、のち同氏『首都の経済と室町幕府』吉川弘文館、二〇〇六年、に所収)。

(3)　佐藤進一「室町幕府論」(『岩波講座日本歴史』第7巻中世3、一九六三年)三五頁。

(4)　本郷恵子氏は、義満政権以後の中央政権の礎を築いた細川頼之の政治構想が、幕府を中心とする畿内中央ブロック、鎌倉府のもとに運営される関東ブロック、九州探題を中心とする九州ブロックといったブロック編成にあったとの見解を示されている。そのうえで、幕府のある畿内中央ブロックが、他の地域ブロックと「外交」関係を維持しつつ「公家政権と、公家政権が維持・継承してきた統治理念と方法を自由にできること」によって他地域を圧倒する位置にあったと指摘されている(『将軍権力の発見』講談社、二〇一〇年、一五八頁)。こうした指摘の前提には、「室町殿論に欠けているのは、将軍権力と天皇や公家政権との関係が、あたかも日本全土の政治状況をカバーしているように語られている点」にあるとの問題意識がある(同書、一五五頁)。京都において構築される権力構造がそのまま全国統治のシステムとなりえない点に、室町期の国制を論じることの難しさがあるといえよう。

(5)　大日本古記録『後愚昧記』三四、四〇頁、永徳元年八月十二・二十二日条。

(6)　瀬田勝哉「近世都市成立史序説——京都における土地所有をめぐって」(寶月圭吾先生還暦記念会編『日本社会経済史研究』中世編、吉川弘文館、一九六七年)。

(7)　瀬田氏注6論文、四〇一頁。

(8)　瀬田氏注6論文、四〇七頁。

(9)　瀬田氏注6論文、および吉田伸之「公儀と町人身分」(歴史学研究別冊『世界史における地域と民衆(続)』青木書店、一九八〇年、のち同氏『近世都市社会の身分構造』東京大学出版会、一九九八年、に所収)。

(10)　『八坂神社記録』上「社家記録」一―四頁、康永二年七月八日条。

(11)　『北野天満宮史料　古文書』七―三四頁、一〇号―六一号。

(12)　この点、及びそれが示す酒屋・土倉と「町人」との階層差については、及川亘氏の二〇〇九年度中世都市・流通史懇話会報告「中世後期の「町人」について」により学んだ。

(13)　五島邦治「「町人」の成立」(同氏『京都　町共同体成立史の研究』岩田書院、二〇〇四年)。

(14)　秋山國三『近世京都町組発達史』(法政大学出版局、一九八〇年、同氏『公同沿革史』上巻、京都市公同組合聯合会事務所、一九四四年、の改訂版)、および同氏「近世京都の「町内」の構造についての覚書」(同志社大学『文化学年報』一四号、一九六五年、のち同氏・仲村研『京都「町」の研究』法政大学出版局、一九七五年、に所収)等。

(15)　早島大祐「応仁の乱後の復興過程」(同氏『首都の経済と室町幕府』吉川弘文館、二〇〇六年)。

(16)　朝尾直弘「近世の身分制と賤民」(『部落問題研究』六八号、一九八一年)、及び吉田伸之「町人と町」(『講座日本歴史』近世一、東京大学出版会、一九八五年、のち同氏『近世都市社会の身分構造』東京大学出版会、一九九八年に再録)。

(17)　仁木宏『京都の都市共同体と権力』思文閣出版、二〇一〇年。

(18)　この点に関連して、最近早島大祐氏は、鎌倉期から室町期の京都において地縁的な共同体が目立たないのは、住人が「神人・供御人・寄人といった身分的編成」に依拠していたからであると述べておられる(「戦国期研究の位相――中世、近世、そして現代から」『日本史研究』五八五号、二〇一一年、一四六頁)。この「身分的編成」の問題は、権力と都市民衆の関係を明らかにするため、今後さらに追究していくべき重要な視角であると考える。

初出一覧

序　山門系寺社勢力をめぐる研究史と本書の課題　（新稿）

第一部　南北朝期の山門・祇園社と室町幕府

第一章　（原題）南北朝期における山門・祇園社の本末関係と京都支配　（『史学雑誌』第一一〇編一号、二〇〇一年）

第二章　（原題）南北朝期京都における領域確定の構造――祇園社を例として　（『日本史研究』四六九号、二〇〇一年）

付論　市沢哲氏「文和の政局」について　（新稿）

第二部　中世後期北野社の支配構造

第一章　北野祭と室町幕府　（五味文彦・菊地大樹編『中世の寺院と都市・権力』山川出版社、二〇〇七年）

第二章　（原題）神人　（吉田伸之編『寺社をささえる人びと』身分的周縁と近世社会6、吉川弘文館、二〇〇七年）

第三章　戦国期北野社の闕所　（勝俣鎮夫編『寺院・検断・徳政――戦国時代の寺院史料を読む』山川出版社、二〇〇四年）

第三部　本末関係と中世身分制

第一章　中世寺社の公人について　（『部落問題研究』第一八一号、二〇〇七年）

第二章　中世犬神人の存在形態　（『部落問題研究』第一六二号、二〇〇二年）

第四部　山門―幕府の京都支配

第一章　（原題）中世における山門集会の特質とその変遷　（村井章介編『人のつながりの中世』山川出版社、二〇〇八年）

第二章　室町幕府の京都支配　（『歴史学研究』八五九号、二〇〇九年）

結　町共同体の成立――総括と展望　（新稿）

あとがき

本書は、二〇〇六年三月に東京大学大学院人文社会系研究科に提出した博士論文「中世京都の寺社勢力と室町幕府」をもとに、その後二〇〇七年から〇九年にかけて発表した論文をも加え、加筆・修正したものである。博士論文は、五味文彦先生・村井章介先生・吉田伸之先生・久留島典子先生・近藤成一先生にご審査いただき、無事二〇〇六年六月に学位を授与された。ご多忙のなか、審査の労をおとり下さった先生方に、改めて御礼申し上げる。

本書を成すまでの道のりは、長かったようにも短かったようにも感じられる。日本中世史研究に足を踏み入れることとなった日本女子大学の二年生時、永村眞先生に出会うことなくして今日の私はなかった。「逃げ道を作るな」という言葉とともに先生に背中をおしていただいて飛び出していった東京大学では、五味文彦先生・村井章介先生の御指導を仰ぎつつ、日々文字通り懸命に研鑽を積んでいる先輩方や同輩・後輩に囲まれ、自信をなくしては自身のテーマに立ち戻り這い上がることを繰り返す毎日を過ごした。不器用にして頑固、無力ゆえに必死、という自分がなんとか博士課程まで進学し、その後も研究を続けてこられたのは、このような私でも見捨てることなく折に触れアドバイスを下さった先生方・先輩方や、手を結んで引き上げようとしてくれた秋山哲雄氏をはじめとする同輩たちの御厚意によるところが大きい。とりわけ高田陽介氏には、史料の徹底した読み込み指導から未公刊史料の情報提供に至るまで、大変お世話になった。また女性の院生が少ないなか、そばにいてくれるだけで心強く頼もしい小倉真紀子氏の存在に、幾度となく救われ励まされた。

博士課程進学後は、保立道久先生・近藤成一先生のご紹介で東京大学史料編纂所のアルバイトをさせていただくなかで、他大学で活躍されている鎌倉佐保氏や栗山圭子氏など同世代の研究者と交流を深めることができた。また同室で仕事をされていた木村由美子氏との御縁により、茂光先生とも知己を得ることができ、ご夫妻には学位取得や著書出版等、何かをあきらめかけるたびに諭され励まされた。その後保立道久先生には、日本学術振興会特別研究員の受け入れ教員としてお世話いただき、ときに広い視野から自身の研究を見つめる重要性について学んだ。

広い視野から……といえば、一つの史料群を読み込みながらささやかな世界を構築することに埋没するなかで、様々な研究会にお誘いいただけたことは、自身の研究の意義を考えなおすよい機会となった。本書との関連に限っていうならば、先輩方が勝俣鎮夫先生を囲んで開いていた「虹の会」、佐伯弘次先生・桜井英治先生・仁木宏先生を世話人とする「中世都市・流通史懇話会」、吉田伸之先生・伊藤毅先生を中心とする「都市史研究会」に出席させていただくなかで、自身の関心を押し広げ新たな論文テーマを見出すことができた。また思いがけず、二〇〇九年度歴史学研究会大会・中世史部会で報告させていただくこととなり、大会当日の討論はもとより、部会準備報告での議論を通じ、これまでの自身の研究を総括し見つめ直すことができた。そうした機会を与えてくださった歴史学研究会中世史部会運営委員の皆様をはじめとする関係者の皆様に、感謝申し上げる。とりわけ、思うように作業の進まぬなか、真夜中までレジュメづくりを手伝ってくださった盟友遠藤珠紀氏・須田牧子氏の御厚情は、生涯忘れることができない。

二〇〇五年、幸運にも京都の立命館大学に着任することができ、今年で早くも七年目を迎える。学内においては、研究・教育に熱心にとりくまれている先生方の姿勢に学びつつ、学外においては、これまで論文でしか知りえなかった研究者の方々と交流を深め刺激を受けている。なかでも中世身分制論の研究を志してきた身として、大山喬平先生・脇田晴子先生・高橋昌明先生の御教示を直接に仰げる機会を得たことは、研究を続けていくうえで大いなる励みとなっている。一方で、研究者としてはもとより教育者としても未熟である自分が教壇にたつことに、未だ躊躇をおぼえるばかりである。いくつものひたむきでまっすぐな瞳を前に戸惑いつつも、自身も同じ瞳で見つめ返せる人間でありたいと願う。地域に出てみれば、祭礼の存続のため黙々と地域の歴史を学び伝えている人々がおり、自身が史料から掬い取っているものが表層にすぎない現実を思い知る日々を過ごしている。まだまだ人として研究者として、課題多き身であるが、本書の刊行を機に、また新たな地平に向かって進んでいきたいと思う。

最後に、本書の出版は、脇田晴子先生の御紹介と五味文彦先生の御推薦により叶うところとなった。両先生に、深く感謝申し上げる。また東京大学出版会の山本徹氏には、執筆が滞りがちななか、何度も叱咤激励のお電話をいただき、刊行への道すじをつけていただいた。心より御礼申し上げる。

二〇一一年八月

三枝暁子

本書刊行にあたっては、二〇一〇年度立命館大学文学部人文学会学術出版助成費（A）の交付を受けた。また本書は、日本学術振興会特別研究費補助金（二〇〇三―〇四）・文部科学省科学研究費補助金若手研究B（二〇〇六―八）・基盤研究（C）（二〇一〇―一一）による研究成果の一部である。

索　引

あ　行

か　行

さ 行

た　行

な　行

は　行

ま　行

や行・ら行・わ行

著者略歴
1973年　埼玉県に生まれる
1995年　日本女子大学文学部史学科卒業
2003年　東京大学大学院人文社会系研究科博士課程単位取得退学
　　　　日本学術振興会特別研究員
2005年　立命館大学文学部任期制講師
2006年　博士（文学，東京大学）号取得
現　在　立命館大学文学部准教授

主要論文
「中世後期の身分制論」（中世後期研究会編『室町・戦国期研究を読みなおす』思文閣出版，2007年）
「秀吉の京都改造と北野社」（『立命館文学』605号，2008年）
「豊臣秀吉の京都改造と「西京」」（吉田伸之・伊藤毅編『伝統都市1 イデア』東京大学出版会，2010年）

比叡山と室町幕府
——寺社と武家の京都支配

2011年9月21日　初　版

［検印廃止］

著　者　三枝暁子《みえだあきこ》

発行所　財団法人　東京大学出版会

代表者　渡辺　浩

113-8654 東京都文京区本郷 7-3-1 東大構内
http://www.utp.or.jp/
電話 03-3811-8814　Fax 03-3812-6958
振替 00160-6-59964

印刷所　株式会社平文社
製本所　誠製本株式会社

ISBN 978-4-13-026229-3　Printed in Japan